新疆山区公路泥石流勘查与防治技术指南

魏学利 李宾 杨新龙 陈宝成 等 编著

人民交通出版社股份有限公司
China Communications Press Co.,Ltd.

内 容 提 要

本书基于新疆山区公路泥石流灾害的研究与实践,立足公路泥石流灾害工程治理的迫切需求,重点论述了新疆山区公路泥石流勘查设计与防治关键技术。全书共分九章,包括绪论、新疆公路泥石流灾害分类与危害、新疆公路泥石流野外调查与室内试验、新疆公路泥石流防治工程勘查与特征参数确定、新疆公路泥石流危险性评价与风险预测、新疆泥石流地区公路选定线与防治模式、新疆公路泥石流防治技术与工程设计、新疆泥石流地区公路维护运营和新疆公路泥石流监测预警。本书内容丰富,理论与实践并重,内附大量图表和计算公式,对于新疆山区公路泥石流研究与防治具有重要指导意义,对其他工程也具有较大推广应用价值。

本书可供从事山区公路工程建设和环境保护工作的科研、设计、施工和养护人员参考,也可供有关交通行业行政管理部门人员和科研院所师生使用和参考。

图书在版编目(CIP)数据

新疆山区公路泥石流勘查与防治技术指南 / 魏学利等编著. — 北京:人民交通出版社股份有限公司,2019.7
ISBN 978-7-114-15507-9

Ⅰ. ①新… Ⅱ. ①魏… Ⅲ. ①山区道路—公路路基—泥石流—地质勘探—新疆—指南②山区道路—公路路基—泥石流—灾害防治—新疆—指南 Ⅳ. ①U418.5-62

中国版本图书馆 CIP 数据核字(2019)第 082935 号

书　　名:	新疆山区公路泥石流勘查与防治技术指南
著 作 者:	魏学利　李　宾　杨新龙　陈宝成　等
责任编辑:	李　瑞
责任校对:	刘　芹
责任印制:	张　凯
出版发行:	人民交通出版社股份有限公司
地　　址:	(100011)北京市朝阳区安定门外外馆斜街 3 号
网　　址:	http://www.ccpress.com.cn
销售电话:	(010)59757973
总 经 销:	人民交通出版社股份有限公司发行部
经　　销:	各地新华书店
印　　刷:	北京虎彩文化传播有限公司
开　　本:	787×1092　1/16
印　　张:	22.25
字　　数:	446 千
版　　次:	2019 年 7 月　第 1 版
印　　次:	2019 年 7 月　第 1 次印刷
书　　号:	ISBN 978-7-114-15507-9
定　　价:	99.00 元

(有印刷、装订质量问题的图书,由本公司负责调换)

序 一
Preface 1

近年来,随着极端气候常态化、地震构造运动进入活跃期以及人类工程活动的增强,新疆地区公路泥石流灾害频发,且在未来一段时期内呈高发频发态势。新疆地区公路地质灾害造成的损失也十分严重,每年均发生人员伤亡事件,经济损失预估高达上亿元,对新疆地区公路建设和运营造成严重的经济损失和社会负面影响。泥石流灾害已成为制约新疆公路基础设施及公路运输安全的重要瓶颈。

习近平总书记强调,加强自然灾害防治关系国计民生,要建立高效科学的自然灾害防治体系,提高全社会自然灾害防治能力,为保护人民群众生命财产安全和国家安全提供有力保障。随着"交通强国"战略的提出,"十三五"新疆丝绸之路经济带核心区和交通枢纽中心的确立,对新疆公路交通运输安全畅通和防灾减灾能力提出了更高的要求,新疆综合交通体系建设的内涵也将发生深刻变化,将进入综合交通"高质量服务"发展阶段,将从以基础设施建设为重点逐步向提升运输服务品质,推进智慧、安全、绿色、平安交通发展转变。在交通建设快速发展的新阶段,新疆路网不断延伸和加密,大量公路将穿越泥石流灾害易发区域,对公路交通建设和运营带来严重威胁。因此,如何针对新疆公路泥石流进行有效防治、保证公路交通运输的安全畅通已成为交通部门亟待解决的问题。

《新疆山区公路泥石流勘查与防治技术指南》一书基于新疆地区公路泥石流灾害的研究与实践,立足公路泥石流灾害工程治理的迫切需求,重点论述新疆山区公路泥石流减灾理论与防治关键技术。全书内容丰富,结构合理,理论与实践并重,图文并茂,全面阐述了新疆山区公路泥石流类型、野外调查及室内试验方法、工程勘查与设计参数计算、危险性评价与风险性预测,系统介绍了泥石流地区公路选线与防治技术、公路维护运营和公路泥石流监测预警技术。研究成果不仅吸收借鉴国内外先进的理论、技术和成功经验,而且结合新疆地区的泥石流的特殊孕育环境,同时注重公路行业的特点,填补了新疆公路泥石流研究与防治的空白,对新疆公路建设和运营中泥石流的防灾减灾具有重要的指导意义和应用前景,对国土和水利等其他行业也具有重要参考价值。

本书付梓之前,有幸先阅之,深信该书的出版将使从事公路泥石流的研究技术人员深受启迪,愿为之序。预祝他们取得更大进步!

中国工程院院士 邓铭江

序 二

新疆维吾尔自治区是中国陆地面积最大的省级行政区，占中国陆地面积六分之一（166万 km²），是我国西部的战略要地，也是推进向西开放的重要门户和丝绸之路经济带核心区，在国家整体战略布局中具有特殊重要的战略地位。按照国家加快丝绸之路经济带核心区交通枢纽中心建设的总体部署，围绕建设交通强国和高质量发展的总体目标，以及落实自治区"1+3+3+改革开放"工作要求，我区在今后一段时间仍将处在加快公路交通建设，特别是山区公路建设的旺盛时期。

新疆地形呈山脉与盆地相间的特点，即"三山夹二盆"。天山横亘于新疆中部，北部为阿尔泰山，南部为昆仑山系。新疆远离海洋，具有明显的温带大陆性气候，降水在地域分布上极不均匀，其中山区占全疆降水量的84.3%。受地形及气候条件影响，新疆地区道路的崩塌、滑坡、泥石流等地质病害发育，尤其是泥石流灾害，具有"频率高、规模大、破坏性强"的特点，常常造成交通中断和人员伤亡。据不完全统计，国道314线中巴公路奥布段沿线发育泥石流约50多处，每年均发生因泥石流灾害造成的交通中断，直接经济损失达到数百万元。如何针对新疆公路泥石流进行有效防治、保证公路交通运输的安全畅通已成为交通部门亟待解决的问题。

本书的第一作者魏学利博士在其从事博士后研究期间及后续工作中，针对新疆山区公路工程地质与病害特征，特别是泥石流病害频发并造成危害的现状，比较深入地对我区山区公路泥石流的分布规律、病害特征、形成机理等进行了研究，并结合典型工程较全面地开展了泥石流病害防治的试验研究，取得了较好的成就，并与他的合作者将这些成果进行了系统的总结，形成了《新疆山区公路泥石流勘查与防治技术指南》这本书。全书以解决新疆山区公路泥石流灾害为实际出发点，立足公路泥石流灾害的研究基础与工程实践，充分借鉴吸收国内外先进的减灾理论、防治技术和成功经验，全面系统地阐述了新疆山区公路泥石流减灾理论与方法、泥石流地区公路选线与维护运营、公路泥石流防治关键技术和监测预警技术等。本书的出版弥补了新疆交通行业缺少专门针对泥石流防治研究的不足，对新疆公路建设和运营中泥石流的防灾减灾具有重要指导意义，是一本值得从事道路专业和其他领域防灾减灾工作技术人员借鉴的好书。

新疆维吾尔自治区交通运输厅　副厅长

前 言
Foreword

新疆地区地质灾害类型多、范围广，地质灾害易发区域面积达 105.99 万 km^2，占新疆土地面积的 63.7%，是全国地质灾害较为严重的省区之一。近年来，随着极端气候频发、地壳构造运动进入活跃期，以及人类工程活动的增加，新疆地区泥石流灾害频发，且在未来一段时期内仍呈高发频发态势。新疆地区泥石流灾害造成的公路交通损失十分巨大，每年均发生人员伤亡事件，给新疆地区公路建设和运营造成严重的经济损失。中巴公路国内段经常遭受水毁泥石流灾害，其中 2015 年 7 月中巴公路奥布段发生的大规模水毁泥石流灾害，冲毁路基和桥梁等基础设施，阻断交通数天，造成直接经济损失 6000 多万元。国道 217 线天山公路也经常遭受水毁泥石流灾害的威胁，严重影响南北疆互联互通和地区旅游业发展，其中 2010 年 8 月国道 217 线天山公路发生水毁泥石流灾害，造成多处路基被冲毁而导致交通中断，致使当地群众和游客上千人滞留山中，经统计累计损毁公路路基约 15km、损失约 1.4 亿元。伊犁地区 S316 公路受黄土滑坡泥石流的威胁，给当地居民出行和经济发展带来严重阻碍。2016 年 7 月 8 日叶城特大暴雨引起的瞬间泥石流流量每秒近 1500m^3，造成 35 人遇难，多处道路阻断。

新疆作为丝绸之路经济带核心区，是国家向西开放的重要门户，在国家"一带一路"倡议中具有重要地位。作为联结区域的重要纽带，交通运输通道对支撑和保障新疆社会稳定与经济发展的作用重大。在"一带一路"倡议、交通强国建设及"十三五"新疆丝绸之路经济带核心区和交通枢纽中心建设的重要时期，新疆综合交通体系建设的内涵也将发生深刻变化，将进入综合交通"高质量服务"发展阶段，将从以基础设施建设为重点逐步向提升运输服务品质，推进建设智慧、绿色、平安交通转变。

在综合交通运输通道建设基础上，新疆正在加快推进东联西出、南北通畅、功能完善、能力充分骨架公路网络布设，全方位开放新格局，逐步完善对内对外运输大通道，加强跨天山重要交通干线建设，加快完善伊犁河谷地、天山北坡、南疆西部等地区的生命线公路通道建设，其中新疆西南地区滑坡泥石流重点防治区和伊犁滑坡泥石流重点防治区，面积分别达到 17.8 万 km^2 和 4.4 万 km^2。随着交通建设快速发展，新疆路网不断延伸和加密，大量公路将穿越滑坡泥石流灾害易发区域，给公路交通建设和运营带来挑战。

党的十九大提出建设交通强国的宏伟目标，对新疆公路交通运输安全畅通提出了更高的要求。2018 年 10 月 10 日，习近平总书记在中央财经委员会第三次会议上提出"大力提高我国自然灾害防治能力"的要求，并强调"加强自然灾害防治关系国计民生，要建立高效科学的自然灾害防治体系，提高全社会自然灾害防治能力，为保护人民群众生命财产安全和国家安全提供有力保障"，给新疆地区新时期公路防灾减灾工作指明了方向。因此，为了满足地质灾害防范和新疆公路交通高质量发展的迫切需要,有必要编制《新疆山区公路泥石流勘查与防治技术指南》,提升新疆公路交通防灾减灾能力,服务国内国际公路运输走廊安全运营,以期最大程度减轻泥石流灾害对公路的危害,最大限度减少泥石流灾害造成的人员伤亡和财产损失。同时,对推进"四个交通"和交通强国建设,促进新疆社会稳定和长治久安,具有重要的价值和意义。

本书共九章,第一章由魏学利编写,第二章由魏学利、杨栓成、陈宝成编写,第三章由魏学利、李宾、杨栓成、赵怀义编写,第四章由魏学利、陈宝成、李宾、赵怀义、乔国文编写,第五章由魏学利、杨栓成、李宾、乔国文、李军编写,第六章由魏学利、陈宝成、李宾、杨新龙编写,第七章由魏学利、陈宝成、杨新龙、李宾编写,第八章由魏学利、陈宝成、李宾、杨新龙编写,第九章由魏学利、李宾、陈宝成、柴桂林编写。全书由魏学利和陈宝成进行汇总,魏学利完成统稿和定稿工作。

本书获得国家自然科学青年基金(41602331)、中国博士后科学基金(2016M602951XB)、中国沙漠气象科学研究基金(Sqj2015015)、新疆交通运输厅科技项目(2016—2018)和新疆维吾尔自治区高层次人才引进工程(2017—2019)等资助。在书稿编写和出版过程中,得到了新疆交通规划勘察设计研究院冯虎书记、董刚院长和宋亮总工程师等领导,以及岩土工程处同事们的帮助和支持,在此表示感谢!

本书是基于新疆山区公路泥石流灾害的研究成果与工程实践,借鉴国内外学者最新研究成果,经过总结提炼基础扎实、技术先进和应用成熟的减灾理论与防治技术,最终编写完成。限于作者水平,书中难免存在不妥之处,恳请读者不吝赐教,敬请同行批评指正。

魏学利

2019 年 1 月

本书主要符号

A——面积(cm^2、m^2、km^2)

A_z——丁坝阻水面积(m^2)

a——修正系数

B——宽度(m)

B_b——流通段的宽度(m)

B_c——泥石流表面宽度(m)

B_f——排导槽的设计宽度(m)

B_{min}——最小槽底宽(m)

B_o——出流口流面宽(m)

B_s——淤积场地平均宽度(m)

B_x——排导槽的宽度(m)

b——宽度(m)

b_0——桩的排距和行距(m)

b_c——迎面坡度的函数

C——系数

C_1——巨石的弹性变形系数

C_2——桥墩的弹性变形系数

C_V——变差系数

C_S——偏态系数

C_m——边坡减冲系数

C_α——挑角系数

C_{sm}——漫水减冲系数

D——长度(m)

D_a——泥石流中固体物的平均粒径(m)

D_c——泥石流堵塞系数

D_m——泥石流中最大石块粒径(m)

d——石块半径(m)

d_{max}——泥石流堆积物中最大石块的粒径(m)

d_u——相邻两层流体的运动速度差(cm/s)

d_y——相邻两层流体的法向距离(cm)

E——弹性模量(Pa、kPa)

e——偏心距(cm、m)

F——面积(km^2)

F_{cz}——参证流域集水面积(km^2)
F_d——泥石流流体作用于坝体上游迎水面上的水平压力(Pa、kPa)
F_{sj}——设计流域集水面积(km^2)
$\sum F$——总合力(N、kN)
f——系数
G_c——样品的总质量(t)
g——重力加速度(m/s^2,取 g = 9.8m/s^2)
H——厚度或高度(m)
H_1——崩滑坡体临空面距沟底的平均高度(m)
H_B——局部冲刷深度(m)
H_c——泥石流泥深(m)
H_i——河道各转折点的高度(m)
H_L——流通区沟道泥石流厚度(m)
H_m——集水区多年平均最大一日面降雨量(mm)
H_s——泥沙淤积厚度(m)
H_w——排导槽弯道深度(m)
H_x——排导槽设计泥石流厚度(m)
H'——副坝重叠高度(m)
H'_{dl}——拦挡坝坝顶到冲刷坑底的高度(m)
ΔH——弯道超高高度(m)
ΔH_c——泥石流最大冲起高度(m)
h——泥石流流深(m)
h_0——梁高(m)
h_1——梁间的空隙净高(m)
h_s——稀性泥石流堆积厚度(m)
h_Δ——由离心作用产生的弯道泥位超高(m)
$\bar{h}$——不良地质体平均厚度(m)
Δh——安全超高(m)
I——纵坡坡度(%、‰)
I_c——泥石流水力坡度(用小数表示)
I_L——流通区沟道纵坡降(‰)
I_0——排导槽设计纵坡降(‰)
I_x——排导槽纵坡降(‰)
I'——肋板下冲刷后的排导槽纵坡降(‰)
i——原沟床纵坡
i_0——淤积后的沟床纵坡
J——主河纵坡(以小数表示)
J_0——惯性矩(m^4)

K——系数

K_c——坝体抗滑稳定性安全系数

K_y——坝体抗倾覆性安全系数

k——泥石流不均匀系数

L——主河长度(m、km)

l_b——弯道长度(m、km)

l_i——河道各转折点的间距(m、km)

M——洪峰模数[$m^3/(s \cdot km^2)$]

$\sum M$——截面上所有荷载对截面重心的合力矩

$\sum M_0$——坝体倾覆力矩

m——侵蚀模数(kg/km^2)

m_c——泥石流沟床糙率系数

n——系数

n_0——孔隙率

n_c——泥石流糙率系数

n_L——泥石流沟床的糙率系数

n_x——排导槽的糙率系数

P——冲刷系数

P_s——设计流域最大一日降雨量(mm)

P_c——参证流域最大一日降雨量(mm)

Q——泥石流过程总量(m^3)

Q_c——泥石流流量(m^3/s)

Q_{cz}——参证流域洪峰流量(m^3/s)

Q_H——一次泥石流固体物质冲出量(m^3)

Q_m——洪峰流量(m^3/s)

Q_p——设计洪峰流量(m^3/s)

Q_{sj}——设计流域洪峰流量(m^3/s)

$\overline{Q}$——平均洪峰流量(m^3/s)

$\overline{Q}_m$——多年平均年最大洪峰流量(m^3/s)

R——半径(m)

R_c——沟道中心曲率半径(m)

R_0——沟道凹岸曲率半径(m)

r_0——沟道凸岸曲率半径(m)

S——堆积面积(m^2)

T——历时(s)

t——实测堵塞时间(s)

V——体积(m^3)

V_B——土壤不冲刷流速(m/s)

V_b——单宽坝体体积(m³)

V_c——泥石流平均流速(m/s)

V_{c0}——样品的体积(cm³)

V_s——泥石流中石块速度(m/s)

V_{s0}——多年泥沙累计淤积量(m³)

V_{si}——i 年时的淤积量(m³)

V_{sy}——多年平均来沙量(m³)

W——体积(m³)

W_c——质量(g、kg、t)

W_f——作用在坝体上的泥石流流体重力(N、kN)

W_s——垂直作用于坝体上的重力(N、kN)

$\overline{W}$——储量体积(m³)

$\sum W$——单宽坝体受到垂直力的总和(N、kN)

$\sum W_y$——坝体的抗倾覆力矩和(N·m)

X——各荷载作用点至断面重心的距离

x——泥石流沉积物中的黏粒(粒径<0.005mm)含量(用小数表示)

y——计算断面以上的泥深(m)

α_0——系数

α——夹角(°)

β——床面纵坡坡角(°)

β_0——断面的宽深比

γ——动能折减系数

γ_b——坝体材料的重度(kN/m³)

γ_c——泥石流流体密度(t/m³)

γ_{ds}——干沙的重度(N/m³)

γ_f——泥石流浆体密度(t/m³)

γ_H——泥石流固体物质密度(t/m³)

γ_s——淤积物的重度(N/m³)

γ_w——水体的重度(N/m³)

γ_{ys}——浮沙的重度(N/m³)

δ——泥石流体整体冲击压力(Pa)

η_c——泥石流浆体黏度(g·s/cm³)

θ——夹角(°)

θ_{a1}——坝体迎水侧坝面与计算水平截面的夹角(°)

θ_{a2}——坝体背水侧坝面与计算水平截面的夹角(°)

τ——剪应力(kPa)

τ_n——流体的宾汉剪切强度(g/cm^2)

τ_0——泥石流对底床的允许剪切强度(kPa)

λ——建筑物形状系数

ρ——泥石流体密度(t/m^3)

ρ_s——固体颗粒的密度(t/m^3)

σ——法向应力(kPa)

σ_{max}、σ_{min}——防撞墩基大、小压力(kPa)

σ'——坝体计算水平截面的迎水面边缘正应力

σ''——与σ'处于同一水平截面的背水面边缘正应力

$[\sigma]$——地基容许承载应力(kPa)

Φ——摩擦角(°)

φ_a——泥石流体的内摩擦角(°)

Φ_p——皮尔逊Ⅲ型曲线离均系数

φ_{ys}——浮沙内摩擦角(°)

ϕ——泥沙修正系数

ω'——细颗粒的质量百分数(用小数表示)

Δ——考虑泥石流淤积适当减小高度值(m)

目 录
Contents

1 绪论 ·· 001
    1.1 总则 ·· 001
    1.2 术语和定义 ·· 003
    1.3 基本规定 ··· 003

2 新疆公路泥石流灾害分类与危害 ··· 005
    2.1 公路泥石流定义 ·· 005
    2.2 新疆公路泥石流分类 ·· 005
    2.3 新疆公路泥石流分布 ·· 008
    2.4 新疆公路泥石流危害 ·· 011
    2.5 公路泥石流灾害性分级 ··· 014

3 新疆公路泥石流野外调查与室内试验 ··· 017
    3.1 公路泥石流沟判别 ··· 017
    3.2 公路泥石流遥感调查 ·· 024
    3.3 公路泥石流野外调查 ·· 031
    3.4 公路泥石流参数测定实验 ·· 042

4 新疆公路泥石流防治工程勘查与特征参数确定 ·· 051
    4.1 基本规定 ··· 051
    4.2 初步勘查 ··· 052
    4.3 详细勘查 ··· 058
    4.4 补充勘查 ··· 060
    4.5 勘查工作方法 ··· 061
    4.6 资料整理及成果编制 ·· 066
    4.7 泥石流特征参数确定方法 ·· 071
    4.8 降水及洪水参数确定方法 ·· 082

5 新疆公路泥石流危险性评价及风险预测 ··· 091
    5.1 公路泥石流形成的影响因素 ·· 091

5.2　公路泥石流危险性评价体系 ……………………………………………… 093
　　5.3　公路泥石流易损性评价体系 ……………………………………………… 096
　　5.4　公路泥石流风险性预测方法 ……………………………………………… 098
　　5.5　单沟泥石流危险性评价方法 ……………………………………………… 099
　　5.6　典型公路泥石流危险评价及风险预测案例 ……………………………… 104

6　新疆泥石流地区公路选定线与防治模式 ……………………………………… 110
　　6.1　新疆泥石流地区公路选定线 ……………………………………………… 110
　　6.2　新疆公路泥石流防治原则与模式 ………………………………………… 123

7　新疆公路泥石流防治技术与工程设计 ………………………………………… 144
　　7.1　公路泥石流防治工程规划 ………………………………………………… 144
　　7.2　公路泥石流防治工程设计 ………………………………………………… 148
　　7.3　泥石流地区公路工程设计 ………………………………………………… 184

8　新疆泥石流地区公路维护运营 ………………………………………………… 279
　　8.1　沟床改造或增加拦排 ……………………………………………………… 280
　　8.2　公路主体工程改造 ………………………………………………………… 284
　　8.3　线路线形线位调整 ………………………………………………………… 286
　　8.4　公路工程结构的修复加固 ………………………………………………… 288
　　8.5　在役公路泥石流工点管理 ………………………………………………… 291

9　新疆公路泥石流监测预警 ……………………………………………………… 293
　　9.1　公路泥石流监测预警体系 ………………………………………………… 294
　　9.2　公路泥石流监测预警指标 ………………………………………………… 297
　　9.3　公路泥石流监测预警技术 ………………………………………………… 300
　　9.4　公路泥石流监测预警平台 ………………………………………………… 305

附录A（资料性附录）　泥石流发生指标确定方法（降水、气温） ………… 310
附录B（规范性附录）　泥石流勘查基本工作量表 …………………………… 312
附录C（资料性附录）　泥石流沟的数量化综合评判及易发程度分级标准 … 313
附录D（资料性附录）　泥石流调查表 ………………………………………… 316
附录E（资料性附录）　泥石流物源计算 ……………………………………… 319
附录F（资料性附录）　勘查设计书编制提纲 ………………………………… 325
附录G（资料性附录）　勘查报告编写提纲 …………………………………… 327
附录H（资料性附录）　勘探记录表格式 ……………………………………… 330

参考文献 ……………………………………………………………………………… 334

1

绪　　论

1.1　总则

（1）本书主要立足于我国新疆地区,面向公路建设和养护过程中泥石流灾害勘查设计与工程防治,力争促使新疆山区公路泥石流防治工程设计符合技术先进、经济合理、安全适用和生态环保的要求,以期获得最佳的社会效益、经济效益和环境效益。

（2）本书倡导主动防灾和科学防灾理念,遵循以防为主、防治结合的原则,在条件允许的情况下对公路工程建设和养护区域内泥石流进行综合治理。

（3）本书的防治目的是控制泥石流的发生和发展,减轻或消除泥石流对公路的危害;防治目标是保护公路建(构)筑物,包括桥涵、隧道、路基及防护结构等,确保公路安全畅通和正常运营。

（4）在公路新建、改扩建或灾后重建过程中,泥石流防治工程应纳入公路建设工程中,公路泥石流防治工程项目应遵从评估、勘查、设计、施工到竣工验收的基本程序,并与公路工程一起进行综合规划设计。

（5）泥石流是复杂不良地质灾害体，其防治工程设计受诸多不确定因素的影响，属于风险设计工程。大多数泥石流难以一次性根治，必要时可采取分期、分步实施的办法进行综合防治。

（6）公路泥石流灾害防治工程可分为治理工程和应急治理工程两类，治理工程可按初步设计和施工图设计两个阶段实施；应急治理工程可按施工图设计一个阶段实施。

（7）公路泥石流灾害防治工程设计属非标准设计，必须针对每个泥石流开展专项勘查设计，对于大多数应急治理工程，视情况可采取勘查、设计、施工和监测同步实施的办法。

（8）泥石流地区公路选线时，必须考虑泥石流危害的整体观和防治的总体性，首先应对整个线路区段、重点灾害区段和重要泥石流沟进行危险性评价和风险预估，再结合公路工程设计标准和技术要求，进行多方案经济技术比选，最终确定最为合理可靠的公路选定线方案。

（9）公路通过泥石流地区时，一般应尽量采取绕避方案；当线路必须穿越泥石流危险区时，可根据泥石流类型、规模、运动堆积特征和冲淤变化规律等，在泥石流运动堆积区合理选线通过，并采取以排为主、拦排结合的主动工程治理；对规模巨大、势能大和危害严重的泥石流，还可采取平面绕避改线或立面工程跨越（渡槽、明洞、高桥、大跨桥和隧道等）的方法。

（10）公路泥石流防治工程包括拦挡工程、排导工程、停淤工程和防护工程等类型，应根据泥石流类型特点及其致灾机制，并结合公路选定线及其工程跨越形式，优化选用泥石流防治工程类型及其多种形式的工程组合。

（11）泥石流防治工程应精心设计、精细施工，在满足其使用功能的同时，应确保防治工程具有足够安全性、耐久性和稳定性。

（12）对于已建公路，其线路平面、剖面已定型，应在对泥石流发展趋势分析基础上，充分利用并改造原有泥石流防护工程，在灾害特别严重且经济技术可行的情况下，可考虑改造主体工程或局部改造线路线位。

（13）山区公路沿线泥石流数量多，且大型泥石流防治难度大、投资费用高，可通过信息化和智能化等技术手段加强监测预警。

（14）泥石流防治工程实施过程中应注意生态环境保护，尽量减少破坏原有植被生态和沟道地形地貌，避免因随意开挖和杂乱堆渣等人为活动而诱发新的泥石流次生地质灾害。

（15）在泥石流防治工程实施过程中，应在相关质量标准和规范规程的允许范围内，尽量采用新理念、新技术、新方法、新材料和新工艺。

1.2 术语和定义

1）泥石流

泥石流是指山区沟谷或坡面在降雨、融水、溃决等自然或人为因素作用下发生的一种挟带大量泥沙、石块或巨砾等固体物质的特殊洪流。

2）公路泥石流

公路泥石流是指发育于公路沿线并对公路建（构）筑物的安全与稳定具有破坏或影响作用的泥石流。

3）公路泥石流灾害

公路泥石流灾害是指对公路建（构）筑物及行车环境已经造成危害或损失的泥石流活动过程。

4）潜在公路泥石流沟

潜在公路泥石流沟是指近期无泥石流活动史，但具备形成泥石流条件，且一旦发生泥石流可能对公路造成破坏的沟谷。

5）公路泥石流勘查

公路泥石流勘查是指基于已有资料收集和实地调查，查明泥石流的形成条件、活动特征及其对公路的危害范围与破坏形式，结合泥石流调查确定的防治工程方案，采用调查测绘和勘探试验等技术方法和手段，提供防治工程设计所需泥石流特征参数和场地工程地质条件的工作过程。

6）公路泥石流灾害防治工程

公路泥石流灾害防治工程是指采取合适的防护工程消除泥石流的形成条件、控制泥石流的规模、约束或引导泥石流的路径，使泥石流活动不再对公路造成危害的人类工程活动。

7）泥石流地区公路选线

泥石流地区公路选线是指在路线基本方向选定的基础上，根据泥石流灾害的分布与危害情况，合理选择既经济合理、安全可靠，又符合使用要求的公路线路布设位置的工作过程。

8）公路泥石流监测预警

公路泥石流监测预警是指采用先进观测仪器对泥石流形成和活动过程的相关参数进行远程监测，并通过数据传输系统，将现场泥石流信息传输至数据处理中心，将监测数据与预先设定泥石流灾害发生数据进行阈值对比，预警决策平台将根据泥石流灾害预报等级，向公路主管部门和用户发出警报的工作过程。

1.3 基本规定

（1）根据公路沿线泥石流沟实地调查，对其所属类型（已发生的泥石流沟、潜在的泥石流沟或非泥石流沟)进行超前预判,并基于泥石流类型、规模、性质及其对公路的破坏形式等特征,确定其易发程度和危害等级,再据此确定不同类型泥石流沟的工程治理方案。

(2)泥石流灾害防治工程设计标准应与公路等级相适应,原则上不低于30年,防治工程应进行充分的技术经济比选,既要安全可靠,也要经济合理。

(3)泥石流防治工程类型及其组合形式应根据沟道地形条件、泥石流性质与活动分区、泥石流规模及公路等级综合确定,其结构尺寸应根据泥石流规模和冲击力大小确定。

(4)泥石流防治工程运营期间应加强监测,及时对损毁部分进行补救维修,确保其正常发挥使用功能,保障公路安全畅通。

(5)泥石流勘查工作根据不同阶段防治工程方案的技术要求,划分为泥石流调查、设计阶段泥石流勘查、施工阶段泥石流勘查和应急治理泥石流勘查。

(6)泥石流地区公路选线应建立在泥石流灾害危险评价和风险预估的基础上,结合泥石流的性质、规模、活动分区及危害形式等,合理确定公路跨越泥石流的位置及其工程结构类型。

(7)泥石流监测预警应基于泥石流启动过程、运动过程和成灾过程的多指标来建立监测预警体系,具体监测内容包括雨量(降雨型)、气温(冰川型)、孔隙水压力、含水率指标及视频信息等。

(8)在泥石流地区公路维护运营期内,应加强路域范围外的泥石流沟防治工程布设,尽量避免原有公路主体工程的拆除重建。

(9)根据公路等级标准和泥石流灾害严重程度,公路泥石流防治可采取工程措施与非工程措施相结合的方法,一般分为避让公路泥石流灾害体系、防止公路泥石流发生体系、控制公路泥石流活动体系和预防公路泥石流危害体系。

①避让公路泥石流灾害体系:可通过平面合理选线绕避泥石流灾害体,或采取渡槽、明洞、高桥、大跨桥和隧道等立面工程跨越泥石流灾害体。

②防止公路泥石流发生体系:利用坡面防护和沟道治理等工程措施,对泥石流进行综合治理,并辅以行政管理和法规法令等手段,加强流域生态环境保护,减少不合理人类活动。

③控制公路泥石流活动体系:通过拦挡工程调节泥石流规模和能量,通过排导工程将泥石流顺利排泄至预定区域,避免泥石流对公路造成危害。

④预防公路泥石流危害体系:加强泥石流沟前期判识和泥石流风险评价,开展泥石流监测预警,降低泥石流对公路及行车的危害。

新疆公路泥石流灾害分类与危害

2.1 公路泥石流定义

泥石流是一种高浓度泥沙石块和巨砾复合的异相非均匀流,常呈黏性层流或紊流和稀性紊流等运动状态,其中沙砾常呈滚动、跃迁和悬浮的方式运动(陈光曦等,1983),属于山区比较常见的地质灾害类型。泥石流运动过程复杂,介于洪水和滑坡之间,并具有暴发突然、来势汹涌、历时短暂、破坏力大等特点。

公路泥石流通常发生于山区公路,且破坏作用十分大(陈洪凯等,2013)。公路泥石流具有常发性、突发性、群发性和灾害链并发性等特征。

2.2 新疆公路泥石流分类

2.2.1 公路泥石流分类原则

泥石流分类是对泥石流的本质进行高度概括描述的重要内容之一。根据研究目的、方法以及所要解决问题的不同,分类标准、途径和方法也有所不同。国内外许多学者和相关科研院所基于不同的指标提出了多种泥石流分类(唐邦兴,2000;康志成等,2004)。本书遵循泥石流现象易识别性、指标易获取性、地域性差异和行业应用性等原则,提出新疆公路泥石流分类原则。

1) 现象易识别

公路泥石流分类应侧重公路养护人员和勘查设计人员的实际应用,使其能根据泥石流发生现象及其所处环境特征快速、准确地识别其类型。

2) 指标易获取

公路泥石流分类应侧重在治理工程勘查设计过程中易于通过野外勘查和室内试验获取的、用于泥石流分类的明确指标。

3) 地域性差异

新疆自然地理和气候条件变化大,公路泥石流分类应充分考虑新疆地域性差异特征,提出符合新疆自然地理和气候环境特点的泥石流类型。

4) 行业应用性

泥石流分类主要用于指导泥石流工程治理和公路工程建设,其分类指标应符合公路行业特点。

2.2.2　公路泥石流分类

本书是在对国内外泥石流类型划分特征分析的基础上(周必凡等,1991;穆桂金,1991;陈洪凯,2004),根据新疆山区公路泥石流特点及防治需要,结合新疆山区公路泥石流基本特征、形成特征、活动特征和危害特征等分类依据,提出新疆山区公路泥石流综合分类系统(表2-1)。

新疆山区公路泥石流综合分类系统　　　　　表2-1

分类依据	分类标准	类型细目	典 型 特 征
基本特征	流域特征	坡面泥石流	泥石流的形成、运动与堆积通常在一个坡面上,流域呈漏斗状,其面积一般小于$1000m^2$,形成区、流通区和堆积区的比降基本一致或差别不大
		沟谷泥石流	泥石流发育在沟谷区,通常有形成区、流通区和堆积区。堆积区的比降较小,形成区较大,流通区居于二者之间
		河谷泥石流	泥石流流域呈狭长条形,其形成区多为河流上游的沟谷,固体物质来源较分散,沟谷多常年有水,水源供给较充足,堆积区和流通区往往不能明显区分
	流体性质	稀性泥石流	泥石流主要成分为水,黏性土含量少,固体物质占10%～40%,有很大分散性。水为搬运介质,石块以滚动或跃移方式前进,具有强烈的下切作用。其堆积物在堆积区呈扇状散流,停积后似"石海"

续上表

分类依据	分类标准	类型细目	典型特征
基本特征	流体性质	黏性泥石流	含大量黏性土的泥石流或泥流。其特征是:黏性大,固体物质占40%~60%,最高达80%。其中的水不是搬运介质,而是组成物质,稠度大,石块呈悬浮状态,暴发突然,持续时间短,破坏力大
形成特征	水源供给形式	暴雨型泥石流	通常发生在降雨集中的夏季,发生地点随暴雨区的变化而变化,对交通、城镇、农田和水利设施等危害都很大,也是对新疆公路危害较大、普遍发生的泥石流类型
		冰川型泥石流	冰雪融水冲蚀沟床,侵蚀岸坡而引发泥石流,有时也有降雨的共同作用。通常发生于7~8月,冰川积雪融化冲刷大量碎屑、岩石,常阻碍或中断公路交通
		溃决型泥石流	由水流冲刷、地震、堤坝自身不稳定性引起的各种拦水堤坝溃决和形成堰塞湖的滑坡(崩塌)堰塞体、终碛堤溃决,造成突发性高强度洪水冲蚀而引发泥石流。通常发生于6~8月,偶发,危害严重
		融雪型泥石流	通常发生在3~5月,在气温急剧回升时,积雪(或降雨+积雪)在短期内融化,融水挟带大量黄土或黄土状土及沙石下泄,形成山洪泥石流,对公路造成极大危害
	物源供给形式	重力侵蚀型泥石流	坡面和沟道中多种成因的固体碎屑物质"主要受重力作用形成",在一定水动力条件下形成泥石流
		冰缘侵蚀型泥石流(冰碛型泥石流)	发育在现代冰川和积雪边缘地带,由冰雪融水或冰湖溃决洪水冲蚀冰碛物而形成的特殊洪流,常发生在增温与融水集中的夏、秋季节,晴、阴、雨天均可发生
		工程弃渣型泥石流	形成泥石流的松散固体物质主要由开渠、筑路、矿山开挖等人类工程活动形成的弃渣提供,储量大小与人为活动程度有关,泥石流中含硬质岩性较多
活动特征	活动频率	低频泥石流	1次/20年~1次/100年
		中频泥石流	1次/5年~1次/20年
		高频泥石流	多次/1年~1次/5年
	暴发规模	小型泥石流	一次性冲出固体物质量<2万m³;峰值流量<20m³/s
		中型泥石流	一次性冲出固体物质量:2万~20万m³;峰值流量:20~100m³/s
		大型泥石流	一次性冲出固体物质量:20万~50万m³;峰值流量:100~200m³/s
		特大型泥石流	一次性冲出固体物质量>50万m³;峰值流量>200m³/s
	发育阶段	幼年期泥石流	泥石流上游侵蚀沟道不发育,通常仅有小规模的不良地质体,沟道规模较小,堆积扇不发育
		壮年期泥石流	发育旺盛时期的泥石流,上游侵蚀强烈;各类不良地质体发育,沟道和冲积扇上有明显的泥石流堆积物;泥石流沟道发育,通常不只一条;冲积扇发育,其上无灌丛和树林,仅有稀疏的杂草

续上表

分类依据	分类标准	类型细目	典 型 特 征
活动特征	发育阶段	老年期泥石流	泥石流沟道上游已侵蚀到分水岭,并有坚硬的基岩出露,侵蚀沟道两侧杂草丛生,沟道内阶地(台地)发育,形态明显(泥石流沉积物下切而形成的),冲积扇扇面已无明显的新鲜泥石流堆积,但有灌丛和乔木生长,有固定的沟道通过冲积扇
危害特征	破坏形式	冲击损毁型泥石流	快速运动的泥石流,尤其是其中的巨石具有很大的动能,冲击损毁公路等固定设施
		顶托冲毁型泥石流	由于泥石流的堆积,压缩江河的过流断面,产生挑流作用,洪水直冲彼岸坡脚,产生顶冲恶性循环,使沿河公路路基遭受侵蚀,造成公路下边坡坍塌,严重影响公路的正常运营
		淤积掩埋型泥石流	在泥石流活动区内的平缓地带,泥石流停止运动,大量泥沙淤埋公路等设施;泥石流规模越大,地势越阻塞,淤埋越严重
		冲刷淘蚀型泥石流	泥石流发生和流通区域内,大量坡面和沟床松散物质被带走,山坡表层及沟谷被冲刷淘蚀,成为难以利用的荒坡;河床被冲刷淘蚀,岸坡垮塌,使沿线公路等遭到破坏
	直接危害性	直接危害性小的泥石流	死亡人数<3人;直接经济损失<100万元
		直接危害性中等的泥石流	死亡人数:3~10人;直接经济损失:100万~500万元
		直接危害性大的泥石流	死亡人数:10~30人;直接经济损失:500万~1000万元
		直接危害性极大的泥石流	死亡人数>30人;直接经济损失>1000万元
	潜在危险性	潜在危险性小的泥石流	威胁人数<100人;经济损失<1000万元
		潜在危险性中等的泥石流	威胁人数:100~500人;经济损失:1000万~5000万元
		潜在危险性大的泥石流	威胁人数:500~1000人;经济损失:5000万~10000万元
		潜在危险性极大的泥石流	威胁人数>1000人;经济损失>10000万元

2.3 新疆公路泥石流分布

新疆是我国山区面积最多的省区之一,山脉与盆地相间排列,俗喻"三山夹两盆"。由于其复杂的地貌特征、独特的气候条件及脆弱的生态环境,泥石流分布广泛,给公路建设和养护造成极大影响。根据新疆的气象水文、地形地貌、地层岩性、地质构造和人类活动等因素,新疆公路泥石流的分布具有明显的区域水平分带性(刘春涌等,2000),从南向北依次可分为:昆仑—阿尔金山系北麓泥石流分布带;天山泥石流分布带;东西准噶尔泥石流分布带;阿尔泰泥石流分布带。新疆泥石流分布带和分布特征见表2-2和图2-1。

新疆泥石流分布带特征表   表2-2

泥石流分布带	面积(km²)	泥石流主要类型	主要受威胁公路
昆仑—阿尔金山系北麓泥石流分布带	44.6万	冰川型泥石流为主,其次是暴雨型泥石流	G315,G314,G219,G3012,S216
天山泥石流分布带	46.5万	暴雨型泥石流为主,其次是冰川型泥石流	G217,G218,G314,G3012,G30,S325,S315
东西准噶尔泥石流分布带	21.9万	暴雨型泥石流为主,其次为融雪型泥石流	G217,G216,G3015,S228,S236,S221,S318,S205,S210
阿尔泰泥石流分布带	6.3万	融雪、冰川、暴雨洪水型泥石流均有发育	G217,G216,S318,S319,S310,S320,S228,S226,S232,S227,S229

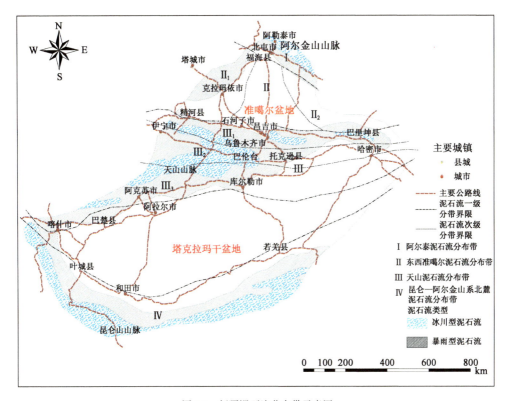

图2-1　新疆泥石流分布带示意图

2.3.1　昆仑—阿尔金山系北麓泥石流分布带

昆仑—阿尔金山系北麓泥石流分布带是由现代地貌区域分异及特殊区域气候条件共同塑造的干旱地貌类型。以松散的冰碛物、冲洪积物及黄土或黄土状物质等为主体的松散地表物质为泥石流的暴发提供了丰富的物源条件。该分布带公路泥石流危害区主要在和田以西,特别是山区公路;泥石流类型以融雪、冰川型为主,偶见暴雨洪水型,其中冰川型和暴雨洪水型泥石流的危害性最大。如 G314 线奥依塔克镇—布伦口段(以下简称奥布段),全长约 70km,为中巴公路重要组成部分,同时也是泥石流频发的路段。2004—2014 年,奥布段共发生泥石流灾害 288 次,其中降雨型泥石流灾害 137 次,冰川型泥石流灾害 151 次,这些灾害对中巴公路的安全畅通造成了严重威胁。

2.3.2 天山泥石流分布带

天山泥石流分布带在内外地质的不断作用下,其地表堆积了大量冰川和冰水沉积物,且表面覆盖了黄土及黄土状物质等第四纪沉积物。这些松散、巨厚的土砂砾石堆积为泥石流的产生提供了丰富的物质基础。天山山地的降雨量具有量大集中的特点,其年降水量平均为 500~600mm,而且暴雨多集中于 6~8 月。

天山泥石流分布带可分为三个亚带。

(1)天山南麓泥石流分布亚带,主要包括中南天山、西南天山和东南天山地区。其中中南天山公路交通受泥石流影响尤为突出,如阿克苏—库尔勒—焉耆一带的公路经常受到暴雨型或冰川型泥石流的破坏和威胁;其次为西南天山,泥石流主要集中分布于阿图什及喀什一带,暴雨及地震为该区泥石流的主要诱发因素;东南天山由于地处无人区,且交通不发达,公路受泥石流影响很小。

(2)天山中部泥石流分布亚带,是新疆公路泥石流重灾区之一,以暴雨型和冰川型泥石流为主,受影响区主要为乌鲁木齐南山矿区至哈密一带公路干线,如兰新线、南疆线、216 国道、212 国道等,还包括省道线及山区道路等。

(3)天山北麓泥石流分布亚带,可分东西两段:东段为奇台—伊吾,由于公路主干线较少,受泥石流影响不大;西段为吉木萨尔—精河,公路交通较为发达,如公路干线 G30 和阜康—乌鲁木齐—乌苏一带公路干线,受泥石流破坏影响比较严重,其主要类型为暴雨型,其次是冰川型和融雪型。

2.3.3 东西准噶尔泥石流分布带

东西准噶尔泥石流分布带可分为东、西准噶尔两个亚区,其中受影响区域以西准噶尔亚区最为明显,主要分布于塔城盆地,如塔城—托里一带。暴雨型泥石流为该区最为常见的类型,其次为春季融雪型。总体来说,该区公路受泥石流影响较小。

2.3.4 阿尔泰泥石流分布带

阿尔泰泥石流分布带降水丰富,春季融雪或夏季强降雨常诱发稀性泥石流,主要在阿尔泰山前一带对山区道路造成破坏和危害,损失较大,是新疆次要公路泥石流重灾区之一。如阿勒泰市于 1995—1998 年期间,多次遭遇泥石流灾害,当地公路交通设施被严重破坏,造成经济损失近 2000 万元;2011 年 7 月 2 日,阿勒泰市遭遇强降雨,导致山洪暴发、河道水位急剧上涨,并引发多处泥石流,直接经济损失约 1800 万元。

2.4 新疆公路泥石流危害

在山区公路建设过程中,公路工程经常遭遇泥石流灾害,其对公路的危害形式常由泥石流的性质、类型、强度、规模、发育阶段及其活动特征等决定,其破坏程度则与公路所处泥石流沟的部位以及公路工程的状况有密切关系。如果公路选线恰当,公路工程布置合理,且泥石流防治及时有效,则可避免泥石流危害,否则,泥石流将会对公路建(构)筑物产生不同程度的危害(刘春涌,2000b;廖丽萍,2013)。对新疆山区公路泥石流危害形式和破坏特征的调查表明,新疆山区泥石流对公路的危害主要包括淤积掩埋、冲击损毁、冲刷淘蚀、漫流改道、堵河淹没、顶托冲毁等多种形式。

2.4.1 公路泥石流淤积掩埋危害

泥石流淤埋公路,使其失去作用或缩短其使用年限,是目前最多且最严重的公路泥石流危害形式之一。泥石流堆积区是公路的主要通过区域,公路也就成为泥石流停淤的主要场所,大量泥沙石块会对公路建(构)筑物造成严重淤积掩埋危害。如堵塞桥涵,造成桥涵净空减小,过流断面不足;或掩埋公路,造成清理困难,从而阻断交通。中巴公路 K1611+178 处卡拉肯桥以中桥形式跨越泥石流沟,由于泥石流暴发频繁且规模较大,造成桥下几乎淤满,净空不足 1m,泥石流在左侧桥台处翻上公路(图 2-2);2016 年,中巴公路 K1614+112~216 段发生冰川型泥石流,将正在修建的中巴公路掩埋,造成公路中断(图 2-3)。

图 2-2　中巴公路 K1611+178 处卡拉肯桥桥下淤积　　图 2-3　中巴公路 K1614+112~216 段被掩埋

2.4.2 公路泥石流冲击损毁危害

泥石流直接冲毁公路建(构)筑物,是最严重的突发性灾害之一,往往会对公路主体结构造成破坏,从而造成长时间交通堵塞。泥石流冲击损毁可以是泥石流直接作用于公路,造成路面、桥梁、涵洞及墩台等构筑物损毁,也可以是泥石流流体中的巨大块石撞击公路防护工程。如2016年9月3日,新疆和田地区民丰县持续强降雨,进而引发泥石流灾害,G315线民丰县—于田县约20km公路被冲毁,10处桥梁受损;中巴公路K1573+600段修建了一座跨盖孜河桥,用以连通中巴公路与克鲁格阿特村,2015年由于泥石流引起公路水毁,该桥引道部分被冲毁(图2-4);中巴公路K1611+178段2016年建设中的中桥,在冰川沟谷型泥石流冲击下,桥墩被掩埋,桥桩被损毁(图2-5)。

图2-4　跨盖孜河桥梁引道被冲毁

图2-5　中巴公路K1611+178处被冲毁的中桥

2.4.3　公路泥石流冲刷淘蚀危害

泥石流冲刷淘蚀主要有下蚀、侧蚀和磨蚀三种形式。若泥石流下切淘蚀沟床,引起沟床加深,掏空公路建筑物和护岸工程的基础,则产生倾倒破坏(张龙等,2015);若泥石流侧蚀沟床,则导致岸坡失稳,诱发崩、滑等次生灾害,若泥石流侧蚀路基坡脚,则引发路基滑塌,进而危及公路路基和路面;若泥石流磨蚀泥石流排导工程和防护工程,将对圬工和混凝土结构造成磨损破坏,进而影响工程耐久性和正常功能。中巴公路K1603+080~K1604+065段,在山洪泥石流冲刷淘蚀作用下,护坦被冲毁,挡墙变形和基础脱空共计265m,挡墙倾斜倒塌路段约60m(图2-6)。2010年8月发生的G217线天山公路水毁泥石流灾害,共造成路基损毁114处,总长约13.4km(图2-7)。

图2-6　中巴公路K1603~K1604段路基损毁

图2-7　G217 K963+000处的路基防护损毁

2.4.4 公路泥石流漫流改道危害

漫流改道是泥石流堆积区的普遍灾害现象,其不同于一般的宽河漫流及平坝漫流,而是泥石流由流通区向堆积区运动过程中,因比降降低,流速减小,原有流路被固体物质堵塞,导致泥石流漫流改道。泥石流漫流改道,使公路及桥梁布置不易与泥石流多变的流向相适应,导致下游公路和桥涵极易被冲毁和淹没,危害较大。中巴公路奥布段 K1601+300 处艾尔库然泥石流沟每年均发生泥石流,由于漫流改道和沟道堵塞明显,常造成泥石流掩埋公路、涵洞失效,影响的公路路段长度达到 500m(图 2-8、图 2-9)。

图 2-8 艾尔库然泥石流掩埋公路

图 2-9 艾尔库然沟泥石流漫流改道

2.4.5 公路泥石流堵河淹没危害

泥石流常以河道为排泄场所。当泥石流规模较大时,就可能堵塞主河,形成堰塞坝和堰塞湖,进而淹没上游公路建筑物,危害集中且范围较大;一旦堵河溃决,下游公路也会遭受毁灭性破坏。公路泥石流堵河淹没危害包括三种情况:

(1)泥石流与公路不同岸。当公路靠山体一侧净宽有限时,往往沿河道边缘展布,而对岸泥石流快速汇入河流后在河道内淤积,从而逐步压缩河道宽度,水位上涨,淹没上游公路、冲毁路基。

(2)堰塞坝溃决。泥石流形成堰塞体发生溃决后将形成溃决洪水,规模大且冲击力强,这种超常洪水将对下游道路造成毁灭性破坏。

(3)泥石流与公路同岸。公路沿泥石流堆积区边缘布设,且堆积区段坡度陡,大规模泥石流可快速流动至公路路面,并越过路面排入河中造成主河淤积,形成壅水冲刷路基。

如 2007 年 8 月 4 日,中巴公路 K770+660 处发生大型泥石流,破坏公路路基,堵塞红其拉甫河,形成堰塞湖,交通中断近一个月(廖丽萍等,2013)。2015 年 8 月,中巴公路 K1609+700~800 段,公路对岸暴发大型泥石流,短暂阻断了盖孜河,改变原有河道,导致河流淘蚀公路下边坡引发路基垮塌(图 2-10)。2016 年 7 月 6 日,新疆喀什地区叶城县柯克亚乡六村发生特大滑坡泥石流灾害,造成多处堰塞坝,堵塞河道,发生串联式溃决而形成堵溃型泥石流(图 2-11),冲毁道路(曾庆利等,2016)。

图 2-10　中巴公路 K1609 处泥石流堵塞河道

图 2-11　叶城"7·6"泥石流堵塞河道

2.4.6　公路泥石流顶托冲毁危害

顶托冲毁危害,泛指由于江河两岸滑坡、泥石流的堆积,侵占河床,压缩江河的过流断面,产生挑流作用从而改变主流线,使洪水直冲彼岸坡脚,形成强烈的淘蚀,进而产生顶冲的恶性循环。由于江河主流线的改变,侵蚀了沿河公路路基,造成公路下边坡坍塌,冲刷支沟桥基,使桥墩局部下沉、桥梁变形,严重影响公路的正常运营。如中巴公路 K1609 + 715~812 段,在对岸泥石流顶托作用下,盖孜河被挤压而冲刷公路下边坡,造成路基毁损,使得必须在坡脚设置 90m 路堤墙,墙高 12m,临河侧设置矶头坝,估算经费 800 多万元(图 2-12)。

a) 2015 年损毁时

b) 2017 年重建后

图 2-12　中巴公路 K1609 + 715~812 段路基被顶托损毁

2.5　公路泥石流灾害性分级

根据公路工程等级、泥石流活动规模和危害程度(泥石流灾害防治工程勘查规范,2006;康志成等,2004;唐邦兴,2000),确定新疆地区泥石流灾害等级为 4 等 16 级,见表 2-3。

新疆地区公路泥石流灾害等级　　　　　　　　　　表 2-3

灾害分级	危害对象 \ 危害程度 \ 活动规模	小 轻灾 （轻微危害）	中 一般灾 （一般危害）	大 重灾 （严重灾害）	特大 特重灾 （特大危害）
Ⅰ	高速公路	1	2	3	4
Ⅱ	一级公路	1	2	3	4
Ⅲ	二级公路	1	2	3	4
Ⅳ	三级公路及以下等级	1	2	3	4

2.5.1 按活动规模划分

按百年一遇频率，用配方法计算一次泥石流总量或按形态调查法确定的历史上最大一次泥石流总量划分，见表 2-4。

泥石流活动规模等级　　　　　　　　　　表 2-4

分 类 指 标	特大型	大型	中型	小型
一次冲出固体物质量（$10^4 m^3$）	>50	20~50	2~5	<2
泥石流峰值流量（m^3/s）	>200	100~200	20~100	<20

注："一次冲出固体物质量"和"峰值流量"不在同级时，按就高原则确定规模等级。

2.5.2 按危害程度划分

（1）根据泥石流灾害一次造成的死亡人数或直接经济损失，可分为特重灾、重灾、一般灾和轻灾 4 个灾害等级，见表 2-5。

泥石流危害程度等级　　　　　　　　　　表 2-5

危害程度等级	特重灾	重灾	一般灾	轻灾
死亡人数（人）	>30	10~30	3~10	<3
直接经济损失（万元）	>1000	500~1000	100~500	<100

注：灾度的两项指标不在同级时，按就高原则确定危害程度等级。

（2）对潜在可能发生的泥石流，根据受威胁人数或可能造成的直接经济损失，可分为特重灾、重灾、一般灾和轻灾 4 个潜在危害程度等级，见表 2-6。

泥石流潜在危害程度等级　　　　　　　　　　表 2-6

危害程度等级	特重灾	重灾	一般灾	轻灾
受威胁人数（人）	>1000	500~1000	100~500	<100
可能造成直接经济损失（万元）	>10000	5000~10000	1000~5000	<1000

注：潜在危害程度等级的两项指标不在同级时，按就高原则确定危害程度等级。

在划分危害程度时，上述各种损失只要有一种达到该程度即可。灾害等级划分的目的是分析灾害的严重性，确定防治工程的等级和标准。在划分等级时，应与有关标准（如防洪标准等)结合考虑。

2.5.3 单沟泥石流活动性定性分级

根据泥石流活动特点、灾情预测,其活动性可划分为低、中、高和极高 4 级(表 2-7)。

单沟泥石流活动性分级表　　　　　　　　　表 2-7

泥石流活动特点	灾 情 预 测	活动性分级
能够发生小规模的极低至低频率泥石流或山洪	致灾轻微,不会造成重大灾害和严重危害	低
能够间歇性发生中等规模的泥石流,较易由工程治理所控制	致灾轻微,较少造成重大灾害和严重危害	中
能够发生大规模的高、中、低频率泥石流	致灾较重,可造成大、中型灾害和严重危害	高
能够发生特大规模的高、中、低、极低频率泥石流	致灾严重,来势凶猛,冲击破坏力大,可造成特大灾难和严重危害	极高

3

新疆公路泥石流野外调查与室内试验

3.1 公路泥石流沟判别

在公路选线过程中，必须对沿线泥石流沟进行调查，做好预防工作。勘查设计期间对泥石流漏判、错判、或防治力度和标准不足，将给后期的公路养护带来困难，甚至对交通运输设施造成严重威胁，使得后期必须投入更多财力来加大灾害整治力度或进行线路整改。因此，在泥石流地区进行公路设计时，必须对泥石流沟进行详细勘查，根据相关指标按一定的程序判别泥石流沟，并掌握其形成条件、性质、类型、成因机制、规模及发展趋势等，进而采取有效的工程防治措施，避免或减小泥石流的危害。

泥石流沟的判别是目前研究的重要问题之一，其宗旨是正确区分一般的洪水沟和泥石流沟。谭炳炎从地形地貌和水文地质等方面，对泥石流沟进行统计打分法判别（谭炳炎，1989）。陈宁生归纳出泥石流沟判识的必要条件是泥石流形成的基本条件，泥石流判识的充分条件是泥石流的活动遗迹（陈宁生等，2011）。依据沟谷的地形、地貌和地质水文等特征,从泥石流的产流条件和运动行迹,按照一定的程序来综合判断泥石流沟,是目前最常用的方法。

3.1.1 泥石流沟判别依据

凡是发生过泥石流或存在产生泥石流潜在危险的沟谷被称为泥石流沟。泥石流沟的认定有三种情况:

①肯定某条沟为泥石流沟。

②肯定某条沟不是泥石流沟。

③某条沟可能是泥石流沟。

判别泥石流沟有必要条件和充分条件:必要条件包含松散固体物质、地形条件和水动力条件,只有满足泥石流形成的基本条件,该沟才有可能为泥石流沟;充分条件包括泥石流的活动遗迹与历史资料,以及泥石流运动和堆积痕迹,某条沟道只要具备其中一个条件,就可判定为泥石流沟。泥石流沟判别程序如图3-1所示。

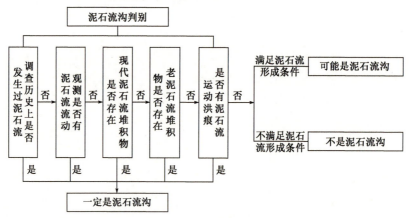

图3-1 泥石流沟判别程序

3.1.2 泥石流沟判别的充分条件

1) 观测到有泥石流活动

如果观测到某条沟道有泥石流正在活动,那么这条沟道肯定是泥石流沟,这是最简单也最准确的判定泥石流沟道的方法。但是泥石流暴发的偶然性比较大,如果不是固定设置观测站,不容易直接观测到泥石流的暴发。用直接观测的方法来判断泥石流沟虽然简单,但是由于泥石流的特殊性,许多沟道不能用该方法判断,需要用其他方法来判定。

2) 历史上是否发生过泥石流

泥石流来势凶猛,破坏力强,往往给当地居民带来严重的危害。在判识沟谷是否为泥石流沟道时,可以对几位熟悉情况、年纪较大的当地群众进行访问座谈,请他们详细回忆当时情况,并到现场指认痕迹,讲述泥石流暴发时的各种情况。如对于中巴公路沿线奥布段老虎嘴对面的克拉牙依拉克泥石流沟,曾向当地居民调查泥石流灾害发生的相关资料,得知100年前公格尔九别峰冰川曾有一次冰川消融下滑堵塞沟道形成堰塞湖,并于当年6月初发现河流断流,6月下旬堰塞湖溃决后形成巨大泥石流(泥石流峰高约100m),夹带如牛、羊、毡房一样大的巨石沿盖孜河下泄,沿途冲毁大量林木,直至疏勒县罕南力克乡停止。由于当时人口稀疏,并未造成太大危害和损失,但也没有这方面的文字或影像记载。调访主要内容如下:

①泥石流所造成的灾害,并要注意区分山洪和泥石流。
②灾害发生时间、规模、次数、持续时间以及历次泥石流暴发的具体过程等。
③泥石流流体的性状,包括流态、含泥沙块石的数量、流动时的声响、状态以及沟谷其他情况,如垮塌、震动等。
④堆积物状况,包括有无堆积扇存在、堆积扇形状、堆积物组成、大石块的粒径、有无超高抛高残留物等。
⑤流体过后,山坡、沟道、沟岸破坏情况,沟床冲淤及堵塞情况。
⑥泥痕(泥位)及其位置高度。
⑦伴生现象,包括降雨量、降雨历时、降雨强度、气温变化、高温及持续时间、地震、滑坡、崩塌等。

3)有泥石流堆积物

泥石流堆积可分历史泥石流堆积和现代泥石流堆积。虽然同是泥石流堆积物,现代泥石流堆积比较容易判定,但历史泥石流堆积由于新构造运动等因素的影响,堆积物往往被深埋地下或者堆积于山坡较高的地段,需要根据其组成物质的特征,判定是否为泥石流堆积物。通过对沟谷或沟口混杂堆积物的调查与分析,能够鉴别其是否为泥石流沟道,具体特征包括堆积物形态、堆积物特征和颗粒特征等。位于宽谷段的泥石流沟道,泥石流堆积扇发育完整,堆积特征明显,易于鉴别;若位于峡谷段,主河冲刷往往使堆积扇残缺不全,但仍能保留部分堆积物特征;若主河侵蚀严重,堆积扇完全被冲刷掉,这样的沟谷就不能用此方法判别。

(1)堆积物形态

泥石流堆积扇在断面上呈锥形,在平面上呈扇形,其纵、横比降较大,且表面垄岗起伏,坎坷不平。而洪积扇纵、横比降小,表面较为平整。泥石流常常在沟道下游留下残留堆积和堤状堆积。

(2)堆积物特征

在堆积剖面上,一般可用表泥层或粗化层将泥石流堆积分为若干层次,每层代表一次泥石流活动,层内黏土、沙、砾石粗细混杂,无分选,粒径相差悬殊。稀性泥石流沿程停积物可明显地显示定向排列和分选性,堆积物结构松散,层次不明显,透水性强,而且表面易于漫流改道;黏性泥石流流路集中,不易分散,堆积物分选性差,整体结构特征保持较完整,结构密实,层次分明,透水性弱。

(3)颗粒特征

泥石流堆积物通常磨圆度较差,大多为棱角状或次棱角状的颗粒,有时泥石流流体中的砾石会存在碰撞擦痕。与冰川擦痕比较,泥石流擦痕短而浅,擦面粗糙。黏性或偏黏性泥石流堆积物中常常有泥球或泥裹石。

4)有泥石流运动的痕迹

一般而言,泥石流的规模比同一沟谷的山洪规模大,泥位也比洪水位高,只要没有受到人为影响和破坏,泥石流痕迹能够保存较长时间,也容易被发现和判识。具体判别标准包括残积物、抛高和超高堆积物、擦痕、特殊颜色和形态等其他痕迹。泥石流活动痕迹是判识泥石流沟最有力的标志,除擦痕不能单独作为判别依据外,在一个沟谷中,只要发现其中任何一种痕迹,都可判定其为泥石流沟道。

(1)残积物

泥石流过后,在沟道两侧地形变化处、基岩裂缝中、沟谷两侧较高部位、树杈、树皮、杂草间及建筑物上,都会遗留泥石流物质。

(2)抛高和超高堆积物

泥石流在直进中遇到障碍物(孤石、建筑物、陡坎等)形成上抛运动,会在这些障碍物上留下高于正常面(泥位)的堆积物;泥石流流经弯道时,在凹岸强烈碰撞产生超高,会在低于超高高度的沟岸留下堆积物。

(3)擦痕

泥石流过后,在弯道凹岸和顺直段两岸基岩面上常留下冲蚀、刻蚀痕迹,如冲光面、冲击坑、擦痕等,由于其他应力也可以形成类似痕迹,这一指标需与其他指标配合使用。

(4)其他痕迹

泥石流过后,还会留下一些具有特殊颜色和形态的特征,如桥墩、桥台、挡土墙等公路构筑物被冲毁后,在其表面留下的残痕。泥石流老堆积扇上长有杂草等植被,堆积物颜色较深;新泥石流冲刷后沟道内基本无植被,且多残留灰白色痕迹。如中巴公路艾尔库然沟该类残痕十分明显(图3-2、图3-3)。

图3-2 中巴公路艾尔库然沟老堆积体

图3-3 中巴公路艾尔库然沟泥石流残痕

3.1.3 泥石流沟判别的必要条件

某些沟道可能从未发生过泥石流活动,或者虽然暴发过泥石流,但因年代久远,已经被当地居民忘记且难以找到泥石流留下的痕迹。然而,这些沟道往往会在条件成熟的时候暴发泥石流,并造成极大的损失。这种情况下,需要通过泥石流形成的基本条件来分析沟道是否为泥石流沟,为公路泥石流防治提供依据。泥石流形成的基本条件包括松散固体物质的供给、地形能量与水源供给条件,其相互关系如图 3-4 所示。

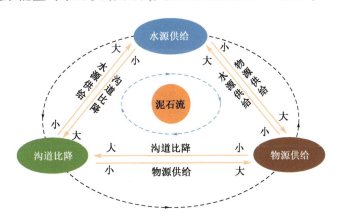

图 3-4　泥石流形成与水源、物源及地形关系示意图

1) 松散固体物质的供给条件

构造断裂、地层岩性、风化侵蚀等对松散固体物质供给有重要作用,直接决定物质供给储量与难易程度。

(1) 构造

沟谷处在活动大断裂附近,沟内有破碎带存在,断层、节理、裂隙发育,岩体比较破碎。

(2) 岩性

沟内出露软硬相间或软弱易风化岩层,如泥岩、页岩、千枚岩、胶结差的半成岩地层;存在土类堆积物、抗风化能力弱的花岗岩等;存在较厚实的残坡积层,并与其下基岩之间有相对不透水层。

(3) 侵蚀

沟内崩塌、坍塌、滑坡等重力侵蚀比较活跃,分布相对集中;水土流失、坡面侵蚀比较强烈;物理风化比较发育。图 3-5 为伊犁 S316 公路阿克萨依泥石流沟,沟内存在大量黄土滑坡,当沟道两侧大型滑坡发生时极易堵塞沟道;图 3-6 为中巴公路 K1613 处冰川型泥石流沟,由于山体受冻融、物理风化剥离,冰川融水冲刷大量堆积物,极易暴发泥石流。

2) 地形能量条件

在地形能量条件中,流域特征、沟道比降与坡面坡度决定泥石流运动能量的大小,特

图3-5 伊犁S316公路阿克萨依泥石流沟内大型滑坡堵塞沟道

图3-6 中巴公路K1613处冰川型泥石流沟

别是流域面积与沟网密度、沟道形态与比降、山坡坡度与高差等。

(1) 流域特征

流域多为漏斗形、条形,相对高差通常在300m以上,坡面泥石流的相对高差一般在200m以上;沟谷切割比较强烈,沟网密度较大。

(2) 沟道特征

沟床平均比降一般在100‰(坡度5.7°)以上,启动段沟床比降一般大于260‰(坡度14.6°),部分衰退期泥石流沟沟床平均比降常常小于100‰;沟道中部多为峡谷地形,存在陡坎和跌水。图3-7a)为中巴公路K1609+300处泥石流沟纵断面图,沟道上陡下缓,上游沟道坡度多在20°~45°之间,下游坡度多大于10°,十分有利于泥石流流量汇聚,且沟道狭窄,存在较多的天然陡坎,如图3-7所示。

(3) 坡面坡度

山坡较陡,平均坡度一般大于25°,利于滑坡发育和水土流失。

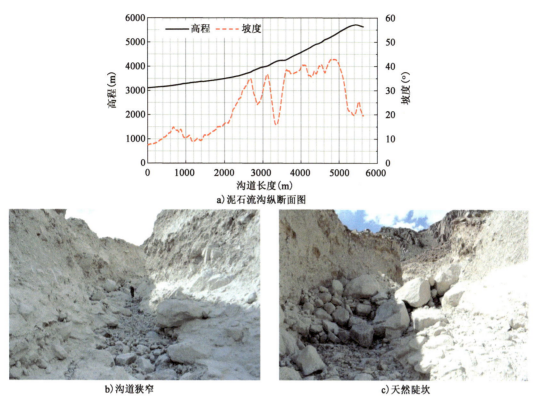

图 3-7　中巴公路 K1609+300 处泥石流沟沟道特征

3）水源补给条件

在水源补给条件中，水源补给类型决定了泥石流类型和规模大小，包括降雨、冰雪融水和溃决洪水。

（1）降雨

根据相关资料显示（张学文等，2006），2010—2015 年，新疆年平均降水量为165.5mm。从空间分布来看，天山山区面雨量最大，约占全疆面雨量的 40.4%，该区域年平均降水量为 409.1mm；北疆地区次之，占 34.3%，年平均降水量为 277.3mm；南疆地区最少，约为 25.3%，年平均降水量仅有 66.2mm。

（2）冰雪消融

在高寒山区，流域内通常有冰川积雪，这些地区在春季平均气温较高时，会产生大量冰雪融水，冰雪融水形成的径流有时会冲刷松散堆积物，转化为泥石流；若雨热同期出现，则更易激发泥石流。如伊犁地区，冬季气温相对温和，春季迅速升高，逆温效应明显，在春季常形成以融雪径流或降雨+融雪径流为诱发条件的泥石流（卢刚，2005）。

（3）溃决洪水

沟道上游经常发育有稳定性较差的各种坝体，如强度较低的塘库水坝，滑坡、崩塌、地震引起松散堆积物堆积而成的天然堆石坝,冰碛堰塞坝等。一旦坝体溃决,溃坝洪水会侵蚀沿途的松散堆积物,导致泥石流的发生。

新疆洪水溃决沟道分布也较为常见,由泥石流形成的坝体一旦溃决,危害巨大。如新疆克孜河上游的恰尔阿依格尔沟,历史上曾多次形成泥石流天然坝,溃决后造成毁灭性灾害(赵鑫,2009)。

3.1.4 泥石流沟判别

综上所述,凡是土源、地形、水源三种条件良好组合的沟谷,都有可能发生泥石流。如满足充分条件之一,即已经发生过泥石流的沟谷,属于泥石流沟道;若满足泥石流形成的条件,虽然以前不一定发生过泥石流,但当条件适宜时,将会暴发泥石流,亦属于泥石流沟道;对于任何一个必要条件不具备的沟谷,不管其他条件是否发育充分,在相当长的时间内,只要其条件不会改变,则不会导致泥石流的发生,这种类型的沟道不属于泥石流沟;此外,必要条件都具备而某些条件不满足泥石流发生要求的沟道,在一般条件下不会暴发泥石流,但是在特殊条件下(如强地震、强降雨等)还是可能暴发泥石流,这类沟道是否会发生泥石流,不易确定,属于可能的泥石流沟。总的来说,对于一条沟的判识,往往要将必要条件和充分条件配合使用,并综合考虑当地地震、降雨、人类活动等因素,才能准确地判定其是否为泥石流沟。

3.2 公路泥石流遥感调查

20世纪80年代以来,遥感技术取得了长足发展,开始在泥石流地质灾害等流域调查中应用。1990年以后,遥感技术已经逐步成为泥石流调查过程中不可或缺的手段(王治华,1999)。由于新疆地区地广人稀,泥石流灾害的调查经常受自然条件及人力物力的限制,而遥感技术可以有效快速地对泥石流勘查过程中的难点和盲区开展调查,同时还可以对泥石流分布、流域内不良地质体分布、泥石流形成区植被覆盖率、流域土地利用特征等方面进行调查(冯杭建等,2008)。图3-8为公路泥石流遥感影像调查与分析流程。

3.2.1 泥石流遥感影像

1)航空影像

航空影像一般分彩色和黑白两种,其特点为空间分辨率高,可立体成像,能够为泥石流的调查提供较为精确的地形、地物信息,是泥石流遥感调查的理想图像(申朝永等,2013)。但航片飞摄的成本高,多时段图像信息获准难,图像质量受天气条件影响较大。

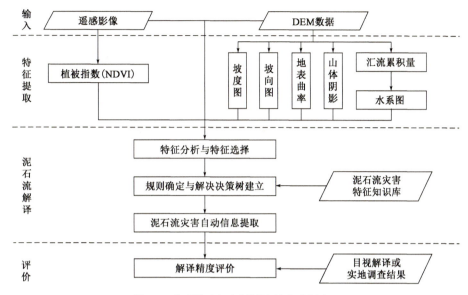

图 3-8　公路泥石流遥感影像调查与分析流程

2）卫星影像

卫星影像一般利用多光谱拍摄,其特点为光谱分辨率很高,且可以周期性得到实时影像,为泥石流的调查分析提供了有效途径。常用的卫星影像有以下几种。

(1) TM 影像

TM 影像是由美国陆地卫星 4~5 号专题制图仪所获取的多波段扫描影像,包含 7 个波段,主要特点为较高的空间分辨率及波谱分辨率、极为丰富的信息量和较高定位精度(任海燕等,2007)。但 TM 影像受天气影响非常大,云层会在影像上形成阴影。TM 影像在泥石流灾害解译中的最大弱点是缺少立体视觉,这一缺点可通过 DTM 来补偿。

(2) SPOT 影像

SPOT 影像是由法国 SPOT 卫星高分辨率多波段扫描仪(HRV)获取的遥感影像,包括全色和多波段两种。SPOT 影像的分辨率有 2.5m 的全色波段和 5m 及 10m 的多波段(陈文平等,2008)。SPOT 影像受天气影响也很大,但克服了 TM 影像没有立体视觉的缺点,是泥石流灾害遥感解译中较为常用的影像。图 3-9 为我国辽宁葠窝水库 SPOT5,分辨率为 2.5m。

(3) 雷达卫星影像

随着雷达卫星技术的不断发展,其影像也开始广泛应用于泥石流遥感调查中(宋云等,2011)。雷达卫星影像是一种主动式遥感影像,几乎不受天气影响,对冰、雪、森林、土壤具

图 3-9　中国葠窝水库 SPOT5(分辨率 2.5m)

有一定穿透力。新疆公路泥石流灾害主要集中在山区等地,常见阴、雨、雾等天气,雷达卫星影像是进行新疆公路泥石流灾害解译和分析的理想影像。

目前雷达卫星影像主要有 ERS-1、JERS 和 RADARSAT 等。其中 ERS-1、JERS 不适用于山区,而 RADARSAT 适用于山区,可成为泥石流解译的理想雷达卫星影像。

(4)高分辨率卫星影像

随着遥感技术的不断进步,近几年高分辨率卫星技术突飞猛进,为泥石流灾害遥感解译提供了更为精确的影像(刘玲等,2014)。1999 年 9 月 24 日,美国 Spacing Imaging 公司发射了世界上第一颗提供高分辨率卫星影像的商业遥感卫星伊科诺斯(IKONOS)。2001 年 10 月 18 日,美国 Digital Globe 公司最先提供了世界上亚米级分辨率的商业卫星快鸟(QuickBird),影像空间分辨率为 0.61m,可以提供更专业的泥石流解译。2006 年,日本地球观测卫星大地号(ALOS)采用了先进的陆地观测技术,可同时提供全色(分辨率 2.5m)、多光谱(分辨率 10m)及 L 波段 SAR 数据。2014 年 8 月 19 日,我国自主研制的首颗高分辨率民用遥感卫星高分二号(GF-2)成功发射,达到了国际先进水平。图 3-10 为新疆布伦口水库高分二号卫星影像图,分辨率为 0.8m。

图 3-10　新疆布伦口水库高分二号卫星影像图
(分辨率 0.8m)

(5)Google Earth 的卫星影像

Google Earth 的卫星影像,并非来自单一数据,而是整合了不同区域的卫星影像和航拍数据(方成等,2011)。由于 Google Earth 影像来源不同,不同区域采用的图像分辨率存在差异,所以在运用 Google 影像的时候要具体区域具体分析。对于新疆公路泥石流多发区域,高分辨率的 Google 影像是进行泥石流、滑坡等灾害解译和分析的理想影像。

(6)高分交通数据

在国家国防科技工业局(以下简称国防科工局)《高分辨率对地观测系统重大专项实施方案》的总体任务要求下,依托中国公路工程咨询集团有限公司,组建了"高分辨率对地观测系统交通运输行业数据中心"(以下简称高分交通数据中心)。高分交通数据中心是国防科工局认定的,代表交通运输行业与中国资源卫星应用中心进行数据专线对接,接收全国高分系列卫星数据推送,为交通运输行业提供数据分发服务的行业高分数据中心。

高分数据主要来源于我国高分一号、二号、三号和四号卫星,其中高分二号卫星每天可实时推送 400 余景影像(约 400G),卫星监测范围覆盖全球,目前可接受 100% 全国陆海领土、70% 亚洲疆土以及 50% 其他陆地区域的高分辨率数据。高分一号卫星配置了 2 台

2m 分辨率全色/8m 分辨率多光谱相机和 4 台 16m 分辨率多光谱宽幅相机；高分二号卫星配置了 2 台 0.8m 分辨率全色/3.2m 分辨率多光谱相机；高分三号卫星为合成孔径雷达成像卫星，最高分辨率可达 1m；高分四号卫星配置了 1 台大面阵凝视相机，具有可见光近红外通道和中波红外通道(梁树能等，2015)。

基于高分卫星遥感影像，结合路网监控和应急需求，及时提取新疆地区公路泥石流灾害、公路泥石流灾害评估、灾后路段运行、道路损毁等信息，能够为防灾减灾及灾后应急提供服务，为公路运行管理部门决策提供重要支持。

3.2.2　泥石流遥感解译方法

1）直接解译法

遥感影像可以直观地反映泥石流地表现象(邓辉，2007)，根据影像特点，可做出以下解译：

①明确泥石流沟流域边界；

②对泥石流流域基本特征进行解译，主要包括泥石流沟长度、堆积扇体特征等；

③对流域内补给物源进行解译；

④调查泥石流沟流域背景条件等。

2）多时相遥感影像对比法

通过对比多时相遥感影像，可以观察到同一流域不同时相泥石流形成条件的演化特征，同时还可以通过不同类型遥感影像的对比来确定泥石流形成条件特征。

3）不同比例尺航空、卫星影像结合法

通过不同比例尺卫星影像和航片的配合使用，可分别从宏观和微观两方面对泥石流特征进行解译(黄端，2016)。通过小比例尺遥感影像，可以对泥石流流域概况、空间分布及地质构造等条件进行一定判别。通过大比例尺遥感影像，可以基本确定泥石流松散物源分布范围、空间位置及赋存方量等信息。

4）综合解译法

在对泥石流进行遥感解译过程中，应综合考虑泥石流的环境背景信息，主要包括地形地貌、地质构造、植被土壤、人类活动及气象水文等方面，这些暴露于地表的信息都可以通过遥感影像获取。充分地参考这些信息，可以有效地增加泥石流解译的精确性(图 3-11)。

3.2.3　泥石流遥感解译特征

泥石流一般可分为形成区(物源区)、流通区和堆积区三个区，如图 3-12 所示。形成区(物源区)多呈不规则形状，地形陡峭，基岩风化强烈，松散物源量储存量丰富，常伴随崩、滑灾害形成。流通区沟谷一般较窄且直，沟谷岸坡相对稳定，纵坡比形成区地段相对缓。堆积区通常位于沟口处，平面形态多呈扇状，表面无明显沟道，纵坡相对平缓，色调多表现为浅色(常鸣，2014)。

图 3-11　中巴公路奥布段泥石流 Google Earth 影像

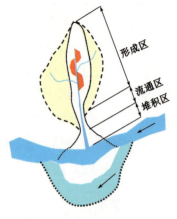
图 3-12　泥石流分区示意图

通常相对标准型的泥石流可以通过高分辨遥感影像清楚地辨认出形成区、流通区和堆积区的形态特征,同时还可以对泥石流的类型及危害对象进行具体分析。图 3-13 为中巴公路布伦口水库泥石流遥感影像图。

图 3-13　中巴公路布伦口水库泥石流遥感影像图

并不是所有泥石流都符合标准型泥石流解译时的特征,如有的泥石流三区特点不明显或者未见明显的堆积区等,这些泥石流很容易在解译过程中被误判为清水沟。不过,只要熟悉掌握标准型泥石流的解译特征,并结合区域地貌、地层岩性、地质构造及现场调查等方面的情况,其他类型泥石流也不难辨别。总而言之,泥石流的遥感解译应综合考虑泥石流整个流域的背景环境,不能局限于堆积扇的解译。

另外,对于冰川型泥石流不能按暴雨型泥石流的标准进行解译,冰川型泥石流形成区覆盖有大量冰雪,融雪径流为泥石流主要水动力条件,流通区和堆积区界限不明显,有些流通区就是堆积区。冰川型泥石流的解译主要看形成区是否位于雪线之上,这通常需要通过多时相的遥感影像和当地气象资料等来辨别(毛耀保,1998)。

3.2.4 泥石流遥感解译案例

以新疆中巴公路奥布段为例,说明遥感技术在泥石流勘查中的应用,并利用遥感和 GIS 技术对研究区泥石流及其环境背景进行解译分析。

研究区在大地构造上属西昆仑褶皱系,区域分布主要断裂带为盖孜—库地断裂带和哈拉斯坦—奥依塔格断裂带,并且在公路沿线发育多条次级小型断裂带。地形地貌大致划分为高山地貌、中山地貌、洪积扇地貌、盖孜河河床漫滩地貌和河流阶地地貌 5 个地貌单元。其中,研究区南部以高山地貌为主,海拔高程在 3000m 以上,相对高差较大,侵蚀切割作用强烈;东北部则主要为中山地貌,海拔在 2000～3000m 之间,剥蚀切割作用强烈,多见山谷地貌。在南部高山区间河流侵蚀下切作用强烈,沟谷较深,多为 V 形;在北部即盖孜河下游,多为宽敞河床沟谷地貌,堆积作用明显。研究区古生界至新生界地层皆有分布,主要地层包括片麻岩、片岩、板岩、灰岩、砂砾岩以及含煤碎屑岩,地层条件较为复杂,易受冻融和风化侵蚀破坏,为泥石流提供了丰富物质来源。由于研究区地质环境恶劣,多数泥石流源区的调查十分困难,因此需借助遥感手段分析泥石流分布及其发育环境。

1) 影像获取

实验采用的遥感影像为 ALOS PALSAR 于 2010 年 3 月 15 日获取的数据,空间分辨率为 12.5m。实验中同时采用了 1:50000 的 DEM 数据。通过数字化后的地形图对遥感影像进行几何校正处理,如图 3-14 所示。

2) 影像分类

利用 ENVI 5.1 对影像进行分类,初步确定为裸地、冰川及永久积雪、水体、森林、湿地等几类,提纯样本后分别采用最大似然法和最小间距法分类;再将分类结果导入 ArcMap,对其分类边界进行矢量化,得到研究区地表覆盖类型,如图 3-15 所示。

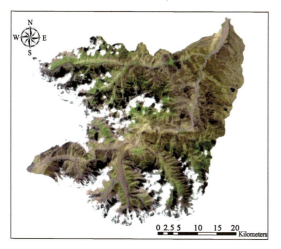

图 3-14　研究区遥感影像

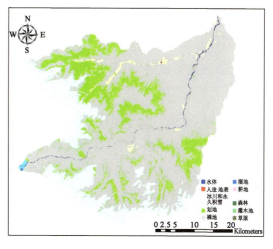

图 3-15　研究区地表覆盖类型

3)地形起伏度

地形起伏度也称相对高度或相对高差,是影响泥石流形成的重要因素之一。基于 DEM 数据,通过对图 3-16 进行统计、分析,结果表明:研究区地形起伏度以中起伏为主,占研究区总面积的 70.15%;小起伏占 16.41%;微起伏和大起伏所占比例很少,分别为 5.28% 和 8.16%;主要地貌类型为切割高山、切割山地。

4)水系提取

泥石流的发育与水系关系密切,因此,解译泥石流灾害点时要进行水系提取分析。采用 ARCGIS10.5 的水文分析模块提取研究区的水系分布,如图 3-17 所示,研究区河网密度为 0.72km/km²。

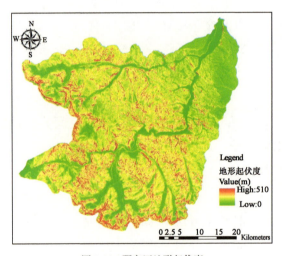

图 3-16 研究区地形起伏度

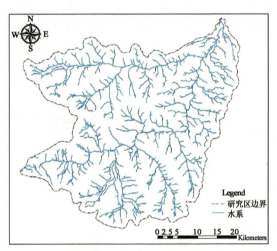

图 3-17 研究区水系分布图

5)坡度计算

泥石流的形成区、流通区和堆积区均与坡度有关,因此,要解译泥石流信息,需要提取分析研究区的坡度信息。基于 DEM 数据,利用 ARCGIS10.5 绘制出研究区的坡度图,结果如图 3-18 所示。通过对研究区各坡度百分比进行统计,得出:研究区以 15°~35°的陡坡和 35°~55°的极陡坡为主,分别占研究区总面积的 42.74% 和 34.19%;平缓坡(0°~15°)和陡壁所占比例很少,分别为 19.18% 和 3.89%。

6)泥石流灾害点遥感解译

综合分析泥石流的形成区、流通区和堆积区的影像特征,对泥石流灾害点进行人工解译,共获取 75 处泥石流灾害点,如图 3-19 所示。

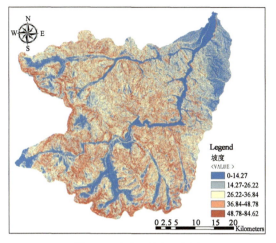
图 3-18 研究区坡度示意图

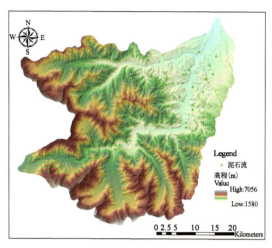
图 3-19 研究区泥石流灾害点信息

3.3 公路泥石流野外调查

泥石流野外调查是获取一手资料的重要途径,是科学判别泥石流的重要依据(欧阳猛,2008)。野外调查主要目的是查明泥石流的形成环境与周边关系,其发生、发展过程及其历史上的和现在的活动规律与规模;判明泥石流的发展趋势及其对公路危害作用与程度,论证治理泥石流方案的可能性与可行性;对于地处泥石流区域、未产生过泥石流而又具有潜在可能的沟谷,应作出是否有可能成为泥石流沟的判释。结合新疆地区地广人稀的特点,野外调查内容应主要包括自然地理调查、地质调查、泥石流活动性调查、人类活动调查及冰川泥石流调查等。

3.3.1 自然地理调查

1)流域位置

泥石流流域位置包括经纬度坐标、海拔和自然地带性特征等。通过查阅比例尺1∶50000或1∶100000航测地形图或遥感图,不仅可以确定泥石流所在的经纬度范围和地貌单元,而且可以判别研究区的自然地带性特征。泥石流流域位置可以从宏观上反映其活动规律和特征。

2)地形地貌

泥石流流域的地形地貌对泥石流的形成、运动及规模等方面起着控制性作用,因此,查清泥石流流域的地形地貌至关重要。地形地貌的调查主要分3个层次,分别为区域地貌、流域地貌和沟道地貌。

(1) 区域地貌

区域地貌指泥石流流域所在大区域地貌单元的位置，如高原边缘山区、盆地周边山区、深切沟谷等。区域地貌决定着山区小流域地貌演化的方向和进度，也决定着泥石流发展的趋势。新疆地貌以深大断裂作为山地与盆地之间的分界线，从而形成不同的区域地貌单元。山地与盆地构成新疆地貌的基本单元，山地为隆起剥蚀区，盆地为山区剥蚀物质提供堆积场所（李作武，2016）。故在两大盆地边缘的山前地带，为泥石流最发育、分布最集中的地区之一。如中巴公路奥布段，泥石流频发，在区域地貌上属于天山山脉南支、西昆仑腹地高海拔山区。

(2) 流域地貌

流域的地形地貌要素与泥石流的形成与发展密切相关，调查清楚流域的地貌条件有利于对泥石流沟道以及泥石流形成的能量条件进行判断。流域地貌要素主要有流域面积、水网形态等。

① 流域面积。

流域面积指流域内主沟及支沟的分水岭闭合而成的区域大小。流域面积一般可在大比例尺地形图或者遥感图上量取。

泥石流流域面积的大小一般与水系级别有关。一般以长度最长或者水量最大的河流作为水系的干流，注入干流的河流为一级支流，注入一级支流的为二级支流，以此类推（图 3-20），且不同级别水系的泥石流沟数量不同。

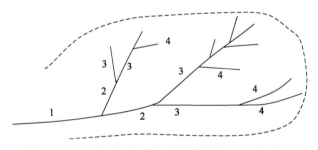

图 3-20　流域水系级别示意图

② 水网形态。

常见的泥石流流域水网形态有柳叶形、扇形及树枝形等，如图 3-21 所示。其中，柳叶形水网汇流时间较长，不易形成泥石流。扇形和树枝形水网汇流时间较短，易形成泥石流。

(3) 沟道地貌

调查沟道地貌主要有沟谷横剖面形态、沟床纵比降、沟道坡地类型、沟道坡向等内容。

① 沟谷横剖面形态。

泥石流沟谷的横断面形态通常有"V"形和"U"形。一般来说，"U"形谷与冰川侵蚀有关，主要分布在高海拔山区，而"V"形谷为河流侵蚀性河谷，分布比较广泛。

a) 柳叶形　　b) 树枝形　　c) 扇形

图 3-21　流域水网形态示意图

②沟床纵比降。

通常情况下,沟床纵比降越大,对泥石流的发生和活动越有利;反之,则不利于泥石流的活动。但是,当纵比降过大时,也不利于松散固体物质累积,泥石流发生的概率也较小。

泥石流主沟平均比降是泥石流形成和运动的重要因素,其数值可在小比例尺地形图上量取获得(周必凡,1991)。具体过程为:先测量自出口断面沿主河道的长度 L 和河道各转折点的高度 H_i 及间距 l_i,如图 3-22 所示。

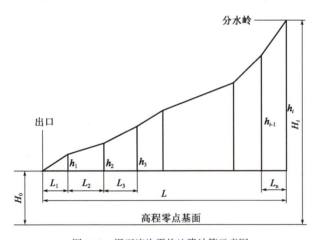

图 3-22　泥石流沟平均比降计算示意图

通过计算各段距离和高差,用下列公式计算沟床比降:

$$J = \frac{(H_0 + H_1)l_1 + (H_1 + H_2)l_2 + (H_2 + H_3)l_3 + \cdots + (H_{i-1} + H_i)l_i - 2H_0\sum l_i}{(\sum l_i)^2}$$

$$= \frac{\sum(H_{i-1} + H_i)l_i - 2H_0 L}{L^2} \tag{3-1}$$

若令出口处断面高程 $H_0 = 0$,则其余各转折点相对高度 $h_i = H_i - H_0$,各点间距 l_i 不变,则上式可写为:

$$J = \frac{h_1 l_1 + (h_1 + h_2)l_2 + (h_2 + h_3)l_3 + \cdots + (h_{i-1} + h_i)l_i}{(\sum l_i)^2} = \frac{\sum(h_{i-1} + h_i)l_i}{L^2} \tag{3-2}$$

式中,H_i、h_i 以 m 计;L、l_i 以 km 计;J 值以千分率(‰)计。

③沟道坡地类型。

沟道坡地类型按照坡度分级可划分为 5 种,分别为平地、缓坡地、斜坡地、陡坡地和崖坡地(表 3-1)。

坡 地 分 级 表　　　　　　　　　　表 3-1

坡地级别	平地(°)	坡地(°)			
		缓坡	斜坡	陡坡	崖坡
坡度临界值	<2	2~15	15~25	25~55	≥55

在新疆山区泥石流中,坡度小于 2°的区域往往为主河区,2°~15°缓坡为泥石流流通和堆积地段,15°~25°斜坡为泥石流流通沟段,25°~55°为重力侵蚀陡坡,是泥石流物源补给区,坡度大于 55°的崖坡为崩塌活动区。

④沟道坡向。

坡向对泥石流的影响主要表现在冰雪的积累和消融、植被分布、覆盖层厚度、基岩风化程度等方面。一般来说,南坡属于向阳地带,受太阳辐射强度大,冰雪消融快,且容易产生大气降水,极易发育泥石流;相反,北坡地带属于阴坡,泥石流形成条件较差,相对不易发育泥石流。坡向示意及分类如图 3-23 和图 3-24 所示。

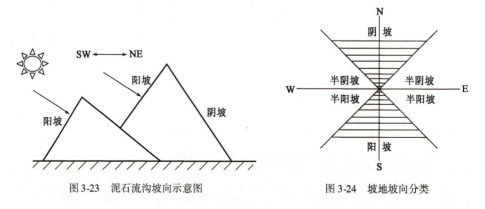

图 3-23　泥石流沟坡向示意图　　　　图 3-24　坡地坡向分类

3)气象水文

年平均气温、年降水量和最大 24h 降水量等这些气候特征值对泥石流活动都有控制性作用。例如,新疆地区的高海拔山区,随着全球气候变暖加剧,在前期丰沛降水或冬春大量积雪配合下,就会频繁出现冰雪消融、冰湖溃决等多种现象,从而激发冰川泥石流并造成很大危害(张学文,2006)。泥石流的水源主要来自大气降水、地下水和冰雪融水等。由于新疆地区处于干旱半干旱地区,泥石流受地下水影响较小,主要是暴雨型泥石流和冰川型泥石流。因此,查明泥石流流域的气象水文特征及其参数,是泥石流勘查的重要工作内容。

(1) 气温条件

气温对泥石流的影响主要表现在春季因气温迅速回升,导致融雪径流对沟谷松散固体物质形成冲刷,最终发生冰川型泥石流。

(2) 降雨条件

降水是调查泥石流流域气候特征的重点对象。要确定泥石流流域的气候特征,可先查阅新疆地区年降水量分布图(图 3-25),再查阅泥石流流域所在市县的气象资料,包括多年平均气温、平均降水等,尤其是与泥石流暴发密切相关的暴雨日数及频率、各时段最大降水量,如 24h 最大降水量(新疆维吾尔自治区水利厅,1999)。

(3) 冰雪融水

冰雪融水是新疆高寒地区,特别是现代冰川和季节积雪地区泥石流形成的主要水源之一。冰川积雪消融径流量与气温、降水和日照等因素密切相关。在升温天气条件下,冰川消融产生的径流与短历时阵性降雨共同作用,易于激发消融型泥石流。冰湖溃决型泥石流常与局地气温的突然上升有关,冰湖溃决当月的极端最高气温通常高于多年同期月平均气温。

在进行冰川泥石流调查时,可先查阅新疆地区冰川分布图,了解拟调查泥石流流域所处位置,再通过当地县志或者地方记载了解冰川积雪消融水量、气温高低、辐射强度、降水量、冰面污化程度等气象水文资料。

(4) 主河水文特征

与泥石流流域相关的主河水文特征包括泥石流沟与主河的交汇夹角、主河宽度、径流流速、水深、不同频率洪峰流量及平均流量等,这些特征值影响着泥石流堆积和堵河的可能性。泥石流沟与主河的夹角一般分为锐角、直角和钝角(图 3-26)。调查时,可通过查阅主河最近的水文站资料来收集主河的水文特征参数,并结合泥石流的流量特征及其与主河的夹角来判断泥石流堵河的可能性。

4) 植被特征

泥石流流域的植被与土壤也是影响泥石流形成的重要因素。一般来说,植被覆盖率较高,流域生态环境好,则发生泥石流的可能性相对低;反之,发生泥石流的可能性就大。但是,在构造活动强烈、岩土破碎、崩塌、滑坡发育的地区,植被对泥石流形成的控制作用十分有限。植被覆盖率高通常与低频大规模泥石流相关,而无植被地段泥石流发生的频率通常较高。新疆地区干旱严重、沙漠面积广阔、植被覆盖率低,植被以灌木、半灌木荒漠为主,在低山带有少量森林(刘莎莎,2017)。图 3-27 为新疆植被覆盖类型分布图。

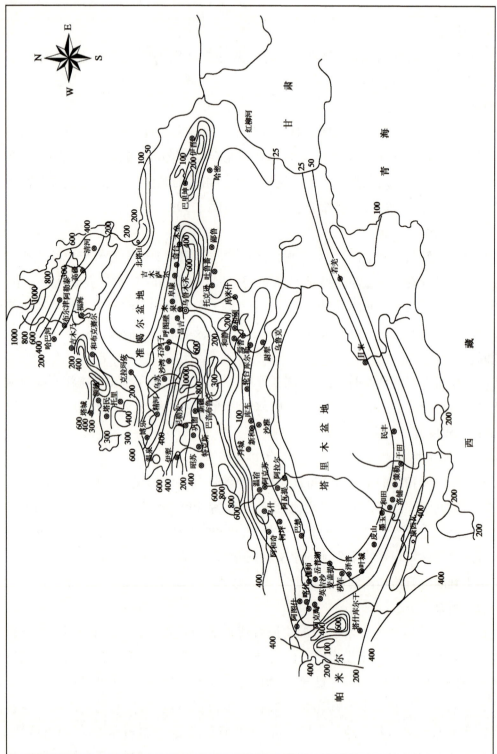

图3-25 新疆降雨等值线图（改自周丰超，1999）（单位：mm）

图 3-26 泥石流沟与主河交汇角

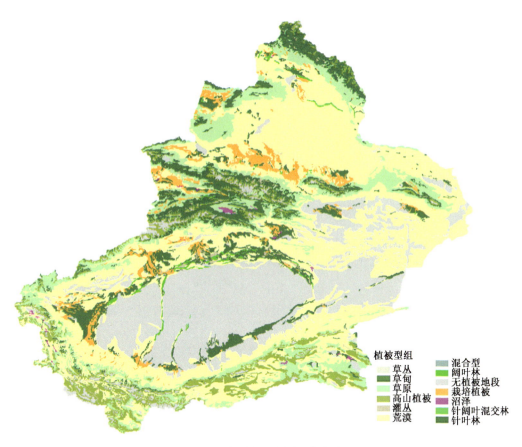

图 3-27 新疆植被覆盖类型分布图

3.3.2 流域地质调查

流域地质与泥石流松散固体物质的储量和提供方式有关,岩石及风化产物的性质则决定了泥石流流体性质。从大范围宏观分析,在地形高差大、降水丰富的地区,地质构造也控制着泥石流的分布。此外,强震和新构造运动强度还控制着泥石流活动的强弱。

1）地层岩性

一个区域的地层岩性往往决定或影响着泥石流的性质。通常软硬相间或软弱岩层比岩性均一的坚硬岩层更容易风化，而成为泥石流的物源，利于形成泥石流。

依据岩性软硬程度，岩石被划分为6种类型：极硬岩、次硬岩、软硬相间岩、次软岩、极软岩以及各类松散土体。易发育泥石流的地层岩性归纳起来有以下几类：地层中固结较差的黏土岩类和各种成因的松散堆积体、陆相地层、煤系地层、沙泥质岩类、黏土岩类、强风化的花岗岩。在地层资料调查中，可查阅研究区域1:200000地质图，收集流域内地层时代、产状与岩性，并查阅第四纪地质图，确定软质岩层和容易形成松散物质的第四系地层的分布范围。

2）地质构造

区域地质构造条件，特别是新构造运动影响下的大规模断裂构造带是泥石流勘查中需要调查的内容。地处构造断裂带的岩层，通常基岩较为破碎，为泥石流提供了丰富的物源。

影响泥石流分布的地质构造主要包括近期活动强烈并升降差异大的深断裂构造带、断层、褶皱及节理裂隙等。新疆地区地质构造活动强烈，各种结构的断裂呈现出复杂且较密集的空间分布状态特征，并且深浅不一。图3-28为新疆主要断层分布示意图。

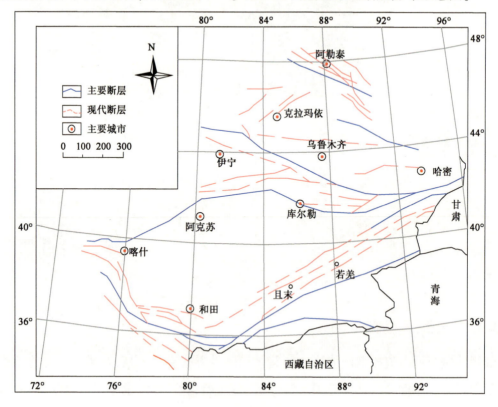

图3-28　新疆主要断层分布示意图

3）新构造运动与地震

根据区域地质构造及流域地貌，分析新构造运动的特性，再在野外调查过程中仔细收集与新构造运动有关的各种形迹，如新的错动断层、沟谷发育状况、节理发育密集程度等现象。地震对泥石流有触发和诱发作用，无论是处于雨季还是旱季，地震触发均占主导作用。6级以上的地震与泥石流活动关系最为密切。山区强震导致地表土石松动，泥石流等次生灾害的数量从烈度7度区向震中区逐渐增多，规模增大（郭卫英，2008）。在泥石流野外调查中，如震级、震中、烈度等有关地震资料主要从国家地震局颁布的最新《1:4000000中国地震烈度区划图》以及中国科学院地球物理研究所主编的《中国强地震震中分布图》（1:4000000）中查取。

3.3.3 泥石流特征调查

在进行了大量有关泥石流流域自然地理、流域地质等基本资料的调查后，需要对泥石流区域进一步实地勘查，查明泥石流的特征，其主要包括泥石流形成区、流通区和堆积区特征（谢洪等，2002）。

1）泥石流形成区特征调查

形成区应主要调查流域内坍塌、滑坡、冲沟等不良地质体的位置，发展趋势及其参与泥石流活动的过程和可能的数量；沟床内不同沟段堆积物形态、物质组成、厚度、分布范围、最大粒径和平均粒径，估算其可能搬运的距离和数量；沟坡上松散堆积物成因特征、物质组成、散布范围，评估其可能参与泥石流活动的数量；形成区物质组成成分、黏粒含量，并评估泥石流流体的性质；在主体工程附近，对泥石流影响较大的不良地质体整治的可能性和整治意义。图3-29为叶城塔木宗沟左侧岸坡滑坡群。

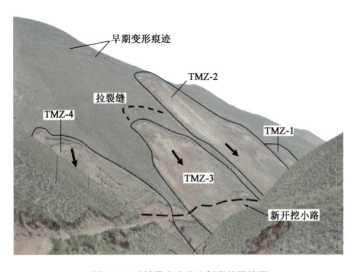

图3-29 叶城塔木宗沟左侧岸坡滑坡群

评估泥石流松散固体物质储量,是调查泥石流形成区主要工作之一。评估内容主要有崩塌、滑坡、错落与沟床和扇面堆积等不良地质体以及水土流失等。

(1)塌方、滑坡等不良地质体计算

一般利用既有图纸资料补充测绘,填出各种不良地质体的周边关系和地形平面与断面,用地探法探测或调查分析推测其厚度,然后根据几何图形分别计算其体积,评估其活动性成分。

①单体储量计算:

$$W = A\bar{h} \tag{3-3}$$

式中,W 为单体储量体积(m^3);A 为不良地质体在平均长、宽上的垂直投影面积(m^2);$\bar{h}$ 为不良地质体平均厚度(m)。

②沟道储量计算:

根据沟道横断面形状,可采用下列近似计算公式。

a. 沟道横断面近似三角形时:

$$\overline{W} = \frac{BLH}{6} \tag{3-4}$$

b. 沟道横断面近似抛物线形时:

$$\overline{W} = \frac{BLH}{4.5} \tag{3-5}$$

c. 沟道横断面近似梯形时:

$$\overline{W} = \frac{(B+b)LH}{6} \tag{3-6}$$

式中,$\overline{W}$ 为沟道内松散固体物的可能储量(m^3);B 为沟道横断面平均宽度(m);L 为沟道松散堆积物长度(m);H 为评估可能参与活动的厚度(m);b 为沟道横断面底部平均宽度(m)。

③扇形地近似计算:

$$\overline{W} = \frac{RLH}{2} \tag{3-7}$$

式中,$\overline{W}$ 为扇形地储量(m^3);L 为扇形地下缘周长(m);R 为扇形地半径(m);H 为扇形地平均厚度(m)。

(2)水土流失计算

目前我国许多省(市、区)都有侵蚀模数的资料可供利用,其计算公式为:

$$\overline{W} = Am \tag{3-8}$$

式中，$\overline{W}$ 为水土流失总质量(kg)；A 为水土流失面积(km^2)；m 为侵蚀模数(kg/km^2)。

2) 泥石流流通区特征调查

流通区的调查重点是泥石流洪痕，沟谷纵横剖面几何形态、沟床坡度、糙率、沟谷岸坡的稳定性等。特别是位于流通区的洪痕，可以在一定程度上真实地反映泥石流的运动特征和过流断面，为泥石流流速的计算奠定基础。因此，泥石流洪痕的调查应作为流通区的重点调查内容。

对于洪痕的调查，如果条件允许，应尽可能对当地居民进行调访；在无人区或调访内容不可靠的情况下，可根据留下来的痕迹确定泥石流的高泥位。在调查过程中，最好在沟谷两侧同时展开，特别留意泥石流的弯道超高迹象，其高差比一般洪水位大。

3) 泥石流堆积区特征调查

堆积区是泥石流固体物质停积的场所，同时也是山区线路通过的最佳场所。因此，详细查明泥石流堆积区特征，是选好线路方案和提高抗灾、防灾及减灾能力的关键举措。堆积区一般位于流域下游或山口以外坡度较缓处，呈扇形、锥形或带形，有些沟谷内的宽谷段也是堆积区。山前区泥石流堆积扇发育完整，而山麓区泥石流发育不完全，山坡型泥石流规模小，堆积呈锥体。当泥石流沟陡峻且能直泻主河床内，主河水流搬运能力很强时，泥石流堆积区可能缺失或不明显。由于堆积扇常呈拱形，沟槽很不稳定，沟道演变剧烈，淤积杂乱无章，地势坎坷不平，泥石流堆积区的调查主要包含以下四方面。

(1) 堆积扇形态与完整性

通常泥石流沟口处残留有堆积扇，其形态与完整性直接表现了主沟和支沟运沙能力之间的关系。但是沟口堆积扇也有可能为冲洪积扇(四川省国土资源厅，2006)，两者区别见表3-2。

冲洪积扇和泥石流堆积扇的区别　　　　表3-2

冲 积 扇	洪 积 扇	泥石流堆积扇
由河流搬运作用而成，泥沙粒径上游粗、下游细，磨圆度高，层次清晰，砾石常呈叠瓦状排列	由山区洪流作用形成，规模视洪流大小而异，分选性差，磨圆度差，层次不明显，孔隙度及透水性较大	呈整体停积、分散堆积两种；粗大颗粒在扇缘停积，无分选性，常见龙头堆积与侧堤堆积，沟槽绕龙头堆积两侧发展，有明显的受阻绕流特征，流路不稳；扇形地形态不完全符合统计规律，流路呈随机性，扇纵、横面不甚连续，常呈锯齿状
沉积特征：冲积扇常具有二元结构特征。洪积扇的粗大颗粒堆积在扇面顶部及出山口附近，向边缘逐步变细，有分选性；常可划分为砾石相、亚黏土砂相、亚砂土黏土相的相变和多元结构特征；垂直等高线发展，流路较稳		

(2) 堆积扇挤压主河的程度

一般情况下，应调查主河河道是否发生挤压变形，同时根据河道偏移和弯曲程度划分等级。

(3)堆积扇粒径测量

采用线格法或网格法测量50~100个巨石的三轴向尺寸,计算其几何平均粒径,作为泥石流防治设计的参考依据。

(4)泥石流堆积量

泥石流堆积量是判断其规模的重要参数,通常用堆积区面积乘以堆积体平均厚度计算。泥石流堆积扇面积可通过测量方法获得:将其分布区域填绘在大比例地形图上,量算出堆积扇面积。堆积体的平均厚度通常采用物探或者勘探方法获取。

3.3.4 人类活动调查

不合理的人类活动经常促进泥石流的发育,如泥石流源区毁林开荒、陡坡垦殖活动,沿沟工程建设产生的弃土废渣等,都会增加泥石流发生的可能性(魏学利等,2017)。在调查人类活动时,主要包含以下两个方面。

①查明由人为活动而增加的松散固体物质和水源的情况,如筑路、修渠、开矿、采砂石等工程中不恰当的弃碴;山坡滚石、溜木,陡坡不合理开垦、耕种和放牧,导致植被破坏、水土流失的情况;水库、水渠崩溃和渗漏而增加的水量等。

②查明泥石流沟对公路的影响情况。调查泥石流沟上已建公路使用情况,是核对、印证泥石流计算成果和拟定防治方案的重要参考。如建桥前后的沟道冲淤演变情况,桥涵位置、结构形式、桥孔大小、净空高低、防护设施、地基情况、基础埋置深度等,并评估其使用情况与存在问题。

3.3.5 冰川泥石流调查

1)冰雪融水泥石流

调查冰川U形谷的地貌特征,沿沟分布的冰碛物和冰水沉积物的堆积规模、特征及稳定性,冬春季雪崩、冰崩的规模和频度,春季冰雪融水的径流量及其时间分布,冰川和积雪的面积,雪线变化等。

2)冰湖溃决泥石流

调查冰川的进退及可能发生的冰滑坡,冰碛湖的面积、水量与水深,阻湖终碛堤的空间形态和物质特征,冰湖下游的沟谷形态和支沟径流,沿沟的冰碛物和冰水沉积物等(四川省国土资源厅,2006)。

3.4 公路泥石流参数测定试验

公路泥石流试验项目较多,可以依据工程类别、工程重要性等级和泥石流勘查等级来确定。泥石流勘查的重要性分为重要、一般和次要，其相应的工程为重要工程、一般工程和次要工程。泥石流勘查依据目标的不同分为详细勘查、一般勘查和应急勘查。不同程度和不同勘查对象的试验内容不同（表3-3），对重要工程的详细勘查需要完成颗分试验、坑探试验、重度试验、强度测试、渗透和湿陷试验与黏土矿物分析，而对于次要工程的应急勘查，则通常只完成颗分、坑探和重度的测试。

公路泥石流试验项目分类表　　　　　　　　　　　表3-3

工程重要性	重要工程	一般工程	次要工程
工程类别	二级以上公路、高速公路	三级以上公路、高速公路	乡村公路
泥石流勘查等级	详细勘查	一般勘查	应急勘查
试验项目	颗分 坑探 重度 强度 渗透、湿陷、黏土矿物分析	颗分 坑探 重度 强度	颗分 坑探 重度
	颗分 坑探 重度 强度	颗分 坑探 重度	颗分
	颗分 坑探* 重度*	颗分 坑探* 重度*	颗分 坑探* 重度

注：*选择性试验项目。

3.4.1　颗粒级配分析

1）体积法

选取具有代表性的测试点，对表面杂质进行处理，然后从截面为$1m^2$、深为$0.5\sim1.0m$的取样坑，取出其全部土、沙、石，挑选出粒径大于200mm的单个颗粒分别称重，其余按粒径分筛为$150\sim200mm$、$100\sim150mm$、$50\sim100mm$、$20\sim50mm$、20mm以下5级，每级分组称重，计算分组质量与总质量之比，绘制颗粒级配曲线，求算颗粒级配特征值。此方法较为准确，但工作量较大。

2）方格网法

选定代表性沟段，划分100个$1m\times1m$的小方格，取每个小方格交点上的一石块（剔除个别大孤石）来作统计。量取每个石块的三边尺寸（长宽高），计算三边尺寸的几何平均值$d_{cp}=\sqrt[3]{Lbh}$或算术平均值$d_{cp}=(L+b+h)/3$，作为该石块的平均直径。然后按粒径大小分成若干个粒径组,称出各粒径组的质量与总质量之比,绘制颗粒级配曲线,求算颗粒级配特征值。此法较为简单,但精度较差。图 3-30 为新疆中巴公路托喀依沟泥石流堆积物现场采样。

图 3-30　中巴公路托喀依沟泥石流堆积物现场采样

3.4.2　泥石流流体密度测定

单位体积泥石流流体所具有的质量称为泥石流流体的密度,是泥石流流速、流量、冲淤量及堆积量的主要计算依据。目前,泥石流流体密度还缺少成熟的测定方法,随机取样的体积和位置均影响泥石流流体密度。为了研究和防治工程设计的需要,现阶段常采用以下几种方法测定其密度。

1)现场调查试验法

根据现场观测泥石流发生过程的居民描述,对代表性泥石流堆积物进行现场搅拌和调配,符合要求后,测量样品的质量和体积,然后按下式求出密度。

$$\gamma_c = \frac{G_c}{V} \tag{3-9}$$

式中,γ_c 为泥石流流体密度(t/m^3);G_c 为样品的总质量(t);V 为样品的总体积(m^3)。

2)实测法

实测法指在泥石流暴发时采集泥石流流体样品,然后称重并测量其体积,最后计算得出泥石流流体密度。取样筒体积和形状尚无统一标准,人工取样是由人站在沟岸用铁桶取样,机械取样是在取样断面加高缆索,并慢持电动滑车,以铅鱼将取样筒坠入泥石流中,可取断面线上任一部位的泥石流样品。

3)泥浆痕迹相似法

泥石流发生后,沿泥石流流路或在一些建筑物上,常留下泥浆痕迹,根据这些痕迹的颜色、形状、厚度等形态特征,用泥石流形成区或堆积区的土体加水混合搅拌,取样溅在留有泥浆痕迹的目标上,并注明记号,进行多次对比观测。当搅拌体痕迹的颜色、形状和厚度与泥石流泥浆痕迹一致时,说明搅拌体与泥石流具有相近的密度,可用称量法测出相应的土水混合体的密度,即为泥石流浆体密度。

3.4.3 泥石流土体强度试验

泥石流土体强度为泥石流防治工程设计提供最直观的设计参数。依据《土工试验规程》(SL 237—1999)规定,土体强度试验方法有直接剪切试验、三轴压缩试验和无侧限抗压强度试验三种。泥石流强度试验方法的选择需要按泥石流土体的具体性质、工程建设的重要性及防治工程的需要来确定。

1)取样方法

试验结果的准确性和可靠性很大程度依赖于样品的采集。泥石流源区土体种类较多,坡积体通常取扰动样,即选择代表性的坡积体,去掉表层风化层,去掉粒径大于60mm粗颗粒,取样5kg左右。泥石流堆积土体一般取扰动样,即在堆积扇的中部或扇沿,剔除表面风化层,剔除大于60mm粗颗粒,取样5kg左右。

2)直接剪切试验

直接剪切试验由于仪器简单、操作方便而被广泛应用。坡积体砾石土是泥石流强度试验采用较多的土体,现以坡积体砾石土强度试验为例,其试验方法和过程按照《土工试验规程》(SL 237—1999)进行。

按照坡积土体的应力状态及试验要求,直剪又分为快剪、固结快剪和慢剪,其分别近似模拟了"不固结不排水剪切""固结不排水剪切"和"固结排水剪切"过程。根据坡积体的密度、试验要求的含水率,按扰动样制样规定,分层击实土样。如需饱和试样,则无黏性粗粒土宜用水头饱和法,黏质粗粒土宜用真空饱和法。每组试验应制备4~5个试样,其密度差值不得大于0.03g/cm³,含水率差值不得大于1%,试验方法和步骤按《土工试验规程》(SL 237—1999)执行。最后获得粗粒土的内摩擦角φ和内聚力c。

试验得出土体破坏时的剪应力,再根据库仑定律确定土体的抗剪强度参数。库仑定律的表达式如下:

$$\tau = c + \sigma\tan\varphi \tag{3-10}$$

式中,τ为作用在破坏面上的剪应力(kPa);σ为作用在破坏面上的法向应力(kPa);φ为土的内摩擦角。

在某一垂直压力下,以剪应力为纵坐标,剪切位移为横坐标,破坏峰值为某一垂直压力下的抗剪强度(图3-31);再以垂直压力为横坐标,以抗剪强度为纵坐标,绘制抗剪强度与垂直压力关系曲线(图3-32)。

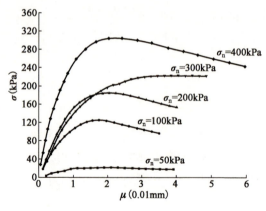

图 3-31 剪应力与剪切位移关系曲线

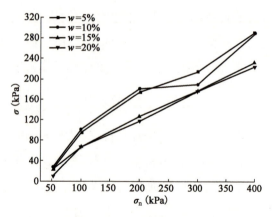

图 3-32 不同含水率下抗剪强度与垂直压力的关系

3) 三轴剪切试验

三轴剪切试验是不固定剪切面的强度试验。由于剪切面不固定,试样的破坏面与天然状态下土体的破坏面更为接近,所以三轴剪切试验能更好地反映土体的真实强度。泥石流土体大多为含有大量粗颗粒的砾石土,试验一般采用大型应变控制式三轴仪,可测试总应力抗剪强度参数、有效应力抗剪强度参数和孔隙压力系数。试样制备和试验方法按《土工试验规程》(SL 237—1999) 执行,一组试验需 3~4 个试样,分别作用不同恒定围压(即最小主应力 σ_3),在轴向压力(即主应力差 $\sigma_1 - \sigma_3$)作用下直至发生破坏,然后通过莫尔—库仑强度理论获取抗剪强度参数。

依据排水和固结条件的不同,将试验分为不固结不排水剪(UU)、固结不排水剪(CU)、固结排水剪(CD)3 种类型。对泥石流源区的土体宜进行 UU 和 CU 试验;对泥石流堆积土体宜进行 CU 和 CD 试验。根据总应力强度或有效应力强度参数计算的需要,进行孔隙压力测试参数的选择,试验条件设计见表 3-4。

三轴试验条件设计表　　　　表 3-4

土体类型	应力参数		孔压测试	排水类型	
源区土体	总应力强度	主应力差	$\sigma_1 - \sigma_3$	否	UU	CU
	有效应力强度	有效应力比	$\sigma_1'/\sigma_3' = (\sigma_1 - \sigma_3)/\sigma_3' + 1$	是	CU	
		孔隙压力系数	$B = U/\sigma_3$	是	CU	
堆积土体	总应力强度	主应力差	$\sigma_1 - \sigma_3$	否	CU	CD
	有效应力强度	有效应力比	$\sigma_1'/\sigma_3' = (\sigma_1 - \sigma_3)/\sigma_3' + 1$	是	CU	
		孔隙压力系数	$B = U/\sigma_3$	是	CU	

根据试验结果,需要分别绘制主应力差与轴向应变的关系曲线,有效主应力比与轴向应变的关系曲线,孔隙压力与轴向应变关系曲线及强度包线。如在 CD 排水剪切试验中,孔隙压力为零,抗剪强度包线的倾角为有效内摩擦角 φ_d,包线在纵轴上的截距为有效

黏聚力 c_d，绘制的主应力差与轴向应力关系曲线，如图 3-33、图 3-34 所示。

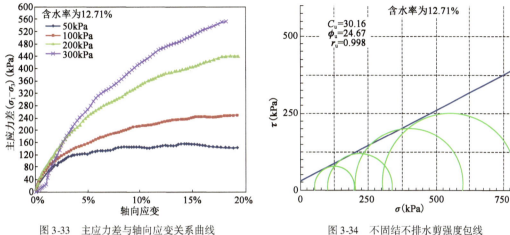

图 3-33　主应力差与轴向应变关系曲线　　　　图 3-34　不固结不排水剪强度包线

3.4.4　泥石流土体渗透试验

在泥石流形成过程中，土体的渗透系数是影响土体强度及强度变化的重要参数，一般通过渗透试验获得（王裕宜，1997）。渗透试验可以在野外现场完成，也可在室内通过试验完成。根据试验原理，主要包括"常水头法"和"变水头法"两种。

1）室内试验

粗粒土的室内渗透试验多采用常水头法和垂直渗透变形法试验，试验方法和步骤按《土工试验规程》（SL 237—1999）规定进行。常水头法试验仪器为 TST-70 型渗透仪。垂直渗透变形用垂直渗透变形仪完成，仪器筒身内径为 200~300mm，仪器高度通常是直径的 3 倍。试样按试验仪器的规格要求，最大粒径应小于仪器直径的 1/10。图 3-35 为常水头渗透试验示意图及装置。

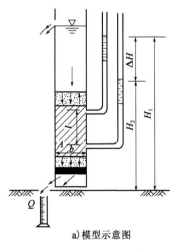

a) 模型示意图　　　　　　　　　b) 装置照片

图 3-35　常水头渗透试验示意图及装置

2）现场试验

现场渗透试验是现场测定土体或岩体渗透系数的原位试验。按方法特征可分为注水试验、抽水试验和压水试验；按水头特征又可分为变水头渗透试验和常水头渗透试验。其中变水头渗透试验是通过观测水头随时间的变化测量试样渗透系数的试验，一般适用于地下水位以上或以下的粉土、沙土及渗透系数较小的黏性土，是在钻孔内进行的一种测定土体渗透系数广为应用的野外试验方法。对地下水位以上的土层可用注水试验，地下水位以下的土层可用抽水试验。在坚硬及半坚硬岩层中，地下水位距地表很深时，可用压水试验评价岩层透水性。对粉砂及细砂，则可利用渗压计测定渗透系数。野外工作中常利用一些工具直接测定岩土渗透系数的试验，如试坑渗水试验，是野外测定包气带松散层和岩层渗透系数的简易方法。试坑渗水试验常采用的是试坑法、单环法和双环法。图3-36、图3-37为双环渗水仪及野外试验。

图3-36　双环渗水仪

图3-37　野外双环渗水试验

3.4.5　泥石流流体流变试验

流变性是指泥石流重度、浆体中黏土颗粒及其他细颗粒含量变化时，泥石流浆体切应力、屈服值和刚性系数随流速梯度变化的性质，属于泥石流流体的基本性质，它反映泥石流流体的结构强度性质，又影响着泥石流的力学性质和运动规律（徐继维等，2016）。流变试验包括泥石流流体黏度试验和泥石流流体静剪切强度试验。

1）泥浆取样方法

（1）实测法

在观测站，当泥石流暴发时取样。

①沟槽边岸人工取样：用绳索套上铁桶抛入沟槽泥石流流体中，在沟岸上提取，或直接下到河滩边取样。此法简单，但沟中样品不易取到，还要特别注意人身安全。

②机械取样：先在取样断面架设缆索，悬挂滑车，用铅鱼将取样器沉入泥石流流体中，可选取断面线上任一部位的泥石流样品。此法要求的设备复杂，所取样品代表性强，是目

前最理想的取样手段。

(2) 取土样搅拌法

泥石流发生后,在沟床或沟边堆积物中清除表面杂质,挖取具有代表性的细颗粒2~3kg,投入桶内,加水搅拌成泥浆,存放一段时间(24h以上)后观察浆体,若无固液两相物质分离现象,即可当作试验用的泥石流浆体样品。

2) 泥石流黏度试验

黏度是黏性流体在层流运动状态下的内摩擦系数,是黏性流体的重要物理性质之一。泥石流近似宾汉体,其黏度表达式为:

$$\eta_c = \frac{(\tau - \tau_n)}{(d_u/d_y)} \tag{3-11}$$

式中,η_c 为泥石流浆体黏度(g·s/cm³);τ 和 τ_n 分别为单位面积所受的剪切力和流体的宾汉剪切强度(g/cm²);d_u 为相邻两层流体的运动速度差(cm/s);d_y 为相邻两层流体的法向距离(cm)。

泥石流流体黏度测定主要有以下几种方法。

(1) 漏斗黏度计测定法

首先让泥浆通过筛网(小于0.2mm),然后量取泥浆700cm³于漏斗中,让泥浆经内径为5mm的管子从漏斗流出,其注满500cm³容器所需的时间(以 s 计)即为测得的泥浆黏度。

(2) 旋转黏度计测定法

使圆筒在流体中作同心圆旋转,测定其扭矩;也可连续改变旋转的角速度,测定各剪切速率下的剪应力,从而测得流体的流变曲线。根据有关公式可求得流体的黏度。

(3) 形态调查法

现场调查及观察形成泥石流的山坡、沟床、土壤特征和记录老居民描述所见暴发泥石流时的流体形态,按表3-5选定泥石流黏度。

泥石流稠度、土壤与黏度对照表　　　　表3-5

土壤特征	轻质砂黏土	粉土及重质砂黏土	粉土及砂质黏土	粉土及重质砂黏土	黏土
泥石流体稠度	稀浆状	稠浆状	稀泥状	稠泥状	稀粥状
黏度(Pa·s)	0.3~0.8	0.5~1.0	0.9~1.5	1.0~2.0	1.2~2.5

此法简单,但经验性占很大比重,应根据调查分析和试验结果综合比选确定。

3) 泥石流流体静剪切强度试验

泥石流流体在静止状态下能承受的极限剪切应力强度称为泥石流体静剪切强度,剪应力超过此值,泥石流体即沿剪切面破坏并发生运动。目前,直接测定泥石流流体的静剪切强度还有困难,一般把测定颗粒粒径小于一定数值(通常为 mm 级)的泥石流浆体的静剪切强度,近似地作为泥石流流体的静剪切强度。

采用 1007 型静切力计测量。将过筛的泥浆倒入外筒,把带钢丝的悬柱挂在支架上,钢丝要悬中,泥浆面和悬柱顶面相平。静止 1min、10min,分别测定钢丝扭转角度,将此读数乘以钢丝系数即为 1min 和 10min 的剪切力。

4 新疆公路泥石流防治工程勘查与特征参数确定

4.1 基本规定

4.1.1 勘查目的和任务

勘查目的和任务是查明公路泥石流发生及危害区域的地质条件、形成因素、危害程度和影响的公路范围,得到泥石流的基本特征参数,为公路泥石流防治方案的确定提供参考,为防治工程设计提供基础资料。

4.1.2 勘查阶段划分

公路泥石流防治工程勘查阶段分为初步勘查、详细勘查和补充勘查。在应急抢险治理时,可合并相关阶段进行勘查。

1)初步勘查

初步查明公路泥石流的形成条件、基本特征和危害,提出两个或两个以上防治工程方案,并针对所提方案对拟建防治工程区域进行工程地质条件初步勘查,精度应满足可行性研究工作的需要。

2)详细勘查

在初步勘查成果的基础上,针对可行性研究阶段提出的不同治理方案,对泥石流形成区、流通区、堆积区及拟建防治工程区域进行详细的调查,查明泥石流的区域地质条件、物质特征及拟建工程区域工程地质条件和岩土物理力学参数,精度应满足初步设计工作的需要。

3)补充勘查

在详细勘查成果的基础上,进一步查明拟建工程区岩土工程地质特征及施工条件,精度应满足施工图设计工作的需要。

在施工过程中因地质环境条件和施工条件发生变化,不能满足设计要求时,应进行补充勘查,精度应满足施工图设计变更需要。

因极端气候或人类活动等特殊情况,造成沟道地形、物源等条件发生重大变化,待实施的治理方案需要重大调整时,应进行补充勘查,勘查工作量可参照初步勘查和详细勘查工作的要求合并执行。

4.2 初步勘查

4.2.1 基本规定

在全流域遥感解译的基础上开展工程地质测绘,对重点物源区、拟设治理工程区开展大比例尺工程地质测绘及工程地质勘探。

4.2.2 遥感解译

通过航空相片或卫星影像地图对泥石流进行解译,得到泥石流的分布范围、形成原因、活动特征及危害区域等。在条件允许的情况下,可对不同时相的影像图进行对比解译,得到泥石流发展变化情况和演化趋势,遥感解译图比例尺宜为1∶10000~1∶50000;需采用无人机航空摄像进行遥感解译时,无人机航空摄像比例尺宜为1∶2000~1∶10000。具体方法及内容可参照3.2节。

4.2.3 地形测量

(1)全流域调查用图宜收集已有地形图,必要时进行修测。
(2)针对拟建工程区和重点物源区应开展大比例尺测图。

(3)地形图测图平面控制网的建立,可采用卫星定位测量、导线测量、三角形网测量、水准测量等方法。

(4)坐标网宜采用国家坐标网和高程系,同一公路建设项目的泥石流治理应采用相同的坐标系统和高程系,特殊情况可采用独立坐标系统和假设高程系。

(5)泥石流沟全域及重点区地形测量比例尺按表4-1确定。

地形测量比例尺精度要求　　　　　　　　　　　表4-1

泥石流沟全域	泥石流沟重点区（物源点、沟道段、堆积扇）	拟设工程区		
		拦沙坝库区	谷坊坝库区	排导槽沿线
1∶2000～1∶50000	1∶500～1∶2000	1∶100～1∶500	1∶50～1∶200	1∶100～1∶1000

注:比例尺精度选取可根据流域面积大小及地质环境复杂程度确定。

4.2.4　工程地质测绘

1)地质环境背景条件调查

调查与泥石流有关的地形地貌、地层岩性、地质构造、土壤植被及人类工程活动等流域地质环境背景条件。

2)物源调查

(1)对全流域物源开展调查和测绘,查明其分布范围、数量和规模,分区评价物源堆积体的稳定性和启动模式。

(2)对泥石流形成贡献较大的重点物源应开展大比例尺的平、剖面测绘,并有勘探工作控制,测绘剖面与勘探线布置应一致。

(3)各类物源量及动储量计算方法参照附录E。

3)沟道条件调查

重点调查测绘沟道的纵坡、跌水、弯道、集中揭底和主支沟交汇等微地貌特征及其对泥石流运动的影响,泥石流历史淹没区范围,沟道冲淤特征,桥涵过流断面,主河输沙能力等,宜采用纵、横剖面测绘辅以适当勘探工作控制。

4)水源条件调查

(1)降雨调查。

主要收集流域及临近的雨量站建站以来的雨量观测资料,以及区域其他雨量站历史观测资料;对发生泥石流期间的降雨资料应加强访问和收集,必要时可设置自动雨量站进行观测;重点是1h、6h的降雨和历史最大降雨资料的收集。根据暴雨强度指标R综合判别泥石流发育程度,参见附录A。同时,应收集区域内历年的气象资料。

（2）地表水调查。

对流域内的溪沟、水库、堰塞湖以及引水调水工程等开展调查测绘,主要查明水体的分布、蓄水量、流量及动态变化,评价其参与泥石流活动的可能性。

（3）地下水调查。

重点对流域内地下水溢出带进行调查,分析其对斜坡松散堆积物稳定性的影响,并对大泉、暗河的流量进行观测。

（4）冰川和积雪调查。

对于高海拔地区,应对流域内的冰川、冰湖、积雪等情况开展调查测绘,主要查明冰川分布、蓄水量、流量、雪线及动态变化,评价其对泥石流产生的影响,且应调查雪线以上和雪线以下的降水类型及其产流量转化关系。

5）拟建工程治理区

（1）对拟设拦固工程(拦沙坝、谷坊坝等)区工程地质条件进行测绘,应划分岩土体类型并描述其工程地质特性,至少布设一纵一横实测剖面,拦沙坝应有钻孔控制。

（2）对排停工程(防护堤、排导槽、停淤堤)区工程地质条件进行测绘,应划分岩土体类型并描述其工程地质特性,至少布设一纵剖面,进口、出口、弯道、桥涵等关键节点应实测横剖面,并有钻孔或探井、探槽控制。

6）施工条件

（1）调查流域内交通路网现状,评价施工可利用程度,提出施工临时道路布设、索道线路和塔基位置建议。

（2）选择施工场地、工地临时建筑布设位置,并对选址区地质环境条件进行调查。

（3）调查流域及临近的水源,评价其水量、水质及利用条件,提出生产、生活用水建议。

（4）调查流域及周边电网情况,提出施工用电下线点位置、线路布设等用电方案建议。

（5）调查流域内的天然建筑材料,评价其分布、质量、储量及开采利用条件;不能满足需求时,应对临近的料场进行调查。

（6）对拟设工程区的沟道水文条件进行调查,提出施工排水和导流措施建议。

（7）对施工可能产生的弃渣,应选择弃渣场并对其地形地质条件进行调查,提出弃渣堆放处置建议。

（8）测绘内容和精度应在工程地质测绘图上同精度表达。

4.2.5 泥石流活动调查

1）泥石流过流特征调查

（1）历次泥石流活动时间、激发雨强、暴发频率、过流特征、一次冲出量、冲刷和淤积区及其对应的危险区范围。调查表参见附录D。

（2）物源区重点调查历次泥石流物源启动部位、方式、规模，流通区重点调查堵溃点（段）及堵塞方式，堆积区重点调查冲刷淤积及大河堵塞情况。

（3）泥痕调查应选择支沟汇入主沟、主沟汇入主河、拟设工程入口部位等代表性沟道断面，尽量选择弯道段沟道，量测两岸泥痕液面高度、弯道曲率半径、沟道宽度及纵坡值，用以计算流速和流量。

（4）沟道堆积物粒度调查应按照主、支沟径流方向，沿途全面调查并分段采样，进行全粒度试验分析和堆积物颗粒岩性鉴别，尤其是对拟设格栅坝、缝隙坝、梳齿坝等工程上游库区粗大颗粒的分布、来源、块度、占比等进行详细调查。

（5）堆积扇区调查应调查扇形地大小、范围，堆积扇与主河的关系，堆积扇面冲淤变幅及扇区堆积物颗粒大小。

2）泥石流灾情险情调查

（1）调查统计历次泥石流造成的公路损失、人员伤亡及财产损失情况，包括公路损毁情况、交通阻断时间、公路养护费用、人员伤亡、间接经济损失等。

（2）调查已发生泥石流将公路实际淹没和淤埋的长度、厚度等情况，预测泥石流影响公路的范围。

3）既有防治工程调查

（1）调查流域内已有工程类型、分布位置、建设时间，并收集勘查、设计、评价等相关资料。

（2）调查已有防治工程的防灾减灾效果，评价已有工程的可利用性，查明防治工程的使用和损坏情况及其原因。

（3）对可利用的工程应调查其结构、尺寸、地基基础等情况，评价并提出修复、加固、加高等可行性建议。

4.2.6 勘探

1）一般规定

（1）勘探工作有钻探、探井、探槽、物探等勘探方法，用于查明泥石流主要物源特征及拟设治理工程部位的工程地质条件。

（2）勘探线布置原则：重点物源可布置一条纵向勘探线，拟设拦沙坝、谷坊坝等应布置一纵一横两条勘探线，排导槽及防护堤应沿中轴线布置一条勘探线，拟建或需改造的既有构筑物可布置一条横向勘探线。

（3）勘探点布置原则：重点物源勘探宜采用探井、探槽的方法，一条勘探线应不少于2个勘探点；拦沙坝、格栅坝宜采用钻探、探井的方法，一条勘探线应有1~2个勘探点；拟设高坝(≥10m)应至少有 1 个钻孔控制；谷坊坝宜采用探槽、探井的方法，一条勘探线应有 1~2 个勘探点；排导槽及防护堤宜采用探槽、探井的方法，勘探点间距宜为 50~100m，并不少于 2 个。

(4)勘探深度控制原则：重点物源区勘探深度应控制在潜在滑移面以下 2~3m，拟建工程区勘探深度应根据具体条件、满足稳定性验算且符合地基变形计算深度，拦沙坝勘探深度应根据实际条件、不小于拟设坝高的 1.5 倍。

2)钻探

(1)钻探应编制单孔结构设计书，水文地质钻孔结构应同时满足水文试验要求。

(2)对松散堆积层宜采用植物胶护壁跟管钻进，岩芯采取率不低于 85%，且应满足取样试验要求。

(3)对有地下水的钻孔均应进行堤下钻、冲洗液漏失等简易水文地质观测和记录，一般钻孔终孔后应进行简易抽水试验；对拦沙坝需进行渗透变形评价的钻孔应进行抽(注、压)水试验，采取水样。

(4)对需要确定承载力的坝基，钻孔应配合进行现场动力触探试验。

(5)必要时，坝肩可采用水平孔或斜孔进行勘探。

(6)泥石流勘查钻探编录表格式参见附录 H。

3)探井、探槽、平硐

(1)根据要求确定探井、探槽位置，地质情况复杂时应编制设计书以指导施工，主要内容应包含：目的、勘探类型、勘查深度、结构形式、支护方式、地质要求、施工流程、封井要求等。

(2)揭露堆积物分层结构、土体特征、透水性、地下水位、软弱面位置及性状特征，采取土样，进行现场渗水试验、全粒度分析等。

(3)探井宜采用小圆井，也可采用矩形，深度不宜大于 5m，且不宜超过地下水位。对土层松散、有地下水渗水的，应采取护壁措施，渗水较多时，应有排水措施。

(4)探槽应沿充分揭露地质现象方向布置，深度宜小于 2m，长度宜小于 5m。

(5)拟建大型拦沙坝工程的坝肩地质情况复杂时，可布置平硐以揭露地质条件，兼顾利用洞室进行采样、抗滑、渗透等试验。

(6)泥石流勘查探井、探槽编录表格式参见附录 H。

4)工程物探

工程物探主要布置于难以钻探的泥石流物源区和堆积区，宜采用高密度电法、地质雷达法、浅层地震法、瑞雷利面波法等，主要查明堆积体的分层结构、厚度、基覆界面情况，并提交工程物探专项报告。

4.2.7 试验

1)现场试验

(1)泥石流流体重度试验:当存在泥石流样品时,可采用称重法测定泥石流流体重度;也可根据目击者描述进行配制,采用体积比法测定。

(2)现场颗分试验:对粒径大于 20mm 的物质进行现场颗分试验,对粒径小于 20mm 的取样样品进行室内筛分试验。

(3)试验方法参照 3.4 节。

2)室内试验

(1)土样测试指标:土体重度、天然含水率、界限含水率、天然孔隙比、固体颗粒比重、颗粒级配、腐蚀性、渗透系数、压缩系数等。

(2)岩样测试指标:天然及饱和状态的单轴抗压强度、抗剪强度、软化系数等。

(3)水样测试指标:简分析及侵蚀性。

(4)室内试验按照《土工试验方法标准》(GB/T 50123—1999)执行。

4.2.8 相关参数确定方法

1)降水及洪水参数(计算方法详见4.8节)

2)泥石流运动特征参数

(1)重度:有两种方法确定泥石流重度,一是根据现场配浆试验来确定;二是通过查表法确定(计算方法详见4.7.1节)。

(2)流量:可采用形态调查法或雨洪法确定,两种方法应相互验证(计算方法详见4.7.3节)。

(3)流速:可现场实测,也可采用经验公式进行计算(计算方法详见4.7.2节)。

(4)冲击力:包括泥石流整体冲击力和大块石冲击力,可采用经验公式计算(计算方法详见4.7.4节)。

(5)冲高与弯道超高:泥石流正面遇阻地冲起高度和泥石流流动在弯曲沟道外侧产生的超高值,可采用经验公式计算(计算方法详见4.7.4.2~4.7.4.4节)。

(6)一次冲出量:包括一次泥石流过程的水沙总量及一次泥石流固体物质冲出量,可采用经验公式计算(计算方法详见4.7.3节)。

3)拟建工程地基岩土参数

(1)针对拦挡坝、排导槽、停淤围堤、防护堤等工程地基岩土,应进行相应的岩土试验,主要提供分层地基土的基底摩擦系数、承载力特征值、桩周侧摩阻力标准值和桩底端阻力标准值等,参照《岩土工程勘察规范》(GB 50021—2001)确定。

（2）针对坝较高、坝基为较厚松散堆积层且渗透变形较强烈的坝址区，应进行现场水文地质试验，确定渗透系数，参照《水利水电工程地质勘察规范》（GB 50487—2008）确定。

4.2.9　勘查监测

勘查期间宜开展雨量、水位、物源启动、沟道冲淤变化等简易监测，对泥石流进行防灾预警，当出现泥石流发生征兆时，应及时向有关部门报告，进行泥石流预警，保障勘查作业人员的安全，并为下阶段的勘查工作提供基础资料。

4.2.10　基本工作量

（1）遥感调查、地形测量、工程地质测绘等基本工作量按流域面积10km^{2}计，具体工作布置应按照泥石流沟实际流域面积折算，并结合流域具体情况和规范中勘查的基本要求确定。

（2）钻探的基本工作量按照1个拟设拦沙坝、1处重点物源进行折算，探井、槽探基本工作量按1个拟建谷坊坝、1个重点物源、100m长排导槽（堤）折算，动力触探、渗透试验基本工作量按照1个拟建拦沙坝进行折算。

（3）室内试验基本工作量按照泥石流沟计算，本阶段基本工作量规定参见附录B。

4.3　详细勘查

4.3.1　基本规定

在初步勘查的基础上，对需进行治理的重点物源进行加密勘查，结合推荐的治理方案，进一步开展拟设工程治理区的工程地质测绘与工程地质勘探。

4.3.2　地形测量

拟建工程区应开展大比例尺测图，拦沙坝测量比例尺为1∶200～1∶500，上游包含库区，下游坝址至护坦（副坝）下游50m范围，两岸至回淤线以上20～50m；拟建谷坊坝测量比例尺为1∶50～1∶200，上游包含库区、坝址下游30m范围，两岸至回淤线以上20m；拟建排导槽、防护堤、围堤等测量比例尺为1∶100～1∶1000，上、下游至进出口各外扩20m，两侧各外扩20～50m，尽量包含保护对象分布区。

4.3.3　工程地质测绘

1）物源调查测绘

对重点物源应加密开展大比例尺剖面测绘工作，进一步核实物源总量及动储量。各类物源量及动储量计算方法参照附录 E。

2）拟建工程区

（1）对拟设拦固工程（拦沙坝、谷坊坝等）区工程地质条件进行测绘，应划分岩土体类型并描述其工程地质特性，增加非溢流段纵向工程地质剖面测绘 2~4 条，溢流坝段可增加 1~2 条，增加副坝或护坦实测剖面。

（2）对拟设排停工程（防护堤、排导槽、停淤堤）区工程地质条件进行测绘，应划分岩土体类型并描述其工程地质特性，加密沟道陡缓、宽窄、地形变化段及桥涵、临近民房、进出口段工程地质剖面测绘，其他段应控制在 20~50m/条。

3）施工条件

调查工程永久和临时征地范围、面积、地类，及附着物、林木果树，民房、坟墓等构（建）筑物动迁，施工便道走线及对周边的影响，查明施工弃渣场工程地质条件，并对施工营地及临时工棚区进行地质灾害危险性评估。

4.3.4　勘探

（1）在初勘工作的基础上加密勘探线及勘探点，进一步查明拟设治理工程部位的工程地质条件。

（2）勘探线布置原则：拟设拦沙坝（包括格栅坝、缝隙坝、梳齿坝）应加密布置纵向勘探线，其中非溢流坝段增加 2~4 条，溢流坝段可增加 1~2 条；排导槽左、右防护堤的轴线应布置 2 条纵向勘探线；加密沟道陡缓、宽窄、地形变化段横向勘探线；需要采取固源措施的重点物源应加密纵向勘探线 1~2 条；勘探线与增加的测绘剖面线一致。

（3）勘探点布置原则：拦沙坝、格栅坝宜采用钻探、探井的方法，1 条勘探线应有 2~3 个勘探点，拟设高坝（≥10m）应有 2 个以上钻孔控制；排导槽及防护堤宜采用探槽、探井的方法，勘探点间距宜为 20~50m，并不少于 2 个；拟治理物源在拟设工程部位应不少于 2 个勘探点。

4.3.5　试验

1）现场试验

（1）现场颗分试验：在初勘基础上，针对拟设格栅坝段增加大颗粒现场颗分试验。试验方法参照 3.4.1 节。

（2）黏度和静切力试验：泥石流浆体可用现场采取获得或人工配制的方法进行模拟，其黏度可以采用轴圆心旋转式黏度计或标准漏斗 1006 型黏度计测量获得；其静切力可采用 1007 型静切力计测量得到，试验方法参照 3.4.5 节。

（3）承载力试验：采用圆锥动力触探试验，可分为轻型、重型和超重型三种，其试验方法和适用条件按照《岩土工程勘察规范》(GB 50021—2001)执行。

2)室内试验

结合新增勘探工作区,增加土样、岩样和水样试验。

4.3.6 相关参数复核

本阶段充分利用初勘阶段取得的成果资料,校核泥石流的相关参数,重点复核拟建工程断面泥石流运动特征参数、地基岩土参数、渗透变形参数。

4.3.7 基本工作量

详勘在初勘的基础上开展,其工作量是在初勘的基础上进行补充。基本工作量规定参见附录B。

4.4 补充勘查

4.4.1 基本规定

补充勘查主要针对地质条件发生变化的流域及拟建工程区进行,一般采用地形测量、工程地质测绘、勘探等方法补充查明变化区域的工程地质条件。

4.4.2 地形测量

(1)针对施工图设计的需要,对拦沙坝、防护堤、排导槽、施工便道等进行定位放线测量。

(2)建立拦沙坝、防护堤、排导槽等拟建工程轴线的测量定位标志。

(3)对地形条件发生变化的流域及拟建工程区进行地形测量,测量精度应满足施工图设计调整的需要。

4.4.3 工程地质测绘

(1)测绘工程永久和临时征地范围、面积、地类及附着物、林木果树、民房、坟墓等建筑物动迁,施工便道走线,施工弃渣场选址,施工营地及临时工棚区。

(2)因降雨或泥石流影响,沟道等地形条件发生重大变化时,应开展补充工程地质测绘工作,测绘精度应满足施工图设计调整的需要。

(3)应充分收集施工过程中基槽开挖、桩基开挖等地质编录资料,编制与原地质报告相应的对比变化图,为施工图设计调整提供依据。

4.4.4 勘探

在详勘工作的基础上,对地质条件发生变化的拟建工程部位补充有针对性的勘探工作,并提交补充工程地质勘查报告。

4.5 勘查工作方法

4.5.1 资料收集

(1)收集流域内地形地质图件,包括各种比例尺地形图、区域地质图、构造纲要图、遥感影像图、地震动参数图等。

(2)收集社会经济发展及相关规划资料,包括地方志、土地规划、地质灾害防治规划、社会经济发展规划等。

(3)收集气象水文资料,包括区域内及邻近气象站历年气象资料,主要包括历次暴雨的 24h、6h、1h、10min 雨强资料,历次冰川泥石流发生时极端气温变化数据,泥石流沟及主河段历次洪水水文资料,冰川及积雪情况资料。

(4)收集泥石流调查评价及流域内既有工程的相关资料,包括勘查、设计、竣工、监测等报告、图件及影像等。

4.5.2 遥感解译

(1)全流域采用中高分辨率卫星、航空遥感等信息源,精度达到 1∶10000～1∶25000;必要时应采用无人机航拍影像信息源,精度达到 1∶2000～1∶5000;在满足要求的情况下,优选我国免费提供的对地观测卫星所拍摄的高分辨率影像。

(2)卫星遥感解译宜采用最新的影像资料,结合泥石流发生前后的特征变化进行对照解译。

(3)主要针对流域内物源进行全面解译,重点是崩塌、滑坡堆积物,堰塞湖,矿山、公路、电站等工程弃渣的分布范围、类型、数量;此外,尚需对跌水、冲淤、弯道、堆积扇等沟道条件,植被覆盖情况,村镇及道路分布等进行解译。

(4)通过野外实地踏勘,建立物源、沟道、植被覆盖等遥感解译标志,解译成果可指导开展工程地质测绘并结合进行验证。

(5)解译成果按流域范围成图,精度要求与工程地质测绘比例尺一致,并应提交专项遥感解译报告。

(6)遥感解译要求按照《区域地质调查中遥感技术规定》(DZ/T 0151—1995)执行。

4.5.3 地形测量与工程地质测绘

(1) 全流域进行地形测量与工程地质测绘时采用连测法,两者范围和精度应一致,地形测量按照《工程测量规范》(GB 50026—2007)执行。

(2) 地质测绘应与勘探、试验工作配合实施,有序开展。

(3) 全流域地形测量以收集为主,在无同精度地形图时,以修测为主。流域面积小于 5km^2 时,测图比例尺宜采用 1:2000~1:5000;流域面积大于 5km^2 且小于 30km^2 时,测图比例尺宜采用 1:5000~1:10000;测图流域面积大于 30km^2 时,比例尺宜采用 1:10000~1:25000;泥石流重点物源区及堆积扇区,比例尺宜采用 1:500~1:2000;拟建防治工程区域,比例尺宜采用 1:50~1:1000。

(4) 全流域的工程地质测绘宜在遥感解译成果的基础上开展,物源区应重点查明物源类型、分布、规模和启动方式,沟道区应重点查明沟道纵坡、堵点、跌水、卡口、弯道、冲淤段、桥涵等的分布及对泥石流运动的影响;堆积扇区应重点调查沟道的排泄能力、与主河的关系及主河的输沙能力,泥石流冲淤及危险区范围、威胁对象及财产。

(5) 流域内重点物源区、典型沟道段、拟建工程位置和既有工程体应开展工程地质剖面测绘,重点物源区比例尺宜采用 1:200~1:2000;沟道区纵剖面图比例尺宜采用 1:500~1:1000;典型沟道段横剖面比例尺宜采用 1:100~1:500;泥石流堆积扇比例尺宜采用 1:200~1:1000。

(6) 各类物源量和动储量确定按附录 E 计算。

(7) 调查流域内泥石流的活动历史及危害,对近期泥石流物源启动位置、泥痕、淤积漫流范围、受灾公路、桥梁等应进行测绘,并统计泥石流造成的人员伤亡和财产损失情况。

(8) 调查既有工程分布位置、类型、结构、运行效果及地基条件等,对于可以继续利用的工程宜开展纵、横剖面工程地质测绘,方便后续对其进行加固、加高和修葺工作。

(9) 拟建拦沙坝区应重点调查和测绘两侧坝肩覆盖层土类及厚度,基岩类型、埋深、风化带厚度及卸荷裂隙带宽度,坝基覆盖层土类及分层厚度,地下水埋深及透水性,下伏基岩埋深及岩性;排导槽及防护堤应重点调查测绘沿线地基岩土类型,可利用持力层,地下水位等。

(10) 应调查测绘的施工条件包括施工征地,临时道路,天然建筑材料,拆迁对象,水电供应,弃土场等的位置、范围及价值,应在全流域工程地质图上测绘;还应查明天然建筑材料储量、质量、开采和运输条件,弃土场堆放场地的稳定性,评估产生二次灾害的可能性及对环境的危害等,对不在流域内的天然建筑材料场和弃土场可补充单项工程地质测绘图。

(11) 拟建工程区应收集、访问、调查地下管线(通信、电力、给排水等)、构筑物和其他埋设物的分布、类型、属性、权属、埋深等,并提供地下设施信息图表。

（12）工程地质测绘控制点包含地层岩性点、构造点（断层、褶皱、节理裂隙）、水文点（井泉点、水库、堰塞湖、渠道）、人类工程活动点（矿山、尾矿库、工业废料场、垃圾场、公路、电站、通信线路、桥涵、居民点、农耕区）等，布置及数量按照《滑坡崩塌泥石流灾害调查规范》（DZ/T 0261—2014）执行。

4.5.4　地质环境条件（工程地质）调查

1）一般规定

（1）应对泥石流流域地质环境条件进行调查，并做好沿途观察与描述。

（2）调查内容包括：地形地貌、地质构造、岩（土）体工程地质情况、水文情况（包含地表水及地下水）、自然环境因素及人类工程经济活动等，并做好野外工程地质调查记录。

2）地形地貌

（1）以收集资料为主，并结合卫星遥感影像，确定泥石流区域地貌单元的类型。

（2）应调查的地形地貌特征主要包括：泥石流沟道两侧斜坡类型、结构、形态、坡度，以及泥石流沟谷、主河河谷、阶地、河漫滩、冲积扇等微地貌的组合特征、形成及演化过程。

3）地质构造

（1）以收集资料为主（区域地质图、构造图），并结合卫星遥感影像，分析地貌特征、区域构造、新构造运动。

（2）收集区域地震活动信息（地震加速度、地震反应周期频谱、地震烈度），区域断裂情况（断裂特征、活动性、活动强度等），分析区域新构造运动的特征及影响。

（3）调查核实泥石流区域主要活动断裂特征（性质、活动强度、断裂走向、产状及其地貌地质证据），分析活动断裂对泥石流等地质灾害的形成及分布范围的影响。

（4）调查泥石流流域内各种原生结构面、构造结构面以及风化卸荷结构面的性状特征（如结构面的性质、规模、产状、形态、分布密度、空间关系等）。

4）岩（土）体工程地质

（1）收集调查泥石流沟区域基础地质资料（地质年代、时代成因、岩性特征等）。

（2）调查工程岩组特征（岩体结构类型、产状、工程地质性质），划分工程岩组类型。

（3）结合调查区斜坡结构特征，对典型斜坡岩体结构和工程地质性质进行调查与测量，实测具有典型性的综合剖面。

（4）调查岩体风化特征，查明岩体风化层分布、风化带厚度，并分析其与地质构造、地形、岩性、水文、植被和人类活动之间的关系。

（5）调查土体工程地质特征，包括土体分布、形成时代、成因类型、厚度，测试分析土体颗粒组分、拟建坝体工程区的渗透性。

5) 人类工程经济活动

(1) 泥石流流域范围内,特别是泥石流沟口、堆积扇上的人类生产生活设施情况(村庄、交通线路、其他工程设施等)。

(2) 调查泥石流流域范围内的水土流失情况,主要调查植被破坏、过度放牧、开荒垦殖等情况。

(3) 查明泥石流流域范围内存在的矿业、工厂弃渣、筑路弃土情况,并调查弃土弃渣的拦挡防护措施。

(4) 调查泥石流流域范围内存在的水利工程,对可能溃决形成泥石流的病险水利工程应进行详细调查,查明其发生原因、条件、危害性和溃决条件等。

4.5.5 勘探

1) 钻探

(1) 钻孔记录最终应以钻孔柱状图的形式呈现,记录应包括钻进情况[标明钻孔孔径(开孔孔径及终孔孔径)、换径位置及深度、固壁方法]、地层情况(地层岩性、层位深度、推测地层分层界线、土石工程分级、破碎带、软夹层)、地下水情况(可能的地下水位、含水层、隔水层和可能的漏水情况),以及钻进过程中针对上述情况应采取的准备措施。

(2) 钻探应采用回转取芯钻进工艺,对松散土体、碎石和卵漂石的钻探宜采用单动双管、植物胶或泥浆护壁、无泵或小水量钻进等钻探方法;为保证采样试验的要求,钻孔终孔直径不应小于110mm。

(3) 钻进工艺设计应包括钻进方法,固壁办法,岩芯采取率,取样及试验要求,孔斜及测斜,水文地质观测,钻孔止水办法,封孔要求,终孔后钻孔处理意见(长期观测、监测或封孔等)。

(4) 松散层及风化破碎岩石岩芯采取率不应小于85%,完整岩石不应小于90%。岩层采样段回次采取率不应小于95%,土层采样段回次采取率应为100%。对于破碎带、软夹层、断层等重要取芯地段,应限制回次进尺,每次进尺不允许超过0.3m,地质员应及时跟班取芯、取样。

(5) 钻探钻进中,应记录钻进中遇到的塌孔、卡钻、涌水、漏水及套管变形部位情况并做好简易水文观测,包括初见水位、起、下钻水位和静止水位。

(6) 钻探施工时应按规定填制相关班报表,钻孔地质编录表应包括钻孔位置、值班班次、钻探日期、回次深度(回次编号、起始孔深、回次进尺)、岩芯(长度、采取率)、地层情况(分层孔深、地质描述及分层采取率)、取样(编号、位置、长度、备注)等。岩芯的地质描述应详细、客观,同时对裂缝、软夹层等进行重点描述和地质编录,编录中宜多用素描及照片辅助说明。岩芯应摆放整齐,有标注孔深、岩性的标牌。除特殊部位特写镜头外,照相要垂直向下照。

(7)需要留存的岩芯应装箱妥善保管,其余岩芯应就地挖坑掩埋;钻孔验收后,对不需保留的钻孔必须进行封孔处理,土层一般用黏土封孔,岩层宜用水泥砂浆封孔。

(8)需要配合开展动探的钻孔,按照《岩土工程勘察规范》(GB 50021—2001)执行。

(9)钻孔和动探应编制综合柱状成果图。

2)井探

(1)小圆井直径宜大于1m,矩形探井断面短边长宜大于1.5m。

(2)对松散不稳定和有地下水渗水的地层,探井井壁应采取支护措施,确保施工安全。支护方式可采用钢、木模板或现浇混凝土护壁等。

(3)开挖方法宜采用人工开挖,即通过人力或手摇绞车提升出土,从吊桶或水泵排水。

(4)开挖过程中,地质人员应根据开挖进度及时进行编录并采取岩、土、水样品等。

(5)施工过程中,应对井口加盖保护,防止造成人员跌落危险。

(6)对于确定无需保留的探井,应及时进行回填并恢复原地面。

3)槽探

(1)探槽可采用人工开挖、机械开挖或人工开挖与机械开挖相结合的方法。

(2)深度小于1m的探槽,可采用矩形断面;深度大于1m的探槽,宜采用倒梯形、阶梯形断面,底宽宜为0.6m;两壁边坡坡率,视岩(土)体地质结构确定,两壁为含水率较高的土体时,边坡应适当放缓;探槽的长度、延伸方向,根据勘查地质现象的需要确定。

(3)开挖弃土应妥善处置,避免造成危害,并用于探槽回填。

(4)当地下水位埋深浅,探槽挖深较大,槽壁土体松散、稳定性差时,应对探槽壁进行支护。可采用支撑木或螺栓撑杆,通过木板或钢板架进行支护。

(5)开挖后应及时进行地质编录,现场绘制展示图至少一壁一底;当探槽两壁地质条件有较大变化时,须绘制两壁一底;比例尺宜为1∶50~1∶100;当覆盖层极薄,受深度限制难以显示出槽壁时,可只绘制槽底平面图。

(6)样品应尽量在槽壁上采取,槽壁上不具备条件时,可在槽底采取。

4.5.6　工程物探

(1)物探方法选择时,应充分收集分析工作区已有区域地质、工程地质、水文地质、水文、气象及物探成果等相关资料,根据工作区地质环境、物探目的、探测深度、规模范围及探测对象与周围介质之间的物性差异,选择适当的物探技术方法。具体选择原则如下:

①被探测对象规模范围不能过小,且其与周围介质的物理性质存在较为明显的差异性,可被区分,并具有足够强度的地球物理异常;

②调查对象应具有抑制干扰性,能够较易区分干扰信号和有用信号;

③所选取的探测区域应具有代表性,并采用合理、有效的试验方法进行探测。

(2)勘查设计书中应包括物探专项设计内容,并依据有关物探规范编制。

(3)物探剖面线应沿地质勘探剖面线布置,充分利用地质测绘成果和钻探、槽探成果来解译,提高其可靠性与准确性。

(4)物探仪器的探测深度,应大于推测的覆盖层厚度、基覆面埋深、软夹层深度、地下水位埋深和钻孔孔深。

(5)物探原始记录应准确、齐全、清晰,物探成果判释时,应考虑其多解性,区分有用信息与干扰信息,应有已知物探参数或一定数量的钻孔验证,并编制物探专项成果报告。

(6)物探要求按照《水利水电工程物探规程》(SL 326—2005)执行。

4.5.7 试验方法

(1)泥石流流体重度、现场筛分试验按3.4节规定进行。

(2)动力触探试验按《岩土工程勘察规范》(GB 50021—2001)规定执行。

(3)取样要求按照《建筑工程地质勘探与取样技术规程》(JGJ/T 87—2012)中的操作方法执行。

(4)土的常规试验的操作方法按《土工试验方法标准》(GB/T 50123—1999)执行。

(5)岩样试验的操作方法按《工程岩体试验方法标准》(GB/T 50266—2003)执行。

(6)水质分析取样、试验按《水工混凝土水质分析试验规程》(DL/T 5152—2017)规定执行。

(7)泥石流流体的黏度和静切力测试应符合3.4.5节的规定。

4.6 资料整理及成果编制

4.6.1 原始资料整理基本要求

(1)地形测量资料包括控制点和水准观测计算手簿,控制点成果表,测量仪器检验记录,控制测量点记录,重要地形地貌照片,各种比例尺实测地形平、剖面图的纸质和电子图件、测量数据等。

(2)工程地质测绘资料包括物源、沟道、泥石流活动、拟建工程场地等工程地质调查点记录表,典型地质调查照片集,实测工程地质剖面图,工程地质实际材料图等。

(3)遥感资料包括影像源数据,遥感解译标志,实地验证调查记录表,各种比例尺遥感解译图等。

(4)勘探资料主要包括钻探班报表,钻孔地质编录,综合钻孔柱状图表,井探、槽探地质展开图。

(5)物探资料主要是物探工作平面和剖面布置图,物探测试数据图表,物探解译推断地质剖面图,地质验证说明,物探解译报告。

(6)试验资料包括动力触探记录表及综合成果图表,水文地质试验记录表及综合成果图表,现场及室内颗粒筛分试验记录表及综合成果图表,岩土水样取样及送样记录表,岩土水样检测报告等。

(7)原始资料均应进行整理,并检查、分析实测资料的完整性和准确性。重点检查实测图件的测绘范围、比例尺、测量精度、图件内容等是否完整、准确并符合测量规范和设计书要求,各类现场记录表内容是否与实际情况吻合,各类记录资料应有责任人检查签署。

(8)原始资料应使用符合国家有关标准规定的专业术语、文字符号、数字、代号、计量单位等进行记录。

4.6.2　勘查设计书及成果报告编制基本要求

1)勘查设计书编制

(1)勘查设计书应在现场踏勘的基础上编制。一般由地质、测量、设计等专业人员组成踏勘组,对泥石流沟进行野外踏勘,调查泥石流沟范围、主要物源区、泥石流活动和危害情况,初步确定拟治理工程位置。利用遥感图像、现场拍照、GPS、地质罗盘、手持激光测距仪、皮尺等工具,草测泥石流流域工程地质平面图,草测主要沟道纵横剖面、典型物源以及拟设工程段的地质断面图,收集编制设计书所需的地形、地质、水文、气象、工程等其他相关资料。

(2)初步分析泥石流的形成原因。结合流域物源类型、分布、数量、规模,启动转化方式,沟道条件(纵坡、卡口、堵点)和水源激发条件进行初步分析。

(3)提出泥石流防治思路和方案设想。初步调查被威胁公路范围及程度,按照因害设防的总思路,提出泥石流防治方案设想及拟设工程的位置。

(4)部署泥石流地质灾害和拟建防治工程的勘查工作。明确泥石流沟全域、重点物源区和各拟设工程区不同比例尺的测绘范围、内容及精度等,主要物源点、典型沟道段(卡口、堵点、跌水、峡谷和宽谷等)、拟设拦沙坝、排导槽等均应布置实测工程地质剖面及钻孔、动态、坑槽探、取样试验等工作。

(5)编制勘查工作部署图件。主要有泥石流全域勘查工作部署图,主沟纵剖面图,拟设工程区勘查剖面布置图,钻孔、井探、槽探等设计图。图件编制内容应层次清晰、重点突出,能够指导开展勘查工作,图幅比例尺、图示图例、插图插表、责任图签等应符合规范要求。

(6)编制勘查工作经费预算。根据勘查区地质环境条件、选用的勘查技术方法及设计工作量,依据相关预算标准进行编制。

(7)勘查设计书编制提纲参照附录F。

2)初步勘查报告的编制

(1)简述勘查工作的任务及目的,勘查工作的依据与所需执行的技术标准,已有的(或已收集的)地质资料及其研究深度,并评述勘查工作的完成情况及质量等。

(2)概述自然地理和地质环境条件,主要包括:勘查区位置与交通、社会经济概况,地形地貌,气象,水文,地质构造与地震,地层岩性,岩(土)体工程地质特征,水文地质条件,植被,人类工程活动对地质环境的影响等。

(3)阐述泥石流的形成条件,主要包括:沟道和岸坡条件(卡口、堵点、跌水、峡谷和宽谷、弯道和直道、陡坡及缓坡、桥涵等),物源条件与启动模式(物源类型、分布、规模、数量、启动转化方式等),水源条件(降雨汇流区及地表径流条件,湖泊、水库泄洪、水塘、大泉、水渠、水田等对泥石流形成的补给);并对泥石流沟进行合理分区(包括形成区、流通区及堆积区)。

(4)阐述泥石流的基本特征及其形成机制,主要包括:泥石流活动史情况,泥石流流体性质,发生频率和规模,泥石流冲淤特征,堆积物特征,危害范围等;分析泥石流引发因素等。

(5)计算泥石流流体与运动特征参数,主要包括:泥石流流通段和拟设工程段典型断面的泥石流流体重度(现场配浆法、查表法、综合取值),泥石流流量和流速(形态调查法、雨洪法、综合取值),一次泥石流过流总量,一次泥石流固体冲出物总量,泥石流整体冲压力与大石块冲击力,泥石流爬高和最大冲起高度,弯道超高等。

(6)物源堵沟及溃决可能性专题分析,主要分析滑坡和崩塌堰塞体、冰湖堰塞坝和支沟泥石流堰塞体等堵沟物源点的基本特征,估算堵沟补给泥石流的方式及动储量,分析堵点发生堵溃的可能性及溃决流量,泥石流溃决的危险区范围及危害程度等。并分析泥石流挤压和堵塞主河的可能性(从主河水文特征、主河输沙能力、泥石流堵河流量预测、单次泥石流堵塞高度预测)。

(7)预测泥石流危害和发展趋势。根据泥石流沟物源储量、形成泥石流的激发条件,评价产生泥石流的风险(泥石流易发程度分析、活动强度判别、危险性分析),预测再次发生泥石流的危险区范围以及可能的危害对象与危害方式。

(8)既有防治工程评价及泥石流防治方案建议。对泥石流沟既有工程的防治效果和可利用程度进行详细评价,遵循因害设防的总思路,提出防治方案建议,对拟设防治工程部位提出地质岩土等设计所需参数建议。

(9)论述防治工程区工程地质条件。分区分段对拟设工程区的工程地质条件进行分述,主要是地基和岸坡岩(土)体类型、工程地质特性及岩土参数。简述工程区交通、水电、天然建筑材料等施工条件，工程永久占地和临时占地区的土地类型、征地难易程度等。

（10）初步勘查报告编制提纲参照附录G。

3）详细勘查报告编制

（1）简述详细勘查任务由来，勘查目的与任务，勘查依据与技术标准，初步勘查成果，详细勘查工作概况及工作质量评述等。

（2）以初步勘查成果为基础，补充阐述泥石流流域地质环境条件。

（3）依据详细勘查补充资料，复核泥石流基本特征与运动特征参数，专题论述滑坡崩塌堆积体堵沟可能性及堰塞湖、冰湖溃决可能性等。

（4）专题论述工程区工程地质条件，如拦沙坝坝基坝肩稳定性，坝下和坝肩渗漏变形的工程地质条件，格栅坝区沟道堆积物粒度级配特征，排导槽区沟道淤积及冲刷特征等。提出防治工程设计所需的岩土建议参数和泥石流特征参数。

（5）补充论述工程施工条件，如施工道路选线、弃渣场选址、工程占地征地、天然建筑材料勘查等。

（6）详细勘查报告编制提纲参照附录G。

4）补充勘查报告编制

补充勘查报告编制参照附录G简化，重点是根据补充勘查目的和所取得的补充勘查资料，针对性地论述说明。

4.6.3　图件编制基本要求

1）图件类型

各勘查阶段的基本图件包括：泥石流沟勘查工作布置图，泥石流沟全域工程地质平面图，重要物源点工程地质平面图，泥石流防治工程方案建议图，拟建防治工程区工程地质平面图，重要物源点工程地质剖面图，泥石流主沟及支沟的工程地质纵剖面图，沟道重要节点工程地质横剖面图，拟建防治工程区工程地质剖面图等。

2）图件内容

（1）泥石流沟勘查工作布置图。其比例尺一般为1∶200～1∶1000，主要表示泥石流沟地形地貌、地质环境、泥石流分区及其活动特征、危险范围及威胁对象、拟建防治工程部位和不同比例尺测绘区范围、勘探剖面线以及钻孔、槽探、井探布置，可以附勘查设计工作量表。

（2）泥石流沟全域工程地质平面图。其比例尺宜为1∶2000～1∶25000，编图范围包括泥石流沟全域和泥石流灾害影响区，主要分两个层次表达：一是泥石流的形成条件和危害，重点突出泥石流物源分布和启动方式、沟道堵点和冲淤特征、泥石流危险区范围和危害对象等；二是勘查工作手段，如实测剖面线、勘探点、试验点，可以插入泥石流流域及分区说明表、物源量分类统计表、典型断面泥石流运动特征参数表、勘查工作量对照表,必要时可增加流域或区域降雨等值线等图。

(3)泥石流防治工程方案建议图。其是在泥石流沟全域工程地质平面图的基础上进行简化,重点是突出泥石流防治工程布置的方案,包括拟建工程类型、位置、数量、建筑物主要尺寸等,并附方案工程说明表。

(4)泥石流沟道工程地质纵剖面图。其比例尺可同平面图比例尺或更大一级,纵横比例应一致。重点反映主沟各沟段及支沟的纵坡、跌水、陡坎、陡缓变化,堵点、沟道堆积层地质特征,沟道冲淤特征,与主河关系,既有桥涵、拟设工程、勘探钻孔情况等。

(5)沟道重要节点工程地质横剖面图。重要节点包括卡口、堵点、跌水、峡谷和宽谷、弯道和直道、陡坡及缓坡、桥涵等,比例尺宜为1∶200~1∶1000,一般要求纵、横比例的比值为1。主要反映沟道岸坡地形、沟道与威胁对象的位置关系、泥石流泥位线、沟床冲淤特征、钻孔、探槽及勘探深度内的沟床和岸坡岩(土)体类型及结构特征等,可以附剖面处泥石流特征参数及地基岩土参数表。

(6)重要物源点工程地质剖面图。其比例尺一般为1∶200~1∶500,主要反映物源(崩塌、滑坡、堰塞体、沟道厚层堆积物、工程弃渣等)松散堆积体的地质结构特征、纵横厚度变化情况、软弱层(结构面)发育情况、变形(滑移、侵蚀)情况,可以附表说明物源量、堆积体稳定性、参与泥石流活动的方式等。

(7)钻孔综合柱状图。比例尺按1∶100~1∶200,其主要反映钻孔的分层厚度、岩性、地下水位和孔内原位测试、取样位置等。

(8)探井和探槽地质展示图。比例尺按1∶50~1∶100,应展开绘制井壁地质现象,分层标注岩性、软弱夹层、原位测试和取样位置、地下水位或渗水点等。

4.6.4 附件编制基本要求

(1)物源调查表参照附录E,主要是物源测绘及物源量估算,附物源点平、剖面图及典型照片。

(2)原位测试报告、岩土物理力学测试报告、水质测试报告,由具备检测资质的专业单位提供。

(3)遥感解译报告。报告主要说明:采用的遥感图像源、数据类型、接收时间、图像分辨率、图像处理方法、地质解译、图件编制的方法技术;专题图件可以编制泥石流流域遥感影像图、流域物源分布遥感解译图、泥石流沟道冲淤及堵塞遥感解译图等,比例尺可与流域工程地质平面图一致。

(4)物探解译报告。报告主要说明物探工作方法,调查目标的地球物理特性,对测试数据资料的解译结果,调查区域的地质推断,最终得出结论和相应的建议等。图件主要包括:物探平面布置图,物探解译结果及推断地质剖面图,测点数据曲线图等。

(5)勘查影像图集。其包括泥石流沟谷地貌、各类物源、泥石流堆积物、泥石流泥位泥痕、冲刷淤积痕迹、威胁对象、灾害损失等与泥石流活动相关的影像资料,以及地质调查、工程地质测绘、钻探、井探、槽探、现场试验、样品采集等勘查工作的典型照片及录像资料。

4.7 泥石流特征参数确定方法

4.7.1 泥石流重度

泥石流重度是决定泥石流性质最重要的参数之一,以往泥石流重度的确定主要采用现场调查试验法、流体形态调查法和查表法。在具体勘查工作中,应根据泥石流沟的实际情况,首先通过调查确定泥石流性质,估计其重度大致范围,再根据具体条件选择2~3种适宜的方法对泥石流重度进行计算,结合泥石流运动特征分析,综合确定不同沟道断面处的泥石流重度值。

1)现场调查试验法

(1)适用条件:对于新近发生的泥石流和当地有居民曾亲眼看见过该沟暴发的泥石流具有较好的适用性;而对发生于较为久远且缺乏目击者的泥石流以及潜在的泥石流沟适用性差。

(2)试验方法:条件许可的情况下,可在泥石流暴发时或暴发后的有效时间内(一般为6h),在需要测试的沟段取泥石流流体3组以上并测量其质量和体积;如超过有效时限,应在需要测量重度的泥石流沟段,选取具有代表性的堆积物,加水制成泥石流暴发时的流体状态,并请附近曾经亲眼看见该泥石流暴发的当地居民多人次,对配制的泥石流浆体样品进行鉴定,对符合要求的样品测量其质量和体积,并按式(4-1)计算泥石流流体密度。条件具备时,采用该方法可取得较为准确的泥石流重度特征参数值,但可能受到取样代表性或配制泥石流浆体与实际泥石流体一致性的限制。

$$\gamma_c = \frac{W_{c0}}{V_{c0}} \tag{4-1}$$

式中,γ_c为泥石流流体密度(t/m^3);W_{c0}为样品的质量(g);V_{c0}为样品的体积(cm^3)。

2)流体形态调查法

(1)适用条件:对新近发生的泥石流和当地有居民曾亲眼看见过该沟暴发泥石流且记忆清晰时使用。由于个人感官存在差异,因此该方法通常与现场调查试验法综合使用;单独使用时需谨慎。

(2)使用方法:调查曾目睹过泥石流的居民,记录其感官感受,描述泥石流浆体特征,按表4-2泥石流流体稠度特征表确定泥石流流体重度。

泥石流流体稠度特征表　　　　表4-2

泥石流浆体稠度特征	稀浆状	稠浆状	稀粥状	稠粥状
密度取值 γ_c (t/m³)	1.2~1.4	1.4~1.6	1.6~1.8	1.8~2.4

3)基于浆体密度的泥石流流体重度计算

(1)适用条件:对新近发生的泥石流,如果可取得泥石流沟边壁或岩壁固体黏结物,在能确定上限粒径并具备进行配浆试验确定浆体密度的条件时使用。

(2)计算方法:可按式(4-2)计算泥石流流体重度。

$$\gamma_c = 1 + \frac{\rho_s - 1}{1 + \frac{\omega'(\rho_s - \gamma_f)}{\gamma_f - 1}} \tag{4-2}$$

式中,ρ_s 为固体颗粒的密度(t/m³);ω' 为细颗粒(粒径小于泥石流的上限粒径,上限粒径一般取黏附于沟道岩壁浆体的最大粒径)的质量百分数,用小数表示;γ_f 为泥石流浆体密度,实际工作中取泥石流堆积物中的细颗粒配置(t/m³)。

计算时,首先根据泥石流沟边壁、岩壁上固体黏结物中最大粒径作为上限粒径 d_0,然后根据确定的上限粒径,采用配浆法配制与泥石流浆体颜色和屈服应力一致的浆体,称重计算确定泥石流浆体的密度。对下游泥石流堆积物采用采样称重的方法,确定粒径小于 d_0 的细颗粒物质的含量,最后将获取的参数代入公式,计算泥石流的重度。

4)基于泥石流沉积物中黏粒含量的重度计算

(1)适用条件:当泥石流堆积物保存较为完整,但附近没有曾目睹过泥石流形态的居民时,可采用该方法。

(2)计算方法:可按式(4-3)计算泥石流流体重度。

$$\gamma_c = -1.32 \times 10^3 x^7 - 5.13 \times 10^2 x^6 + 8.91 \times 10^2 x^5 - 55x^4 + 34.6x^3 - 67x^2 + 12.5x + 1.55 \tag{4-3}$$

式中,γ_c 为泥石流密度(t/m³);x 为泥石流沉积物中的黏粒(粒径<0.005mm)含量(用小数表示)。

该式反映了黏粒含量与重度的多项式统计关系,该公式的计算值与试验值的误差较小,具有较强的实用性,而对于高重度的黏性泥石流来讲,其应用具有一定的局限性。

对于密度大于1.8t/m³、黏粒含量为3%~18%的黏性泥石流,可采用具有一定物理意义的对数方程计算泥石流流体重度,其表达式如下:

$$\gamma_c = \log\left[\frac{10x + 0.23}{|x - 0.089| + 0.1}\right] + e^{-20x-1} + 1.1 \tag{4-4}$$

式中各项参数含义同式(4-3)。

该方程反映了黏性泥石流重度的最大值,在黏粒含量为8.9%附近,计算的泥石流密度最大值为2.32g/cm³,适用于黏粒含量大于3%、小于18%的黏性泥石流。

5)基于泥石流沟易发程度数量化评分的泥石流流体重度确定

(1)适用条件:该方法主要用于计算结果的参考和校核。此外,对未发生过泥石流灾害的潜在泥石流沟,可采用该方法确定其泥石流重度。

(2)使用方法:通过对照附录表C.1对泥石流沟易发程度进行数量化评分,用所得分数在附录表C.2中查找对应的泥石流重度,即查表法。

4.7.2 泥石流流速

泥石流流速是泥石流流量、泥石流冲击力计算的基础,是泥石流冲淤变化的基本参数,又是泥石流防治工程设计必不可少的重要参数。目前,泥石流流速计算公式为半经验或经验公式,概括起来一般分为稀性泥石流流速计算公式、黏性泥石流流速计算公式和泥石流中大石块运动速度计算公式三类。近年来随着相关研究的开展,又提出了根据弯道超高计算流速、根据浆体流变性能计算流速等新方法,可作为流速计算参考。

1)稀性泥石流流速计算公式

(1)M·Ф·斯里勃内依(1940年)式(以下简称斯氏公式)。

苏联M·Ф·斯里勃内依从动力平衡,即设清水动能与挟沙水流(泥石流)动能相等的概念出发,按稳定均匀流运动推得泥石流流速与清水流速关系式。根据泥石流特点,可应用泥石流沟床糙率来计算泥石流流速,其计算公式如下:

$$V_c = \frac{6.5}{a} H_c^{\frac{2}{3}} I_c^{\frac{1}{4}} \tag{4-5}$$

$$a = \sqrt{\phi \gamma_H + 1} \tag{4-6}$$

$$\phi = \frac{\gamma_c - \gamma_w}{\gamma_H - \gamma_c} \tag{4-7}$$

式中,V_c为泥石流断面平均流速(m/s);H_c为平均泥深(m);I_c为泥石流水力坡度(用小数表示),一般可用沟床纵坡代替;ϕ为泥沙修正系数;γ_c为泥石流密度(t/m³);γ_w为清水密度(t/m³);γ_H为泥石流固体物质密度(t/m³)。

(2) 铁三院(铁道部第三勘测设计院)经验公式。

该方法是基于斯氏公式并根据实际情况进行了经验修正,其计算公式如下:

$$V_c = \frac{15.5}{a} H_c^{\frac{2}{3}} I_c^{\frac{1}{2}} \tag{4-8}$$

式中各参数含义同式(4-5)~式(4-7)。

(3) 铁一院(铁道部第一勘测设计院)(西北地区)经验公式。

该方法是基于斯氏公式并根据实际情况进行了经验修正,其计算公式如下:

$$V_c = \frac{15.3}{a} H_c^{\frac{2}{3}} I_c^{\frac{3}{8}} \tag{4-9}$$

式中各参数含义同式(4-5)~式(4-7)。

上述三种方法经常配合使用,相互验证。

(4) 急流稀性泥石流流速计算公式(余斌,2009)。

针对现有的稀性泥石流平均速度经验公式存在的问题,通过分析稀性泥石流体积浓度与其运动速度和阻力特征的关系,得到适用于急流稀性泥石流平均运动速度的经验公式。该公式能适应多种类型的泥石流沟:适用于一般的急流稀性泥石流;对于缓流稀性泥石流,计算值与观测值相比偏大,但很接近;不适用于缓慢稀性泥石流;该速度计算经验公式也适用于稀性泥石流堆积扇上游沟道,但对于堆积扇上的速度,计算值偏大,且越往堆积扇的下游,偏差越大。其计算公式如下:

$$V_c = 1.8(gR)^{\frac{1}{2}} I_c^{\frac{1}{10}} \tag{4-10}$$

式中,V_c 为泥石流平均流速(m/s);g 为重力加速度(一般取 $g = 9.8\text{m/s}^2$);R 为水力半径(m);I_c 为纵坡降(用小数表示)。

2) 黏性泥石流流速计算公式

(1) 东川泥石流改进公式。

适用于低阻型黏性泥石流流速的计算,其计算公式如下:

$$V_c = K H_c^{\frac{2}{3}} I_c^{\frac{1}{5}} \tag{4-11}$$

式中,K 为黏性泥石流流速系数,用内插法由表4-3查得。

黏性泥石流流速参数 K 值表　　　　表4-3

平均泥深 H_c(m)	<2.5	3	4	5
K	10	9	7	5

(2) 甘肃武都地区黏性泥石流流速计算公式。

适用于中阻型黏性泥石流流速的计算,其计算公式如下:

$$V_c = m_c H_c^{\frac{2}{3}} I_c^{\frac{1}{2}} \tag{4-12}$$

式中,m_c 为泥石流沟床糙率系数,用内插法由表4-4查得。

泥石流沟床糙率系数 m_c 值表　　　　表4-4

类别	河床特征	H_c(m)			
		0.5	1.0	2.0	4.0
1	黄土地区泥石流沟或大型的黏性泥石流沟,沟床平坦开阔,流体中大石块很少,纵坡为20‰~60‰,阻力特征属低阻型	—	29	22	16
2	中小型黏性泥石流沟,沟谷一般平顺,流体中含大石块较少,沟床纵坡为30‰~80‰,阻力特征属中阻型或高阻型	26	21	16	14
3	中小型黏性泥石流沟,沟谷狭窄弯曲,有跌坎;或沟道虽顺直,但含大石块较多的大型稀性泥石流沟;沟床纵坡为40‰~120‰,阻力特征属高阻型	20	15	11	8
4	中小型稀性泥石流沟,碎石质河床,多石块,不平整,沟床纵坡为100‰~180‰	12	9	6.5	—
5	河道弯曲,沟内多顽石、跌坎,床面极不平顺的稀性泥石流,沟床纵坡为120‰~250‰	—	5.5	3.5	—

（3）古乡沟泥石流流速计算公式。

适用于高阻型黏性泥石流流速的计算,特别适用于含有大漂石的冰川泥石流,其计算公式如下:

$$V_c = \frac{1}{n_c} H_c^{\frac{3}{4}} I_c^{\frac{1}{2}} \tag{4-13}$$

式中,n_c 为泥石流糙率系数,一般黏性泥石流取0.45,稀性泥石流取0.25。

（4）通用公式。

通过对来自西藏古乡沟、云南东川蒋家沟、甘肃武都火烧沟的199次泥石流3000多阵次泥石流资料的分析,得到通用公式（康志成,1987）。该式应用范围较广,具有通用性,但该式也是在斯氏公式基础上改进的,其糙率取值仍需要慎重选取。

$$V_c = \frac{1}{n_c} H_c^{\frac{2}{3}} I_c^{\frac{1}{2}} \tag{4-14}$$

式中,n_c 为黏性泥石流糙率系数,用内插法由表4-5查得。

黏性泥石流糙率系数表　　　　表4-5

序号	泥石流流体特征	沟床状况	糙率值	
			n_c	$1/n_c$
1	流体呈整体运动;石块粒径大小悬殊,一般在30~50cm,2~5m粒径的石块约占20%;龙头由大石块组成,在弯道或河床展宽处易停积,后续流可超越而过,龙头流速小于龙身流速,堆积呈垄岗状	河床极粗糙,沟内有巨石和挟带的树木堆积,多弯道和大跌水,沟内不能通行,人迹罕见,沟床流通段纵坡在100‰~150‰,阻力特征属高阻型	平均值0.270,当H_c<2m时,取0.445	平均值3.57,当H_c<2m时,取2.25

续上表

序号	泥石流流体特征	沟床状况	糙率值 n_c	$1/n_c$
2	流体呈整体运动,石块较大,一般石块粒径 20~30cm,含少量粒径 2~3m 的大石块;流体搅拌较为均匀;龙头紊动强烈,有黑色烟雾及火花;龙头和龙身流速基本一致;停积后呈垄岗状堆积	河床比较粗糙,凹凸不平,石块较多,有弯道、跌水;沟床流通段纵坡 70‰~100‰,阻力特征属高阻型	当 $H_c<1.5m$ 时,取 0.033~0.050,平均 0.040;当 $H_c\geq1.5m$ 时,取 0.050~0.100,平均 0.067	当 $H_c<1.5m$ 时,取 20~30,平均 25;当 $H_c\geq1.5m$ 时,取 10~20,平均 15
3	流体搅拌十分均匀;石块粒径一般在 10cm 左右,夹有个别 2~3m 的大石块;龙头和龙身物质组成差别不大;在运动过程中龙头紊动十分强烈,浪花飞溅;停积后浆体与石块不分离,向四周扩散呈叶片状	沟床较稳定,河床物质较均匀,粒径 10cm 左右;受洪水冲刷沟底不平而且粗糙,流水沟两侧较平顺,但干而粗糙;流通段沟底纵坡 55‰~70‰,阻力特征属中阻型或高阻型	当 $0.1m<H_c\leq0.5m$ 时,取 0.043;当 $0.5m<H_c\leq2.0m$ 时,取 0.077;当 $2.0m<H_c\leq4.0m$ 时,取 0.100	当 $0.1m<H_c\leq0.5m$ 时,取 23;当 $0.5m<H_c\leq2.0m$ 时,取 13;当 $2.0m<H_c\leq4.0m$ 时,取 10
4		泥石流铺床后原河床黏附一层泥浆体,使干而粗糙的河床变得光滑平顺,利于泥石流流体运动,阻力特征属低阻型	当 $0.1m<H_c\leq0.5m$ 时,取 0.022;当 $0.5m<H_c\leq2.0m$ 时,取 0.038;当 $2.0m<H_c\leq4.0m$ 时,取 0.050	当 $0.1m<H_c\leq0.5m$ 时,取 46;当 $0.5m<H_c\leq2.0m$ 时,取 26;当 $2.0m<H_c\leq4.0m$ 时,取 20

3)泥石流中石块运动速度计算公式

在缺乏大量试验数据和实测数据的情况下,可利用泥石流堆积区中的最大粒径大体推得石块运动速度的经验公式:

$$V_s = \alpha_0 \sqrt{d_{max}} \tag{4-15}$$

式中,V_s 为泥石流中大石块的移动速度(m/s);d_{max} 为泥石流堆积物中最大石块的粒径(m);α_0 为全面考虑的摩擦系数(泥石流重度、石块比重、石块形状系数、沟床比降等因素),$3.5\leq\alpha_0\leq4.5$,平均 α_0 取 4.0。

4)弯道超高法流速计算公式

当泥石流沟道存在弯道、且弯道两岸的泥痕清晰可测时,可采用弯道超高法计算流速。该方法与其他泥石流流速计算方法相比,只要测量误差小,其结果就较为可靠,可以广泛地应用。计算模型如图 4-1 所示,计算公式见式(4-16)。

$$V_c = \left(\frac{1}{2}\Delta H \frac{R+r}{R-r}\right)^{\frac{1}{2}} \tag{4-16}$$

式中,V_c 为计算弯道处的泥石流流速(m/s);r 为凸岸曲率半径(m);R 为凹岸曲率半径(m);ΔH 为弯道超高高度(m)。

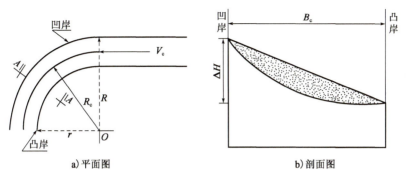

图 4-1 弯道示意图

根据弯道泥痕调查所得沟道两岸泥痕的弯道高差值(ΔH)计算流速见式(4-17)：

$$V_c = \sqrt{\frac{R_c g \Delta H}{B_c}} \qquad (4-17)$$

式中，V_c 为计算弯道处的泥石流流速(m/s)；R_c 为沟道中心曲率半径(m)；g 为重力加速度($g=9.8\text{m/s}^2$)；B_c 为泥石流表面宽度(m)；ΔH 为弯道超高高度(m)。

4.7.3 泥石流流量

泥石流流量包括泥石流峰值流量和一次泥石流过程总流量，是泥石流防治工程的基本特征参数。

1) 泥石流峰值流量计算

(1) 形态调查法。

该方法也称泥石流泥痕调查法，是在泥石流沟道中选择沟道较为顺直、无阻塞回流现象、断面尺寸较稳定、上下沟槽无冲淤变化、具有清晰泥痕的典型代表性沟段断面，认真寻找泥石流过境后残留的泥痕，测量得到泥位深度。在典型代表性沟段测量泥石流过流断面的面积、泥位深度或水力半径，通过泥痕位置确定泥石流流面的比降(若无法由痕迹确定，则可采用沟床比降代替)等泥石流参数。采用第4.7.2节中适合的泥石流流速计算公式进行计算，求得典型断面的平均流速 V_c 后，根据式(4-18)得到泥石流断面峰值流量 Q_c。

$$Q_c = W_c \times V_c \qquad (4-18)$$

式中，Q_c 为泥石流断面峰值流量(m^3/s)；W_c 为泥石流过流断面面积(m^2)；V_c 为泥石流断面平均流速(m/s)。

(2) 雨洪法。

该方法也称配方法，是在泥石流与暴雨是同频率、同步发生，并且计算断面的暴雨洪水设计流量全部转变成泥石流流量的假设下建立的计算方法。其计算步骤是先按水文方法计算出断面不同频率下的暴雨洪峰流量(可从当地水文气象部门处获得或查阅水文手册计算得到;对于新疆缺乏观测资料的地区,可按第4.8节中所述方法进行估算;存在堵溃的情况时,按照溃坝水力学中的方法计算暴雨洪峰流量;存在融雪流量或地下水流量补给地表水时,暴雨洪峰流量应叠加融雪流量和地下水补给流量),然后根据沟道情况选用相应的堵塞系数,按式(4-19)计算泥石流流量。

$$Q_c = (1+\phi) \times Q_p \times D_c \tag{4-19}$$

式中,Q_c 为频率 P 时的泥石流洪峰值流量(m^3/s);Q_p 为频率 P 时的暴雨洪水设计流量(m^3/s);D_c 为泥石流堵塞系数;ϕ 为泥石流泥沙修正系数,按式(4-20)计算确定。

$$\phi = \frac{\gamma_c - \gamma_w}{\gamma_H - \gamma_c} \tag{4-20}$$

式中,γ_c 为泥石流密度(t/m^3);γ_w 为清水的密度(t/m^3),取 $\gamma_w = 1.0$;γ_H 为泥石流中固体物质密度(t/m^3)。

泥石流堵塞系数(D_c)一般取值为1.0~3.0,其中轻微堵塞取1.0~1.4,一般堵塞取1.5~1.9,中等堵塞取2.0~2.5,严重堵塞取2.6~3.0。而据汶川地震灾区近年来泥石流观测数据可知,当地震引发大量崩滑堆积体、对泥石流沟道造成特别严重的堵塞时,堵塞系数取值可达到3.1~5.0,甚至更高,可按溃坝水力学计算泥石流流量。堵塞系数可查经验表4-6确定。

泥石流堵塞系数 D_c 值 表4-6

堵塞程度	特征	堵塞系数(D_c)
特别严重	地震影响强烈区大型崩滑堆积体发育的沟谷;沟道中分布滑坡崩塌堰塞体,堰塞湖库容大;高速远程滑坡碎屑流堆积于沟道,堆积厚度大;沟岸新近滑坡崩塌发育,堆积于沟床并挤压沟道形成多处堵点;沟道中有多处宽窄急剧变化段,如峡谷卡口、过流断面不足的桥涵;观测到的泥石流流体黏性大,泥石流规模放大显著	3.1~5.0
严重	沟槽弯曲且曲率较大,沟道宽窄不均,纵坡降变化大、卡口、陡坎多,大部分支沟交汇角度大,松散物源丰富且分布较集中;沟岸稳定性差,崩滑现象发育且对沟道堵塞较为严重;沟道松散堆积物源丰富且沟槽堵塞严重,物源集中分布区沟道摆动严重,沟道物源易于启动并参与泥石流活动;观测到的泥石流流体黏性大,稠度高,阵流间隔时间长	2.6~3.0
中等	沟槽弯道发育但曲率不大,沟道宽度有一定变化,局部有陡坎、卡口分布,主支沟交角多小于60°,物源分布集中程度中等;局部沟岸塌滑较发育,并对沟道造成一定程度的堵塞;沟道内聚集的松散堆积物源较丰富,并具备启动和参与泥石流活动的条件,沟床堵塞情况中等;观测到的泥石流流体多呈稠浆—稀粥状,具有一定的阵流特征	2.0~2.5
一般	沟槽基本顺直均匀,主支沟交汇角较小,基本无卡口、陡坎,物源分布较分散;沟岸基本稳定,局部沟岸滑塌,但对沟道的堵塞程度轻微;沟道基本稳定,松散堆积物厚度较薄且难于启动;观测到的泥石流物质组成黏度较小,阵流的间隔时间较短	1.5~1.9
轻微	沟槽顺直均匀,主支沟交汇角小,基本无卡口、陡坎,物源分散;沟岸稳定,崩滑现象不发育;沟道稳定,沟道见基岩出露,或松散堆积物厚度较薄且难于启动;观测到的泥石流物质组成黏度小,阵流的间隔时间短	1.0~1.4

此外,在有实测资料时,也可按以下公式估算。

$$D_c = 0.87 t^{0.24} \tag{4-21}$$

$$D_c = \frac{58}{Q_c^{0.21}} \tag{4-22}$$

式中,D_c 为泥石流堵塞系数;t 为实测堵塞时间,即阵性泥石流间的断流时间(s);Q_c 为实测堵塞前的泥石流流量(m^3/s)。

上述两式均适用于黏性阵流堵塞系数的估算,但由于堵塞原因复杂,堵塞时间和堵塞前流量并非是决定流量的唯一因素,因而以上公式计算精度较低。另外,因实测堵塞时间及流量等参数往往较为缺乏,该计算方法仅供参考。

2)一次泥石流过程总量计算

一次泥石流过程总量可通过实测法和计算法进行确定。实测法精度高,但往往因泥石流沟不具备测量条件,只能进行初步的估算;泥石流勘查工作中主要采用计算法确定,但对新近发生的泥石流,可按实际调查得到的固体物质堆积量对计算结果进行校核。

一次泥石流过程总量的计算主要有以下方法。

(1)泥石流过程线概化模型计算公式。

根据泥石流历时和最大流量,按泥石流暴涨暴落的特点,将其过程线概化成五角形,按式(4-23)进行计算。

$$Q = 0.24 \times T \times Q_c \tag{4-23}$$

式中,Q 为泥石流一次过程总量(m^3);T 为泥石流历时(s),可根据实际调访确定,或根据泥石流流域面积及汇流特点采用类比法确定;Q_c 为泥石流最大峰值流量(m^3/s)。

(2)一次泥石流冲出的固体物质总量计算公式。

结合泥石流一次总量,按式(4-24)计算。

$$Q_H = Q \times \frac{\gamma_c - \gamma_w}{\gamma_H - \gamma_w} \tag{4-24}$$

式中,Q_H 为一次泥石流固体物质冲出量(m^3);Q 为次泥石流过程总量(m^3);γ_c 为泥石流密度(t/m^3);γ_w 为清水的密度(t/m^3),取 $\gamma_w = 1.0$;γ_H 为泥石流固体物质密度(t/m^3)。

4.7.4 泥石流动力学特征值的确定

1)泥石流冲击力

泥石流冲击力是泥石流防治工程设计的重要参数,分为流体整体冲压力和个别石块的冲击力两种。

(1)流体整体冲压力计算公式。

①铁二院(成昆、东川两线)公式。

$$\delta = \lambda \frac{\gamma_c}{g} V_c^2 \sin\alpha \tag{4-25}$$

式中,δ 为泥石流体整体冲击压力(Pa);γ_c 为泥石流密度(t/m³);V_c 为泥石流流速(m/s);g 为重力加速度(取 $g = 9.8$m/s²);α 为建筑物受力面与泥石流冲压力方向的夹角(°);λ 为建筑物形状系数,圆形建筑物取 $\lambda = 1.0$,矩形建筑物取 $\lambda = 1.33$,方形建筑物取 $\lambda = 1.47$。

②蒋家沟修正公式。

$$\delta = K\gamma_c V_c^2 \tag{4-26}$$

式中,δ 为泥石流流体整体冲击压力(Pa);γ_c 为泥石流密度(t/m³);V_c 为泥石流流速(m/s);K 为泥石流不均匀系数,$K = 2.5 \sim 4.0$。

③日本公式。

$$\delta = \gamma_c \times H_c \times V_c^2 \tag{4-27}$$

式中,δ 为泥石流流体整体冲击压力(Pa);γ_c 为泥石流密度(t/m³);V_c 为泥石流流速(m/s);H_c 为泥石流泥深(m)。

④沙砾泥石流冲击压力公式。

$$\delta = 4.72 \times 10^5 V_c^2 d \tag{4-28}$$

式中,δ 为泥石流流体整体冲击压力(Pa);V_c 为泥石流流速(m/s);d 为石块半径(m)。

(2)流体中大石块的冲击力。

①对梁的冲击力。

$$F = \sqrt{\frac{3EJ_0 V_s^2 W}{gL^3}} \cdot \sin\alpha (\text{概化为悬臂梁形式}) \tag{4-29}$$

$$F = \sqrt{\frac{48EJ_0 V_s^2 W}{gL^3}} \cdot \sin\alpha (\text{概化为简支梁形式}) \tag{4-30}$$

式中,F 为石块冲击力(N);E 为构件弹性模量(Pa);J_0 为构件截面中心轴的惯性矩(m⁴);L 为构件长度(m);V_s 为石块运动速度(m/s),不能准确获取时,可用泥石流流速代替;α 为石块运动方向与受力面的夹角(°);W 为石块质量(t)。

②对墩的冲击力。

$$F = \gamma \times V_s \sin\alpha \sqrt{\frac{W}{C_1 + C_2}} \tag{4-31}$$

式中,F 为石块冲击力(N);V_s 为石块运动速度(m/s),不能准确获取时,可用泥石流流速代替;α 为石块运动方向与受力面的夹角(°);γ 为动能折减系数,对圆形端属正面撞击,取 $\gamma = 0.3$;C_1、C_2 分别为巨石、桥墩的弹性变形系数,取 $C_1 + C_2 = 0.005$。

③通用公式法。

$$F = \gamma_H \times A \times V_s \times C \tag{4-32}$$

式中,F 为石块冲击力(N);γ_H 为泥石流中固体物质密度(t/m³);V_s 为石块运动速度(m/s),不能准确获取时,可用泥石流流速代替;A 为石块与被撞击物接触面积(m²);C 为撞击物的弹性波传递系数,石块一般可取 $C = 4000\text{m/s}$。

2)泥石流最大冲起高度

$$\Delta H_c = \frac{V_c^2}{2g} \tag{4-33}$$

式中,ΔH_c 为泥石流最大冲起高度(m);V_c 为泥石流流速(m/s);g 为重力加速度(取 $g = 9.8\text{m/s}^2$)。

3)泥石流爬高

$$\Delta H_c = \frac{bV_c^2}{2g} \tag{4-34}$$

式中,ΔH_c 为泥石流最大冲起高度(m);V_c 为泥石流流速(m/s);g 为重力加速度(取 $g = 9.8\text{m/s}^2$);b 为迎面坡度的函数。

由于计算时将泥石流龙头的整体运动速度作为计算参数,而实际泥石流龙头中部(流核)流速远远大于整体流速,因而上式计算结果往往偏小,按式(4-34)计算结果需乘以1.6的修正系数。当迎面坡度为90°,取 $b = 1$ 时,修正的爬高计算公式为式(4-35)。

$$\Delta H_c = 1.6 \times \frac{V_c^2}{2g} = 0.8 \times \frac{V_c^2}{g} \tag{4-35}$$

式中各项参数含义同式(4-34)。

4)泥石流的弯道超高

由于泥石流流速快,惯性大,故在弯道凹岸处有比水流更加显著的弯道超高现象。

(1)推导公式。

根据弯道泥面横比降动力平衡条件,推导出计算弯道超高的公式。

$$\Delta H = 2.3 \times \frac{V_c^2}{g} \lg \frac{R}{r} \tag{4-36}$$

式中,ΔH 为弯道超高(m);R 为凹岸曲率半径(m);r 为凸岸曲率半径(m);g 为重力加速度(取 $g = 9.8\text{m/s}^2$);V_c 为泥石流流速(m/s)。

(2)日本(高桥保)公式。

$$\Delta H = \frac{2B_c V_c^2}{R_c g} \tag{4-37}$$

式中,ΔH 为泥石流弯道超高高度(m);B_c 为泥石流表面宽度(m);V_c 为计算弯道处的泥石流流速(m/s);R_c 为沟道中心曲率半径(m);g 为重力加速度(取 $g=9.8\text{m/s}^2$)。

5)扇区冲刷计算

由于泥石流冲刷下切破坏强烈,根据密度增大设计流速,泥石流暴发时冲刷深度计算经验公式如下。

$$H_B = P \times H_C \left[\left(\frac{K \times V_C}{V_B} \right)^n - 1 \right] \quad (4\text{-}38)$$

式中,H_B 为局部冲刷深度(m);P 为冲刷系数,取值见表4-7;H_C 为泥石流泥深(m);V_C 为扇区泥石流流速(m/s);V_B 为土壤不冲刷流速(m/s),取值见表4-8;n 为与堤岸平面形状有关的系数,一般取 $1/4 \sim 1/2$;K 为泥石流平均流速增大系数,根据内插法,取值见表4-9。

允许冲刷系数 P 值表　　　　　　　　　　表4-7

河流类型		冲刷系数	附　注
山区	峡谷段	1.0~1.2	河谷窄深无滩,岸壁稳定,水位变幅大
	开阔段	1.1~1.4	有河滩,桥孔可适当压缩河滩部分断面
山前区	半山区稳定段	1.2~1.4	河段大体顺直,滩槽明显,河谷较为开阔,岸线及河槽形态也较为稳定
	变迁性河段	1.2~1.8	滩槽不明显,甚至无河滩,河段微弯或呈扇状扩散,洪水时此冲彼淤,岸线和主槽形态位置不稳多变,在断面平均水深≤1m 时方可接近1.8 的较大值
平原区		1.1~1.4	—

土的不冲刷流速 V_B 表　　　　　　　　　　表4-8

土的种类	淤泥	细砂	砂粒土	粗砂	黏土	砾石	卵石	漂砾
不冲刷流速 V_B(m/s)	0.2	0.4	0.6	0.8	1.0	1.2	1.5	2.0

泥石流平均流速增大系数 K 值　　　　　　　　表4-9

ρ(t/m³)	1.2	1.3	1.4	1.5	1.6	1.7	1.8	1.9	2.0	2.1	2.2
K 值	1.27	1.42	1.60	1.73	1.88	2.08	2.30	2.38	2.52	2.70	2.85

4.8 降水及洪水参数确定方法

4.8.1 概述

降水参数主要指泥石流沟所在区域多年平均降雨量、最大年降雨量、最大日降水量、小时降雨量等不同频率降雨强度。

(1)暴雨洪水:泥石流小流域一般无实测洪水资料,可根据较长的实测暴雨资料推求某一频率的设计洪峰流量。对缺乏实测暴雨资料的流域,可采用理论公式和该地区的经验公式计算不同频率的洪峰流量(由希尧,2012)。

(2)冰雪消融洪水:可根据径流量与气温、冰雪面积的经验公式来计算;在高寒山区,一般流域均缺乏气温等资料,常采用形态调查法来测定;下游有水文观测资料的流域,可用类比法或流量分割法来确定。

4.8.2　洪峰流量计算方法

根据实际情况,洪峰流量可参照以下方法进行计算。

1)水文比拟法

水文比拟法是将参证流域的泥石流洪水特征移用到设计流域求值的一种方法。这种特征值的移用,需假定设计流域影响洪水的各项因素与参证流域的各项因素基本相似。所以关键在于选定一个有较长实测资料并与设计流域洪水特征相似性高的参证流域,这样才能将参证流域的主因素移用到设计流域。水文比拟法计算极其简单,故被广泛应用。

(1)面积比拟法。

面积比拟法选用的参证流域与设计流域产流面积及汇流面积相似性高,所以有洪水同步性关系。其数学表达式为:

$$Q_{sj} = \frac{F_{sj}}{F_{cz}} Q_{cz} \tag{4-39}$$

式中,Q_{sj}为设计流域洪峰流量(m^3/s);Q_{cz}为参证流域洪峰流量(m^3/s);F_{sj}为设计流域集水面积(km^2);F_{cz}为参证流域集水面积(km^2)。

(2)面积雨量修正法。

对非全流域降雨的暴雨洪水,面积比拟不能充分表达成洪水因素的表现,所比拟的结果不能十分满意,因此,对有降雨量资料的河流,增加降雨量修正,可以提高成果质量。其计算式为:

$$Q_s = \frac{P_s F_s}{P_c F_c} Q_c \tag{4-40}$$

式中,P_s为设计流域最大一日降雨量(mm);P_c为参证流域最大一日降雨量(mm);其他符号同式(4-39)。

2)区域综合洪峰模数法

洪峰模数是指流域单位面积上的产洪流量,用$m^3/(s \cdot km^2)$表示。区域综合洪峰模数,则是对同一水文区内多处水文站洪峰模数的整合。整合后的洪峰模数,是相对广域的值,是对无资料河流的包涵,其结果是近似值。洪峰模数的计算如下。

(1)设计流域无资料,而邻近参证流域有资料的,可根据参证流域洪峰流量、流域面积,用下式计算洪峰模数:

$$M = \frac{Q_m}{F} \qquad (4-41)$$

式中,M 为洪峰模数[m³/(s·km²)];F 为流域面积(km²);Q_m 为洪峰流量(m³/s)。

(2)设计流域、邻近流域均无可用资料,洪峰模数可依据设计流域面积参考表4-10(由希尧,2012)选式计算,得到多年平均洪峰模数 $\overline{M}$。

新疆各分区中小河洪峰模数均值算式表　　表4-10

区号	区 域	$M[\text{m}^3/(\text{s·km}^2)]$	相关系数	适应面积条件
Ⅰ	阿尔泰山南坡、塔额盆地	$M = 1.5176F^{0.382}$	0.86	$F > 90\text{km}^2$
Ⅱ	博尔塔拉诸河	$M = 1.9885F^{-0.5415}$	0.78	$F > 500\text{km}^2$
Ⅲ	伊犁河区中小河	$M = 4.0974F^{-0.5939}$	0.96	$F > 200\text{km}^2$
		$M = 1.0149F^{-0.3315}$		$F \leq 200\text{km}^2$
Ⅳ	天山北坡	$M = 2.0663F^{-0.448}$	0.88	$F > 150\text{km}^2$
Ⅴ	哈密地区	$M = 0.1716F^{-0.1184}$	0.91	$F > 300\text{km}^2$
Ⅵ	吐鲁番盆地北山南坡	$M = 0.6849F^{-0.2016}$	0.91	$F > 250\text{km}^2$
		$M = 2.112F^{-0.5913}$	0.89	$F < 100\text{km}^2$
Ⅶ	天山南坡西段	$M = 2.6736F^{-0.442}$	0.85	$F > 50\text{km}^2$
Ⅷ	天山南坡中段	$M = 2.1385F^{-0.1195}$	0.95	$F > 250\text{km}^2$
Ⅸ	帕米尔、昆仑山北坡	$M = 44.891F^{-0.8756}$	0.71	$F > 300\text{km}^2$

新疆各分区中小河洪峰模数均值算式表,是新疆百余条河流实测资料经统计分析的结果,对大部分区域适应性较好;但个别区域可选河数很少,尤其是汇水面积较小的河流,因而所求算式适应性较差,故设计者需酌情使用,最好能依照分析设计区域邻近河流实测资料进行修正。

3)设计洪峰流量计算

已求知或借用洪峰流量模数,则用式(4-41)计算设计洪峰流量。

(1)若 M 是某设计频率值,所求为某设计频率洪峰流量值。

$$Q_p = Q_m = M \cdot F \qquad (4-42)$$

(2)若 M 是多年平均值,所求洪峰流量为设计均值。

$$\overline{Q} = Q_m = \overline{M} \cdot F \qquad (4-43)$$

$$Q_p = (\Phi_p C_v + 1)\overline{Q} \qquad (4-44)$$

式中,$\overline{Q}$ 为平均洪峰流量(m³/s);Q_p 为设计洪峰流量(m³/s);Φ_p 为皮尔逊Ⅲ型曲线离均系数;C_v 为变差系数;其他式中符号同前。

其中变差系数 C_v 的取值可参考表4-11(由希尧,2012);皮尔逊Ⅲ型曲线离均系数 Φ

可根据表4-12查出。

新疆各分区中小河洪峰模数均值算式表   表4-11

分区编号	分区名称	所含小河沟范围	变差系数 C_v	C_s/C_v
Ⅰ	阿尔泰山南坡	额尔齐斯河及乌伦古河	0.35~0.60(0.43)	2.0~3.5(2.4)
Ⅱ	塔尔巴克山南坡	额敏河流域小河	0.58~0.95(0.78)	4.0~6.0(4.8)
Ⅲ	伊犁河谷地	干流北山坡小河	1.00~1.50(1.30)	3.0~4.5(4.4)
Ⅲ	伊犁河谷地	特克斯河诸河	0.35~0.42(0.42)	8.0
Ⅲ	伊犁河谷地	巩乃斯河及喀什河	0.32~0.45(0.43)	3.3~4.5(4.0)
Ⅳ	天山东北坡东段	乌鲁木齐河以东诸河	0.50~1.10(0.77)	3.5~5.0(4.5)
Ⅳ	天山东北坡中段	乌鲁木齐河—古尔图河	0.80~1.10(0.88)	4.0~6.0(4.8)
Ⅳ	天山东北坡西段	古尔图河以西诸河	0.60~0.81(0.76)	2.5~5.0(3.8)
Ⅴ	天山南坡中段	开孔河—渭干河	0.65~1.15(0.93)	2.5~4.6(3.5)
Ⅴ	天山南坡西段	阿克苏河以西诸河	0.45~0.70(0.55)	2.5~3.0(2.8)
Ⅵ	帕米尔山地	喀什噶尔河水系	0.40~1.10(0.69)	3.0~5.0(4.5)
Ⅶ	昆仑山北坡	叶河、和田河、车尔臣河	0.35~0.76(0.61)	3.0~6.0(4.8)

注:括号内为均值。

皮尔逊Ⅲ型曲线离均系数 Φ 值表   表4-12

C_s	$P(\%)$														
	0.01	0.10	0.20	0.33	0.50	1.0	2.0	5.0	10.0	20.0	50.0	75.0	90.0	95.0	99.0
0.0	3.72	3.09	2.88	2.71	2.58	2.33	2.05	1.64	1.28	0.84	0.00	-0.67	-1.28	-1.64	-2.33
0.1	3.93	3.23	3.00	2.82	2.67	2.40	2.11	1.67	1.29	0.84	-0.02	-0.68	-1.27	-1.62	-2.25
0.2	4.15	3.38	3.12	2.93	2.76	2.47	2.16	1.70	1.30	0.83	-0.03	-0.69	-1.26	-1.59	-2.18
0.3	4.37	3.52	3.24	3.04	2.86	2.54	2.21	1.73	1.31	0.82	-0.05	-0.70	-1.25	-1.56	-2.10
0.4	4.60	3.67	3.37	3.14	2.95	2.62	2.26	1.75	1.32	0.82	-0.07	-0.71	-1.23	-1.52	-2.03
0.5	4.82	3.81	3.49	3.25	3.04	2.69	2.31	1.77	1.32	0.81	-0.08	-0.71	-1.22	-1.49	-1.95
0.6	5.05	3.96	3.61	3.35	3.13	2.76	2.36	1.80	1.33	0.80	-0.10	-0.72	-1.20	-1.46	-1.88
0.7	5.27	4.10	3.73	3.46	3.22	2.82	2.41	1.82	1.33	0.79	-0.12	-0.72	-1.18	-1.42	-1.81
0.8	5.50	4.24	3.85	3.56	3.31	2.89	2.45	1.84	1.34	0.78	-0.13	-0.73	-1.17	-1.39	-1.73
0.9	5.73	4.39	3.97	3.66	3.40	2.96	2.50	1.86	1.34	0.77	-0.15	-0.73	-1.15	-1.35	-1.66
1.0	5.96	4.53	4.09	3.76	3.49	3.02	2.54	1.88	1.34	0.76	-0.16	-0.73	-1.13	-1.32	-1.59
1.0	5.96	4.53	4.09	3.76	3.49	3.02	2.54	1.88	1.34	0.76	-0.16	-0.73	-1.13	-1.32	-1.59
1.2	6.41	4.81	4.32	3.96	3.66	3.15	2.63	1.91	1.34	0.73	-0.20	-0.74	-1.09	-1.24	-1.45
1.3	6.64	4.96	4.44	4.06	3.74	3.21	2.67	1.92	1.34	0.72	-0.21	-0.74	-1.06	-1.21	-1.38
1.4	6.87	5.10	4.55	4.16	3.83	3.27	2.71	1.94	1.34	0.71	-0.23	-0.73	-1.04	-1.17	-1.32
1.5	7.09	5.23	4.67	4.25	3.91	3.33	2.74	1.95	1.33	0.69	-0.24	-0.73	-1.02	-1.13	-1.26
1.6	7.32	5.37	4.78	4.35	3.99	3.39	2.78	1.96	1.33	0.68	-0.25	-0.73	-0.99	-1.09	-1.20
1.7	7.54	5.51	4.89	4.44	4.07	3.44	2.81	1.97	1.32	0.66	-0.27	-0.73	-0.97	-1.06	-1.14

续上表

C_s	$P(\%)$													
	0.01	0.10	0.20	0.33	0.50	1.0	2.0	5.0	10.0	20.0	50.0	75.0	90.0	95.0	99.0
1.8	7.77	5.64	5.00	4.53	4.15	3.50	2.85	1.98	1.32	0.64	−0.28	−0.72	−0.94	−1.02	−1.09
1.9	7.99	5.78	5.11	4.62	4.22	3.55	2.88	1.99	1.31	0.63	−0.29	−0.72	−0.92	−0.98	−1.04
2.0	8.21	5.91	5.21	4.71	4.30	3.61	2.91	2.00	1.30	0.61	−0.31	−0.71	−0.89	−0.95	−0.99
2.1	8.43	6.04	5.32	4.80	4.37	3.66	2.94	2.00	1.29	0.59	−0.32	−0.71	−0.87	−0.91	−0.95
2.2	8.65	6.17	5.42	4.89	4.44	3.71	2.97	2.01	1.28	0.57	−0.33	−0.70	−0.84	−0.88	−0.91
2.3	8.87	6.30	5.53	4.97	4.51	3.75	3.00	2.01	1.27	0.56	−0.34	−0.69	−0.82	−0.85	−0.87
2.4	9.08	6.42	5.63	5.06	4.58	3.80	3.02	2.01	1.26	0.54	−0.35	−0.68	−0.79	−0.82	−0.83
2.5	9.30	6.55	5.73	5.14	4.65	3.85	3.05	2.01	1.25	0.52	−0.36	−0.67	−0.77	−0.79	−0.80
2.6	9.51	6.67	5.83	5.22	4.72	3.89	3.07	2.01	1.24	0.50	−0.37	−0.66	−0.75	−0.76	−0.77
2.7	9.73	6.79	5.92	5.30	4.78	3.93	3.09	2.01	1.22	0.48	−0.38	−0.65	−0.72	−0.74	−0.74
2.8	9.94	6.92	6.02	5.38	4.85	3.97	3.11	2.01	1.21	0.46	−0.38	−0.64	−0.70	−0.71	−0.71
2.9	10.15	7.03	6.11	5.45	4.91	4.01	3.13	2.01	1.20	0.44	−0.39	−0.63	−0.68	−0.69	−0.69
3.0	10.35	7.15	6.21	5.53	4.97	4.05	3.15	2.00	1.18	0.42	−0.40	−0.62	−0.66	−0.67	−0.67
3.1	10.56	7.27	6.30	5.60	5.03	4.09	3.17	2.00	1.16	0.40	−0.40	−0.60	−0.64	−0.64	−0.65
3.2	10.77	7.38	6.39	5.67	5.09	4.12	3.19	1.99	1.15	0.38	−0.40	−0.59	−0.62	−0.62	−0.62
3.3	10.97	7.50	6.47	5.74	5.14	4.16	3.20	1.99	1.13	0.36	−0.41	−0.58	−0.60	−0.61	−0.61
3.4	11.17	7.61	6.56	5.81	5.20	4.19	3.21	1.98	1.11	0.34	−0.41	−0.57	−0.59	−0.59	−0.59
3.5	11.37	7.72	6.65	5.88	5.25	4.22	3.23	1.97	1.10	0.32	−0.41	−0.55	−0.57	−0.57	−0.57
3.6	11.57	7.83	6.73	5.95	5.31	4.26	3.24	1.96	1.08	0.30	−0.41	−0.54	−0.55	−0.56	−0.56
3.7	11.77	7.94	6.81	6.01	5.36	4.29	3.25	1.95	1.06	0.28	−0.41	−0.53	−0.54	−0.54	−0.54
3.8	11.97	8.04	6.89	6.08	5.41	4.31	3.26	1.94	1.04	0.26	−0.41	−0.52	−0.53	−0.53	−0.53
3.9	12.16	8.15	6.97	6.14	5.46	4.34	3.27	1.93	1.02	0.24	−0.41	−0.51	−0.51	−0.51	−0.51
4.0	12.36	8.25	7.05	6.20	5.50	4.37	3.27	1.92	1.00	0.23	−0.41	−0.49	−0.50	−0.50	−0.50
4.1	12.55	8.36	7.13	6.26	5.55	4.39	3.28	1.91	0.98	0.21	−0.41	−0.48	−0.49	−0.49	−0.49
4.2	12.74	8.46	7.21	6.32	5.60	4.42	3.29	1.90	0.96	0.19	−0.41	−0.47	−0.48	−0.48	−0.48
4.3	12.93	8.56	7.28	6.38	5.64	4.44	3.29	1.88	0.94	0.17	−0.41	−0.46	−0.47	−0.47	−0.47
4.4	13.12	8.65	7.35	6.43	5.68	4.46	3.29	1.87	0.92	0.15	−0.40	−0.45	−0.45	−0.45	−0.45
4.5	13.31	8.75	7.43	6.49	5.72	4.48	3.30	1.85	0.90	0.14	−0.40	−0.44	−0.44	−0.44	−0.44
4.6	13.49	8.85	7.50	6.54	5.76	4.50	3.30	1.84	0.88	0.12	−0.40	−0.43	−0.43	−0.43	−0.43
4.7	13.67	8.94	7.57	6.60	5.80	4.52	3.30	1.82	0.86	0.10	−0.39	−0.42	−0.43	−0.43	−0.43
4.8	13.86	9.04	7.64	6.65	5.84	4.54	3.30	1.81	0.84	0.09	−0.39	−0.42	−0.42	−0.42	−0.42
4.9	14.04	9.13	7.70	6.70	5.88	4.56	3.30	1.79	0.82	0.07	−0.38	−0.41	−0.41	−0.41	−0.41
5.0	14.22	9.22	7.77	6.75	5.92	4.57	3.30	1.77	0.80	0.06	−0.38	−0.40	−0.40	−0.40	−0.40
5.1	14.40	9.31	7.84	6.80	5.95	4.59	3.30	1.76	0.77	0.04	−0.37	−0.39	−0.39	−0.39	−0.39

续上表

C_s	P(%)													
	0.01	0.10	0.20	0.33	0.50	1.0	2.0	5.0	10.0	20.0	50.0	75.0	90.0	95.0	99.0
5.2	14.58	9.40	7.90	6.84	5.99	4.60	3.30	1.74	0.75	0.03	−0.37	−0.38	−0.38	−0.38	−0.38
5.3	14.75	9.49	7.96	6.89	6.02	4.62	3.29	1.72	0.73	0.02	−0.36	−0.38	−0.38	−0.38	−0.38
5.4	14.93	9.57	8.03	6.94	6.05	4.63	3.29	1.70	0.71	0.00	−0.36	−0.37	−0.37	−0.37	−0.37
5.5	15.10	9.66	8.09	6.98	6.08	4.64	3.28	1.68	0.69	−0.01	−0.35	−0.36	−0.36	−0.36	−0.36
5.6	15.28	9.74	8.15	7.02	6.11	4.65	3.28	1.66	0.67	−0.02	−0.35	−0.36	−0.36	−0.36	−0.36
5.7	15.45	9.83	8.21	7.07	6.14	4.66	3.27	1.64	0.65	−0.03	−0.34	−0.35	−0.35	−0.35	−0.35
5.8	15.62	9.91	8.26	7.11	6.17	4.67	3.27	1.63	0.63	−0.05	−0.34	−0.34	−0.34	−0.34	−0.34
5.9	15.79	9.99	8.32	7.15	6.20	4.68	3.26	1.61	0.61	−0.06	−0.33	−0.34	−0.34	−0.34	−0.34
6.0	15.96	10.07	8.38	7.19	6.23	4.69	3.25	1.59	0.59	−0.07	−0.33	−0.33	−0.33	−0.33	−0.33
6.1	16.12	10.15	8.43	7.23	6.25	4.69	3.24	1.57	0.57	−0.08	−0.32	−0.33	−0.33	−0.33	−0.33
6.2	16.29	10.22	8.49	7.26	6.28	4.70	3.23	1.54	0.55	−0.09	−0.32	−0.32	−0.32	−0.32	−0.32
6.3	16.45	10.30	8.54	7.30	6.30	4.71	3.22	1.52	0.53	−0.09	−0.32	−0.32	−0.32	−0.32	−0.32
6.4	16.62	10.38	8.59	7.34	6.32	4.71	3.21	1.50	0.51	−0.10	−0.31	−0.31	−0.31	−0.31	−0.31
6.5	16.78	10.45	8.64	7.37	6.35	4.71	3.20	1.48	0.49	−0.11	−0.31	−0.31	−0.31	−0.31	−0.31
6.6	16.94	10.53	8.69	7.41	6.37	4.72	3.19	1.46	0.47	−0.12	−0.30	−0.30	−0.30	−0.30	−0.30
6.7	17.10	10.60	8.74	7.44	6.39	4.72	3.18	1.44	0.45	−0.13	−0.30	−0.30	−0.30	−0.30	−0.30
6.8	17.26	10.67	8.79	7.47	6.41	4.72	3.17	1.42	0.44	−0.13	−0.29	−0.29	−0.29	−0.29	−0.29
6.9	17.42	10.74	8.84	7.50	6.43	4.73	3.16	1.40	0.42	−0.14	−0.29	−0.29	−0.29	−0.29	−0.29
7.0	17.58	10.81	8.88	7.53	6.45	4.73	3.15	1.38	0.40	−0.14	−0.29	−0.29	−0.29	−0.29	−0.29
7.1	17.74	10.88	8.93	7.56	6.47	4.73	3.13	1.36	0.38	−0.15	−0.28	−0.28	−0.28	−0.28	−0.28
7.2	17.89	10.95	8.97	7.59	6.48	4.73	3.12	1.33	0.37	−0.15	−0.28	−0.28	−0.28	−0.28	−0.28
7.3	18.05	11.02	9.02	7.62	6.50	4.73	3.11	1.31	0.35	−0.16	−0.27	−0.27	−0.27	−0.27	−0.27
7.4	18.20	11.09	9.06	7.65	6.52	4.72	3.09	1.29	0.33	−0.16	−0.27	−0.27	−0.27	−0.27	−0.27
7.5	18.35	11.15	9.11	7.68	6.53	4.72	3.08	1.27	0.32	−0.17	−0.27	−0.27	−0.27	−0.27	−0.27
7.6	18.50	11.22	9.15	7.70	6.55	4.72	3.06	1.25	0.30	−0.17	−0.26	−0.26	−0.26	−0.26	−0.26
7.7	18.66	11.28	9.19	7.73	6.56	4.72	3.05	1.23	0.28	−0.17	−0.26	−0.26	−0.26	−0.26	−0.26
7.8	18.81	11.34	9.23	7.75	6.57	4.71	3.03	1.21	0.27	−0.18	−0.26	−0.26	−0.26	−0.26	−0.26
7.9	18.95	11.41	9.27	7.78	6.59	4.71	3.01	1.18	0.25	−0.18	−0.25	−0.25	−0.25	−0.25	−0.25
8.0	19.10	11.47	9.31	7.80	6.60	4.71	3.00	1.16	0.24	−0.18	−0.25	−0.25	−0.25	−0.25	−0.25
8.1	19.25	11.53	9.35	7.83	6.61	4.70	2.98	1.14	0.22	−0.18	−0.25	−0.25	−0.25	−0.25	−0.25
8.2	19.40	11.59	9.38	7.85	6.62	4.69	2.96	1.12	0.21	−0.19	−0.24	−0.24	−0.24	−0.24	−0.24
8.3	19.54	11.65	9.42	7.87	6.63	4.69	2.95	1.10	0.20	−0.19	−0.24	−0.24	−0.24	−0.24	−0.24
8.4	19.68	11.71	9.46	7.89	6.64	4.68	2.93	1.08	0.18	−0.19	−0.24	−0.24	−0.24	−0.24	−0.24
8.5	19.83	11.77	9.49	7.91	6.65	4.68	2.91	1.06	0.17	−0.19	−0.24	−0.24	−0.24	−0.24	−0.24

续上表

C_s	$P(\%)$													
	0.01	0.10	0.20	0.33	0.50	1.0	2.0	5.0	10.0	20.0	50.0	75.0	90.0	95.0	99.0
8.6	19.97	11.82	9.53	7.93	6.66	4.67	2.89	1.04	0.16	−0.19	−0.23	−0.23	−0.23	−0.23	−0.23
8.7	20.11	11.88	9.56	7.95	6.67	4.66	2.88	1.02	0.15	−0.19	−0.23	−0.23	−0.23	−0.23	−0.23
8.8	20.25	11.94	9.59	7.97	6.67	4.65	2.86	1.00	0.13	−0.19	−0.23	−0.23	−0.23	−0.23	−0.23
8.9	20.39	11.99	9.63	7.99	6.68	4.64	2.84	0.97	0.12	−0.19	−0.22	−0.22	−0.22	−0.22	−0.22
9.0	20.53	12.04	9.66	8.00	6.69	4.64	2.82	0.95	0.11	−0.19	−0.22	−0.22	−0.22	−0.22	−0.22
9.1	20.67	12.10	9.69	8.02	6.69	4.63	2.80	0.93	0.10	−0.19	−0.22	−0.22	−0.22	−0.22	−0.22
9.2	20.81	12.15	9.72	8.04	6.70	4.62	2.78	0.91	0.09	−0.19	−0.22	−0.22	−0.22	−0.22	−0.22
9.3	20.95	12.20	9.75	8.05	6.70	4.61	2.76	0.89	0.08	−0.19	−0.22	−0.22	−0.22	−0.22	−0.22
9.4	21.08	12.25	9.78	8.07	6.71	4.60	2.74	0.87	0.07	−0.19	−0.21	−0.21	−0.21	−0.21	−0.21
9.5	21.22	12.31	9.81	8.08	6.71	4.59	2.72	0.85	0.06	−0.19	−0.21	−0.21	−0.21	−0.21	−0.21
9.6	21.35	12.36	9.84	8.10	6.71	4.57	2.70	0.84	0.05	−0.19	−0.21	−0.21	−0.21	−0.21	−0.21
9.7	21.49	12.41	9.86	8.11	6.72	4.56	2.68	0.82	0.04	−0.19	−0.21	−0.21	−0.21	−0.21	−0.21
9.8	21.62	12.45	9.89	8.12	6.72	4.55	2.66	0.80	0.03	−0.19	−0.20	−0.20	−0.20	−0.20	−0.20
9.9	21.75	12.50	9.92	8.13	6.72	4.54	2.64	0.78	0.02	−0.19	−0.20	−0.20	−0.20	−0.20	−0.20
10.0	21.88	12.55	9.94	8.15	6.72	4.53	2.62	0.76	0.02	−0.19	−0.20	−0.20	−0.20	−0.20	−0.20

注:本表可以内插。

4)计算实例

新疆中巴公路沿线某暴雨泥石流沟,无水文气象资料,从地形图上量算,沟口以上集水区面积为 37km²,求沟口处百年一遇洪峰流量。

据表 4-10,帕米尔山地(喀什噶尔河水系)洪峰流量模数均值可用式 $M = 44.891F^{-0.8756}$ 算出,带入 $F = 37\text{km}^2$,得 $M = 44.891 \times 37^{-0.8756} = 1.901$。

该泥石流沟多年平均洪峰流量 $\overline{Q} = M \cdot F = 1.901 \times 37 = 70.3(\text{m}^3/\text{s})$。

查表 4-11 可知帕米尔山地(喀什噶尔河水系)设计洪峰流量计算参数范围,取 $C_V = 0.72$,$C_S = 3C_V$,设计频率为 $P = 1\%$,查表 4-12 得 $\Phi_p = 3.69$,计算该泥石流沟百年一遇清水洪峰流量 $Q_{p=1\%} = (\Phi_p C_v + 1)\overline{Q} = (3.69 \times 0.72 + 1) \times 70.3 = 257.2(\text{m}^3/\text{s})$。

5)经验公式法

经验公式法是以设计因素与其主要影响因素之间的定量关系为基础,依据设计流域具体条件估算所求项目的一种方法。但该法是在确因条件特殊而无法满足其他方法计算时所采用,受一定约束。

(1)新疆通用经验公式(由希尧,2012)。

$$\overline{Q}_m = CF^n \tag{4-45}$$

式中,$\overline{Q}_m$ 为多年平均最大洪峰流量(m³/s);F 为计算区集水面积(km²);C、n 为系数、指数。

表4-13列出依据新疆中小河流实测资料推求的新疆通用经验公式计算洪峰流量均值的参数,为便于使用,表中参数分别按区域及对应面积给出。同时,参数 C、n 值也可参照表4-14(俞高明,2002),在应用中可相互对照,结合设计流域具体情况选取。

新疆中小河经验公式计算参数 C、n 值表　　　　　　　　　表4-13

序 号	C	n	区 域	控制面积(km^2)
Ⅰ	0.2224	0.8661	阿尔泰山南坡	80~350
			塔额盆地	250~400
			伊犁河谷	200~700
			哈密地区	300~800
			天山北坡(西至精河)	200~1800
			天山南坡	300~800
			帕米尔及昆仑山南坡	900~2000
Ⅱ	0.8715	0.766	伊犁河谷	20~150
			吐鲁番盆地	300~800
			天山北坡东中段(至精河)	>150
			天山南坡	40~400
			拜城盆地	>1000
			帕米尔及昆仑山南坡	400~900
Ⅲ	0.0382	1.0001	天山北坡西段及博乐河区	200~1800
			帕米尔及昆仑山南坡	2100~3000

参数 C、n 值参考表　　　　　　　　　表4-14

序 号	C	n	区 域	说 明
Ⅰ	0.39~0.73	0.80	阿勒泰地区	额尔齐斯河 $C=0.18$
Ⅱ	0.31~0.58	0.75	伊犁地区	—
Ⅲ	0.27~0.50	0.70	天山北坡	—
Ⅳ	1.66~2.84	0.60	天山南坡	开都河 $C=1.0$
Ⅴ	0.28~0.52	0.80	昆仑北坡	—

(2)区域经验公式(由希尧,2012)。

①适用于天山南北坡、帕米尔、昆仑山北坡小河。

$$\overline{Q}_m = 5.3872 F^{0.6156} \cdot C^{0.2444} \cdot F^{0.4052} \cdot H_m^{-0.4408} \quad (4-46)$$

②适用于天山北坡中段(精河至木垒)小河。

$$\overline{Q}_m = 0.1447F + 7.1987C + 393.592f + 1.1396H_m - 154.22 \quad (4-47)$$

③适用于天山北坡西段(奎屯河西至博尔塔拉河流域)小河。

$$\overline{Q}_m = 246.2 f^{0.7145} \quad (4-48)$$

式中,$\overline{Q}_m$ 为多年平均年最大洪峰流量(m^3/s);F 为计算区集水面积(km^2);C 为河流参数,$C = \dfrac{L}{\sqrt{J}}$,L 为主河长度(km);J 为主河纵坡(以小数计);f 为流域形状系数,$f = \dfrac{F}{L^2}$;H_m 为集水区多年平均最大一日面降雨量(mm)。

(3)其他公式(由希尧,2012)。

①适用于巴音郭楞至克孜勒苏区间小河。

$$\overline{Q}_m = 0.424 F^{0.5} \cdot J^{0.1} \cdot f^{0.09} \cdot H_m^{0.6} \tag{4-49}$$

$$C_V = 0.47 F^{0.3} \tag{4-50}$$

$$C_S = 2.5 C_V \tag{4-51}$$

式中,$\overline{Q}_m$ 为多年平均年最大洪峰流量(m^3/s);F 为计算区集水面积(km^2);J 为主河纵坡(以小数计);f 为流域形状系数,$f = \dfrac{F}{L^2}$,L 为主河长度(km);H_m 为集水区多年平均最大一日面降雨量(mm);C_V 为变差系数;C_S 为偏态系数。

②适用于昆仑山北坡小河。

$$\overline{Q}_m = 2.191 F^{0.603} - 43.187 \tag{4-52}$$

式中,$\overline{Q}_m$ 为多年平均年最大洪峰流量(m^3/s);F 为计算区集水面积(km^2)。

5

新疆公路泥石流危险性评价及风险预测

公路泥石流危险评价是指通过对泥石流活动的评估,确定其危害范围,并根据其危害程度,将危害范围划分成若干不同等级的危险区域。而泥石流风险性预测则是在泥石流危险性评价和易损性评价的基础上,进而对泥石流承灾体的风险性作出预测。

本章内容主要从公路泥石流影响因素、危险性评价体系、易损性评价体系、风险性预测、单沟泥石流危险性区划及工程案例等几个方面来阐述。

5.1　公路泥石流形成的影响因素

公路泥石流影响因素较多,主要包含地形地貌、水源条件、岩土类型、植被覆盖度和地质构造等几个方面,这些因素并不是互相独立,而是互相关联和制约的(崔鹏等,2007)。建立泥石流危险性评价指标体系时,要突出主要影响因素,从而对泥石流危险性进行评价。

5.1.1 地形地貌

地形地貌是泥石流形成的基本条件之一,对泥石流的活动有着控制性作用。一般情况下,松散物源、地表径流及活动程度均与沟谷的地貌形态密切相关,只有地形切割强烈、地形起伏大的流域才有可能孕育泥石流。

由于新疆三山夹两盆的地貌特点,所以形成相对高差较大的山盆。新疆地貌整体上可分为四个带,分别为山麓谷地流水作用带、干燥重力作用带、高山寒冻风化作用带及高山冰雪作用带。各地貌带具有显著的区域差异性,对泥石流的影响也不一样(程维明等,2009)。如干燥重力作用带,植被覆盖率较低,滑坡、崩塌、碎屑流等现象比较常见,提供了泥石流形成的主要物源;高山冰雪作用带和寒冻风化作用带则主要发育冰川型泥石流。

5.1.2 水源条件

水源条件是泥石流形成的重要影响因素之一。降雨、冰雪融水和水库(堰塞湖)溃决溢流等,是诱发泥石流的主要水源(中国科学院成都山地灾害与环境研究所,1989)。新疆公路泥石流水源主要来自降雨和冰雪融水,充足的水动力条件导致了泥石流的形成。

1)降雨水源

新疆降水量分布极不均匀,大部分地区降水量少,主要集中在夏季,且多为暴雨(胡卫忠,1994)。与国内其他泥石流较为发育的区域相比,新疆泥石流地区的降水条件主要有以下几个特点:

(1)暴雨标准低。由于新疆特殊的气候背景,新疆气象部门以日降水量 $R \geqslant 25mm$ 作为新疆的暴雨标准,远低于全国的暴雨标准 $R \geqslant 50mm$。

(2)触发泥石流形成的降雨量较小。如新疆阿拉沟地区常发生暴雨型泥石流,但该地区多年年均降雨量仅为48.4mm,远低于全国降雨量。

(3)降雨强度大。虽然新疆暴雨次数少,但是降雨强度大。如新疆阿拉沟地区于1998年发生暴雨型泥石流,其降雨强度为10.5mm/10min,是云南东川蒋家沟泥石流的2倍以上。

2)冰川融雪水源

冰雪融水主要是季节性冰雪消融所产生的一种径流,通常诱发冰川型泥石流。新疆冰川型泥石流的水动力条件主要为冰雪融水,大多分布于天山山区、昆仑山—喀喇昆仑山山区和阿尔泰山区,一般出现在每年的3月中旬至5月初(沈永平等,2013)。如中国至巴基斯坦公路线上的塔什库尔干路段,自1959年正式修通以来,每到冰雪消融季节,冰川泥石流灾害频繁发生,对公路造成了严重破坏和影响。

5.1.3 岩土类型

岩土类型与泥石流形成的物源条件密切相关,主要提供丰富的松散固体物质。这些物质主要来自第四纪的残坡积、冲洪积碎屑物以及基岩风化剥蚀而成的碎石和砂砾石等(尹超,2013)。另外,碎屑流、滑坡、崩塌等灾害的发育也极大地丰富了泥石流的物源储存量。因此,在岩土体风化强烈、地表破碎的地区,有利于泥石流的形成。

5.1.4 地质构造

地质构造对泥石流的影响主要表现为宏观控制方面。在地质构造作用下,地貌发生巨大变化,山地抬升,河谷深切,同时山体发生了强烈的变形,形成大量的活动性断裂带。这些断裂不仅使地形地貌变得复杂,同时加速岩体破碎,边坡失稳(麦华山,2008)。地震和新构造运动活动强烈的地区也经常发生泥石流现象。新疆属于地震高发区,据历史资料记载,新疆地区共发生500多次$M_S \geq 4.7$级以上的地震,有感地震更是多达三千余次(张成文,2014)。这些地震不仅可使斜坡失稳,形成大量松散震积体,为泥石流的发生提供物源条件,还可以直接诱发泥石流。

5.1.5 植被覆盖度

植被覆盖度对泥石流的影响主要表现在地表水土保持的能力、受风化侵蚀的程度、土地荒漠化等方面。一般情况下,植被覆盖率越低,保持水土能力越差,越容易受到侵蚀风化,地表径流越容易形成,从而形成泥石流的概率就越大(李帅,2010)。如新疆阿拉沟地区,由于气候干旱,植被覆盖度极低,导致地表裸露,基岩受风化剥蚀强烈,利于地表径流的冲蚀,从而加剧了泥石流的形成。另外,植被覆盖率高的地区,也会发育泥石流。如新疆伊犁地区,植被覆盖率很高,但是由于伊犁地区的黄土特性,同样发育了大量泥石流灾害。

5.2 公路泥石流危险性评价体系

泥石流危险性评价在本质上是对泥石流活动性的空间预测。泥石流危险性评价体系的建立一般包括泥石流影响因素的调查,危险性评价因子的选取,危险性评价模型的构建,泥石流危险区等级划分等几个方面。

5.2.1 危险性评价指标选取

泥石流危险性评价指标是指泥石流的主要影响因素和基本形成条件。由于不同地区孕育泥石流的环境背景具有差异性,加之客观条件的限制,在调查过程中很难收集到所有相关数据,故不同区域选取泥石流危险性评价指标时,还应综合考虑当地的环境背景条件,对评价指标进行筛选和优化,选出关联性大的指标,忽略与评价目标联系较小的指标(牛岑岑,2013)。

结合相关研究成果,根据新疆泥石流的环境背景条件,通过目标分析方法对泥石流危险性评价指标体系进行构建,如图 5-1 所示。

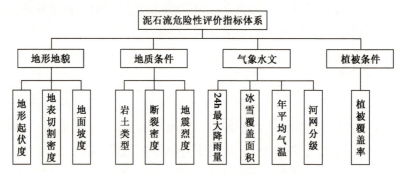

图 5-1　泥石流危险性评价指标体系图

(1)地形起伏度:地形起伏度往往直接反映了泥石流孕育能量的大小,地形起伏度越大,其具有的能量越强,对泥石流的形成越有利。但是地形起伏过大时,则会导致坡面松散物源不易堆积,反而不易发生泥石流。

(2)切割密度:切割密度在一定程度上表现出流域的构造、风化程度及产沙汇流状况。一般来说,流域切割密度越大,支沟侵蚀越发育,固体和液体径流越大,泥石流潜在破坏就越大,因此它与泥石流危险度关系密切,是评价泥石流活动性的一种重要的地形指标。

(3)地形坡度:地形坡度在泥石流形成过程中起着控制性作用。其主要与坡面松散固体物质的稳定性和水动力条件密切相关。坡度不同,形成泥石流的概率也有差异。

(4)岩土类型:不同类别的岩土具有不同的抗风化和抗侵蚀能力。通常情况下,岩性均一和坚硬的岩层较不易风化,不利于松散物源的形成。

(5)断裂密度(km/km^2):断裂密度直接表明了一个地区的地质构造。断裂密度越大,说明该地区地质构造活动越强烈,为泥石流形成提供的松散物源也越多。断裂密度采用单位流域面积内断裂带长度表示。

(6)地震烈度:地震的发生可以直接诱发泥石流的形成,也可以间接地造成斜坡失稳,形成大量松散震积体。地震烈度等级越大,对泥石流的影响程度也越高。

(7)24h 最大降雨量(mm):24h 最大降雨量与泥石流的发生密切相关。暴雨是雨洪型泥石流的直接诱发因素,而 24h 最大降雨量是该影响因素的直观性量化指标。

(8)冰雪覆盖面积(km^2):冰川积雪面积变化反映区域水源供给形式和径流量大小,也从一定程度上反映区域泥石流类型特征和活动强度。冰雪融水与降雨径流叠加,在沟内固体物质含水率较高的情况下极易引发冰川型泥石流。

(9)年平均气温(℃):年平均气温反映岩石冻融风化以及冰雪融化程度,气温变化直接影响冰川融化强弱和融水量大小,最终导致冰川泥石流的发生和发展。

(10)河网分级:河网分级可通过权重密度分析来反映流域内水流搬运能力强弱,直接影响泥石流灾害的发育及发生程度。

(11)植被覆盖率(%):植被覆盖率表明一个地区的植被覆盖程度。其与保持水土流失能力、抵抗岩土体风化能力、地表径流形成等方面密不可分。

5.2.2 评价指标等级划分

泥石流危险性评价指标等级的划分直接影响到危险性等级的划分以及最终的危险性分区。评价指标等级的划分是为了对某一个评价指标进行具体分级,从而确定影响程度最大的区间等级(谷秀芝,2010)。然而,泥石流的评价指标与区域特征关系密切,并没有统一的划分标准。在对某一具体流域进行泥石流危险性评价时,应综合考虑当地的环境背景,选择评价指标并对其进行等级划分和相应界限值的设定,从而开展下一步泥石流危险性等级的划分。

5.2.3 危险性评价方法

泥石流危险性评价结果的精度与评价方法的选取直接相关。总结目前国内外比较常用的评价方法,主要有灰色预测评价法、模糊综合评判法、人工神经网络法、层次分析法、信息熵法等(孔亚平等,2013)。以上评价方法从本质上讲,可分为主观判断和客观分析。主观判断主要通过专家的经验对评价目标进行数学分析和定量计算,但是该方法受限于主观因素,缺乏相对的客观性。客观分析则是利用大量的客观统计数据对评价指标进行提取分析,研究其分布规律,从而确定各指标权重,该方法在评价过程中受主观因素影响较小,但是没有考虑专家经验在此过程中的应有的作用,完全靠客观数据得出的评价结果与实际情况常常有所偏差(刘希林等,1995)。以下对一些常用评价方法的优缺点进行简要介绍(表5-1)。

公路泥石流危险性评价方法　　　表5-1

评价方法	优　点	缺　点
灰色预测评价法	对系统变化态势可进行定量描述和比较	选择和获取准确的参考序列直接影响评价精度
模糊综合评判法	定性和定量相结合,精确与非精确相统一	不能解决指标间相关性造成的信息重复,隶属函数难以准确构律
人工神经网络法	定量研究,将不确定的变化趋势进行智能预测	需要大量精确的资料才能获得更准确的结果
层次分析法	便于理解,定量化数据要求较少,对问题本质、涉及因素及其关系比较清楚	人为主观性强,往往用于不太复杂的对象系统评价,当指标因素多、层次复杂时较难满足要求
信息熵法	可以评价泥石流的地貌演化过程	因子之间相关性模糊

5.3 公路泥石流易损性评价体系

根据评价范围,可以将易损性评价分为单沟泥石流易损性评价和区域泥石流易损性评价。目前研究较多的是区域泥石流易损性评价,主要集中在物质易损性、经济易损性、环境易损性和社会易损性等方面,其目的是为宏观减灾决策和区域经济规划提供科学依据,对指导工程防灾减灾意义不大。对单沟泥石流易损性评价的研究是工程防灾减灾所急需解决的,对保证公路的顺利畅通、降低直接经济损失有重要的作用和意义。目前,承灾体易损性分析方法主要有两种,一种是基于易损性评价指标分析的综合评价法,另一种是基于力学分析与模型试验的分析方法,两种分析方法各有优缺点,其对比分析见表5-2。

承灾体工程易损性分析方法　　　　　　　　表5-2

承灾体易损性分析方法	优点	缺点
基于力学分析与模型试验的分析方法	基于物理模拟的力学分析方法,其计算结果可直接作为工程参考,同时模型试验作为辅助手段,可以为参数的选择提供依据	由于实验技术条件和分析模型的限制,难以得出全面而准确的结果,且投资较高、耗时较长
基于易损性评价指标分析的综合评价法	可以选择多种评价模型,且评价指标的选取可以更加全面,从而使评价结果更准确,并可根据评价精度的要求结合力学分析与模型试验的结果选取评价指标	不能得出明确的力学分析数值结果

5.3.1 易损性评价指标选取

以路基易损性评价为例,将泥石流对路基的作用当成破坏能力 S_0,把路基抵抗泥石流的作用当作承灾能力 R_0:当 $S_0 < R_0$ 时,路基处于较低易损性;当 $S_0 > R_0$ 时,路基处于较高易损性;当 S_0 与 R_0 相近时,路基处于中度易损性。对影响泥石流破坏能力和路基承灾能力的各种因素进行分析,然后按照一定的方法从这些因素中选出易损性评价指标。

1)泥石流破坏能力影响因素

当泥石流在运动过程中遇到路基的阻碍时,会对路基产生冲压力,从而产生冲起和爬高现象,淤埋道路,体现出明显的冲淤特征。而有时泥石流对路基的破坏是由个别石块冲击所导致,因此可以从泥石流动力学角度分析泥石流对路基的作用效应。结合新疆地区泥石流动力学特征并参考大量研究,其主要影响因子包括泥石流重度、平均流速、泥石流规模、沟床比降、流域面积、24h最大降雨量、流域相对高差、流域切割密度等(刘希林,2002)。

2)路基承灾能力影响因素

在一般公路中路基所占比重极大,其易损性等级的高低直接反映了公路本身的安全与否。由于路基容易受到泥石流的损坏,所以选线应尽量避免穿越泥石流地区。然而由于经济条件限制,不少路段仍然直接采用路基横穿泥石流区域的方式,导致路基受损,因此对路基承灾能力评估刻不容缓。路基承灾能力影响因素主要从路基的勘察、设计、施工与维修养护等角度来分析。通过对路基承灾能力的系统分析并结合大量工程实践,路基承灾能力影响因子一般包含场地工程性质、路基与泥石流沟道位置关系、路基横断面设计、路基路面材料、排水系统设计、防护和加固设计、施工质量、路基维修力度及公路使用时间占设计寿命的比重等。

5.3.2 泥石流易损性等级划分

易损性等级的划分应该从泥石流和路基两方面进行考虑。具体来说,应该根据路基承灾能力和泥石流危险性的调查研究,以及历史上曾经暴发的泥石流对路基的破坏情况及其带来的灾难性后果作为路基易损性等级的划分依据。根据路基受损情况的野外调查结果,结合卫星图像和公路部门的养护资料,并参考相关文献资料,将路基易损性等级划分为5个等级,见表5-3。

路基易损性等级划分 表5-3

路基易损性等级	易损性综合描述
极低易损性Ⅴ	路段基本无泥石流活动,泥石流危险性极低;路基离泥石流沟口很远,且各项设计参数合理,几乎不会遭到破坏,损毁很小
低度易损性Ⅳ	路段有泥石流发生,但规模小频率低,危险性低,一般不会造成重大灾难;路基与泥石流沟口较远,各项设计参数较为合理,抵抗泥石流破坏能力较强,局部存在轻微损毁,稍微修复后即可使用
中度易损性Ⅲ	路段间歇性发生中等规模泥石流,泥石流危险性较大,较少造成重大灾难;路基与泥石流位置关系一般,在泥石流的破坏范围之内,各项设计参数基本合理,抗灾能力一般,在泥石流的作用下有一定程度的损毁,经过修复之后可以使用
高度易损性Ⅱ	路段存在大规模、高频率泥石流发生,泥石流破坏能力强,危险性大;路基处在泥石流危险区内,部分设计参数选择不当,路基在泥石流的破坏作用下损毁较严重,有可能导致交通中断,部分路段需要重新设计建设
极高易损性Ⅰ	路段存在巨大规模和特高频率泥石流发生,泥石流危险性极高,可造成严重破坏;路基处在泥石流危险区内,且各项设计参数选择均不合理,路基抗灾能力很差,在泥石流的破坏下将发生严重损毁,需要重新设计修建

把易损性等级划分为5级,不同等级有不同的评价标准,一方面是为了更详细地描述各等级易损性,增加易损性评价的精度,使易损性的判断做到有据可依,另一方面是考虑到在众多参考资料中,多数易损性评价指标被划分为5级,如泥石流危险性等级、路基的相关指标等。

5.3.3 易损性评价方法

易损性是一个涉及众多因素且十分复杂的概念,其评价指标多数为定性或半定量的,具有模糊性和不确定性,因而还没有严格的力学分析方法能够解决这类问题。目前应用于易损性综合评价的方法主要有模糊综合评价法、集对分析法、层次分析法、灰色聚类综合评判法、人工神经网络法以及各种耦合方法,各种方法优缺点可参考表5-1。

5.4 公路泥石流风险性预测方法

新疆地区每年都会有大量的公路泥石流灾害事件发生。随着交通路线的不断扩展,对自然环境造成持续破坏,使泥石流等自然灾害日趋严重。因此,开展泥石流风险预测研究,对防灾减灾、制定积极有效的预防措施都是十分必要的。有关泥石流风险预测的研究很早就开始了,在早期,大多研究集中在危险度的分析,之后关于易损度方面的研究逐步展开。联合国于1991年提出了自然灾害风险的表达式:风险度 = 危险度 × 易损度,这一表达式较为全面地反映了风险的本质特征。通过危险度反映灾害的自然属性,是灾害规模与发生概率的函数;通过易损度来反映承灾体的社会属性及其自身抵御灾害的属性;风险度则是灾害自然属性与承灾体自身、社会属性的结合,表达为危险度与易损度的乘积。这一评价模式已逐步得到了国内外研究学者的认同。泥石流风险度结构体系如图5-2所示。

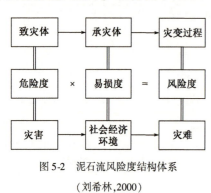

图 5-2 泥石流风险度结构体系
(刘希林,2000)

5.4.1 泥石流风险性分级

泥石流灾害的风险分级直接影响着灾害风险预测的结果,也相应影响着决策者所进行的决策,因此其分级的依据显得十分重要。从目前研究情况来看,数值分级是灾害风险定量评价最常用的一种方法,它可以使复杂问题简单化,使过于微观的问题宏观化,因此在实际的工程应用中常常会用到。基于此,在参考刘希林风险等级划分方法的基础上(刘希林等,2012),以泥石流的危险度与易损度等级划分为基础,公路泥石流灾害风险度分级见表5-4。

泥石流风险性等级划分　　　　　表 5-4

风险度	风险度分级	风险分析
0~0.04	极低	泥石流危险度很低,公路设施工程易损性也很低,公路设施遭受泥石流灾害及破坏的风险很小
0.04~0.16	低风险	遭受轻度泥石流危害,公路设施工程易损性较低,公路设施遭受泥石流灾害及破坏的风险较小

续上表

风　险　度	风险度分级	风险分析
0.16~0.36	中等风险	公路设施遭受泥石流灾害的风险水平为中等,需设计相应等级的泥石流防护措施以防止公路设施的破坏
0.36~0.64	高风险	有较高的泥石流危险度,公路设施工程易损性也较高,表明泥石流规模较大,频率较高,且公路设施抵御泥石流灾害的能力较差,因此需设置较高防护等级的泥石流防治措施
0.64~1.00	极高风险	有很高泥石流危险度,公路设施工程易损性也很高,且公路设施抵御泥石流灾害的能力很差,为保证高速公路的正常运营,建议加大投资力度对泥石流进行治理并修建有效的工程防治措施

5.4.2　泥石流风险性预测

在泥石流灾害的风险评价中,风险度是因变量,因此风险度的数值及其分级是由危险度与易损度的数值与分级共同决定的,一旦危险度与易损度的分级确定,风险度的分级也就确定下来。在泥石流灾害的风险研究中,以泥石流危险度与易损度等级划分为基础,进而划分风险度的等级,通过理论与实践的相互验证,具有一定的合理性,并在风险评价中广为应用。基于此,在参考刘希林风险等级划分方法的基础上,以泥石流的危险度与易损度等级划分为基础,对公路泥石流风险度预测分区如图 5-3 所示。

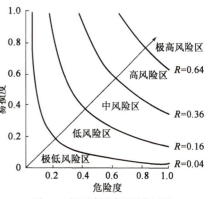

图 5-3　泥石流风险预测分区图

5.5　单沟泥石流危险性评价方法

单沟泥石流危险区划分是指对一条泥石流沟或相邻近、具有统一动力活动过程和破坏对象的几条泥石流沟或沟群进行评价,其特点是评价面积小,致灾体(泥石流)和承灾体清晰明确,评价精度高,采用的指标、模型以及得出的评价结果定量化程度高(侯兰功,2004)。单沟泥石流危险区划分是泥石流灾害预估、临灾预案制订、抢险救灾制订和灾情评估等工作的基础,其成果还可以应用到山区、城镇建设规划等领域。经国内外学者的大量研究,目前已经取得了一些比较科学的泥石流单沟危险区划分方法,如泥石流动量分区法(韦方强,2003、2007)和基于泥石流总量的危险区划分方法(刘希林,1995)。

5.5.1　泥石流危险性动量分区法

泥石流危险性直观表现为对承灾体的冲击力,冲击力是计算泥石流危险性过程中的关键性参数。结合大量相关研究,将泥石流固体颗粒和浆体看作整体运动,其运动速度减速最大时,整体的冲击力也最大(朱鹏程,1993)。在数值模拟过程中,把泥石流活动范围分为若干面积网格,将各网格的泥石流体看作具有一定密度和速度的运动体,其动量为:

$$Z = mv = Ah\rho v \tag{5-1}$$

式中,A 为每个网格的面积;h 为泥石流流深;ρ 为泥石流体密度;v 为泥石流流速。

由于各网格面积 A 相同,则 Z 是关于密度 ρ、流深 h 和速度 v 的函数。对某一次泥石流活动,可将 ρ 视为一确定值,A、ρ 可用系数 K 代替,则:

$$Z = Khv \tag{5-2}$$

动量 Z 代表了泥石流的破坏能力及泥石流危险性,可根据动量分布特征划分不同危险区。当前 Z 值区间等级划分主要参考 Z 值的分布和经验。

5.5.2 基于泥石流总量的危险区划分

刘希林等在东川蒋家沟泥石流观测站对泥石流沟口堆积扇的范围和形态进行了模型试验,得到泥石流堆积扇的最大长度、宽度以及堆积面积与泥石流补给总量的关系式,分别为:

$$L = 12.8V^{0.25} \tag{5-3}$$

$$B = 4.44V^{0.32} \tag{5-4}$$

$$S = 38.5V^{0.58} \tag{5-5}$$

式中,L 为堆积扇最大长度(m);B 为堆积扇最大宽度(m);S 为堆积面积(m^2);V 为泥石流补给体积(m^3)(刘希林等,2006)。

从以上关系式可以看出,L、B 及 S 随着补给总量 V 的增加,开始增长较快,到一定程度后增加缓慢,最后趋于稳定。通过泥石流的补给体积可以计算出泥石流堆积扇的面积、最大长度、宽度,从而进行泥石流危险区划分。

5.5.3 公路泥石流单沟危险度评价实例

1)工程概况

托喀依沟位于中巴公路 K1562 处托喀依村下游 1.8km 处,具体地理位置为 N38°53′40″,E75°28′34″(图 5-4)。沟系呈条带状,沟谷形态呈"U"字形,呈近东西向展布,由西向东经公路流入盖孜河。沟道总长约为 4.83km,流域面积约为 6.30km²,沟道宽度一般为 18~45m,最宽处可达 70m。沟道最高点高程为 2530m,沟道口高程为 1895m,沟道平均比降为 132‰。沟道两侧山坡陡峭,坡度一般在 50°~60°,局部可达 80°。沟道有 5 条大支沟,约有 5 处弯曲处,局部段顺直。两侧山坡石质化,加之干旱少雨,植物生存环境恶劣,仅部分沟谷和低地有些灌木,致使植被覆盖率不足 5%。该研究可明显地划分为形成流通区和堆积区,其中物源大多分布于沟道两侧、沟床内及沟口处。堆积扇面积较大,扇缘长度约为300m,宽约为350m,最大厚度可达10m左右,平均比降为34~52‰。

图 5-4　托喀依沟地理位置图

2)泥石流运动特征参数

2015年9月8日,托喀依沟发生一次泥石流。通过实地调访、现场调查取样、经验公式等方法,计算出泥石流的重度、流速、流量等运动参数,这些参数是泥石流工程防治的基础。

(1)泥石流重度。

选取现场调查取样及体积浓度法计算泥石流重度。通过调访当地目击者,发现本次泥石流为20年一遇,在目击者描述和现场调查的基础上,判断泥石流在山口处含有20%的细颗粒泥沙,即浆体体积浓度为0.2。考虑到流域泥石流复杂的运移和堆积情况,选用高桥运用水力学原理推导的平衡泥沙体积浓度公式,计算出此次20年一遇的泥石流重度为 1.30g/cm^3,属于稀性泥石流。

(2)泥石流流速计算。

由于区域泥石流为稀性泥石流,故选用西北地区泥石流流速计算公式,选用陈宁生等(2011)在《泥石流勘查技术》中推荐的经验公式,计算出此次20年一遇的泥石流流速为2.3m/s。

(3)流量计算。

托喀依沟降雨泥石流采用雨洪法进行计算,选用《泥石流灾害防治工程勘查规范》(DZ/T 0220—2006)中推荐的公式,并综合考虑当地实际情况,计算出此次20年一遇泥石流流量为22.25m^3/s。同时,根据调查情况,选取了形态调查法和配方法校核确定峰值流量。通过陈宁生等(2011)在《泥石流勘查技术》中的形态调查法,计算出此次20年一遇泥石流流量为 23m³/s。两种方法计算结果相差不大,证明计算结果可靠,二者可相互验证使用。

(4) 泥石流总量计算。

参照《泥石流防治工程勘查规范》(DZ/T 0220—2006),采用概化的方法粗略计算 2015 年 9 月 8 日托喀依沟一次泥石流总量和固体物质总量。根据泥石流历时 T 和最大流量 Q_c,由《泥石流勘查技术》(陈宁生等,2011)中推荐的公式计算出通过断面的一次泥石流总量。根据调访资料,托喀依沟 2015 年 9 月 8 日泥石流持续时间为 0.5h,峰值流量取 2015 年 9 月 8 日的 20 年一遇泥石流流量进行计算,得该次的泥石流总流量为 $4.0 \times 10^4 m^3$。

3) 泥石流危险性分析

泥石流的危险性评价国内目前主要有模糊数学、灰色理论、GIS 理论等方法,本书采用的多因素关联度分析法,是根据诱发泥石流的一些重要参数为依据,综合考虑泥石流的多个影响因素并结合泥石流的规模和发展趋势作出分析。

加强泥石流危险性评判的准确性对泥石流的预测、防范和治理都有重要的作用。为此分别采用易发程度、危险性指数和泥石流危险度三种方法对托喀依沟泥石流危险性进行评价。

(1) 泥石流形成的基本条件是有利的地形、丰富的松散固体物质和充足的水源。地质现象各要素及其组合在泥石流形成过程中起着提供位势能量、固体物质和发生场所三大主要作用。水不仅是泥石流的物质组成部分,而且是泥石流的激发因素。因此我们围绕地形、松散堆积物质、水源三个主要方面,根据流域内泥石流活动条件的诸多因素,选择有代表性的 15 个因素进行数量化处理,并依据《泥石流防治工程勘查规范》中的泥石流易发程度数量化评分表,来界定泥石流沟,并对泥石流沟易发程度进行评价(表 5-5)。

托喀依沟泥石流易发程度评判表　　　　表 5-5

序号	影响因素	影响因素严重程度	分值
1	崩塌、滑坡及水土流失(自然和人为)的严重程度	崩塌、滑坡发育,多层滑坡和中小型崩塌,冲沟发育	16
2	泥沙沿程补给长度比(%)	30~60	12
3	沟口泥石流堆积活动程度	河形无较大变化,仅大河主流受迫偏移	11
4	河沟纵坡(°)	>12°	12
5	区域构造影响程度	强抬升区,6 级以上地震区,断层破碎带	9
6	流域植被覆盖率(%)	<10	9
7	河沟近期一次变幅(m)	0.2~1	4
8	岩性影响	软硬相间	5
9	沿沟松散物贮量(万 m³·km⁻²)	>10	6

续上表

序号	影响因素	影响因素严重程度	分值
10	沟岸山坡坡度(°)	>32	6
11	产沙区沟槽横断面	U形谷	5
12	产沙区松散物平均厚度(m)	1~5	3
13	流域面积(km²)	5~10	4
14	流域相对高差(m)	>500	4
15	河沟堵塞程度	中等	3
	总得分		109
	易发程度评价		中等易发

(2) 为了分析泥石流现状及其对公路等设施的潜在危险性,此处采用了地质灾害危险性分析的方法,分析研究区泥石流危险性指数构成,结合当地的地质条件、地形地貌、气候条件以及人为活动等,根据《地质灾害危险性评估规范》(DZ/T 0286—2015)得出托喀依沟泥石流的危险性大。

(3) 泥石流危险度的评价方法很多,这里采用刘希林于1996年提出的单沟泥石流危险度评价方法。改进单沟泥石流危险度评价方法采用7个评价因子,除主要内在因子泥石流规模 m 和发生频率 f 外,其他次要环境因子分别是流域面积 s_1、主沟长度 s_2、流域相对高差 s_3、流域切割密度 s_6 和不稳定沟床比例 s_9。这5个次要因子可从流域地形图上比较准确地获取。次要因子是采用双系列关联度分析方法筛选的,所以其判定结果应可靠。

单沟泥石流危险度计算公式为:

$$H_{单} = 0.29M + 0.29F + 0.14S_1 + 0.09S_2 + 0.06S_3 + 0.11S_6 + 0.03S_9 \quad (5-6)$$

式中:M、F、S_1、S_2、S_3、S_6、S_9 分别为 m、f、s_1、s_2、s_3、s_6、s_9 的转化值。按照单沟泥石流危险度评价因子的转换函数表5-6,计算可得相应的转换值表5-7。

危险度评价因子和转换函数 表5-6

评价因子	初始值	转换因子	转换函数
泥石流规模 m(10^3m³)	40	M	当 $m \leq 1$ 时,$M=0$;当 $1 < m \leq 1000$ 时,$M = \lg m/3$;当 $m > 1000$ 时,$M=1$
泥石流发生频率 f(%)	50	F	当 $f \leq 1$ 时,$F=0$;当 $1 < f \leq 100$ 时,$F = \lg f/2$;当 $f > 100$ 时,$F=1$
流域面积 s_1(km²)	6.30	S_1	$0 < s_1 \leq 50$ 时,$S_1 = 0.2458 \times s_1^{0.3495}$;$s_1 > 50$ 时,$S_1 = 1$
主沟长度 s_2(km)	4.83	S_2	$0 < s_2 \leq 10$ 时,$S_2 = 0.2903 \times s_2^{0.5372}$;$s_2 > 10$ 时,$S_2 = 1$
流域相对高差 s_3(km)	0.63	S_3	$0 < s_3 \leq 1.5$ 时,$S_3 = 2s_3/3$;$s_3 > 1.5$ 时,$S_3 = 1$
流域切割密度 s_6(km·km⁻²)	1.11	S_6	$0 < s_6 \leq 2$ 时,$S_6 = 0.05 \times s_6$;$s_6 > 2$ 时,$S_6 = 1$
不稳定沟床比降 s_9(%)	30	S_9	$0 < s_9 \leq 60$ 时,$S_9 = s_9/60$;$s_9 > 60$ 时,$S_9 = 1$

危险度评价因子转换值　　　　　　　　　　　　表5-7

转换因子	M	F	S_1	S_2	S_3	S_6	S_9
托喀依沟	0.534	0.849	0.465	0.676	0.420	0.055	0.500

根据单沟泥石流危险度计算公式,托喀依沟泥石流的危险度为H为0.573,按照分级标准:极低危险($0 \leqslant H < 0.2$)、低度危险($0.2 \leqslant H < 0.4$)、中度危险($0.4 \leqslant H < 0.6$)、高度危险($0.6 \leqslant H < 0.8$)、极高危险($0.8 \leqslant H \leqslant 1$),可知托喀依沟属于中度危险的泥石流沟,与实地调查的定性结果基本吻合。

5.6　典型公路泥石流危险评价及风险预测案例

5.6.1　工程概况

奥依塔克镇—布伦口段公路位于塔里木盆地西南的西昆仑山腹地,是中巴公路国内段泥石流灾害最严重路段,公路沿线泥石流类型多样,不仅有降雨型泥石流,还包括冰川型泥石流(王景荣,1987)。研究区属于大陆性干旱气候区,干旱少雨,日照强烈,土体大都处于干燥状态,但却经常发生不同规模的降雨型泥石流,频率高且危害较大,严重影响了中巴公路的正常运营,制约了地方经济建设和中巴边贸的顺利发展(魏小佳等,2015)。

本次泥石流灾害分布与危险性评价的对象为中巴公路奥依塔克镇至布伦口段(以下简称奥布段),评价路段全长约70km,奥布段两侧多发生泥石流灾害,经分析、筛选,此次参与评价的泥石流灾害点为27个。通过对研究区公路泥石流的风险性预测,为中巴经济走廊带内重大工程建设进行防灾减灾提供科学指导。

5.6.2　泥石流危险性评价

泥石流危险性评价是对研究区域灾害点的历史灾害活动情况、地质条件、地形、水文气象和人类工程经济活动等因素进行综合分析,从而确定其发生泥石流的可能性及危害程度的大小。泥石流危险性评价过程主要涉及评价指标的选取、指标的危险等级划分、指标的权重系数确定、评价模型的构建以及评价结果分析和防治措施建议等。以中巴公路奥布段为例进行泥石流危险性评价(姚兰飞,2017)。

1)评价指标的选取

结合现场调查结果及相关学者研究,根据研究区泥石流的成灾背景和影响因素,最终选取泥石流暴发规模、暴发频率、流域面积、流域切割密度、主沟长度、流域相对高差、泥沙补给段长度比、24h最大降雨量、松散堆积物厚度9个指标共同组成泥石流危险性评价指标体系。由于研究区山体裸露,植被覆盖率低于5%,且人口稀少,难见村落聚居,对泥石流影响微弱,在此可忽略植被覆盖率和人口密度因子。

2)评价指标等级划分

泥石流危险性等级划分具有多样性,导致评价指标的危险等级划分也有所不同。由于泥石流具有一定的区域特性,不同区域泥石流成因不同,激发条件也不同,所以指标的危险等级划分不能一概而论,需根据区域性特点作出灵活调整。在对中巴公路奥布段沿线泥石流进行详细调查的基础上,明确了所有评价指标的取值范围,并根据新疆地区泥石流特点,结合相关研究和《泥石流灾害防治工程勘查规范》(DZ/T 0220—2006),最终确定了评价指标的危险等级划分标准,见表5-8。

泥石流危险性评价指标分级标准　　　　表5-8

评价指标	危险等级			
	轻度危险	中度危险	重度危险	极度危险
暴发规模($10^4 m^3$)C_1	0~0.1	0.1~1	1~10	10~50
暴发频率(次/百年)C_2	0~10	10~20	20~50	50~100
流域面积(km^2)C_3	0~0.5	0.5~10	10~35	35~50
流域切割密度(km^{-1})C_4	0~5	5~10	10~15	15~20
主沟长度(km)C_5	0~1	1~5	5~10	10~15
流域相对高差(km)C_6	0~0.2	0.2~0.5	0.5~1.5	1.5~3
泥沙补给段长度比C_7	0~0.1	0.1~0.3	0.3~0.6	0.6~1
24h最大降雨量(mm)C_8	0~10	10~20	20~35	35~50
松散堆积物厚度(m)C_9	0~1	1~5	5~15	15~40

3)评价指标权重的确定

指标的权重体现了指标在评价过程中不同的重要程度,其取值合理与否,对评价结果的科学性和准确性有着重要影响。此处选用灰色系统理论,既能考虑到主观因素的影响,又能考虑到客观因素的影响,使综合评价更具合理性。本例选取泥石流暴发规模C_1和暴发频率C_2作为主因子,分别计算其他因子与其关联度,其关联计算及权重赋值分别见表5-9及表5-10。最后,将两次情况下获得的权重值取平均数,然后归一化后,可得各指标最终的权重系数,见表5-11。

其他指标与暴发规模C_1的关联度　　　　表5-9

评价指标	C_1	C_3	C_4	C_5	C_6	C_7	C_8	C_9
关联度	1	0.7502	0.7283	0.7301	0.7342	0.7285	0.7294	0.7302
权重值	8	7	1	4	6	2	3	5

其他指标与暴发频率C_2的关联度　　　　表5-10

评价指标	C_2	C_3	C_4	C_5	C_6	C_7	C_8	C_9
关联度	1	0.8114	0.9405	0.9556	0.9608	0.9416	0.9494	0.9511
权重值	8	1	2	6	7	3	4	5

评价指标的权重系数　　　　　　　　　表 5-11

评价指标	C_1	C_2	C_3	C_4	C_5	C_6	C_7	C_8	C_9
权重值	8	8	4	1.5	5	6.5	2.5	3.5	5
标准化权	0.182	0.182	0.090	0.034	0.114	0.148	0.056	0.080	0.114

4) 基于集对联系隶属度的泥石流危险性评价

集对分析理论是由中国学者赵克勤研究员于 1989 年提出的一种确定和不确定系统分析理论,从同异反的角度出发研究客观事物之间的联系与转化,并用联系度来描述系统的各种不确定性,其核心概念是集对和联系度。在泥石流危险性评价中,研究对象各评价指标实测值与标准等级间存在同一、差异和对立 3 种关系,如图 5-5 所示。

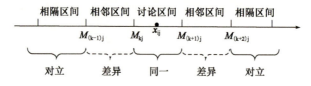

图 5-5　点与区间构成的集对同异反关系示意图

根据表 5-8 中泥石流评价指标危险等级划分标准,确定各等级间的界限值 M_{kj},计算待评价沟谷各指标相对于每个危险等级的联系度,然后计算集对联系度,按照最大隶属度原则,将泥石流归入相应的危险等级。最终将评价成果可视化,得到中巴公路奥布段泥石流危险性区划图(图 5-6)。

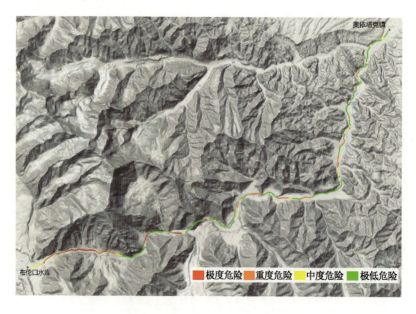

图 5-6　泥石流危险性区划示意图

5.6.3 泥石流易损性评价

根据上文公路泥石流易损性评价体系,选取中巴公路奥布段为例进行泥石流易损性评价(徐士彬,2017)。

1) 泥石流易损性评价指标体系及分级

根据对泥石流破坏能力影响因素的讨论,并结合模型试验的分析结果,选取 2 项主要因子和 9 项次要因子作为路基易损性评价指标并构建评价指标体系(图 5-7)。该体系涵盖了影响泥石流发生、发展、运动和堆积及其强度、能量和破坏力的主要影响因素,可对泥石流灾害作用下路基的易损性进行全面、详细且可靠的评价。

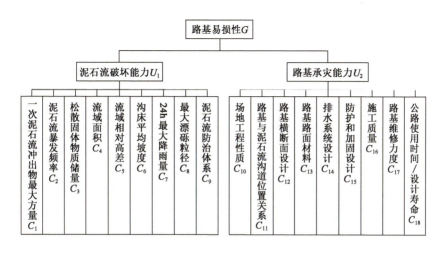

图 5-7 路基易损性评价指标体系

2) 基于集对分析与三角模糊数 α-截集耦合方法的路基易损性评价

集对分析理论利用联系度从同一性、差异性和对立性三方面综合描述事物的确定性与不确定性,从不确定性因素的全局出发,充分考虑差异和中介过渡情况,该理论针对确定性和不确定性体系具有很强的实用性;三角模糊数 α-截集常用于数据资料较少或精确性不高的工程评价中,可以表征和处理信息的模糊性与随机性。将这两种方法相耦合,优势互补,是处理路基易损性评价问题的有效工具。

通过构建研究对象集对,确定分级联系度计算公式,将 18 个评价指标构成评价指标集,5 个易损性等级构成评价标准集,由它们构成集对,进而得到各指标的分级联系度计算式。为便于比较不同截集水平的影响,在本例中选取的截集水平 α 分别为 1、0.75、0.5,在不同截集水平下分别计算其相应的联系度值。采用 AHP 法计算指标权重 W,并根据综合评价模型,利用权重集 W 和联系度矩阵 R 可计算得到不同截集水平下的综合评价结果和评价等级(表 5-12)。

不同 α 下的评价结果和评价等级　　表 5-12

$\alpha = 1$		$\alpha = 0.75$		$\alpha = 0.5$	
评价结果	评价等级	评价结果	评价等级	评价结果	评价等级
0.110	2.78	[0.001,0.219]	[2.562,2.998]	[−0.109,0.328]	[2.344,3.218]

3）评价结果分析

从评价结果中可以看出，基于集对分析与三角模糊数 α-截集耦合方法的评价模型给出的评价结果有两种形式：当 $\alpha = 1$ 时，由于差异度分量系数为确切的数值，因此评价结果和评价等级也为确切的数值；当 α 为 0.75 或 0.5 时，由于差异度分量系数为置信区间数，由此得到的评价结果和评价等级也为置信区间数，且随着 α 取值的增大，其区间长度变小。

以 $\alpha = 0.75$ 时的易损性评价等级为例，18 项评价指标中，7 项为Ⅱ级、8 项为Ⅲ级、2 项为Ⅳ级、1 项为Ⅴ级，属于Ⅱ级和Ⅲ级的评价指标最多；结合各项指标的权重，可以预测评价等级应该在Ⅱ级和Ⅲ级之间。依据评价模型得到的评价等级为置信区间数[2.562,2.998]，符合以上预测，从而证明了评价结果的可靠性。由于路基易损性受多种不确定性因素的影响，易损性等级本身即具有不确定性，因此采用置信区间数来表示易损性等级要比采用确切数来表示易损性等级更符合工程实际。

基于以上评价方法，结合现场实地调查，对整段公路沿线泥石流进行易损性等级评价，得到奥布段泥石流易损性分区图（图 5-8）。图中五种颜色分别代表五个易损性等级：红色代表极高易损性，紫色代表高度易损性，黄色代表中度易损性，绿色代表低度易损性，蓝色代表极低易损性。

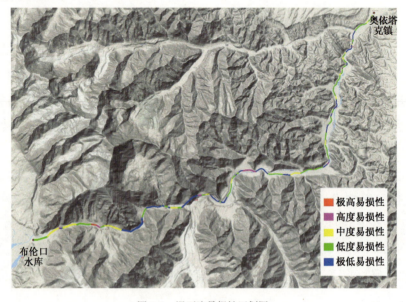

图 5-8　泥石流易损性区划图

5.6.4 泥石流风险性预测

根据泥石流灾害风险评价的定义及表达式：

$$风险度 = 危险度 \times 易损度 \quad (5\text{-}7)$$

结合前述的计算结果，各泥石流沟谷的计算结果见表 5-13。

泥石流风险性等级划分 表 5-13

泥石流位置	风险评价结果	风 险 等 级
K1549+640～K1549+980	0.498×0.337=0.1678	低风险
K1553+600～K1553+763	0.494×0.491=0.2424	中等风险
K1555+938～K1556+034	0.276×0.559=0.1542	低风险
K1560+183～K1561+493	0.743×0.53=0.3936	高风险
K1562+381～K1562+481	0.505×0.535=0.2702	中等风险
K1564+980～K1566+190	0.386×0.703=0.2714	中等风险
K1567+272～K1568+299	0.36×0.539=0.1940	中等风险
K1582+047～K1584+866	0.614×0.676=0.4151	高风险
K1584+478～K1584+846	0.346×0.670=0.2318	中等风险
K1592+262～K1592+425	0.724×0.698=0.5054	高风险

从风险评估的结果来看，除了 K1549+640～K1549+980 和 K1555+938～K1556+034 为低风险外，其余沟谷均为中等风险或高风险。工程易损性为中等的高速公路，在中等危险度泥石流冲击下，发生损毁的风险等级为中等，应设计相应等级的泥石流防护措施以防止基础设施免受泥石流灾害的破坏。工程易损性为中等的高速公路，在较高危险度泥石流冲击下，发生损毁的风险较高，因此需设置较高防护等级的泥石流防治措施以保护公路设施的正常运营。

6

新疆泥石流地区公路选定线与防治模式

6.1 新疆泥石流地区公路选定线

新疆山区泥石流分布广泛且类型多样，常呈串珠状分布于山区公路两侧。新疆山区公路每年因泥石流造成的直接经济损失达数亿元，如中巴公路和天山公路沿线泥石流灾害点达到上百处，严重影响行车安全和地区发展。公路选线在泥石流发育地区的公路建设中具有极为重要的地位，大量工程实例表明，如果选线合理，即使泥石流发育极其集中，也可以减少或避免泥石流的危害；如选线不合理，轻则可能造成公路沿线多处受损，在工程治理上付出巨大的代价，并给未来公路运营和养护遗留隐患和风险，重则造成整段线路无法正常使用，必须进行大规模整治或改线。因此，泥石流地区合理的公路选线是防治泥石流最有效的措施。

6.1.1　新疆山区公路选线的特点、原则与方法

1）泥石流地区公路选线特点

新疆山区公路多采用沿主干河道的一级和二级支流展布,公路依山傍河溯源而上,在高处翻越不同流域间的分水岭之后,沿相邻流域的主支流顺流而下。公路沿河线具有良好的线形和合理的纵向展线坡度,大部分公路的路基多布设于河谷洪水位以上的岸坡,选在山麓与河槽之间地段缓斜坡通过,并在公路摆动区的两侧留有足够的安全地带(隔离带),既可避免主河洪水威胁,又可减少山麓滑坡和泥石流等危害。

2）泥石流地区公路选线原则

（1）公路选线一般性原则

①地质选线原则:在线路方案研究阶段,从大地构造单元、地质构造、地质灾害区划等层次入手,线路最好从高地台区通过,避免从低地槽区通过;线路避免通过正交而不平行构造活动带和深大断裂带;线路以通过河流宽谷、高原台地为佳,尽量避免通过深大峡谷和陡峭谷坡区。

②绕避预防原则:在线路初步设计阶段,对公路沿线泥石流采用避胜于防、防胜于治的原则,线路尽量绕避泥石流灾害高危易发区,主要防治措施包括隧道穿越绕避、就地建桥跨越、线位外移绕避、设桥跨河绕避和线位抬高躲避等。

③预防人为灾害:在施工设计定线阶段,线路应选择在有利于灾害防治的平面位置和高程通过,以预防施工引起的工程次生灾害,同时考虑通车后不合理人类活动可能导致的灾害。

（2）公路选线指导性原则

①选线原则。

a. 公路选线应尽可能绕避处于发育旺盛期的特大型、大型泥石流、泥石流群及严重淤积的泥石流沟,路线应尽量远离泥石流堵河地段及堵河范围内的河段。

b. 在峡谷河段,应根据泥石流规模和泥痕,确定线路的位置与高程;在泥石流集中分布的河段,在条件允许的情况下,公路应尽可能沿高线位布设,或沿扇缘靠河布设,便于利用主河洪水下切堆积扇尾部而加速泥石流排泄。

c. 在宽谷河段,应该根据河床的淤涨速率和主河摆动趋势,确定线路的位置与高程;在河流变迁性河段,公路与主河的距离应宁远勿近。

d. 当新建公路线路走向与已有铁路或公路走向基本一致时,应充分利用已有线路沿线泥石流防护措施,结合已建线路位置及选定线经验,综合确定合理的新建线路位置与高程。

②定线指导性原则。

a. 在跨越流通区时,公路线位要顺直且利于排泄防冲,应避开沟床纵坡由陡变缓的转

折处和平面上的急弯部位。

b. 从沟口或扇顶通过时,要对扇顶的冲淤稳定情况进行调查评估,注意出山口可能出现的淤积抬高或下切侵蚀,及扇顶可能上伸或下移的变迁现象。

c. 在跨越泥石流扇时,线路尽量与泥石流的流向正交,根据扇面淤积率确定线路高程,依据主沟道变迁幅度确定线路位置,并尽量避免在扇上挖沟、设桥或作路堑。

d. 对于跨越泥石流的防护结构物,其设计高程应根据泥痕高度、残留层厚度和大漂石尺寸等因素综合确定,预留足够安全高度,而且不得压缩沟床断面,不得改沟并桥,沟中不宜设桥墩。

3) 泥石流地区公路选线方法

在总结分析我国西部山区公路和铁路选线特点和建设经验的基础上,结合泥石流地区公路选线的地质选线、地形选线、技术经济、安全可靠和生态环保等原则,提出新疆泥石流地区的公路选线方法。

(1) 全面调查分析泥石流地区公路选线的影响因素

① 调查分析泥石流沿线分布、成因、性质、规模、频率和发展趋势等特征,预测当前和未来泥石流对公路可能造成的危害。

② 全面分析公路通过泥石流沟的最优位置及可能的迂回展线范围,以及前后桥、隧、路基等工程的技术衔接问题。

③ 充分认清在整段线路中泥石流和其他地质灾害之间的关系,预测泥石流及其链生灾害对公路的影响。

④ 查明公路沿线修建水电、开采矿产和土地利用等工程活动状况,尽量减小任意开挖和随意堆积而造成泥石流活动性增强的不合理工程活动。

⑤ 掌握公路沿线及附近铁路、公路、水利和城镇等对泥石流危害的防治规划和防治现状,尽量利用或参照已有防治工程和治理经验,有效防治泥石流对公路的危害,降低工程造价。

(2) 从技术和经济角度综合拟定选线方案

① 在充分分析上述主要影响因素的基础上,初步拟定所有可能的线路通过方案。

② 在技术上采取必要而有效的防治措施,确保所有公路线路方案均能安全通过,同时又不会造成新的次生灾害。

③ 对在技术上可行的所有公路线路方案,在经济效益上进行分析评价,重点分析工程造价、施工难度及可能性、治理有效期和投入产出比等指标。

(3) 从整体角度选择经济技术最合理的公路泥石流跨越方案

① 处理好泥石流防治工点与整段线路的关系。有些情况下,若某泥石流防治工点公路可以安全通过,却存在工程量大或费用过高的不合理现象,但从整段线路来看依旧是最

经济合理的线路通过方案,则此时应强调泥石流防治的整体性。

②处理好公路通过泥石流方案与地方经济建设的关系。选线时不仅要考虑公路自身的经济、安全,还应考虑公路与地方经济建设总体布局之间的关系,应加强与地方政府的协商沟通,达到双方共赢的结果。

③处理好近期与远期的关系。泥石流危害的发展是缓慢的,工程防治方案可根据泥石流发展趋势进行长远规划,工程防治措施也可根据泥石流危害范围进行相应的调整,分期分级实施。例如,公路泥石流跨越方案近期可行,但远期危害大且难以补救,则该方案不能成立;近期投资少,远期投资多,远近期投资不经济的方案也不宜实施;对于近期投资多,远期投资少的方案,如条件适宜,则可以采用。

(4)泥石流危害的整体观和防治总体性

泥石流危害的整体观是以从上游到下游、从此岸到彼岸、从天上到地下、从过去到未来的四维系统去掌握公路沿线泥石流危害的动态,并预测其变化。泥石流危害的情况通常比较复杂,不仅某个泥石流沟会对公路造成严重危害,单个泥石流沟谷段上下游的泥石流沟以及对岸的泥石流沟都有可能对公路造成危害。如中巴公路 K1609+868 处,由于对岸泥石流挤压盖孜河主流,致使盖孜河水流不断淘蚀路基,进而造成路基坍塌破坏。又如过去天山公路泥石流缺乏整体观,泥石流防治缺乏总体性,一处病害治理一个工点,造成公路全线多处涵洞,先后被淹埋或冲毁。因此,在公路各工点和线段的泥石流防治设计中,应对泥石流危害进行整体考虑,提出多种单项工程不同组合的公路泥石流防治总体设计方案,在总体规划指导下进行优选,并修改完善。在公路泥石流工程防治中应始终保持总体性。

总之,泥石流地区公路选线,必须加强全局意识,在充分考虑泥石流整体危害性的前提下,根据泥石流的特点进行防治工程总体规划,采取合理的工程措施,同时进行不同方案比选,从而得到最为经济合理的线路跨越方案。

6.1.2 公路跨越泥石流地区的路线方案

泥石流对公路线路的主要危害方式有堆积淤埋和冲刷侵蚀两种。如果线路选择不当,不仅会给公众安全出行带来巨大威胁,而且会对公路基础设施造成严重损坏。此外,新疆地区地广人稀,气候条件差,公路养护难度大,因此,合理选取穿越泥石流区的路线和位置,对提高公路的安全性和降低公路养护费用,具有十分重要的现实意义。

1)跨越典型泥石流沟的路线方案

公路穿越单条重点泥石流流域时,其横向可能摆动的位置在泥石流沟形成区以下,在对线路通过位置和跨越方案进行比选时,应对沟谷泥石流规模、暴发频率、堆积扇冲淤变化和危害性、以及主河洪水涨落幅度与变化等因素进行综合考虑,合理确定跨越典型泥石流沟的公路走线定位及立交方案(图6-1)。

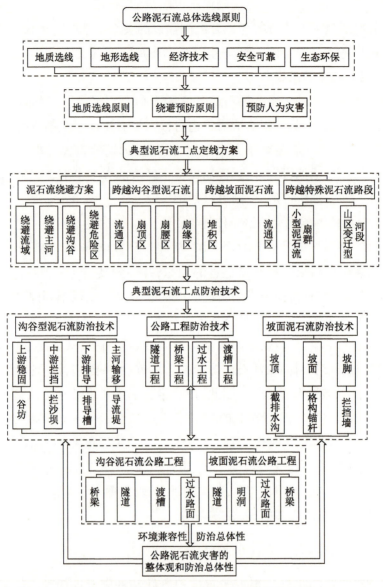

图 6-1 新疆公路泥石流灾害区公路选定线技术路线图

（1）跨越泥石流沟流通区的线路方案

①公路跨越泥石流沟流通区选线特点。

公路在跨越泥石流流通区存在较大优势：一是穿越流通区的公路一般离主河较远，与主河的高差较大，通常不会受到主河河水的威胁，并且泥石流沟与公路的接触面积较小，比较容易防治；二是沟岸稳定，沟谷狭窄，因此桥梁长度较短、跨度不大、易于布设，且因其不会发生改道漫流，一般无须设置排导措施；三是沟床纵坡较陡且总体变化不大，冲淤情况较稳定，易于计算桥下排泄净空，无须考虑因泥石流每年的淤涨而抬高线路高程。

但是,在流通区跨沟设桥也具有不利因素:泥石流在流通区时,一般流速最快,具有最大的动能,泥石流的侵蚀作用和冲击作用最强,对公路造成侵蚀危害较为严重;当桥梁布设不合理、阻碍泥石流前进时,还会冲击桥梁,尤其是黏性泥石流,其搬运能力较强,可能将沟中的桥墩剪断,也可能产生局部的大冲大淤,威胁公路安全。但总体来说,流通段是公路建桥跨沟的比较理想的部位。

②跨越泥石流沟流通区的定线方案。

路线位置选择在流通段下游沟道的稳定部位,沟岸稳定,沟床较陡,不冲不淤,常以路沟构筑物立体交叉的方式通过,是线路通过的最佳地段。其具体立交方案的选用要结合现场地形地貌、地层岩性、水文状况以及泥石流性状、规模和危害性而定,其交叉组合的方案包括:上路(桥)下沟方式,上路(桥)下(排导)槽方式,上沟下隧洞方式,上棚洞下路方式及上渡槽下路方式。

③跨越泥石流沟流通区定线的技术要点。

流通区大多位于出山口及以内,地势较高,公路若从流通区跨越泥石流沟,线路必须展线提坡,增加长度,加大引线桥隧、路基的工程量,因而,在考虑经济技术可行性的基础上,线路应尽量选在流通区沟口位置跨越。该处高程相对较低、地形较为开阔,有利于公路选线;但从泥石流长期动态发展来看,流通区的范围和沟槽不是固定不变的,在泥石流发展期和衰退期,其将成为泥石流流通与沉积交替变化严重的地带,即使是旺盛期或停歇期的泥石流,其流通区仍可能存在年际间变化。因此,跨越流通区定线的主要技术要点一是在剖面上留足桥下排泄净空,二是在平面上防止布设不当而引起淤积或强烈冲刷桥墩。

如中巴公路 K1598 段存在一大型沟谷型泥石流,老路修建于泥石流堆积体扇中部位,采用过水路面形式通过泥石流,每次暴发泥石流均会对公路造成掩埋、冲毁等危害,对公路通畅及行车安全带来严重的威胁。新建公路将线位抬高,采用 4 孔×40m 大跨径桥梁形式由泥石流出山口附近的流通段通过,保证了公路通畅及行车安全,目前该桥梁运行状况良好,基本消除了泥石流的影响(图6-2)。

(2)跨越泥石流沟堆积区的线路方案

①公路跨越泥石流沟堆积区的选线特点。

跨越堆积扇定线要着重防治泥石流四大危害:淤积、漫流、冲击和冲刷。

a.淤积危害:扇面持续淤涨速度及淤积规律较难掌握,堆积扇淤积控制桥下净空和线路高程,进而影响线路的平面布置,甚至影响整段线路的选择。

b.漫流危害:泥石流在扇上漫流,流向多变,各沟槽流势变化复杂,影响桥涵布置和工程设施。

c.冲击和冲刷危害:泥石流的冲击力和冲刷力比较强,对公路桥梁和路基等构造物具有极大的破坏作用。

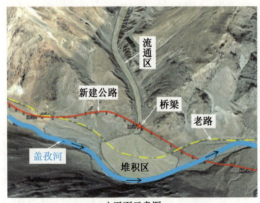 

a) 平面示意图　　　　　　　　　　　b) 现场照片

图 6-2　中巴公路 K1598 段在流通区采用桥梁跨越

危害作用常随堆积扇部位而异：淤积以扇顶为最快，漫流范围最窄，但线路不易与多变的漫流方向正交，漫流的冲击力强；扇缘淤积最慢，漫流范围最宽，但线路易于沿边缘等高线定线，可与多变的流向垂直布设桥梁，漫流冲击危害较小；泥石流在扇腰处对公路的危害则居于二者之间。基于以上分析，公路在堆积扇上通过泥石流时，线位应尽量布置于扇缘位置，在特殊情况下可考虑在泥石流堆积扇扇顶或扇腰部位采用桥梁跨越。

②跨越泥石流沟堆积区定线的技术要点。

跨越堆积扇定线的技术条件是：一是在控制部位须留足高程，保证设计年限内桥下有足够的排洪净空；二是使线路尽可能与泥石流摆动范围内的流向正交，防止泥石流漫流改道，危害桥梁和桥头路基安全；三是要防止泥石流冲击和冲刷破坏建筑物；四是在泥石流堆积扇的不同部位（扇顶、扇腰和扇缘），公路可采用不同立交形式的跨越方案。

(3) 跨越泥石流扇缘的定线方案

由于泥石流类型不同，泥石流堆积扇堆积形态和危害形式不同，公路跨越扇缘的工程形式、技术要点和难易程度等也存在差异，因此在公路选定线时应根据泥石流类型特点，按不同的技术条件区别对待。

①跨越坡面型泥石流扇缘定线方案。

坡面型泥石流虽然规模小且暴发频繁，但影响范围有限，在实际工程中易于处置。然而，如果坡面泥石流成群成片分布，则对公路的危害路段较长；且随着泥石流不断发生，当前扇缘将成为下一场泥石流的停淤场，淤涨较快，扇缘堆积逐年逐次延伸积聚，在沟口处往往会形成坡度很陡的倒石堆式小冲积扇，造成公路掩埋或桥涵堵塞。因此，高速公路和高等级公路的定线方案不宜选在山坡坡脚，而应选在山坡的流通区，利用高架桥或隧洞穿过，但要注意泥石流淤涨速度，留出足够的安全距离；当山坡不稳定或泥石流成片发育时，则宜远离坡脚以高路堤形式通过，使泥石流有一定的堆积余地及缓冲地带。如中巴公路奥布段 K1554+600~K1554+750 处,坡面泥石流成片分布,对公路影响范围长且治理困难,采取新建线路外移远离坡脚,并利用老路作为泥石流停淤场的措施,若定期对其进行清理,则将避免泥石流对新路的危害,如图 6-3 所示。对于低等级公路,则主要采用以过水路面的形式通过,并加强养护清理的方案。

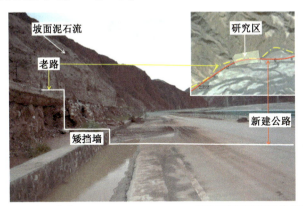

图 6-3　中巴公路 K1554+600~K1554+750 段坡面泥石流区路线外移

② 跨越沟谷型泥石流扇缘定线方案。

典型沟谷型泥石流堆积扇的发育较为完整,由历次泥石流浆体内的固体堆积物在扇面上淤积叠加形成。堆积体中大量细粒物质被水流冲刷带走,并随着冲切拉槽作用形成一条或多条长长的冲沟,直通下游公路和主河道。虽然沟道较稳定,但冲淤变化较大。公路一般沿等高线以曲线或折线且直接切扇缘定线通过,在主沟处以桥涵形式跨越。基于沟道多年的平均淤涨速度,选取泥石流冲淤平衡控制点,进而确定桥梁最小净空和桥下最优纵坡,并在公路上游侧修建防护堤与之衔接。如中巴公路艾尔库然沟公路桩号 K1601 附近,因公路上侧存在多处冰川泥石流灾害,受地形等因素制约,新建公路沿大型堆积扇扇缘展布,并以桥梁形式跨域通过(图 6-4)。

图 6-4　中巴公路 K1601 附近公路采取扇缘桥梁通过泥石流危害区

(4)跨越泥石流扇腰的定线方案

扇腰区为泥石流堆积扇的中部地区,通过扇腰区的公路一般不会受到主河的影响,泥石流沟道对公路的危害主要表现为直接冲刷和淤埋。由于堆积扇在该段地区宽度较大,所以未经过专门防治的泥石流沟道对公路的危害较大,影响的公路范围也较长。该类路段泥石流的防治工程相对扇顶区和流通区路段要复杂得多,既要在沟道内开展专门工程防护,还需要在堆积区实施必要的工程防治措施。线路选线应尽量避免在泥石流堆积扇中部通过,仅当其他方案均不具备条件且泥石流发育不严重的情况下,才考虑在泥石流扇中通过的方案。由于泥石流沟槽不稳定,乱流改道严重,线路主要从堆积扇中部分散设多桥(涵)通过,且在沟道内修建排导槽或导流堤稳床固沟。

(5)跨越泥石流扇顶的定线方案

扇顶区即公路通过泥石流堆积扇的顶部,该类公路泥石流危害方式与泥石流通过流通区的沟道类似。堆积扇顶部一般距离主河较远,公路不会受到主河洪水的影响。泥石流的扇顶区是整个沟道由陡变缓的交界处,沟床比较稳定,冲淤变化不大,两岸坡体较稳定,沟口常存在着较高的台地,是线路通过的较为理想方案。扇顶区泥石流对公路的危害主要表现为淤埋路面、堵塞桥涵等,此类泥石流沟道的防治工程规模相对较小,应着重放在沟内及沟口,常常采取束流稳沟措施后以集中建桥(涵)形式跨越泥石流沟。如中巴公路 K1557+300~K1558+200 段,老路在堆积扇边缘沿河布设,受到泥石流及盖孜河冲刷淘蚀危害,因此新建公路在 K1557+867.5 处采用桥涵形式在泥石流堆积扇扇顶位置跨越泥石流沟道,桥梁上游采用短束流堤束流,使得泥石流顺利排导,如图6-5所示。

图6-5 中巴公路 K1557+867.5 处采用桥涵在扇顶位置跨越泥石流沟道

2)公路绕避泥石流线路方案

对于泥石流分布集中、密集成片、暴发频繁、规模较大、危害严重的山区路段,通过对经济、技术等多方面进行分析比选,总结提出以下5种绕避泥石流的线路方案。

(1)跨流域绕避方案

重新选择山区公路穿越走廊带,翻越泥石流区分水岭(隧道形式),以绕开泥石流频发且危害严重流域,如中巴公路 K1592～K1595 老虎口段。该段老路沿盖孜河布设,山体较陡,坡面型泥石流发育;对岸为大(巨)型冰川泥石流,因此不能改线至对岸。且对岸泥石流暴发时出现严重对冲,冲刷公路路基,形成水毁灾害,因此该段采用隧道形式绕开泥石流频发且危害严重流域(图 6-6)。

图 6-6　中巴公路 K1592～K1595 段采用隧道形式规避泥石流危害

(2)跨主河绕避方案

公路在遇到规模大、危害性重的泥石流沟或泥石流群时,大多不能确保其正常安全通车,因而公路在选定线时应尽量绕避典型泥石流沟或泥石流沟群,如中巴公路 K1575～K1581 段改线处。该段老路依山傍河,通过坡面型泥石流群,治理难度高,防治工程规模大且投资多,因此通过桥梁跨越河流,将路线改至河对岸绕避泥石流群。目前公路运行状况良好,如图 6-7 所示。

在线路无法绕避时,应按避重就轻原则,尽量避让规模较大、危害性严重、治理困难的泥石流沟。通过经济和技术的比较,在有条件的情况下,线路选在危害较轻的一岸或在两岸间迂回穿插,同时,要防止对岸的泥石流堆积扇挤压主河而冲刷公路路基、桥梁和隧道。另外,路基和桥梁应设在稳定的地层上,傍山隧道外侧应有足够的稳定厚度。

图 6-7　中巴公路 K1575～K1581 段新建公路通过改线避让泥石流群

(3) 跨越大型泥石流沟的线路绕避方案

大型泥石流堆积扇与公路前后路面高差大时,不利于选在扇缘或冲沟跨越处。当外侧紧邻大河、跨越不适宜时,常需考虑在堆积扇底部以隧道形式穿越或以高架桥形式跨越的绕避方案。

(4) 跨越大型泥石流堆积扇的线路绕避方案

对于规模大的泥石流堆积扇,由于其冲淤变化大且乱流改道严重,加上泥石流输送物质较多,主河输送固体物质能力弱,导致公路处泥石流堆积扇淤积增厚、扇面抬升,则线路可以采取明洞方案通过,并对乱流区修建导流堤进行束流排泄。

(5) 避开泥石流灾害危险区

根据地形地貌特征以及泥石流运动堆积特性,可选择避开泥石流运动的直接危害区域,将公路选在不受泥石流冲毁威胁的危险区以外,并留够安全距离。如公路 K1564＋320 段路线右侧群发坡面型小型泥石流,通过将路线外移,并对泥石流堆积物进行定期清理,有效地减轻了泥石流对公路的堆积掩埋危害,如图 6-8 所示。除此以外,线路还应避开山坡滚石和沟岸崩滑体等可能次生灾害,以及沿堆积扇边缘产生的主河冲刷和淘蚀等间接灾害。

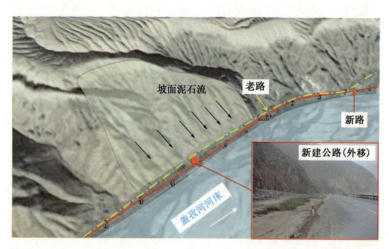

图 6-8　K1564＋320 段公路外移避让泥石流

3) 公路跨越其他特殊泥石流地段线路方案

(1) 公路跨越小型泥石流堆积扇群的线路方案

坡面型泥石流或小型沟谷型泥石流常常密集成群分布,每条泥石流沟虽规模较小、形成堆积扇较小,但连接成片则时常对公路造成大范围的危害。由于小型泥石流扇群中的各泥石流沟形成条件、性质、类型和发育阶段大致相同,因此公路选线时通常将其作为一个大型灾害点来处理。小型泥石流扇群具有其独特的特点:

①每条泥石流的暴发规模和频率不完全相同,致使堆积形态和规模存在差异。在平

面上,各扇的扇顶沿山体地形凹凸分布,扇体顺山坡堆积,扇缘前后摇摆不齐;在剖面上,因地形起伏和堆积厚度不同,各扇扇体表面起伏不平。

②每条泥石流自成体系而又相互交叉,它们以各自的扇轴为中心向两侧摇摆分布,相邻泥石流间的洼地可能成为其共同的排洪沟道或停淤场。

公路选定线时应力求避开泥石流集中分布地段,在其规划阶段,应将绕避所需增加的线路长度、跨主河架桥和工程治理等所需增加的工程投资纳入方案的工程概算,并进行经济和技术综合比较,以判断不同线路方案的优劣。当无法避开泥石流扇群时,则应根据扇群的分布特点和单个泥石流发育特征,制订因地制宜、因势利导的线路跨越方案。

①当扇群各沟的扇缘或沟口的平面位置较为平缓顺直、扇面地势高低起伏不大时,线路定线位置应尽量切割扇缘或沟口,使跨扇群的各路段抗灾能力基本一致。

②当扇群各沟扇缘或沟口的平面位置凹凸不顺、扇面地势高差较大时,由于线路受到最大纵坡的限制,线路不能沿高差过大的扇面起伏布置,且因路线线形及曲线半径的制约,线路不能切割各沟扇缘或沟口不断转折布线,在这种情况下,扇缘最突出、扇面地势最高及沟口凸出的位置成为公路选定线控制点。

公路选定线时应遵循扇群整体考虑、从单沟个体着手的原则,主要采取以下三种可能的通过方式:

①线路外移,切最凸出处的扇缘定线,此方案在堆积扇较大的泥石流或小型扇群处可行,但易受主河冲毁威胁。

②线路提坡,以地势最高的堆积扇为控制点,采用桥梁跨越的方案,但工程量较大。

③采用隧洞或明洞形式在堆积扇底部穿过,但工程投资较大。

(2) 公路跨越山区变迁型河段的线路方案

山区河流两岸泥石流汇集的河段,河床在纵、横向常产生持续的或短暂的、迅速的或缓慢的摆动变迁。这种变迁主要受两岸泥石流活动强度的影响,其变迁幅度又影响两岸泥石流发展趋势,两者的相互作用常给公路造成大规模、大范围的危害。根据山区河流两岸泥石流汇集河段的独特特征,山区泥石流汇集河段可分为两种类型:山区型和山区变迁型。

①跨越山区型河段的路线方案。

山区型河段山高谷深,主河水深流急,输沙能力强,虽然两岸分布众多泥石流且常造成短暂的河道堵塞,但其未改变山区河流的特性:纵向稳定,横向变迁微弱,洪水仅在少数巨型泥石流汇入处被堆积扇挤压,并持续向对岸变迁,冲刷对岸坡体并威胁公路安全。

在山区型河段进行公路选定线时,应充分发挥主河水流的强大输移能力,将泥石流沟内固体物质输送至下游河道,避免发生泥石流淤积增高而掩埋公路的情况。当受对岸泥石流挤压,主河水流冲刷淘蚀本岸山坡时,可采取线路上移或增设桩承挡墙防护等措施。

如中巴公路奥布段 K1609+724~K1610+164 处,公路对岸有大型泥石流沟冲积挤压盖孜河河床,导致主河水流冲刷淘蚀本岸山坡,因此在公路下边坡设置大型坡面防护及防冲挡墙,保护洪水季节公路安全(图 6-9)。

图 6-9　中巴公路 K1609+724~K1610+164 段公路防冲挡墙

②跨越山区变迁型河段的路线方案。

山区变迁型河段在地质历史时期曾是典型的山区河流,后来因上游大量泥沙被携带至此而发生停淤,加上两岸泥石流发育,每年向河床补给大量固体物质,在河流上游来水量较小的情况下,洪水无法将全部泥石流固体物质输移走,致使河床逐渐淤高,比降变小,形成现在山区变迁型河段的特殊河相。山区变迁型河段具有河床宽、主槽窄、流量小、洪水浅、河床质粗和沉积层厚等特点。

在山区变迁型河段进行公路选定线时,常考虑利用宽阔河滩布设路基和桥梁等方案,以降低工程造价。但应注意两个要点:

a. 根据河滩上涨速率确定线路高程与桥涵净空,保证在设计年限内不被淹没和冲毁,并考虑今后线路加高的可能性。

b. 根据主流横向变迁规律和摆动范围确定压缩河床的幅度,并在公路外侧增加丁坝和路肩墙等防护工程的布设,避免公路路基遭受水毁灾害。

如中巴公路 K1555+300 段老路依山傍河布设,为河流凹岸处,道路受河流水毁及山体滑塌威胁。公路新选线位将该段取直,并在公路外侧增加丁坝和路肩墙等防护工程,有效地降低了水毁风险,同时绕避了山体崩塌碎落段落,保障了公路的安全运行,如图 6-10 所示。

图 6-10 中巴公路 K1555+300 段附近道路当前情况

4）泥石流地区的公路选线与环境保护

随着交通基础设施建设快速发展，新疆地区路网不断延伸和加密，大量公路必将穿越地质灾害易发区和生态环境脆弱区，这就要求在公路选线时高度重视公路建设与防灾减灾和环境保护的协调发展。

随着极端气候常态化、地震逐渐趋于活跃以及人类经济活动的增强，未来一段时期内，新疆地区泥石流灾害仍将呈高发频发态势，因此，未来在泥石流地区的公路综合选线时，应该从长远规划和可持续发展的角度出发，在对跨越泥石流地区线路方案进行经济技术比选的同时，还应该考虑环境保护因素，在确保安全通过泥石流地区的前提下，注重公路与周围环境的和谐。

6.2 新疆公路泥石流防治原则与模式

6.2.1 新疆公路泥石流防治原则

公路泥石流防治工作的开展需要遵循一定的防治原则，应着重考虑以下两个方面的因素：一是公路工程自身特性，可以用公路等级来衡量；二是泥石流本身的活动特征，可以用泥石流的危险性来表示。泥石流的危险性一般包括潜在泥石流危害性评价和泥石流灾害危害性评估两种情况，对于潜在泥石流需依据其单沟活动性来分级，对于已发生泥石流灾害则应根据泥石流规模及其危害性进行综合评估分级，并在考虑公路等级及相关要求的基础上，制定公路泥石流防治原则，以指导新疆泥石流地区公路选线与工程防治工作。

根据《公路工程技术标准》（JTG B01—2014）等相关规范，一般可将公路划分为高速公路、一级公路、二级公路、三级公路和四级公路。根据《泥石流灾害防治工程设计规范》(DZ/T 0239—2004)等相关规范，对于潜在可能发生的泥石流，基于泥石流活动特点和灾情预测，其活动性可分为极高、高、中和低四个等级；对于已发生泥石流灾害，根据实测一次堆积总量、洪峰流量指标、直接经济损失及死亡人数，可将泥石流划分为小型、中型、大型和特大型四个等级；泥石流灾前和灾后危险程度可根据2.5节内容综合确定。

泥石流危险性评价是对泥石流致灾能力的评价，是泥石流规模和发生频率的综合体现。泥石流危险性评价对公路规划选线及其工程防治具有重要的意义，图6-11所示为不同危险程度下公路泥石流防治原则。

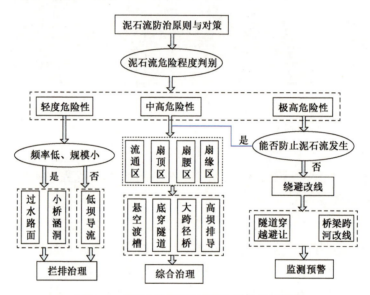

图6-11　不同危险程度下公路泥石流防治原则

1) 极高危险性泥石流防治原则

当公路路线通过极高危险性泥石流沟，采用局部改线无法彻底避开泥石流危害并留有严重后患时，可采取较大范围的绕避方案，如以多次跨越河流形式绕避，将路线内移并通过隧道形式下穿绕避，把线路选在有利河岸的平面绕避等。对于高等级公路应通过经济比较、技术可行性分析和风险评估确定绕避方案，对于中等级和低等级公路可在一定经济技术条件允许的情况下选择绕避方案，其余条件下可设置山区公路泥石流灾害试验路段，并加强公路清理养护和监测预警。

2) 中高危险性泥石流防治原则

当公路路线通过中高危险性泥石流沟时，可采取局部调整路线线位的方法，最好以桥梁形式跨越流通区进行立体绕避；当路线必须在泥石流堆积扇上通过时，最好以分散设桥形式在堆积扇扇缘处通过；若不得已只能在泥石流扇腰通过时，最好以架桥或隧道形式在泥石流活动较为稳定的部位通过。对于高等级公路应采取高架桥和隧道形式跨越，对于中等级和低等级公路可在一定经济技术条件允许的情况下选择大桥方案,其余条件下可采取中小桥涵和过水路面形式通过,并设置适当的泥石流稳拦排工程进行综合防治。泥石流防治工程的选择需要充分考虑公路等级和对应的技术经济指标。

3) 轻度危险性泥石流防治原则

当公路路线通过危险性较小,稳定性良好且防治难度低的泥石流沟时,应选择经济上节约且路线高程合理的部位通过。对于高等级公路可采用大中桥形式跨越,对于中等级和低等级公路应采用中小桥涵和过水路面形式通过,同时,在满足公路安全要求和经济指标的基础上,选用经济、合理、有效的泥石流拦排防护措施,尽可能整治泥石流以保障通畅。

公路沿线处在中度危险以上泥石流沟处,未来可造成重大灾难和严重危害的情况下,建议在公路选定线、跨沟桥梁设计和制定防治方案时,对高危险性和极高危险性泥石流沟给予高度重视。基于不同危险程度泥石流防治原则,结合公路泥石流活动特点和公路等级安全要求,提出公路泥石流防治对策和工程设计标准(表6-1),可为公路选址布线和制订泥石流防治方案提供参考依据。

公路泥石流防治对策和工程设计标准　　　　　表6-1

危险度分级	灾情预测	防治原则	防治对策	工程设计标准
低度危险	可造成重大灾难和严重危害的概率较低	防为主,治为辅	公路工程采取过水路面等简单工程通过,辅以一定的沟道拦挡和排导措施	10年一遇
中度危险	可造成重大灾难和严重危害的概率较高	治为主,防为辅	公路采取涵洞或小桥跨越,在沟道建立拦挡和排导措施,同时加强监测预警	20年一遇
高度危险	可造成重大灾难和严重危害的概率高	防与治相结合	公路采取中桥跨越,并在沟道建立稳拦排系统防护体系,同时加强监测预警	50年一遇
极高危险	可造成重大灾难和严重危害的概率极高	防为主,治为辅	公路尽量采取绕避措施,不能绕避则采取大桥或隧道通过	100年一遇

6.2.2　新疆公路泥石流防治模式

影响公路泥石流的因素较多,包括泥石流性质和成灾形式、泥石流沟特征、公路与泥石流空间位置及主河与支沟泥石流的作用关系等,因此公路泥石流没有单一固定的防治模式。在对新疆地区泥石流分布规律、类型特点、活动特征及对公路危害形式等的调查基础上,结合国内外不同类型公路泥石流的防治经验,提出新疆地区公路泥石流防治模式,用以指导新疆泥石流地区公路防治。

为了更加清晰、合理地表述公路泥石流防治模式,便于实际应用,下面列出不同分类模式的公路泥石流防治模式总体框架表(表6-2)。

公路泥石流防治模式总体框架表　　　　表 6-2

公路泥石流防治类别	泥石流特征	防 治 模 式
不同类型的公路泥石流	坡面型泥石流	明洞或渡槽穿越模式
		桥梁跨越模式
		线路外移通过模式
		过水路面通过模式
	沟谷型泥石流	单一排导模式
		拦排结合模式
		过水路面模式
	降雨型泥石流	以排导为主的防治模式
		以排导和拦挡结合的防治模式
	冰川型泥石流	绕避改线防治模式
		拦截分流排泄模式
		梯级浅槛排导模式
		导流束流排泄模式
	黏性泥石流	以排拦稳相结合的防治模式
	稀性泥石流	以排为主的防治模式
公路跨越不同部位的泥石流	流通区和扇顶区	单孔高跨桥梁形式跨越
	扇腰区	尽量避免从扇腰区通过
	扇缘区	分散设桥涵跨越
	不同坡降堆积区	以排导为主,注意冲淤平衡
不同成灾方式的公路泥石流	堵河成灾型	尽量避开泥石流堵河危害区
	淤埋成灾型	以排导为主,加速排泄
	冲毁成灾型	采用桥涵跨越,辅以拦挡工程
	主河淤高成灾型	以稳拦排主动减灾为主
	主河侵蚀成灾型	以排导为主,注意出口防护

1)不同类型公路泥石流的防治模式

新疆地区地域广阔,地形地貌多样,气象变化复杂,公路泥石流类型繁多。按泥石流沟谷地貌特征可分为坡面型泥石流和沟谷型泥石流,按水源激发特征分为冰川型泥石流和降雨型泥石流,按流体黏度特征划分为稀性泥石流和黏性泥石流。不同类型公路泥石流成灾模式和防治模式差异较大。

(1)按沟谷地貌特征分类的公路泥石流防治模式

根据山区沟谷地貌特征不同,公路泥石流可分为两类,一类为坡面型泥石流,另一类为沟谷型泥石流。其中坡面型泥石流流域面积较小,其形成、运动和堆积的区域处于同一坡面;沟谷型泥石流流域面积相对较大,一般情况下由形成区、流通区和堆积区三部分组成,且分界较为明显,堆积区坡度通常较平缓。

①坡面型公路泥石流防治模式。

坡面型泥石流的防治模式通常有四种,分别为明洞或渡槽穿越模式、桥梁跨越模式、线路外移通过模式和过水路面通过模式。

a. 明洞或渡槽穿越模式(图6-12)。采用明洞或渡槽将泥石流从公路顶部排导到主河,一般要求坡面泥石流沟具有产汇流相对集中的形成流通区,适用于高等级公路与坡面型泥石流交汇处。对于重要中等级公路,则常常在泥石流暴发频率高且清淤较为困难的情况下采用该防治模式。一般来说,对于流通堆积区影响范围小的路段采用渡槽形式跨越,对于流通堆积区影响范围较大的路段采用明洞形式跨越,对发生在坡度较陡的大型堆积扇体上的泥石流,则需在堆积体冲切沟稳定的情况下采用此防治模式。

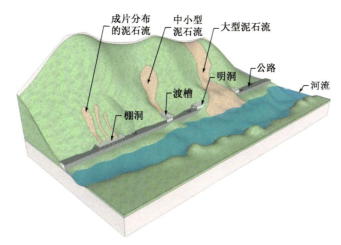

图6-12 明洞或渡槽穿越泥石流模式示意图

b. 桥梁跨越模式(图6-13)。采用桥梁形式沿泥石流流通稳定区跨越泥石流沟,一般要求坡面型泥石流存在明显且集中的流通区和冲切沟,泥石流规模大且清淤困难,适用于高等级公路和重要中等级公路与坡面型泥石流的交汇处。

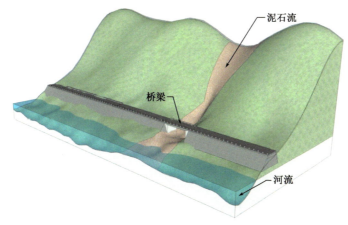

图6-13 桥梁跨越泥石流模式示意图

c. 线路外移通过模式(图6-14)。一般适用于在坡面型泥石流没有明显沟道且危害路段较长的情况下,公路与坡面泥石流的交汇处。对于中等级以下公路,则采用线路外移方式,并在靠河一侧修建丁坝等防护工程,以减轻泥石流对公路的危害。对于高等级公路或重要中等级公路,在公路靠河的一侧顺河拓建顺河桥,使公路彻底免遭泥石流的危害。

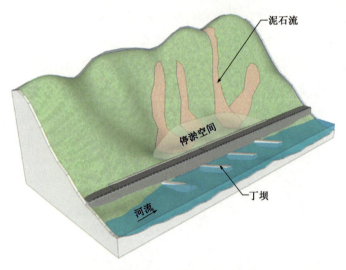

图6-14　线路外移避让泥石流模式示意图

d. 过水路面通过模式(图6-15)。在泥石流与公路交汇处修建混凝土等抗冲刷路面,采用清淤保通的方法防治泥石流,一般适用于中等级以下公路与坡面泥石流交汇处。对于中等级公路,当仅受低频泥石流危害时采用。

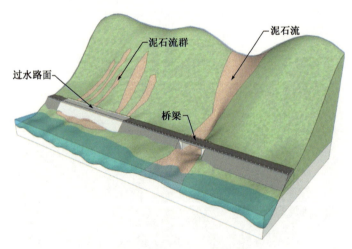

图6-15　以过水路面形式通过泥石流示意图

②沟谷型公路泥石流防治模式。

公路穿越沟谷型泥石流的防治模式一般包括四种,分别为单一排导模式、拦排结合模式、过水路面模式和沉沙与排导组合模式。

a. 单一排导模式。

单一排导模式是中等级以下公路防灾减灾中的主要模式,在公路与泥石流交汇处采用排导槽立体交叉的方式,将泥石流从公路内侧排泄至公路外测,减轻泥石流对公路地冲毁危害;一般适用于泥石流规模相对较小,粗大颗粒较少,主河可完全输移泥石流排泄固体物质的情况。如中巴公路 K1558+800 段(图 6-16),泥石流沟道较为顺直,颗粒粒径不大,因此公路采用导流堤形式,将泥石流束流后通过桥梁排泄到公路外侧。

图 6-16　中巴公路 K1558+800 段导流堤排导泥石流

b. 拦排结合模式。

排拦结合模式适用于高等级公路和重要中等级公路的泥石流防治,主要针对大型沟谷泥石流的防治,这类泥石流规模大,粗颗粒多,单一排导困难。排拦结合模式是在排导工程的基础上,在泥石流沟形成区或流通区设置拦挡坝或谷坊工程,拦蓄部分泥石流固体物质,促使泥石流顺利排泄,确保公路安全。如中巴公路 K1567+700 处(图 6-17),在泥石流出山口前设置拦挡结构将泥石流大颗粒拦截,使水沿下游排导工程通过公路桥涵排导

图 6-17　中巴公路 K1567+700 处公路采用拦挡+排导模式防治泥石流

至主河道中,从而减轻泥石流危害,并定期对排导工程进行清淤。目前该拦排结合体系使用效果良好。

c. 过水路面模式。

过水路面是在泥石流与公路交汇处修建混凝土等抗冲刷路面,采用清淤保通的方法防治泥石流。过水路面适用于中等级以下公路,且泥石流呈现低频率、规模小等特点。如新疆 S212 线托帕至吐尔尕特段公路 K80 处存在一中型沟谷型水石流(图 6-18),冲刷为主,沟道堆积物厚度 20m,沟道纵坡 2°~3°,最大块石粒径 20cm,沟道内长有杂草,易发性较弱,对公路影响较轻。因此,该路段设有过水路面,并在泥石流沟道两侧设导流堤,长 50m、宽 70m、高 1.5m,同时在路边布设地质灾害点标志牌。目前公路运行良好。

图 6-18　省道 212 线 K80 处以公路过水路面模式通过泥石流

d. 沉沙与排导组合模式

该模式适用于中等级以下公路,公路内外两侧地势平坦、泥石流沟道纵坡小,或公路外侧河流河床较高、输移能力较差,大部分泥石流将在公路内外侧发生停淤,进而威胁公路安全。在实际应用中,常采用沉沙池和桥涵的组合结构形式,将泥石流优先通过桥涵排泄,余下大部分在沉沙池停积,由养护部门定期进行观测和清淤养护。该模式要求泥石流以稀性泥石流或高含沙水流为主,并呈现低频率、规模小、粗颗粒少等特点。如 G314 线中巴公路 K1616 处(图 6-19),道路左侧泥石流堆积体高程与公路基本齐平,常在公路内侧发生停淤,新建道路采用了"沉沙池+涵洞排导组合"方式跨越泥石流沟,效果较好。目前通过定期清淤,可保障泥石流顺利排至主河,保证公路运行安全、畅通。

(2)按水源激发条件分类的公路泥石流防治模式

根据水源激发条件,公路泥石流一般可分为降雨型泥石流和冰川型泥石流。新疆地区降雨型泥石流沟一般具有明显的形成流通区和堆积区,以沟道冲刷启动型和沟岸淘蚀坍塌淤塞溃决型为主,具有暴发突然、频率高且多点群发性等特点;冰川型泥石流常以冰

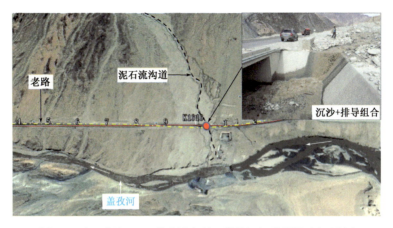

图6-19 中巴公路K1616处采用"沉沙+排导组合"排导泥石流示意图

川融水集中流形式冲刷冰碛物而形成泥石流,具有暴发突然、规模大、频率高、破坏力强和防治困难等特点。

①降雨型公路泥石流防治模式(图6-20)。

新疆地区降雨多以短历时的对流性大雨、局地暴雨出现,降雨型泥石流常常给公路造成严重危害且清理困难。结合新疆降雨型泥石流特点与防治经验,参考国内外降雨型泥石流的防治模式,提出新疆地区降雨型泥石流应采用以下游排导为主的防治模式。对于规模大且危害严重的泥石流沟,可在中下游修建控制性拦挡工程,且中游沟道辅以格宾笼多级谷坊;在以上工程治理基础上,对于高等级公路和重要中等级公路,采用中桥以上形式跨越,对于中等级以下公路,采用小桥涵或过水路面形式通过。

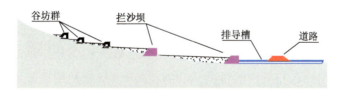

图6-20 降雨型公路泥石流防治示意图

如中巴公路K1562处的托卡依沟(图6-21),呈近东西向展布,由西向东经公路流入盖孜河。整个流域面积为6.297km², 沟道长4.3km,沟道平均比降117‰,整个沟系呈条带状,较大支沟有4~5条,沟道拐弯较多,局部段顺直,沟谷形态多呈"U"字形,植被覆盖率低,流域山坡陡峭,坡度为50°~60°,局部可达到80°,沟道宽度一般在18~45m之间,深度一般为1~5m,最宽达60m左右,最深达9m左右。托卡依沟可划分为明显的形成流通区和堆积区,其中物源大多分布于形成流通区的岸坡和沟道内,以沟岸泥石流老堆积物、沟道冲洪积堆积物和岸坡边坡垮塌或崩落物为主。

托卡依沟泥石流的形成过程有两种形式:一是由于季节性局地强降雨,大量的雨水汇流入坡面冲沟,携带坡面松散物质形成坡面泥石流,坡面泥石流携带沿途松散物质,汇入

图 6-21　托卡依沟基本情况示意图

沟道,使沟槽内的松散物质被掀动或遭受揭底,导致沟道固体物质启动并形成沟谷泥石流;二是泥石流淘蚀坡底或受寒冻风化的影响,使坡岸堆积物坍塌或岩体崩解碎落,堵塞沟道,最终溃决形成泥石流。

针对泥石流形成原因,可按以下方案进行泥石流防治设计:

流通区:1 座拦沙坝+2 座谷坊坝。

堆积区:1 道分流墙+2 条排洪沟+2 处停淤场+辅助设施。

设计思路:在流域中下游段采取拦挡、分流和排泄相结合的综合防治措施(图 6-22)。在流通区中下游段修建 2 处谷坊坝,降低沟道侵蚀基准面,固床护坡,限制泥石流启动速度和规模,将高重度泥石流转变为稀性泥石流。在流通区出山口处修建一座控制性大型拦沙坝,将泥石流大部分粗颗粒固体物质拦挡于沟道中,且控制因谷坊坝或滑坡堵塞溃坝而产生的、使泥石流规模放大的潜在巨大危害性,未拦蓄完的泥石流通过拦沙坝后转化为高含沙水流。堆积区的天然沟道条件充分,在堆积扇处开挖两条排洪沟,并利用分离墙将过坝后含沙水流分别排入左右两侧排洪沟,在排洪沟出口处利用空旷滩地进行临时停淤,

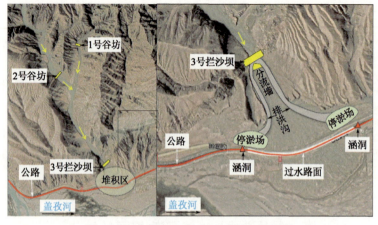

图 6-22　托卡依沟泥石流防治工程平面布置图

大量含沙水流将通过公路涵洞排泄至盖孜河。在拦沙坝一侧修建专用通道,方便牧民牛羊转场、防治效果观测和未来增建防治工程。

②冰川型公路泥石流防治模式。

冰川型泥石流规模大、冲击力强、危害严重且治理困难,在实地调查和经验总结的基础上,提出新疆地区公路沿线的冰川型泥石流防治模式,主要包括四种:绕避改线防治模式、拦截分流排泄模式、梯级浅槛排导模式和导流束流排泄模式。

a. 绕避改线防治模式。

绕避改线防治模式适用于高等级公路和重要中等级公路的泥石流防治。针对大型冰川泥石流,规模大且粗颗粒多,清淤困难,可通过改线以隧道和桥梁形式绕避冰川泥石流沟,彻底避免泥石流对公路的危害(图6-23)。

图 6-23 中巴公路 K1592~K1595 老虎口段采用"桥梁+隧道"模式通过泥石流高发区

b. 拦截分流排泄模式。

拦截分流排泄模式适用于冰川泥石流堆积扇大、主沟输移能力强且扇面存在多条历史冲沟的情况。首先利用主沟输移能力,采用排导工程进行排泄,如果泥石流未能全部向下输移,则优先采用拦挡和排导工程组合。当经主沟拦挡和排泄工程后的泥石流仍对公路危害较重时,则需采用拦挡、分流和排泄的工程组合,充分利用大型堆积扇上的天然沟道进行多级分流排泄。该防治模式适用于不同等级公路的冰川泥石流防治,公路在主支沟处可采用分散布设桥涵形式通过(图6-24)。

c. 梯级浅槛排导模式。

梯级浅槛排导模式适用于堆积扇存在固定沟道、沟槽不稳定且比降较大,常发生冰川融水冲刷

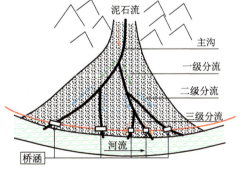

图 6-24 泥石流分流排泄示意图

侵蚀沟道冰碛物而形成泥石流的情况。结合冰川泥石流沟道冲刷启动过程,借鉴天然沟道块石自然堆砌形成跌水的思路,提出沿程物质调控、排泄冲淤平衡和梯级消能降坡的人工浅槛群技术体系,模型及现场实体如图6-25所示。该防治模式适用于中等级以下公路的泥石流防治,公路采用过水路面方式;对于高等级公路和重要中等级公路,在对泥石流沟采取拦挡等措施后,采用渡槽或桥梁与浅槛群工程衔接方式。

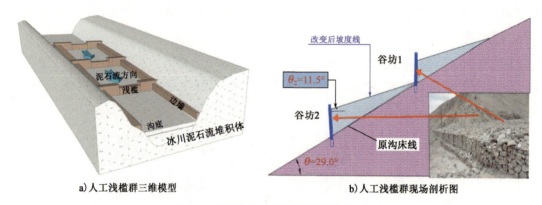

图6-25 梯级浅槛排导模式泥石流防治工程

如中巴公路K1601段附近的艾尔库然沟(图6-26),流域呈条簸箕形,流域面积为1.88km²,沟道长5.5km,呈近北西向展布,在中巴公路处经泥石流沟桥、红旗桥及三个涵洞流入盖孜河。沟道总体顺直,局部有小的拐弯,流域形成区、流通区和堆积区分界明显,形成两头小中间细的流域形态。形成区为悬冰—冰斗地形,近乎圈椅状,具有良好汇水地形,储藏大量冰碛物;流通区为陡峭岩石沟槽,坡度为50°~60°,沟谷呈"V"字形,为冰雪融水提供了强大的动能和势能,物源主要分布在原堆积扇及泥石流沟道两侧;堆积区为扇形,扇缘宽度为1.5km左右,扇顶至盖孜河最大距离约为1.8km,扇面比降变化于5°~15°之间,堆积扇上乱流改道明显,有多个老泥石流沟道,当前堆积扇主要以左右两条支沟为

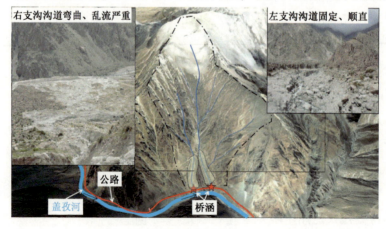

图6-26 艾尔库然沟基本情况示意图

主,最大沟道位于堆积扇左侧,沟宽一般在15~20m,最宽达22m,深度一般在8~15m,最深达20m,公路泥石流沟桥处断面宽20m,深度约为18m,沟道比降达到10°。在右支沟泥石流堆积区中下游已修建排导设施,排导槽宽度约为166m,深度1.5~2m,单侧长度约为147m,但由于右侧支沟乱流改道和沟道堵塞明显,造成公路经常发生掩埋和冲击危害。艾尔库然沟为典型冰川泥石流沟,上游大量冰雪在高温多雨季节产生大量融水,经高陡流通段,高速水流以较大势能冲击堆积扇顶部老堆积体,势能与动能快速转换,促使堆积物冲刷启动而形成泥石流;同时泥石流以强大冲刷侵蚀力造成沿途沟底揭底和岸坡侧蚀,规模不断扩大;但随着堆积区坡降变缓以及沟道展宽,泥石流发生前端沟道堵塞,而后续泥石流仍以高速高能前进,故前后泥石流体之间将发生动量传递和物质交换,致使泥石流乱流改道和溃决而产生规模放大效应,对公路产生极大危害且难以有效防护。现场沟道发现多级堵塞溃决现象。

针对泥石流形成原因,可按以下方案进行泥石流防治设计:

设计方案:左支沟:1条排洪沟+浅槛群+局部加固。

右支沟:1条排洪沟+浅槛群+局部加固。

设计思路:艾尔库然沟由于流域面积大,支沟多,流通区陡峭,冰雪融水直接下泄冲击老泥石流堆积体而形成不同规模泥石流。对于这种大型冰川泥石流堆积扇上暴发高频小规模泥石流的现象,由于其暴发的突然性和不确定性而难以进行风险预测评估。且因其常常发生乱流改道,在公路建设中难以采取有效合理的防治措施;加之堆积区物源丰富,动储源量大,难以采取拦截和清淤措施。故本次根据泥石流形成和运动堆积特点以及公路防护形式(图6-27),拟提出顺直排泄+梯级降能+主河输移的防治思路,即在堆积区两大沟道内开挖排洪沟,将泥石流排泄至公路桥梁处,同时在沟道内设置梯形浅槛降低泥石流冲刷力,最后通过盖孜河强大的水动力将泥石流堆积物输移至下游,避免淤积堵河。

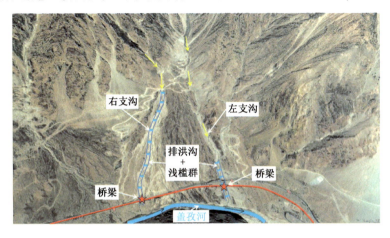

图6-27 艾尔库然沟泥石流堆积区防治工程布置图

d. 导流束流排泄模式。

导流束流排泄模式适用于泥石流在堆积扇上乱流散流范围大、影响公路路段长且清理困难的情况,可在乱流散流起点设置双侧斜向导流堤,将大范围乱流区约束至固定区域内,在公路处集中排泄。对于高等级公路和重要中等级公路,可采用中桥或明洞形式通过;对于中等级以下公路,可采用小桥涵或过水路面形式通过。如中巴公路 K1609 + 850 ~ K1610 + 100 段公路沿泥石流堆积扇扇缘通过,泥石流经出山口后由于堆积扇坡度变缓而发生乱流散流现象,根据现场实际情况,在接近散流起点处开始设置束流堤至公路处,将泥石流约束在一定范围内。目前泥石流分为两支流通过公路,在公路 K1609 + 900 处附近采用过水路面形式通过,在公路 K1610 + 080 处设置桥梁将其排泄至主河中排走,如图 6-28 所示。

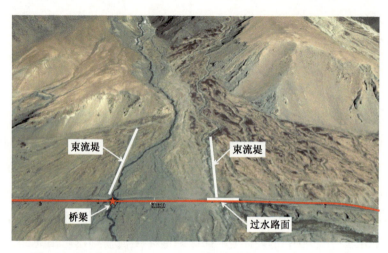

图 6-28　中巴公路 K1609 + 850 ~ K1610 + 100 段导流束流形式排泄泥石流

(3)按流体黏度特征分类的公路泥石流防治模式

根据流体黏度特征,通常以密度指标将泥石流分为稀性泥石流与黏性泥石流两种,其中,密度 1.3 ~ 1.8g/cm³ 为稀性泥石流,密度大于 1.8g/cm³ 为黏性泥石流。稀性泥石流和黏性泥石流的活动特征和危害方式不同,稀性和黏性泥石流排导过程中的冲刷和淤积问题,经常给公路工程带来巨大损失。因此,对泥石流重度进行准确判断,确定不同重度泥石流的最佳排导比降(即不冲不淤比降),对建立不同类型泥石流防治模式至关重要。

①稀性泥石流防治模式。

稀性泥石流一般呈两相流,具有紊动性强、阻力较小等特点,排导纵坡较小,对河床的下切作用较明显。在对新疆地区公路泥石流调查的基础上,提出以排为主的防治模式:以排导为主,对于中等及以上等级的公路应辅以拦挡工程;排导工程尽量沿原有自然沟道布置,减少挖填方;排导比降根据泥石流沟床的糙率及重度不同确定,一般取 3% ~ 7%。稀性泥石流的输移搬运能力相对较弱,排导槽通常采用窄深形式,为防治侵蚀下切,可设置多级浅槛消能。当堆积扇面积大且存在多条历史冲沟时,可采用分流多桥涵排泄形式排导。在弯道处应注意弯道超高,需采用单侧排导加高加厚形式防止超高泥石流翻越沟槽(图6-29)。

②黏性泥石流防治模式。

黏性泥石流通常呈黏稠泥浆状,流态为半紊流至似层流,具有巨大的侵蚀和搬运能力。结合目前黏性泥石流的防治工程经验,提出依据不同的泥石流规模,采取排、拦、稳相结合的公路泥石流防治模式:

a. 对于特大规模的泥石流,以绕避为主,公路采用桥梁和隧道形式跨越,对于个别无法绕避的泥石流,应根据泥石流形成运动特征,进行综合防治。

b. 对于大中型规模的泥石流,总体防治模式应采取以排为主、排拦结合的形式。

c. 黏性泥石流排导纵坡值应依据重度和类型进行确定,一般要求为5%~18%之间。

d. 黏性泥石流侵蚀作用强,排导槽以宽浅的矩形或梯形断面形式为主,同时设置适当的肋板防冲抗冲,并采用抗磨蚀材料护底。

e. 黏性泥石流一般不采用弯道排导,当必须采用弯道排导时,要注意弯道超高的影响,并增大比降而加速排泄。

f. 排导槽槽首位置可设矮坝等拦挡工程削峰节流,对于大型泥石流,也可以选择在流通区修建拦沙坝,减小泥石流总量并控制峰值流量,如图6-30所示。

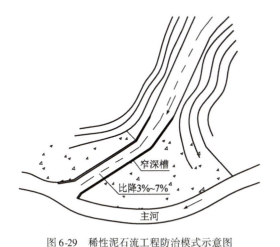

图6-29 稀性泥石流工程防治模式示意图

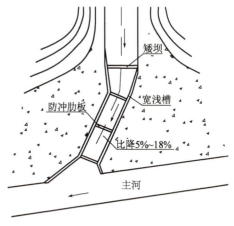

图6-30 黏性泥石流工程防治模式示意图

2)公路跨越不同部位的泥石流防治模式

由于泥石流流通区和堆积区的活动特征及危险形式存在差异,公路在不同位置通过泥石流时,所采取的泥石流防治模式也不尽相同。依据泥石流危险程度和公路等级,提出以下不同的泥石流防治模式:

①在流通区和扇顶区采用桥梁跨越为主的模式。

②在扇腰区采取防治结合模式。

③在扇缘区采用以排为主的防治模式。

(1)公路跨越流通区和扇顶区防治模式

泥石流在流通区和扇顶区速度较快,冲击力强,对公路的影响以冲刷破坏为主,但泥石流沟与公路的接触面积较小、所受的灾害较小且容易防治。因此,在条件允许的情况下,公路应尽量选择在流通区或扇顶区进行穿越。其防治模式为:

①对于高等级公路和重要中等级公路,由于泥石流流通区边界条件稳定,尽可能采用单孔高跨桥梁形式跨越。

②公路通过扇顶区时,可采用延长流通区的方法,实现公路单孔桥跨越。

③如遇大型泥石流,可结合拦挡导流工程,减少流量和约束路径,尽可能实现单孔桥跨越。

④如难以实现单孔桥跨越,则需做好沟道内桥墩的防冲和防撞保护。

⑤公路桥梁与泥石流交汇处,应对桥梁孔跨结构进行抗冲保护并对桥涵基础进行防冲加固,防止泥石流对沟岸和沟床的冲刷侵蚀破坏,确保工程岸坡稳定,保障泥石流安全顺利地通过公路。

如中巴公路 K1598 段存在一大型沟谷型泥石流,老路修建于泥石流堆积体扇中部位,采用过水路面形式通过泥石流,每次暴发泥石流均会对公路造成掩埋、冲毁等危害,对公路通畅及行车安全存在严重威胁。新建公路将线位抬高,采用桥梁形式由泥石流出山口附近的流通区通过,保证了公路通畅及行车安全。目前该桥梁运行状况良好,基本消除了泥石流的影响(图 6-31)。

图 6-31　中巴公路 K1598 段在流通区采用桥梁跨越

(2)公路跨越扇腰区防治模式

由于泥石流扇腰区常出现大冲大淤,常常对公路造成冲刷和淤埋危害,同时扇腰区泥石流改道频繁,使得公路泥石流防治难度较大,故公路通过泥石流堆积扇的中部位置时,应根据公路等级和泥石流危害程度确定不同的防治方案,其具体的防治模式如下:

①对于危害性大且比较活跃的泥石流,高等级公路和重要的中等级公路切忌从扇腰通过,当公路必须通过扇腰区时,应采用拦挡导流工程将泥石流归槽,并采用桥跨和立体排导。

②中等级以下公路尽量少走扇腰区,当因线形线位需要必须通过扇腰区时,对危害性较小且频率相对较低的泥石流,应尽量使泥石流归槽稳定,辅以合理的排导工程进行排泄,对低等级公路可采用过水路面形式。

如中巴公路 K1558+800 段(图 6-32),为满足公路规范线形要求,公路在泥石流堆积区扇腰部位通过。由于泥石流沟道较为顺直,公路依照地形采用导流堤将泥石流束流,尽力促使泥石流归槽稳定,再通过桥梁将泥石流排泄到公路外侧主河道内。

图 6-32 中巴公路 K1558+800 段公路在扇腰区跨越泥石流

(3)公路跨越泥石流扇缘区的防治模式

公路沿扇缘布置时,除受到泥石流的直接危害外,还会受到主河洪水的侵蚀。由于泥石流在扇缘位置最宽,所以公路与泥石流接触范围最大,泥石流对公路的危害长度也最长,保护公路安全的工程量相对较大。其防治模式总结如下:

①综合考虑主河和泥石流的影响,加强公路合理选定线和有效工程防护。

②在考虑公路等级和主河洪水频率的基础上,公路设计高程应高于其设计年限相对应的主河洪水影响高程。

③依据公路等级要求采取不同的公路防护工程。高等级公路和重要的中等级公路,通常采取桥跨和立体形式排导,根据扇面漫流流路分散设桥涵跨越,不宜强行改道。中等级以下公路常采用小桥涵或过水路面通过。

④泥石流在扇缘区比降小,以淤积为主,排导过程尽量采用窄深沟槽断面形式。

⑤应在泥石流堆积扇扇顶区和扇腰区进行导束流和固槽处理,排导槽的布设距离较长。

⑥对于既有公路,因其线位和高程受到限制,如地形条件允许,可采取明洞或渡槽形式进行排泄。

(4) 不同坡降堆积区的公路泥石流防治模式

泥石流堆积扇的坡降差别较大,通常在3.5%~30%。坡降小于5.0%的堆积区经常出现淤积,大于7%的坡降通常出现冲刷,而5%~7%范围内的坡降则易出现冲淤平衡。对于大比降侵蚀区,应采用消能增阻防治模式,即通常采用宽浅排导槽,内部设潜坝防止冲刷;对于小比降淤积区,排导需采用窄深的排导槽,注意束流,降低排导槽底糙率,加速泥石流排泄。

3) 不同成灾方式的公路泥石流防治模式

泥石流对公路的成灾方式主要有淤埋型、冲毁型、堵河型和主河侵蚀淤积型,应依据不同的成灾方式,采用不同的防治模式。

(1) 堵河成灾型公路泥石流防治模式

当某条泥石流暴发频繁、规模较大或者其一次泥石流总量或多次泥石流固体物质累积总量超过主河搬运能力时,可能发生堵河而形成堰塞湖,进而淹没上游公路;一旦堵断河流溃决,则可以形成高速溃决泥石流,对下游公路路基产生强烈冲刷侵蚀破坏作用。对泥石流的堵河可能性和堵河程度进行判别,结合公路等级和危险区范围,建立堵河成灾型公路泥石流防治模式:

①对于高等级公路和重要中等级公路通过可能发生堵河灾害的泥石流沟,应尽量采用改线或绕避方案,避开泥石流堵河危害影响区。

②对既有公路或实在无法绕避的新路,应对泥石流采取稳拦排的综合防治方案,削减泥石流流量,拦截粗大颗粒,控制泥石流规模。

③泥石流沟排导工程主流线与主河间夹角应呈锐角,排导槽出口常采用"喇叭口"形式,且出口高程应高于主河常遇洪水位,基础埋深应充分考虑河床冲刷深度,通常宜嵌入沟床下1~2m,出口排导纵坡宜大于8%。堵河泥石流排导槽平面示意图如图6-33所示。

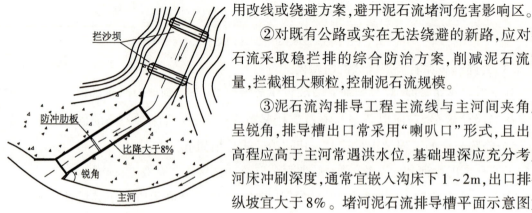

图6-33 堵河泥石流排导槽平面示意图

(2)淤埋成灾型公路泥石流防治模式

泥石流淤埋公路是公路泥石流灾害的主要类型,主要原因包括排导比降过小、排泄断面较小和公路工程设计标准过低等。在公路工程设计时,以泥石流流量为依据,结合公路等级标准,选取不同的公路工程及防治模式:

①合理确定排导过流断面,采用窄深排导槽断面,加大沟底糙率,促进泥石流顺利排泄。

②对于乱流改道区,泥石流淤埋范围大,需采取排导进行束流,通过明洞或渡槽形式集中排泄。

③对于既有线路,公路桥涵孔径已确定,需采取拦挡工程消减泥石流规模,确保公路处泥石流安全排泄。

(3)冲毁成灾型公路泥石流防治模式

泥石流暴发突然,冲刷冲击力强,常以巨大的能量冲击公路桥涵或冲毁公路路基路面,其成灾有时是毁灭性的。冲毁成灾型公路泥石流的防治模式为:

①尽量采用高跨度桥涵,单跨跨过泥石流沟。

②当泥石流沟的断面宽度超过40m,一桥跨越成本较高或技术难度较大时,可在沟床的某些位置设桥墩,以多跨形式跨越,但应对桥墩进行防护,采用双层钢筒、旋转滚筒或橡胶等柔性结构减能防撞。图6-34所示为一新型桥墩防护措施。

③为降低泥石流能量和规模,可在流通区设置拦挡工程拦挡粗大颗粒,并使泥石流的峰值流量衰减,减小泥石流冲刷力和粗大颗粒冲击力,确保公路设施安全。

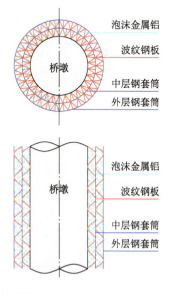

图6-34 桥墩防护措施(泡沫铝复合垫层结构图)

如中巴公路 K1600+769 处存在一处冰川沟谷型泥石流,高程在 2768~4854m 之间,高差约为 2086m,比降约为 487.4‰,规模较大,呈近西北—东南向展布,由西北向东南经公路桥涵进入盖孜河。形成区沟谷呈"V"字形,山势陡峻,且沟道中含漂石、巨石,冲刷冲击力强,因此该处采用一跨 40m 的桥梁直接跨越泥石流沟道,且桥下铺设衬砌。目前运行状况良好(图 6-35)。

图 6-35　中巴公路 K1600+769 处单跨桥梁跨越泥石流沟道

(4)主河淤高成灾型公路泥石流防治模式

当主河的输沙量小于泥石流搬运的固体物质量时,这种"主弱支强"的状况将会使主河床逐步淤积抬高,对堆积扇展布公路造成严重危害。这种成灾模式要求及其相应的防治模式为:

①对于拟新建公路,应依据主河的淤高速率,确定可能的影响范围及程度,并结合公路工程的等级和相应设计年限,尽量避开危险区定线。

②对于既有公路或改扩建公路,宜采用主动减灾方法,对泥石流沟采取从上游至下游的稳拦排综合防治模式,减少泥石流规模和固体物质总量,降低主河床的抬高速率,促进冲淤平衡而形成"主强支弱"的格局。

③对于既有公路,当主河泥沙淤积导致的危害难以控制时,应对路线进行局部调整,可降低高程以隧道形式穿越或提高高程在流通区或扇顶区以桥梁跨越。

④对于采用排导工程通过泥石流沟的公路,其排导槽出口高程须大于公路设计年限内主河泥沙淤积达到的高程,以防止主河倒灌,淤埋排导槽(图 6-36)。

(5)主河侵蚀成灾型公路泥石流防治模式

当主河处于区域地质构造抬升或强烈下切侵蚀期时,主河的侵蚀基准面将不断降低,导致泥石流沟河口处侵蚀基准面降低,泥石流沟将发生径流溯源侵蚀,泥石流活动性增强,原有公路设计标准不再能满足泥石流过流要求。其具体的防治模式为:

①泥石流防治应以排导工程为主,将全部泥石流排导进入主河,再利用主河的强大输

沙能力,将泥石流排泄至主河下游。

②对泥石流排导槽出口段加固加深处理,将出口段"喇叭口"基础嵌入沟床以下一定深度(公路设计年限内的主河侵蚀基准面以下),并在排导槽内修建浅槛等抗侵蚀防冲刷防护措施(图6-37)。

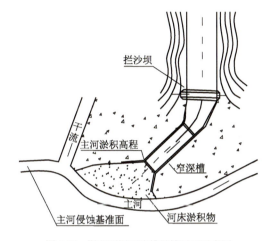

图6-36 淤积型泥石流排导槽平面示意图

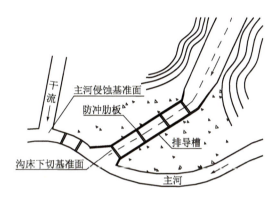

图6-37 沟床下切型泥石流排导槽平面示意图

7

新疆公路泥石流防治技术与工程设计

7.1 公路泥石流防治工程规划

公路交通是联结地区和城市的重要纽带,也是为国家发展运送人流、物流的重要通道,还是经济发展的重要基础。而新疆山区公路泥石流分布广泛且危害较大,威胁了道路安全及畅通,因此公路有关部门应根据新疆地区泥石流特有的性质、发生条件和发展趋势,结合公路自身道路等级要求,建立一套适用于新疆地区的、科学合理的公路泥石流灾害防治规划办法,针对性地对新疆山区公路泥石流进行防治。

7.1.1 公路泥石流防治目的和原则

1)防治目的

公路泥石流的发生、发展及危害与公路所处的特定地质地理环境有关,也与人类不合理的经济活动关系密切(谭万沛,1991)。公路泥石流防治的目的是通过一定的措施,有效地控制泥石流发生和发展,进而减轻或消除其对公路的危害,保证道路安全、畅通。

2)防治原则

新疆地域广袤,公路分布范围广、里程长,不同地区公路泥石流的运动特征和危害性存在较大的差异,且公路泥石流防治除与泥石流自身特征有关外,还与道路重要性、地区经济等诸多因素相关,因此其防治措施不尽相同。目前公路泥石流防治一般遵循以下原则:

(1)避让原则:通过优化公路选线,尽可能对存在泥石流灾害的区域进行绕避,从根本上消除泥石流对公路的危害。

(2)公路工程防治:对于无法避让的泥石流灾害,优先采取公路工程措施进行处理,如采取桥涵跨越、隧道穿越、渡槽或明洞等形式减轻泥石流对公路的危害,保障道路畅通。

(3)全面规划,突出重点:对于无法避让且采取单纯的道路工程手段无法有效治理的公路泥石流,应根据泥石流的发生条件、活动特点及危害状况,结合道路工程和泥石流防治工程情况,全面综合地制订泥石流防治规划。

(4)坚持以防为主,防治结合:防患于未然,与泥石流灾害发生后再进行治理相比,会节省大量投资,并能收到事半功倍的效果。在公路规划前期,要充分考虑泥石流对公路的危害,既要正确评价灾害的现状,又要分析远期需求,从而采取不同的防治措施。

(5)结合实际,因地制宜:根据不同地区的区域特点,采取适合当地情况的土建工程、建筑材料及施工方法,从而最大限度地做到经济上合理、技术上可靠。

7.1.2 泥石流防治基本模式

根据公路防护要求、泥石流特征及实际可能采取的措施,一般在选线阶段采用绕避原则,当无法绕避时应采取桥梁、隧道等工程手段进行穿越。在需要进行泥石流防治时,一般采用局部控制治理和监测预警相互结合的模式(图7-1),通过护坡、拦挡、排导、停淤等工程措施对泥石流沟进行局部治理,并辅以监测预警系统,使泥石流能够顺利通过公路且不造成严重危害。当公路道路防护等级高、泥石流规模大、危害后果严重且资金充足时,宜选用全面综合治理模式,运用治坡、治沟、治滩工程,改善流域范围内水土条件、降低泥石流发生规模和频率,在最大程度上消除泥石流对公路的危害。

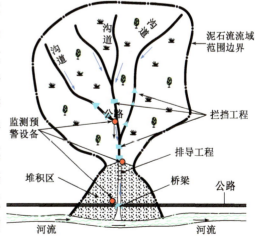

图7-1 泥石流防治示意图

7.1.3 泥石流防治工程设计阶段划分

当无法通过选线避让或采取公路工程措施无法满足要求时,则必须采用泥石流防治工程。泥石流防治工程设计一般可分为以下几种情况(周必凡等,1991):

(1)在泥石流危害地区新建公路项目时,泥石流防治工程的勘测设计附属于主体项目,因此需要与主体项目同步勘察设计。

(2)防止或减轻已有公路项目的泥石流灾害时,泥石流防治工程需要独立勘测设计。其设计阶段可划分为规划设计(包括调查、勘测、模型实验等)、初步设计、施工图设计三个阶段。

(3)由于防灾、救灾的紧迫性,泥石流防治工程有时不能按程序设计和施工。如在规划阶段、或者在灾害之后的救灾期内需要采取应急措施时,就应当根据实际情况立即行动,避免灾害扩大。

由于泥石流理论研究还没有达到能够圆满解决灾害防治问题的程度,一些设计数据、基本资料、工程作用及效益主要从实际调查和已往的经验中获得,且需借助于泥石流模型实验,因此,在工程施工或运行过程中,根据实际情况对设计进行修改或完善也必不可少;同时,加强公路泥石流工点信息管理和建立监测预警系统,可以尽量避免泥石流酿成的重大灾害,为公路畅通运行提供安全保障。

7.1.4 泥石流防治工程规划设计

1)规划方案制订原则

公路穿越山区时多采取依山傍河形式通过,而泥石流往往集中或散布于江河的两侧或某一区域范围内,该区域可以包含一个或多个大的水系,影响因素复杂,相互联系面宽,范围大,因此公路难免会遭遇泥石流影响。公路泥石流防治规划的目的是保护有关交通运输设施,保证交通运输的正常运营。对一般线路的保护标准要求相对较低,因此,在大多情况下泥石流防治规划可按每个小泥石流流域进行,其流域面积一般不超过几十平方公里,且局部灾害严重,治理需求迫切。该类规划常以工程措施及预警报系统为主,要求见效快。由于范围小,其规划工作易深入,投资较少,易实现。

应根据公路实际情况,合理制订泥石流防治规划方案,并进行全面的技术经济比较,最后向甲方和有关主管部门推荐1~2个较为合理的方案,供审批时按国家或地方公路项目的财力和物力进行决策。对于分阶段实施的规划方案,要特别说明各阶段所采取的具体措施、所需经费、预期达到的目标等。

2)规划基本方案

规划基本方案主要可分为下列4种:

(1)以公路工程为主体的规划方案。

对规模巨大、势能大的泥石流,优先采取公路工程措施进行处理,例如采取避让措施或防冲措施。路线平面上可采取绕避改道,路线立面绕避可采用渡槽、明洞渡槽、大跨高桥、沟底隧道、过水路面等,从而减轻泥石流对公路的危害,保障道路畅通。

(2)以线外防治工程为主体的规划方案。

当采取路线内工程防治措施无法满足公路防护要求时,可采取线外工程进行防治。本方案主要是在泥石流的形成区、流通区及堆积区内,以相应的拦排、防护等工程治理为主,监测预警等其他措施为辅,控制泥石流发生并减轻其危害。

①以治水为主的方案。

该类方案主要适用于水力类泥石流沟的治理,主要是控制泥石流流域内地表洪水径流,通过截水、引水和蓄水等工程措施,减弱水源动力条件,将水土分离,降低泥石流产生概率;辅以少量的拦排工程,同时恢复流域内植被、保持水土,以稳定山体,减少物源。

②以治土为主的方案。

该类方案主要适用于土力类的崩塌、滑坡型泥石流沟的治理,主要是控制泥石流物源,通过支护工程、拦挡工程等措施,拦蓄泥石流固体物质,降低沟道坡度,改变沟道微地形,进而稳定沟岸崩塌及滑坡,同时采用截排水工程及植被恢复工程等进行辅助治理。

③以排导为主的方案。

该类方案适用于泥石流沟下游治理,对局部沟道设置防护使之顺利通过,在公路工程中广泛应用。主要是在泥石流堆积区利用排导槽或渡槽、明洞等工程将泥石流顺利地排泄至公路之外,保障道路运行安全、畅通。有时会在泥石流中上游地区通过修建拦挡工程或恢复植被等方式改善沟道条件,减小泥石流发生规模和频率,使排导工程效果更佳。

(3)以预警预报系统为主体的规划方案。

该类方案投资量不大,但对技术管理水平要求较高,主要应用于已有防护设施但存在安全隐患的泥石流沟,以及那些直接采取防护措施难以奏效或治理费用过高的泥石流沟。对于这类情况,为保证公路行车安全,可在公路泥石流灾害严重地段设置监测预警系统,根据泥石流自身活动特征,设置合理的报警阈值,当超过报警值时及时发出灾害预警信息,通过中断交通等方式保证公路行车安全,以达到防灾减灾目的。

(4)综合防治方案。

该方案主要是在公路泥石流危害很大且公路防护标准极高时使用。在泥石流流域内的主要沟道采取拦挡、排导等工程措施,在公路上采取线内工程措施以减少泥石流危害,同时在流域内设置预报、警报网点,以减轻或避免灾害,从而使泥石流的危害降到最低。

以上4种基本方案,在实际应用时,同类方案中还可以根据前述规划原则,结合当地的具体条件,再制订出若干个方案,进行比较。

3)方案比较原则

将已编制好的防治方案,按照统一的标准和要求,进行分析比较得出最佳方案。可按以下方面进行比较。

(1)对泥石流直接危害的控制程度(局部控制、基本控制、完全控制)。

(2)防治技术措施的可行性程度(勉强可行、基本可行、完全可行)。

(3)各类防治措施的单项投资及方案总投资(最低、偏低、一般、较高、最高)。

(4)各方案的投入收益比,即总防治费用与设计年限内公路投入的养护费用及间接损失费用的比值(最低、偏低、一般、较高、最高)。

7.2 公路泥石流防治工程设计

7.2.1 排导工程

1)概况

公路泥石流排导工程是利用已有的自然沟道、或人工开挖及填筑形成的,具有一定过流能力和平面形状的开敞式槽形过流建筑物(门玉明等,2017)。它的主要作用是采用排导槽等工程将公路泥石流排导至公路下游非危害区,控制泥石流对通过区或堆积区的危害,减少泥石流对公路工程的影响。

排导工程主要包括排导槽(沟)、导(束)流堤、渡槽等,一般布设于泥石流沟的流通区及堆积区。排导工程可以人为地调整泥石流流路,改善沟槽纵坡,限制泥石流漫流,调整过流断面,控制或提高泥石流流速及输沙能力,降低泥石流的冲淤变化与危害,从而保护公路安全。

排导工程是泥石流防治工程中重要的一类工程,其结构简单,部署范围小且效益明显,施工及维护方便且使用期长,造价低廉,是目前在泥石流防治中使用最广泛的工程。图 7-2、图 7-3 所示为常见的泥石流排导槽。

图 7-2　矩形泥石流排导槽

图 7-3　V 形泥石流排导槽

排导工程虽可改变泥石流的流速及流向,使流体运动受到约束,将泥石流排泄至指定位置,从而使公路得到保护;但排导工程难以改变和限制泥石流的形成和发展,因此在综合治理工程中,常与拦蓄工程配合使用。当地形等条件对排泄泥石流有利时,可优先考虑布设该项工程,将泥石流安全顺畅地排至公路以外的预定地域。

　　排导工程对地形条件的要求如下:

　　①具有一定宽度的长条形地段,满足排导工程过流断面的需要,使泥石流在流动过程中不产生漫溢。

　　②排导工程布设区存在一定的地形限制,应满足排导坡度要求,必要时应采用工程措施创造足够的纵坡,使泥石流在运行过程中不产生危害构筑物安全的淤积或冲刷破坏。

　　③排导工程布设场地顺直,或通过截弯取直后能达到比较顺直,有利于泥石流排泄。

　　④排导工程的尾部一般应尽量靠近主河,以便泥石流携带的固体物质能够快速被大河携带至下游。同时排导工程的尾部应高于河流水位一段距离,用来防治因主河河床水位变化引起的排导槽堵塞淤积,影响工程使用。在地形条件允许的情况下,也可在排导工程尾部设置停淤场。

　　2)排导工程的组成及作用

　　泥石流排导工程主要包括排导槽(沟)、导流堤、导流坝三大类,是由槽、堤、坝有效组合构成的最佳排导工程体系,能充分发挥排泄泥石流的流通效应,让泥石流沿指定的方向和流路前进,防治泥石流的漫流改道与淤积,使泥石流顺利通过公路,减轻泥石流灾害。下面分别进行介绍:

　　(1)排导槽(沟)。

　　排导槽是一种槽形线性过流建筑物,通过人工修建或改造的沟道引导泥石流顺畅通过防护区(段)、排向下游泄入主河道的工程(周必凡等,1991)。其具有规则的平面形状,是采用人工砌护横断面的开敞式槽形过流建筑物。排导沟是对天然沟道进行改善、加固,使其具有排泥石流功能的人为排泄沟。

　　排导槽能够单独使用,也可以和拦挡工程协同使用。对于泥石流规模较小的公路工程防治点,其效果均能满足要求。在流域综合治理中,排导槽也是常用的重要工程。

　　(2)导流堤。

　　导流堤通常分为两种:束流堤和顺流堤。导流堤在迎水面一侧需要设置防护,其对泥石流沟道具有护坡及护脚作用,且能够改善流速、改变流向、防止改道漫流。

　　①束流堤:用于压缩泥石流沟道,限制泥石流流路宽度、归顺流向、引流入槽(门玉明等,2017)。防止泥石流偏流、绕流、乱流和横向侵蚀,有增强排导能力的效果,最终将泥石流束流归拢后,通过公路桥涵等形式排泄至公路另一侧。图7-4a)为束流堤示意图。

②顺流堤：常与流向平行修建,用于引流导向,使顺流归槽,起到控制泥石流水势、防止漫流改向、防护泥石流河岸侧蚀等作用。图7-4b)为顺流堤示意图。

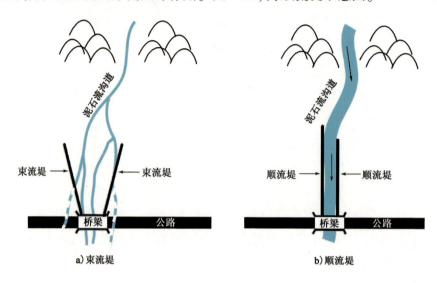

图7-4 导流堤示意图

(3)导流坝。

导流坝可分为顺流坝和挑流坝,起强制性的作用。其坝身较短,坝体须有足够的强度。

①顺流坝：主要起引流、截流、河弯顺流作用,常用于堵口改沟,强制归拢泥石流、引流入槽过桥,如图7-5a)所示。

②挑流坝：限制流路宽度,强制性改变流向,减缓流速流势,防止偏流、绕流、乱流与横向冲刷或堆积,是保护重点公路的工程,如图7-5b)所示。

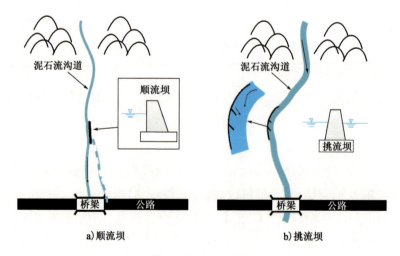

图7-5 导流坝示意图

3)工程设计

泥石流排导工程设计的重点是排导槽工程的设计。基于详细准确的泥石流地质和水文资料,结合泥石流现场的实际地形地貌等环境,注重因地制宜、顺势而为,并且考虑经济技术指标,不断调整排导工程位置及形式,以期获得最优的平纵断面,达到最好的流通效果。

(1)常用排导槽的工程设计。

①常见排导槽的设计原则。

a. 平面设计。

根据公路防护范围与需要,利用沟、河有利地形,在选好进、出口衔接段的基础上,力求总体走线顺直、纵坡大、长度短、安全可靠,通畅地入流和下泄。此外,要兼顾节约用地,降低造价,便于施工和建成后运用管理方便。

通常,以沿最急坡向走扇脊的方案为最优。某些情况下,可进行多方案比较综合选择最佳走线方案。

(a)进口段。

进口段分为有控制入流和自由入流两种形式。

拦挡坝、溢流堰、闸、低槛等圬工结构,是控制入流的永久性设施,在重要防灾工程中采用;铅丝笼、堆石围堰、土石混和堰堤属于临时设施,在一般工程及次要部位采用。

泥石流通过控流设施后由渐变进口段引入排导槽。

泥石流运动时具有直进性,通过峡口时,在凹岸产生泥位超高有利于引流。据此,将引流口布置在稳定的河弯、崖岸、峡口处凹岸一侧,并在沟底修横潜槛(开挖引道)即可实现自由入流。

(b)急流段。

急流段为排导槽主体部分,多按等宽直线形布置,折线段槽体应以大钝角转折并用较大弯道半径连接。

排导槽与道路、水渠、堤防立交处或槽底纵坡变化处应采用渐变段连接,扩散或收缩角均应严格限制为小锐角。

(c)出口段。

出口段有自由出流和非自由出流两种方式。对输移力较强的泥石流沟应适当抬升槽尾高程,为出口堆积多留储备,保证在各种设计频率下实现自由出流。对输移力较弱的泥石流沟宜降低槽尾高程,加大纵坡并使出流轴线与主河呈锐角斜交。总体上尽量使排导槽成轴对称布置,在轮廓变化处应实行渐变过渡。

b. 纵断面设计。

沟道纵坡为泥石流运动提供底床和能量条件,若纵断面提供的输移力与阻力功相等,泥石流进入排导槽后将维持定常流动。因此,沟道纵坡是维持泥石流运动的主要条件。高桥保在1977年提出的在松散堆积床面上,泥石流均衡输移时体积浓度 C 为:

$$C = \frac{\rho \tan\beta}{(\sigma - \rho)(\tan\alpha - \tan\beta)} \tag{7-1}$$

式中,σ 与 ρ 分别为固体颗粒与液相介质的比重;α 为固体的内摩擦角;β 为床面纵坡坡角。可以看出,对某一性质的泥石流,沟床纵坡是影响输移力的主要因素。

泥石流流域下游(堆积扇)危险区地形虽有起伏,但高差变化不大,排泄沟道相对稳定,在工程使用期内,沟河汇口侵蚀基准变化不大。但受主河累积上涨影响,出口高程上抬,导致出口段纵坡变缓。

选择排导槽设计纵坡的原则有两种,即按合理纵坡选线和按最大地面纵坡选线,且应根据需要设置公路桥涵位置。

(a)按合理纵坡选线。

对各种不同排导纵坡的组合方案进行比较,其中最有利于泥石流输送且造价节省、施工方便的纵坡,即为排导槽的合理纵坡。

泥石流排导槽合理纵坡,可参照表7-1,以实地调查值选用。

泥石流排导槽合理纵坡表　　表7-1

泥石流性质	稀性						黏性		
密度(t/m³)	1.3~1.5		1.5~1.6		1.6~1.8		1.8~2.0		2.0~2.2
类别	泥流	泥石流	泥流	泥石流	泥流	泥石流	水石流	泥石流	泥石流
纵坡(‰)	30	30~50	30~50	50~70	50~70	70~100	50~150	80~120	100~180

(b)按最大地面纵坡选线。

人工排导槽具有规则外形和平整的接触面,无论形状阻力和摩擦阻力都比天然沟道小。在同等情况下,当排导槽纵坡减小10%~15%时,流动输移力不变。因此,当选用最佳水力横断面时,大多数泥石流堆积扇具有修建排导槽的地形条件。

按最大地面纵坡选线时,短槽可以设计成一坡到底形式;长槽则必须考虑实际地形、地物和施工条件进行分段设计,最大槽底纵坡为各分段相应的地面最大坡度。

无论用哪种方法进行纵坡选线,排导槽纵坡均应大于泥石流输移的临界纵坡(流动最小纵坡)。当这一条件不能满足时,说明不能单纯依靠排导槽,而应采用拦挡、排导和停淤相结合的综合治理方式。若灾害十分严重且公路防护要求很高时,则需要对流域实施综合治理,以确保下游排导槽使用的可靠性。

c.横断面设计。

用于泥石流下游公路危险区防护的排导槽,由于路线高程控制,使得泥石流沟道受纵坡限制,常为淤积问题困扰。如何减小阻力,提高输沙效率是横断面设计的关键。

不同形状的过流横断面具有不同的阻力特性,当纵坡及粗糙率不变时,在各种人工槽横断面中,应优先选用矩形断面、梯形断面、带三角形或弧形底部的复式断面。这些断面具有较大的水力半径,输移力较大,有利于泥石流排导。目前常见的排导槽可分为尖底槽、平底槽和V形固床槽。不同形式排导槽特点与使用条件如下:

(a)尖底槽。

尖底槽可分为V底形、圆底形、弓底形,多用于泥石流堆积区,可以引导流向、改善流速、加快泥石流固体物质排泄、降低泥石流淤积危害。其断面形式如图7-6所示。其中,V底形槽适用于频繁发生且规模较小的黏性泥石流和水石流排泄。

图7-6 尖底槽横断面示意图

(b)平底槽。

平底槽可分为梯形、矩形(图7-7),用于含漂砾较小的稀性泥石流或水石流。这类平底槽对泥石流固体物质排泄能力较弱,如采取平底槽排泄泥石流,应对沟槽内堆积物进行定期清理。其中,矩形槽适用于一切类型和规模的山洪泥石流排泄,用地量和开挖量少;梯形槽适用于一切类型的流体排泄,对纵坡有限制而采取半挖半填土堤槽身更为有利。

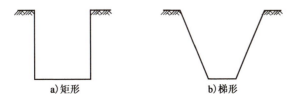

图7-7 平底槽横断面示意图

(c)V形固床槽。

V形固床槽呈阶梯门槛形,用于泥石流的集中形成区引排上游清水区洪水,避免其通过泥石流形成区时切蚀沟槽、侧蚀沟岸或冲刷坡脚。该形式可以减弱泥石流下蚀侧蚀,稳固沟床,减少泥石流对河床堆积物和山体崩塌、滑坡松散物质的侵蚀,进而控制泥石流的规模和发展走势,减轻泥石流危害。

图7-8为V形固床槽示意图,其中带刺肋单侧护堤适用于宽浅沟槽的凹岸,或叉流发育两岸有陡坎的河床防护;复式断面适用于间歇发生规模相差悬殊的山洪泥石流排泄,其宽度可调范围较大。

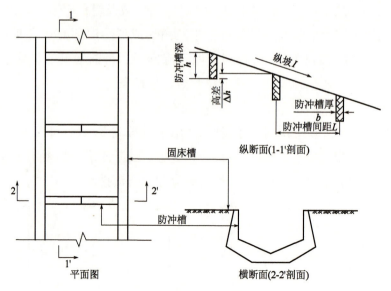

图 7-8　V 形固床槽示意图

② 常用排导槽的工程设计。

a. 横断面尺寸范围。

流通段历经长期的泥石流冲刷作用,其横断面规整,纵坡稳定,可看作泥石流冲淤平衡段。若把排导槽当作流通段的延伸考虑,按照流动连续性原理,可将流通段和排导槽两者的边界条件和运动要素进行类比,根据式(7-2)可以确定排导槽过流断面和尺寸的范围。

$$B_{\mathrm{f}} = \left(\frac{I_{\mathrm{f}}}{I_{\mathrm{b}}}\right) B_{\mathrm{b}} \tag{7-2}$$

式中,B_{b}、I_{b} 为同一沟道流通段的宽度与纵坡;B_{f}、I_{f} 为排导槽的设计宽度和纵坡。

在此范围内按通过最大流量和控制允许流速计算过流断面面积并留够安全超高。另外还要验算黏性泥石流残留层、稀性泥石流或水石流可能造成的局部淤积能否被交替出现的洪水或常流水清淤,其累积性淤积不得危害槽体安全过流且淤积数量应在人工清淤允许的范围内。

此外,排导槽设计时底宽、槽深不宜过小,特别是弯道部位,应满足以下设计要求:

最小底宽 $B_{\min} \geqslant 4\mathrm{m}$ 且 $B_{\min} \geqslant (2.5 \sim 2.0) D_{\mathrm{m}}$;

槽深:

$$H_{\mathrm{c}} \geqslant 1.2 D_{\mathrm{m}} + \Delta H \tag{7-3}$$

进出弯道的过渡段长:

$$l = (0.5 \sim 1) l_{\mathrm{b}} \tag{7-4}$$

弯道凹岸处槽深:

$$H = H_c + h_s + h_\Delta \tag{7-5}$$

式中,B_{min} 为最小槽底宽;D_m 为泥石流中含有的最大岩块直径;ΔH 为安全超高;l_b 为弯道长度(从中轴线量算),由平面布置确定;h_Δ 为由离心作用产生的弯道泥位超高。

b. 排导槽横断面计算。

参考《泥石流灾害防治工程设计规范》(DZ/T 0239—2004),泥石流排导槽横断面面积应根据流通段沟道的特征,用类比法来计算,需满足如下公式:

$$\frac{B_b}{B_x} \cdot \frac{H_L^{5/3}}{H_x^{5/3}} \cdot \frac{n_x}{n_L} \cdot \frac{I_L^{1/2}}{I_x^{1/2}} = 1 \tag{7-6}$$

式中,B_x 为排导槽的宽度(m);B_b 为流通区沟道宽度(m);H_x 为排导槽设计泥石流厚度(m);H_L 为流通区沟道泥石流厚度(m);n_x 为排导槽的糙率系数;n_L 为泥石流沟床的糙率系数;I_x 为排导槽纵坡降(‰或小数);I_L 为流通区沟道纵坡降(‰或小数)。

c. 排导槽的深度计算。

排导槽直线段深度 H 按下式计算确定:

$$H = H_c + \Delta h \tag{7-7}$$

式中,H 为排导槽深度(m);H_c 为设计泥深(m);Δh 为排导槽安全超高(m),一般取 $\Delta h = 0.1 \sim 0.5 \text{m}$。

排导槽弯道段深度 H_w 还应考虑泥石流弯道超高,图7-9为排导槽深度计算简图。H_w 按下式计算:

$$H_w = H + \Delta H \tag{7-8}$$

式中,H_w 为排导槽弯道深度(m);ΔH 为泥石流道超高(m)。

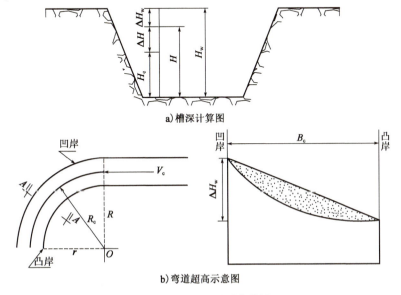

a) 槽深计算图

b) 弯道超高示意图

图7-9 排导槽深度计算简图

d. 排导槽进出口段设计。

排导槽进口段平面可做成喇叭形渐变段；排导槽中心线应与泥石流沟道主流中心线一致，槽宽一般不超过原沟道宽度的 1/3；出口段中心线轴线宜与主河小锐角相交，一般交角 $\alpha \leq 45°$，以减小汇流处的流动阻力，且应适当抬高槽尾出流高程并保证自由出流，避免下游汇流处主河顶托造成溯源回淤，影响排导槽正常使用。排导槽进、出口段均需要进行水力检算。

e. 结构形式。

泥石流排导槽主要分为两种结构形式：侧墙加防冲肋板形式和全衬砌结构形式。

（a）侧墙加防冲肋板结构形式。

肋板与墙基砌成整体，肋板顶部一般与沟底平，图 7-10 为分离式排导槽结构示意图。边墙基础深度一般取 1.0~1.5m，墙体可参照挡土墙进行设计；槽底铺砌浆砌块石或混凝土；肋板多采用钢筋混凝土制成，其厚度一般为 1.0m，间距可按《泥石流灾害防治工程设计规范》（DZ/T 0239—2004）中公式进行计算，公式如下：

$$L = \frac{H - \Delta h}{I_0 - I'} \tag{7-9}$$

式中，L 为防冲肋板间距（m）；H 为防冲肋板埋深（m），一般取 $H=1.5 \sim 4.0$m；Δh 为防冲肋板安全超高，一般取 $\Delta h = 0.5$m；I_0 为排导槽设计纵坡降（‰或小数）；I' 为肋板下冲刷后的排导槽纵坡降（‰或小数），一般取 $I' = (0.5 \sim 0.25)I_0$。

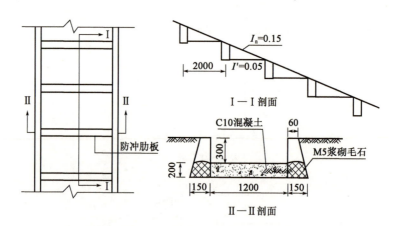

图 7-10　分离式排导槽结构示意图（尺寸单位：cm）

（b）全衬砌排导槽结构形式。

对于比降较大、槽宽≤5.0m 的小型槽，多采用全衬砌结构形式，排导槽侧墙及槽底均用浆砌石护砌，横断面多采用 V 字形的尖底槽形式，槽底横向斜坡 I_0 一般为 150‰~300‰。

排导槽多为规则的菱形槽体,沿长度方向几何尺寸和受力变化不大,可按平面问题处理,主要结构形式如图 7-11 所示。

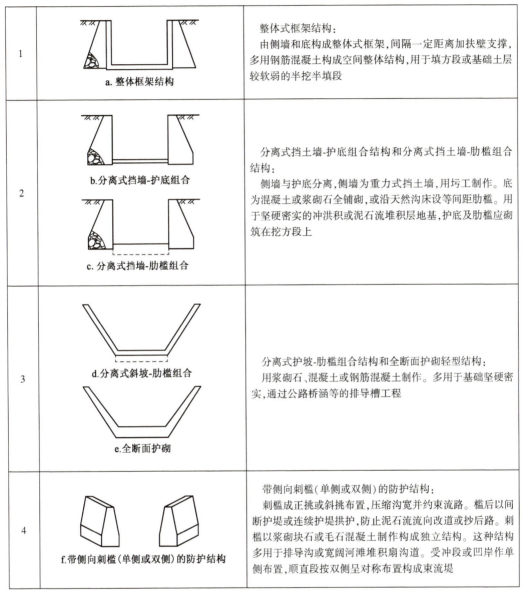

图 7-11　排导槽的结构形式及其使用条件

(2) V 形排导槽的工程设计。

由于泥石流防治中常采用 V 形排导槽,以下对 V 形槽的工程设计进行详细介绍。

①平面设计。

a. 平面布置。

平面设计应随着纵坡变缓,由上而下逐渐收缩槽宽。排导槽应呈倒喇叭形,并在出口最窄处进行水文泥沙控制断面验算。为防止入口上游沟道漫流改道,入口处以平滑渐变形式的束流堤与原沟道顺畅连接,扩展角多为15°～20°,能够从平面上约束水流,提高输沙能力,减少大粒径石块淤积堵塞。

b. 出口走向。

V形槽出口出流轴线与主河宜以小锐角相交,交角α宜小于60°,以便较好地输送泥石流固体物质,降低泥石流堆积物阻塞河流的可能性。

c. V形槽长度。

V形槽上游要顺接天然沟槽,避免泥石流漫流改道。在通过公路桥梁时,桥址下游的槽除因保护桥台和桥基需要加长外,一般不宜过长,确保为出口留有充分的堆积场所。此外,应适当抬高出口,发挥V形槽出口能量集中和快速输移的特点,使之能自由冲刷,在泥石流堆积区发挥拉沟成槽作用,降低出口排水基面,以利排导,防止泥石流出槽后漫流堆积。V形槽出口与主河交汇处应高于主河最高洪水位,防止产生洪水托顶回淤危害。

d. 弯曲半径。

V形槽应尽量采用顺直的平面布设形式,当条件不允许而必须采用弯曲形式时,弯道处的曲率半径应尽量大于槽底宽度的10～20倍。

②纵断面设计。

a. 纵坡设计。

纵坡常设计为一坡到底或上缓下陡的理想坡度,这有利于泥石流固体物质的排泄。若受地形限制,需设计成上陡下缓时,必须按输沙平衡原理,在平面上设计成槽宽逐渐向下游收缩的倒喇叭形,使水深逐步加大,缓坡段与陡坡段能够保持相同的水力输沙功能,确保V形槽的排淤效果。纵坡坡度可略缓于泥石流扇纵坡,使出口高出地面1m左右,有利于排淤和减轻磨蚀。一般情况下,纵坡值通常取30‰～300‰;特殊情况下,纵坡值最小可取10‰,最大可取350‰。

b. 坡度连接。

若相邻纵坡取值不同且相差不到50‰时,两段纵坡之间需要用竖曲线过渡连接。竖曲线半径应尽量大,使泥石流体有较好的流势,并减轻泥石流固体物质在变坡点对槽底的局部冲击作用。

c. 增坡设计。

当纵坡过缓时,可在桥前设拦沙坝,增大泥石流势能,以增强排导;或采用人工增坡,加大局部河段纵坡,增强输送能力,提高排淤效果。如利用V形槽横坡加强纵坡,在纵坡一定的情况下,加大横坡也有增排效果。因为V形槽的纵、横坡度与流通效应呈正比关系,因此,设计时要注意选择有效的横坡设计值。

d. 出入口设计。

V形槽入口以15°～20°扩散角的曲线形式顺接沟槽两岸,连接处须牢固可靠,以防淘刷改道。入口处槽身迎水面防护基础埋深 1~2m,槽的入口垂裙埋深 1~2m。出口处应设一字墙,拦挡槽后填土,出口垂裙深度视地质、地形和流速确定,一般深度为 2.5~4.0m。

e.注意事项。

禁止在排导槽出口纵坡延长线以下 1.5~2.0m 深度范围内设置防冲消能措施,以免受阻形成顶托、漫流回淤影响排淤效果。当排导槽上方有桥梁跨过时,在桥底与槽顶间一般应留有 1.5~2.0m 的净空,以满足泥石流的特殊排淤要求。

③横断面设计。

a.槽底横坡设计。

V 形槽底部横坡取值在 100‰~300‰之间,实际中通常用 200‰~250‰。横坡取值与泥石流颗粒粗糙度呈正比关系,且与养护维修、加固范围有关,横坡越陡,固体物质越集中,加固、养护范围越小。在纵坡不足时,加大横坡坡度对泥石流排泄更有意义。特殊设计可采用纵、横坡组合计算,以获取最佳效果值。

b.槽宽设计。

V 形槽要有适度的深宽比控制。槽底过宽,水深则小,不利于排导,槽底磨蚀范围变大,维修养护工作量加大。但是槽宽过小会影响泥石流流体内大石块的输移,导致堵塞漫流危害。因此,V 形槽出口槽宽不得小于泥石流流体内最大石块直径的 2.5 倍,深、宽比取 1:1~1:3 为宜。

c.槽深设计。

V 形槽设计水深应使得 V 形槽流速 v_c 不小于泥石流流通区流速 v_1,并选择适宜的深宽比。最小水深计算如下:

黏性泥石流 V 形槽(铺底槽):

$$H_c \geq \left(\frac{I_1}{I_c}\right)^{0.3} \cdot H_1 \tag{7-10}$$

稀性泥石流 V 形槽(铺底槽):

$$H_c \geq \left(\frac{I_1}{I_c}\right)^{0.75} \cdot \left(\frac{n_c}{n_1}\right) \cdot H_1 \tag{7-11}$$

式中,c,1 分别表示 V 形槽和流通区;H 为水深(m);I 为纵坡坡度(‰或小数);n 为糙率。

V 形槽的设计水深必须大于泥石流流体内最大石块直径的 1.2 倍,以防止最大石块在槽内停淤,影响 V 形槽的输沙效果。

V 形槽的设计流速必须大于泥石流流体内最大石块的启动流速,防止最大石块在槽内停积,影响 V 形槽的流通效应,最大石块启动流速按 $v_d = 5\sqrt{d}$ 计算是较为安全的。

d. 安全高度设计。

由于泥石流流动时的特殊性,流面常呈现波状阵流运动,出现固体物质漂浮表面现象,引起石块碰撞、泥沙飞溅,因此,应按公路等级及重要性的不同设置安全高度,一般取 0.25m。当地势不利时,受泥石流影响的高等级公路的安全高度应取 0.5~1.0m。当 V 形槽过流能力大于设计流量的 20% 时,可不考虑安全高度设计。

e. 边墙设计。

V 形槽边墙分直墙式和斜墙式。边墙设计应依据地质、地形、水文、泥沙等情况,并综合经济技术比选确定。通常直边墙受力较大,适用于曲线外侧和填方路段,有降低泥石流弯道超高值和抗冲击压力较好的优势;斜边墙适用于挖方和直线段,按护墙受力设计。

f. 主要尺寸及圬工规格。

(a) 当 $v_c<8m/s$ 时,V 形槽沟心最大厚度为 0.6m,边墙宽度为 0.5m,沟心设马鞍面。槽底为 M10 级水泥砂浆砌片石或块石镶面。边墙用 M5 级水泥砂浆砌片石。

(b) 当 $8m/s<v_c<12m/s$ 时,沟心最大厚度为 0.8m,边墙顶宽为 0.6m。槽底用 M10 级水泥砂浆砌片石,并在沟心 0.4B 槽宽范围内用坚硬块石镶面;或用 0.2m 厚 C15 级混凝土、钢纤维混凝土护面,并在沟心 0.4B 槽宽范围内设纵向旧钢轨滑床防磨蚀。钢轨底面应向上,可增大防磨面积,轨距为 5~10cm。边墙用 M7.5 级水泥砂浆砌片石。

(c) 当 $v_c>12m/s$ 时,沟心最大厚度为 1.0m,边墙顶宽为 0.7m。槽底用 0.3m 厚 C20 级混凝土、钢纤维混凝土护面,并在沟心 0.4B 槽宽范围内用坚硬块石或卵石镶面;或设纵向旧钢轨滑床防磨蚀,钢轨底面向上,增大防磨面积,轨距为 5~7cm;或采用钢板防护沟心。边墙用 M10 级水泥砂浆砌片石。

④ V 形槽设计过程。

在实际工程中,为了方便对 V 形槽进行比选设计,可采用 V 形槽水力要素表。具体使用方法如下:

a. 根据泥石流沟地形条件确定 V 形槽设计纵坡 $I_纵$。

b. 根据泥石流沟地质条件及填、挖方的经济技术比较,确定两侧边墙坡度(1:m)。

c. 计算泥石流设计流量 Q_c。

d. 根据上述 a、b、c 项查表确定 V 形槽底宽 B 及槽深 H,然后按设计要点中的要求检查所选定的数据,直至均满足设计边界要求为止。

e. 根据查表确定的 v_c 值,决定槽底沟心厚度、建筑材料和加强措施。

f. 满足黏性、稀性泥石流 V 形槽设计水力要素表的要求(王继康等,1996)。

⑤ 实例。

某黏性泥石流沟沟道纵坡在 60‰~90‰ 之间,典型沟床宽度约 10.0m,沟道两侧自然边坡坡度在 1:0.3~1:0.6 之间,最大石块直径 1.5m,泥石流设计流量 100m³/s,求 V 形槽设计尺寸。

根据泥石流沟道资料,确定 V 形槽设计纵坡为上陡下缓 $I_纵=60‰\sim90‰$,采用槽底开挖方案,边墙坡用 1:0.3,平面布置为倒喇叭形,出口采用最小断面控制设计。

查黏性泥石流 V 形槽设计水力要素表:$I_纵=60‰,I_横=250‰$,边墙坡 1:0.3,用内插法得 $Q_c=103.2\text{m}^3/\text{s},v_c=6.9\text{m/s},B_c=4.0\text{m},H_c=3.0\text{m}$。采用 $H=3.0+0.25=3.25\text{m}$。

检查:$H_c>1.2d_{max},v_c>5\sqrt{d_{max}}$,满足所有设计的边界条件。

7.2.2 拦挡坝

1)概述

拦沙坝是建立在泥石流沟谷内横断沟床的一种人工建筑物,多布置在泥石流中上游形成区或形成流通区沟谷内,旨在控制泥石流发育、减小泥石流规模和发生频率(周必凡等,1991)。

(1)主要作用及功能。

拦沙坝建成后,将拦截泥石流中的大量泥沙,改变泥石流的性质,降低库区沟道坡度,减小泥石流流体流速及下泄规模,防治沟床侵蚀下切。随着库容的不断增加,泥石流库区的沟床不断拓宽,泥石流主要在拦沙坝中间溢流段范围内流通,泥石流侵蚀两岸坡脚速率减弱,能够稳定岸坡,抑制泥石流的形成及发展。在拦沙坝下游沟床,因水头集中,水流速度加快,有利于输沙及排泄。拦沙坝的主要功能总结如下:

①拦沙节流,改变泥石流重度,降低其规模及流速。

②利用库区泥沙回淤,减弱沟道下切侵蚀,稳定沟道岸坡。

③降低库区沟道纵坡,减弱泥石流冲击力和冲刷侵蚀,控制泥石流发育。

④坝下游水流集中,束水攻沙能力增大,可调节沟道演变和泥沙淤积。

⑤可调节泥石流流向。

(2)适用条件及注意事项。

①拦沙坝数量的确定需考虑泥石流流量、石块粒径、含沙量、下游输沙输水等要求,逐级向上分配,最终确定坝体数量。

②为增加拦沙坝库区使用年限,可在修建坝体时或修建坝体之前对泥石流流域内沟道进行适当治理。

③拦沙坝坝址多设在沟道弯道的下游,可利用弯道消能原理减弱泥石流对坝体的冲击。

④拦沙坝溢流口的方向应垂直于下游沟道中安全流路的中心线。

(3)拦沙坝类型。

根据坝体位置、建筑材料、设计施工形式等不同,拦沙坝可分为多种类型,具体依其所处地形、地质及泥石流性质选用。

其中，按建筑材料进行分类，常用的拦沙坝类型有浆砌石坝、混凝土（含钢筋混凝土）坝、钢结构坝、干砌石坝及土坝等。

①浆砌石重力坝是我国泥石流防治中最常用的一种坝型，适用于大多数泥石流防治，其施工技术条件简单，坝高不受限制，在石料丰富的地区，可就地取材，工程投资较少。

②干砌石坝适用于规模较小的泥石流防治，要求的断面尺寸大，坝前应填土防渗及减缓冲击，过流部分应采用一定厚度（＞1.0m）的浆砌块石护面，坝顶最好不过流，需另外设置排导槽（溢洪道）过流。

③当当地缺少石料、两侧沟壁地质条件较好时，可采用节省材料的拱坝拦截泥石流。坝的高度和跨度不宜太大，并常用同心等半径圆周拱。此类坝的缺点是抗冲击和抗震动性能较差，因此不适于含巨大漂砾的泥石流沟防治。

④土坝多适用于含漂砾很少、规模较小的泥石流沟防治。土坝的优点是能够就地取材，结构简单，施工方便，缺点是不能过流，需另行设置溢洪道，而且需要经常维护。若需坝面过流，坝顶及下游坝面需用浆砌块石或混凝土板护砌，并设置坝下防冲消能工程；在坝体上游应设黏土隔水墙，减少坝体内的渗水压力。

⑤格栅坝可分为钢筋混凝土结构和钢结构两类，多用于水石流及稀性泥石流的防治，通常为3～10m 坝高的中小型坝，具有建造速度快、节约建筑材料、可装配施工、使用期长等优点。

⑥钢筋混凝土板支墩坝适用于无石材来源、泥石流的规模较小、漂砾含量很少的泥石流地区。坝顶可以溢流，坝体两侧的钢筋混凝土板与支墩的连接为自由式，坝体可用沟道内的沙砾土回填，并可根据需要设置一定数量的排水孔（管）。

按坝体结构形式不同，可将拦挡坝分为两种：重力式实体拦挡坝、格栅坝。

2）重力式实体拦挡坝

（1）坝址选择。

①拦沙坝坝址应首选泥石流形成区下部，其次为形成区与流通区的交接处。

②坝址应选择在泥石流沟道基岩段。此处沟床及岸坡有完整基岩出露处，两岸边坡稳定，无崩塌碎落不良地质体，基岩承载力强，因而建坝稳定、利于排导且耗资较少。一般以位于峡谷入口处的基岩窄口或跌坎处为最佳。

③坝址应选择在泥石流沟物源丰富区下游地段（如沟道两侧的崩滑体物源区、大量漂砾淤积及活动的沟道物源堆积区）。坝体建立后，使库区沟床淤积拓宽，能够防治沟床冲刷，稳定岸坡崩滑体和沟道物源，起到防治效果。

④在坝体平面位置上，坝轴应尽量呈直线，并垂直于泥石流流向。对于溢流坝，溢流口应位于沟道中央，非溢流段对称分布，溢流口宽度应等于下游沟槽宽度，坝下设消能及

排导措施。当拦沙坝本身不过流时,应在坝的一侧设置排洪道工程。

(2)坝体结构设计尺寸。

①拦沙坝高度与间距。

a.拦沙坝坝高设计。

影响拦沙坝高度的因素较多,如坝址处地质条件、地形地貌、坝下消能工程、施工工期、拦沙效益等。一般情况下,拦沙坝坝体越高,库容就越大,固床护坡作用越显著,而投资金额和施工量也会随着坝高的增加而急剧增加,因此,应在经济技术方案比选的基础上,确定经济合理的坝高。

(a)按工程使用期多年累计淤积库容确定坝高,计算方法如下:

$$V_{s0} = \sum_{i=1}^{n} V_{si} = nV_{sy} \tag{7-12}$$

式中,V_{s0}为多年泥沙累计淤积量(m);n为有效使用年数;i为年序;V_{si}为i年时的淤积量(m^3);V_{sy}为多年平均来沙量(m^3)。

(b)按预防一次或多次典型泥石流的泥沙来量确定坝高,计算方法如下:

$$V_s = \sum_{i=1}^{n} V_{si} \tag{7-13}$$

式中,n为次数;其他符号同前。

(c)根据拦沙坝坝高和库容的关系,用曲线拐点法确定(门玉明等,2017)。该方法类似于水库坝高的确定,主要不同点在于拦沙坝库区表面形态与泥石流性质有关,呈折线或斜线形,而水库水面基本是水平的。因此在同等坝高条件下,拦沙坝的库容比水库大。

(d)当拦沙坝主要用于稳定沟岸崩滑坡体时,拦沙坝高可按回淤纵坡或回淤长度和需压埋崩滑体坡脚的泥沙厚度来确定(门玉明等,2017)。即崩滑坡体的下滑力应小于或等于库区淤积厚度下的堆积物所具有的抗滑力,计算泥沙厚度(H_s)的相应公式为:

$$H_s^2 \geqslant \frac{2Wf}{\gamma_s \tan^2\left(45° + \frac{\varphi}{2}\right)} \tag{7-14}$$

式中,W为高出崩滑动面延长线的淤积物单宽重量(t/m);f为淤积物内摩擦系数;γ_s为淤积物的密度(t/m^3);φ为淤积物内摩擦角(°)。

拦沙坝的高度(H)可按下式计算:

$$H = H_s + H_1 + L(i - i_0) \tag{7-15}$$

式中,H_s为泥沙淤积厚度(m);H_1为崩滑坡体临空面距沟底的平均高度(m);L为回淤长度(m);i为原沟床纵坡(‰或小数计);i_0为淤积后的沟床纵坡(‰或小数计)。

(e)根据库区及坝址的地质条件、地形情况,坝高可按实际需要的拦淤量进行确定。

(f)当单个坝库不能满足泥石流防治的要求时,可采用梯级坝系。布置时,各单个坝体之间应相互协调配合,使梯级坝系构成有机整体。应计算各单个坝体的有效高度及拦淤量之和,作为梯级坝系的总高度及总拦淤量。

由于泥石流拦沙坝一直无法很好地解决坝面抗磨损及坝下消能防冲等问题,所以从后期维护坝体安全及工程失效后可能引发的不良后果考虑,在泥石流沟内的松散层上修建的单个拦沙坝高度,应小于30m;梯级坝系的单个溢流坝,高度应低于10m;存在冰湖溃决、大型滑坡等潜在危险以及处于强地震区的泥石流沟,更应限制坝的高度。

b.拦沙坝间距设计。

拦沙坝的间距由坝高及回淤坡度确定。布置时,可先根据地形、地质条件确定坝的位置,再计算坝的高度;或先选定坝高,再计算坝间距离。

拦沙坝建成后,沟床泥沙的回淤坡度(i_0)与泥石流活动的强度有关。因此,可采用比拟法对已建拦沙坝的实际淤积坡度与原沟床坡度i进行比较,确定沟床泥沙的回淤坡度,如下式所示:

$$i_0 = ci \tag{7-16}$$

式中,c为比例系数,一般为$0.5 \sim 0.9$之间(表7-2)。当泥石流为衰减期且坝的高度较大时,使用表7-2内的下限值,反之,选用上限值。

比例系数 c 取值表　　　　　　　　　表7-2

泥石流活动程度	特别严重	严重	一般	轻微
c	$0.8 \sim 0.9$	$0.7 \sim 0.8$	$0.6 \sim 0.7$	$0.5 \sim 0.6$

②拦沙坝横断面尺寸。

综合考虑结构应力及抗滑、抗倾覆稳定性等因素,重力拦沙坝通常采用的断面形式为梯形或三角形。在实际工程中,坝体横断面的基本形式见表7-3。

坝顶宽b按构造要求取值,当有防灾抢险或交通通行等特殊要求时,取$b \geq 4.5m$。坝底部宽度B_d按实际断面形式通过稳定性计算确定。为了增加坝体的稳定性,坝基底板可适当增长,底板的厚度$\delta = (0.05 \sim 0.10)H$,坝顶上、下游面均以直面相连接。坝下设齿墙,起增大抗滑、截止渗流及防止坝下冲刷等作用。齿墙为上宽下窄的梯形断面,梯形上边长度为下边长度的$2 \sim 3$倍,下边长度为坝底宽度的$0.10 \sim 0.15$倍,齿深由地基条件决定,最深可至5m。

③溢流段宽度。

按设计流量Q_c和限制单宽流量q_c计算溢流口宽度,该宽度应大于稳定沟槽宽度并小于同频率洪水的水面宽度。在条件允许的情况下应尽量增大溢流段宽度,减小单宽流量,从而减轻泥石流过坝后对坝面的磨损和坝下冲刷危害。溢流坝段坝高H_d与单宽流量q_c按如下规则确定:当$H_d > 10m$时,$q_c < 30m^3/(s \cdot m)$;当$H_d = 10 \sim 30m$时,$q_c = 15 \sim 30m^3/(s \cdot m)$;当$H_d > 30m$时,$q_c < 15m^3/(s \cdot m)$。

坝体横断面的基本形式表　　　　　表7-3

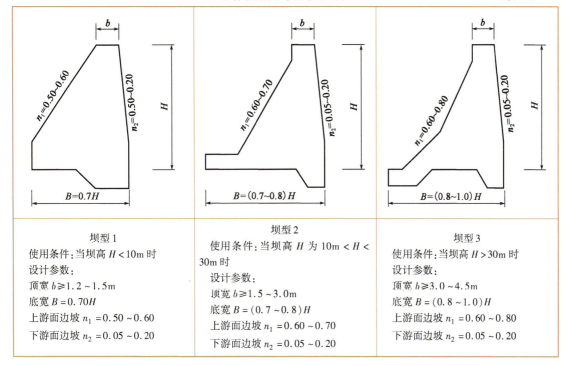

④非溢流段与溢流段坝顶高差。

非溢流段坝顶超过溢流口底的安全高度 h 按下式计算：

$$h = H_c + \Delta h \tag{7-17}$$

式中，H_c 为坝体溢流段的泥深（m）；Δh 为安全超高，由坝体设计等级确定，一般取 0.5~1.0m。

⑤坝体排泄孔设计。

排泄孔位置应尽可能分布在坝体溢流段范围，孔数不低于2孔，多采取"品"字形交错布设。孔径及间距一般可按下式选取：

单孔孔径：

$$D \geqslant (2 \sim 4.5) D_m \tag{7-18}$$

孔间壁厚：

$$D_b \geqslant (1 \sim 1.5) D \tag{7-19}$$

式中，D_m 为过流中最大石块粒径（m）。

（3）拦沙坝荷载及结构计算。

①拦沙坝承受的基本荷载。

拦沙坝受到的基本荷载包括坝体自重、泥石流冲击力及流体压力、水压力、堆积物的土压力、扬压力等。

a. 单宽坝体自重 W_d 计算式如下：

$$W_d = V_b \gamma_b \quad (7\text{-}20)$$

式中，V_b 为单宽坝体体积(m^3)；γ_b 为坝体材料的重度(kN/m^3)。

b. 泥石流体重 W_f。

W_f 为作用于拦沙坝坝体上的泥石流流体重力，等于流体重度与其对应体积的乘积。

c. 土体重 W_s。

W_s 是溢流面以下泥石流堆积物垂直作用于伸延基础面及上游坝面上的重力。对于重度不同的堆积土层，应采用分层总和法计算。

d. 流体侧压力 F_d。

F_d 为泥石流流体作用于坝体上游迎水面上的水平压力。

对于稀性泥石流，其侧压力 F_{dl} 计算公式如下：

$$F_{dl} = \frac{1}{2}\gamma_{ys} h_s^2 \tan^2\left(45° - \frac{\varphi_{ys}}{2}\right) \quad (7\text{-}21)$$

$$\gamma_{ys} = \gamma_{ds} - (1-n)\gamma_w \quad (7\text{-}22)$$

式中，γ_{ys} 为浮沙的重度(N/m^3)；h_s 为稀性泥石流堆积厚度(m)；φ_{ys} 为浮沙内摩擦角(°)；γ_{ds} 为干沙的重度(N/m^3)；γ_w 为水体的重度(N/m^3)；n 为孔隙率。

对于黏性泥石流，其侧压力 F_{vl}，按土力学原理计算：

$$F_{vl} = \frac{1}{2}\gamma_c H_c^2 \tan^2\left(45° - \frac{\varphi_a}{2}\right) \quad (7\text{-}23)$$

式中，γ_c 为黏性泥石流重度(N/m^3)；H_c 为流体深度(m)；φ_a 为泥石流体的内摩擦角，一般为 4°~10°。

e. 扬压力 F_r。

坝下扬压力取决于库内水深 H_w；迎水面坝踵处的扬压力，可近似按溢流口高度乘以 0.0~0.7 的折减系数而得。

f. 泥石流冲击力 F_c。

泥石流的冲击力主要有两种：泥石流体的动压力 F_{c1} 和流体中大石块的冲击力 F_{c2}。

泥石流体动压力 F_{c1} 计算公式如下：

$$F_{c1} = \frac{k\gamma_c}{g}v_c^2 \quad (7\text{-}24)$$

式中，γ_c 为泥石流体重度(N/m^3)；v_c 为泥石流体流速(m/s)；k 为泥石流不均匀系数，其值为 2.5~4.0(也有专家建议用泥深代替 k 值)。

泥石流体中大石块冲击力 F_{c2} 建议按以下公式计算：

$$F_{c2} = \frac{WV_s}{gT} \quad (7\text{-}25)$$

式中,W 为大石块的重量(t);T 为大石块与坝体的撞击历时(s);V_s 为大石块的运动速度(m/s)。

其他作用在拦沙坝上的特殊荷载(如冻胀力、温度应力、地震力等)可参阅相关规范进行计算。

②荷载组合。

荷载组合与泥石流类型、过流方式及库内淤积情况息息相关,泥石流类型可分为稀性泥石流和黏性泥石流,过流方式和库内淤积情况可分为空库过流、未满库过流、满库过流。根据不同组合情况得到 10 种荷载组合形式,如图 7-12 所示。

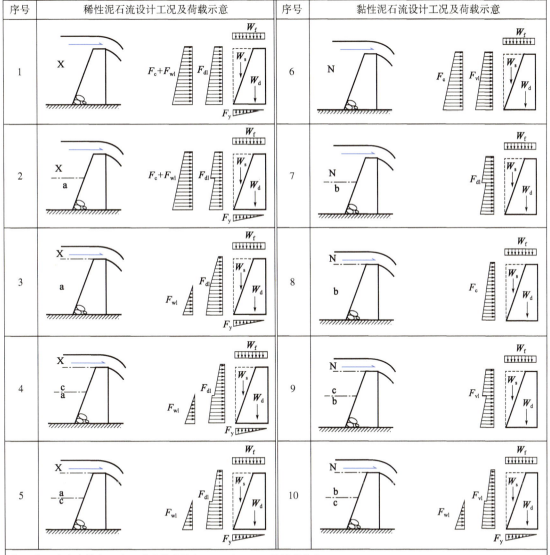

注:1 和 6 为空库状态;2 和 7 为未满库状态;3~5 和 8~10 为满库状态。
a 为稀性泥石流堆积物;b 为黏性泥石流堆积物;c 为非泥石流堆积物;X 为稀性泥石流;N 为黏性泥石流。

图 7-12 泥石流拦沙坝 10 种荷载组合图

当坝高、断面尺寸、坝体排水布设、基础形状大小均相同时,经对比计算分析可知:

a. 不同过流方式、荷载组合对应的坝体安全性不同,满库过流较为安全,空库过流最危险,未满库过流介于二者之间。

b. 当过流方式相同时,黏性泥石流对坝体安全的威胁性比稀性泥石流要小。

c. 库区堆积物重度会影响坝体安全性,若库区堆积物均为黏性泥石流堆积物,坝体相对安全;当库区由不同重度的堆积物组成时,若黏性泥石流堆积物在下层,则对坝体安全有利。

③结构计算。

拦沙坝结构计算方法与其类型相关,重力拦沙坝需进行如下结构计算:

a. 抗滑稳定计算。

抗滑稳定计算对坝的横断面形式及尺寸设计起着决定性的作用。坝体沿坝基面滑动的抗滑稳定性采用如下公式计算:

$$K_0 = \frac{f\sum W}{\sum F} \geqslant [K_c] \tag{7-26}$$

式中,$\sum W$ 为单宽坝体计算断面上受到的各垂直力的总和(如坝体重力、泥石流体重力、堆积物重力、水重力、渗透压力及基底浮托力等)(N/m 或 kN/m);$\sum F$ 为单宽坝体计算断面上受到的各水平力的总和(含淤积物侧压力、流体压力、冲击力、水压力等)(N/m 或 kN/m);f 为坝体与坝基之间的摩擦系数(可查表或现场试验确定);K_c 为坝体抗滑稳定性安全系数,一般 $K_c = 1.05 \sim 1.15$。

当坝基为基岩或坝体沿切开齿墙和坝踵的水平断面滑动时,公式中应加入坝基摩擦力与黏结力,则:

$$K_c = \frac{f\sum W + CA}{\sum F} \tag{7-27}$$

式中,C 为单位面积上的黏结力(N/m² 或 kN/m²);A 为剪切断面面积(m²);其他符号同上。

b. 抗倾覆稳定验算。

抗倾覆稳定验算按下式计算:

$$K_y = \frac{\sum W_y}{\sum M_0} \geqslant [K_y] \tag{7-28}$$

式中,$\sum W_y$ 为坝体的抗倾覆力矩,是作用在坝体上的各垂直荷载对坝脚下游端的力矩之和(N·m 或 kN·m);$\sum M_0$ 为坝体倾覆力矩,是各水平作用力对坝脚下游端的力矩之和(N·m 或 kN·m);K_y 为坝体抗倾覆性安全系数,一般取 $K_y = 1.3 \sim 1.6$。

c. 坝体的强度计算。

由于拦沙坝的高度一般较低，故多采用简便的材料力学方法计算。

垂直应力（σ）的计算式如下：

$$\sigma = \frac{\sum W}{A} + \frac{\sum M \cdot X}{J_0} \tag{7-29}$$

或：

$$\sigma = \frac{\sum W}{b}\left(1 \pm \frac{6e}{b}\right) \tag{7-30}$$

式中，$\sum W$ 为各荷载的垂直方向分量的合力（N 或 kN）；A 为坝体断面面积（m^2）；$\sum M$ 为截面上所有荷载对截面重心的合力矩（N·m 或 kN·m）；X 为各荷载作用点至断面重心的距离（m）；J_0 为断面的惯性矩（m^4）；b 为断面宽度（m）；e 为合力作用点与断面重心的距离（m）。

为了满足合力作用点在截面的三分之一内 $\left(e \leq \dfrac{b}{6}\right)$，满库时上游面坝脚或空库时下游面坝脚的最小压应力 $\sigma_{\min}$ 不变为负值，则需满足：

$$\sigma_{\min} = \frac{\sum W}{b}\left(1 - \frac{6e}{b}\right) \geq 0 \tag{7-31}$$

坝体内或地基的最大压应力 $\sigma_{\max}$ 不得超过相应的允许值，即：

$$\sigma_{\max} = \frac{\sum W}{b}\left(1 + \frac{6e}{b}\right) \leq \sigma \tag{7-32}$$

d. 边缘主应力计算。

坝体迎水面（上游）的主应力计算公式为：

$$\sigma_{a1} = \frac{\sigma' - \gamma_c \cdot y \cdot \cos^2\theta_{a1}}{\sin^2\theta_{a1}} \tag{7-33}$$

$$\sigma_{a2} = \gamma_c \cdot y \tag{7-34}$$

坝体背水面（下游）的主应力计算公式为：

$$\sigma_{b1} = \frac{\sigma''}{\sin^2\theta_{a2}} \tag{7-35}$$

$$\sigma_{b2} = 0 \tag{7-36}$$

式中，σ' 为坝体计算水平截面的迎水面边缘正应力（Pa 或 kPa）；σ'' 为与 σ' 处于同一水平截面的背水面边缘正应力（Pa 或 kPa）；θ_{a1} 为坝体迎水侧坝面与计算水平截面的夹角

(°);θ_{a2}为坝体背水侧坝面与计算水平截面的夹角(°);y为计算断面以上的泥深(m);γ_c为泥石流的重度(N/m^3或kN/m^3)。

e. 边缘剪应力τ的计算。

坝体迎水面(上游)的边缘剪应力计算公式为:

$$\tau_a = \frac{\gamma_c y - \sigma'}{\tan\theta_{a1}} \quad (7-37)$$

坝体背水面(下游)的边缘剪应力计算公式为:

$$\tau_b = \frac{\sigma''}{\tan\theta_{a2}} \quad (7-38)$$

式中,τ_a、τ_b应低于筑坝材料的允许应力值(Pa或kPa);其他符号同前。

(4)拦挡坝消能防冲工程。

泥石流通过拦沙坝后,由于水流集中且落差加大,在重力作用下,泥石流的动能和速度急剧增加,冲刷侵蚀坝脚及坝下沟床,常对拦沙坝造成破坏。特别是地基坐落于砾石土上的坝体,因坝下冲刷侵蚀导致坝基底部被掏空,引起坝体倾覆破坏,如图7-13所示。坝下冲刷坑的长度和深度不仅与沟床基准面的变化、堆积物组成及性质有关,也与坝高、泥石流性质、单宽流量的大小关系密切。因此,首先根据不同冲刷坑应采取针对性的措施进行处理,提高沟床冲刷基准面,控制坝下冲刷坑的发展;其次是在坝下游设置一定厚度的柔性垫层,使过坝泥石流得到缓冲,消能减速,同时能够加强坝下沟床防冲刷和防冲击能力,进而减少坝下冲蚀下切危害。

图7-13 拦沙坝坝下消能工程不当引起底部被掏空

拦沙坝坝下消能防护工程包括副坝、护坦等,大多数情况下采用副坝消能工程。

①副坝消能工程。

副坝是建在拦沙坝主坝下游一定距离的低拦沙坝。副坝消能工程即是在主坝下游建立一座或多座副坝,使主坝与副坝之间形成消力池,减小泥石流过坝后的冲刷侵蚀影响,控制坝后冲刷坑的范围和深度,防止主坝因坝基淘蚀而发生破坏(图7-14)。主坝与副坝的间距、主坝下游的泥深及坝脚被埋泥沙的厚度,是主坝下游控制消能的关键因素,也与副坝高度的选择相关。主坝高度大,泥石流过流量大,坝下游沟床坡度大,因此副坝的高度要相应增加。主副坝之间的距离会影响坝下冲刷深度及形态,特别是当主副坝距离较短时,冲刷坑范围将向坝基方向扩展,会严重威胁主坝安全。主副坝之间的重合高度,多采用经验公式计算,一般取主坝高的1/3~1/4,最小高度不低于1.5m。主副坝之间的距离,应大于主坝高与坝顶泥深之和,或者借用水力学原理进行计算。具体公式如下。

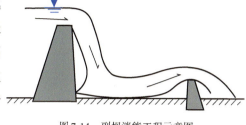

图7-14 副坝消能工程示意图

副坝与主坝重叠高度 H',按下式计算确定:

$$H' = \left(\frac{1}{3} \sim \frac{1}{4}\right)(H'_{dl} + H_c) \qquad (7\text{-}39)$$

式中,H' 为副坝重叠高度(m);H'_{dl} 为拦沙坝坝顶到冲刷坑底的高度(m);H_c 为溢流口上泥深(m)。

主、副坝间的距离 L,按下式确定:

$$L = (1.5 \sim 2.0)(H'_{dl} + H_c) \qquad (7\text{-}40)$$

式中,L 为主、副坝间距(m);其他符号同上式。

若副坝高出河底较多,在下游还应再设第二道副坝。工程实践证明,处理好副坝下游的消能防冲是十分重要的。若副坝不安全,主坝的安全也无法保证。副坝下游消能工程原理与主坝相同,即根据需要在副坝下游设置第二级副坝(甚至第三级、第四级副坝),直至副坝高度不断降低(最好是起潜坝的作用),保证坝体安全为止。

②潜坝消能工程。

潜坝消能工程是在拦沙坝主坝下游沟床冲刷坑外的适当位置,通过建立潜坝或齿墙等工程控制沟床基准面,稳定主坝下游冲刷坑,保护主坝安全的工程(图7-15)。潜坝与主坝之间的间距应大于主坝下游冲刷坑范围;潜坝埋置深度应根据沟床宽度、流体冲刷深度及下游沟床变化等情况综合确定。当沟床较宽时,潜坝埋深可在1.5~2.5m之间。当沟床较窄且粒径不大时,埋深可达3.0m以上。为了减缓沟床上的流速及冲刷,可根据需要设置多道潜坝。当沟床冲淤变化较大时,可对主坝及潜坝下的沙砾石地基用水泥灌浆固结加固。

③拱形基础或桥式拱形基础消能工程。

在条件允许的情况下,可将拦沙坝的坝基设为拱形基础(图7-16)或桥式拱形基础。当泥石流过坝后冲刷淘蚀溢流段坝下基础时,因坝体自身的结构和受力条件较好,泥石流不会对坝体安全构成威胁。

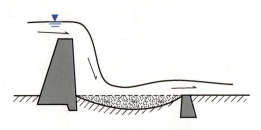

图 7-15 潜坝消能工程示意图

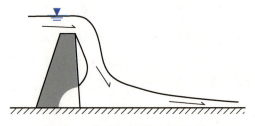

图 7-16 拱形基础消能工程示意图

④护坝消能工程。

当拦沙坝坝体不高、过坝泥石流所含沙石粒径不大且规模较小时，泥石流对坝下游的冲刷破坏较弱，可以在坝下游设置护坝消能工程进行防护（图7-17）。护坝宽度不小于坝体溢流段宽度，坡度按水平设置或与下游沟床坡度保持一致。当沟床坡度过大时，可降低纵坡，但应适当增加主坝的基础埋深。护坝的厚度可按弹性地基梁或板计算，需能抵挡流体的冲击力，一般厚度为 1.0～3.0m。一般情况下，护坝越长越安全。护坝尾部与副坝及潜坝工程一样，经常会出现冲刷侵蚀现象，需要设置齿墙，并在齿墙下游一定范围处铺砌大石块或设置石笼防护，以保证工程安全。

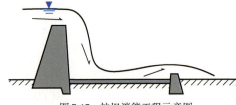

图 7-17 护坝消能工程示意图

3）格栅坝工程设计

（1）概述。

格栅坝，是以浆砌石、混凝土、钢筋混凝土、型钢等为材料，将坝体做成整体格架结构、平面或立体网格、横向或竖向格栅的透水型拦沙坝（门玉明等，2017）。图7-18所示为格栅坝实际工程的常见类型。因其不仅可以拦蓄大量的泥沙、石块，同时也可以调节泥沙，故而也称泥沙调节坝。

①使用功能。

格栅坝具有受力条件好、拦沙排水效果明显的特征，可以拦挡泥石流中的漂石、巨石等大颗粒，还排导细颗粒及水流，达到调节拦排泥沙比例的作用；其大部分构件可以从工厂预制，不仅能保证工程质量，还可快速装配、缩短施工工期、节约人力及耗资，同时便于后期维护管理。

②适用条件。

格栅坝主要适用于稀性泥石流，水沙易于分离的水石流以及洪水与黏性泥石流交错出现的沟谷。其防治含粗颗粒较多的频发黏性泥石流时拦稳滑坡体的效果较差，但当沟谷较宽时，由于格栅坝有透水功能，拦沙库内的地下水位被降低，因而其具备较好的效果。

a) 钢管水平格栅坝

b) 钢筋混凝土梁式格栅坝

c) 钢桁架立体格栅坝

d) 桩林格栅坝

图 7-18　常见格栅坝实际工程照片

③主要类型。

根据格栅坝的构造和结构不同,可将格栅坝划分成两大类:一类与实体重力坝体类似,区别是其坝体上有布设过流格栅或过流切口,这类格栅坝包括梁式格栅坝、切口坝、梳齿坝、缝隙坝、筛子坝及耙式坝等;另一类主要由型钢、钢管、锚索等杆件材料构成,包括桩林、网格坝及格子坝等。

根据受力状况和使用材料不同,格栅坝又可分为刚性格栅坝和柔性格栅坝。刚性格栅坝是整体性较好的刚性结构坝,主要使用混凝土、钢筋混凝土、浆砌石及型钢管材等建成。柔性格栅坝是具有较大柔性变形的临时性坝体,主要是采用钢索及其相应的钢材配件建成。在工程实际中,应结合泥石流沟道的具体情况,综合考虑经济、技术等指标,选择最为合理的坝型,并进行设计。

(2)梁式格栅坝。

格栅梁用预应力钢筋混凝土或型钢(重型钢轨、H形及槽型钢等)制作,是目前泥石流防治中应用较多的主要坝型之一(图 7-19、图 7-20)。这类坝的优点是梁的间隔可根据拦沙效率的大小进行调整,既能拦蓄大颗粒砾石等,又可使小于某一粒径的泥沙石块排入下游,实现物质分级调控。

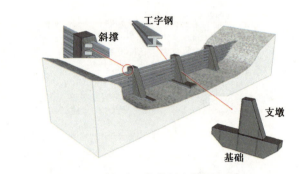

图 7-19 钢轨梁式格栅坝

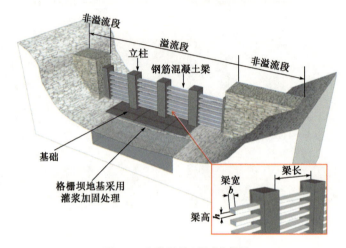

图 7-20 钢筋混凝土梁式格栅坝

①梁的形式和布置。

钢筋混凝土梁断面形式为矩形。型钢梁则多为工字钢、H 形及槽型钢等组成的衍架梁等。

当梁为矩形断面时,可采用:

$$\frac{h_0}{b} = 1.5 \sim 2.0 \tag{7-41}$$

式中,h_0 为梁高(m);b 为梁的宽度(m)。

对于含颗粒较小的泥石流,梁的间隔不宜过大,可用梁间的空隙净高(h_1)与梁高的关系控制,即:

$$h_1 = (1.0 \sim 1.5)h_0 \tag{7-42}$$

含颗粒较大(大块石、漂砾等)的泥石流,会因大块石的阻塞使本可流走的小颗粒也被淤积在库内,从而加速库内的淤积。根据已建工程统计,建议采用下式计算:

$$h_1 = (1.5 \sim 2.0)D_m \tag{7-43}$$

式中，D_m 为泥石流流体和堆积物中所含固体颗粒的最大直径。

设计时，水平横梁应伸入两侧支墩内 10～20cm，一般都不固定，梁间用压块支撑定位，靠近坝顶的横梁用压块(梁)及地脚螺栓固定。考虑到受力条件，梁的净跨最好不要大于4m。布设时，梁的高度方向应与流体方向一致，梁的宽度及长度方向应与流体方向垂直。

②受力分析。

a. 格栅梁承受的主要荷载。

格栅梁承受的水平荷载主要为泥石流流体的冲击力和静压力(含堆积物的压力)，以及泥石流流体中大石块对横梁的撞击力等。垂直荷载包括梁的自重及作用在梁上的泥石流流体重量(含堆积物重量)。

在各荷载作用下，根据横梁实际布设情况，可按简支梁或两端固定梁或悬臂梁(竖向耙式坝)计算内力，然后按钢筋混凝土结构构件或钢结构构件的有关计算方法进行。

b. 梁端支墩承受的主要荷载。

泥石流作用在支墩上的水平荷载包括泥石流体的动压力和静压力，以及大石块的冲撞力。垂直作用力则包括支墩的重力、基础重力、泥石流流体与堆积物压在支墩和基础面上的重力等。

横梁作用在支墩上的荷载包括横梁承受外荷载后传递到两端支墩上的所有水平力、弯矩及垂直力等。

支墩受力条件确定后，可按重力式结构(或水闸墩)的计算方法，对支墩进行抗滑、抗倾覆稳定校核计算，同时对相应的结构应力进行校核计算，应使其达到安全、稳定要求。此外，还应验算支承端抗剪强度和局部应力是否在材料允许的范围内。

在设计中，应采取措施增大横梁的抗磨蚀能力，并提高横梁抵抗大石块对其冲撞的能力。当横梁的跨度较大时，还应验算横梁承载泥石流及堆积物垂直重力的能力，必要时，可在梁的中间加支撑墩，使梁的跨度减小。对于梁式坝下游冲刷的防治，则与重力实体拦沙坝的防治措施类似。

(3)切口坝。

切口坝是在实体重力坝的过流顶部开条形的切口(图7-21)，当一般流体过坝时，流体中的泥沙能自由地由切口通过。在山洪泥石流暴发期间，大量泥沙石块被拦蓄在库区内。

①切口坝的堵塞(闭塞)条件。

切口坝的切口一旦被堵塞，则与一般的实体重力拦沙坝无任何差别。实验证明：堵塞条件与粒径的分布无关，但与最大粒径(D_m)和切口宽度(b)的比值有关。发生堵塞的条件为：

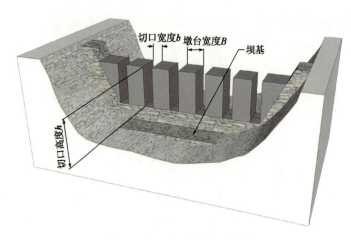

图 7-21 切口坝(缝隙坝)示意图

$$\frac{b}{D_m} \leqslant 1.5 \tag{7-44}$$

当 $\frac{b}{D_m} > 2.0$ 时,切口部位不会发生堵塞。对于不同性质和规模的泥石流,当 $\frac{b}{D_{m1}} > 2 \sim 3$ 且 $\frac{b}{D_{m2}} \leqslant 1.5$ 时,切口坝可以起到调整坝库淤积库容的作用,并达到拦沙节流的效果。D_{m1} 和 D_{m2} 分别为中小洪水和大洪水时,泥石流流体中可挟带固体颗粒的最大粒径。

②切口深度的确定。

切口深度(h)与切口的宽度(b)有密切关系,b 值越小,h 值就越大,坝库上游停淤区中输沙距离就越远,反之则越近。切口深度通常取值如下式:

$$h = (1 \sim 2)b \tag{7-45}$$

③切口密度的选取。

切口密度 $\left(\sum \frac{b}{B}\right)$ 的大小,对切口坝调节泥沙效果影响很大。当 $\sum \frac{b}{B} = 0.4$ 时,切口坝的泥沙调节量是非切口坝的 1.2 倍;当 $\sum \frac{b}{B} > 0.7$ 或 $\sum \frac{b}{B} < 0.2$ 时,切口坝与非切口坝的调节效果相同。因此,切口密度应在 0.4~0.6 之间。

坝体上开切口或留缝隙,应不影响坝体的整体稳定性,因此切口不宜过宽、太深,缝隙也不能太大,通常采用如下比例:

切口坝:

$$L \geqslant 1.5b \tag{7-46}$$

缝隙坝:

$$B \geqslant 1.5b \tag{7-47}$$

式中,L 为坝体沿流向的长度(m);B 为墩体宽度(m);b 为切口或缝隙宽度(m)。

④切口坝设计验算。

切口坝类似于重力实体坝,因此其稳定和应力可按重力坝的要求进行计算。不同的是切口坝的基本荷载中,泥沙压力、水压力可由切口底部开始计算,对经常清淤的区间,可用1.4倍水压力计算,另应计入大石块对齿槛等的冲击力。

切口齿槛的抗冲击强度和稳定性按悬臂梁验算,若齿槛与基础交接断面的剪应力不满足要求,应加大断面尺寸或增加局部配筋量。

对迎水面及过流面应加强防冲击、抗磨损处理。

(4)钢索网格坝。

①钢索网格坝的特点。

钢索网格坝是利用钢索编织的、有一定柔性的网状结构物(图7-22),上端通过主索固定在沟道两岸锚固上,下部网格及绳头斜铺在沟床上,为不固定的自由端。这种坝只能拦截流体中的大石块,水流泥沙通过网孔排至下游,因此特别适用于水石流、稀性泥石流的防治,对于山洪与黏性泥石流交错出现的沟谷,亦有较好的效果(门玉明等,2017)。坝体柔性强,能抵抗泥石流的冲击,削减其动能,促使泥石流在坝上游自然停淤,达到预期的防治效果。坝体结构简单,材料加工、搬运、安装方便,使用材料少,工程造价低廉。

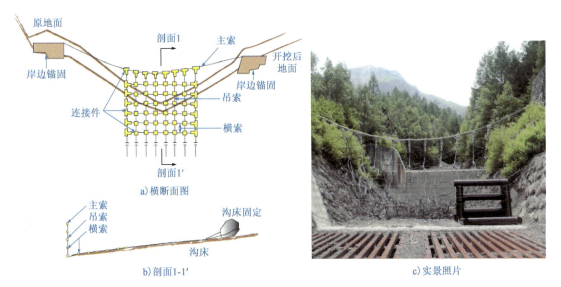

图7-22 泥石流钢索网格坝示意图

②网格坝的设计要点。

a.坝的位置选择:网格坝应设置在泥石流沟道地质条件较好、地形较窄、两岸有稳定基岩或易于锚固的减速区或流通区,不宜布置在泥石流沟道的加速区。

b.坝体的高度:网格坝最小坝高应大于等于泥石流的最大龙头高度与对应冲高之和。如需多次或长期承担防治泥石流的作用,则坝高需加上相应的淤积厚度。

c. 网孔大小:网孔大小取决于泥石流巨砾直径及流速等因素,其经验关系式如下:

$$1.5 \leqslant \frac{b}{D_m} \leqslant 2.0 \tag{7-48}$$

式中,b 为网孔宽度(m),网孔多为正方形;D_m 为泥石流体石块的最大直径(m)。

d. 网格体钢丝索的设计。

(a)吊索及横索设计:作用在网格上的外力,除吊索及横索两端外,可近似按均布荷载作用在吊索上,求出加到每根吊索上的荷载。一般吊索与横索宜采用同一型号规格的钢索。

泥石流冲击力(P)按下式计算:

$$P = \frac{\gamma_c v_c^2 F}{g} \tag{7-49}$$

式中,γ_c 为泥石流体的重度(N/m³);v_c 为泥石流的流速(m/s);F 为投影面积(m²);g 为重力加速度(m/s²)。

(b)主索设计:可把作用在吊索上的各集中荷载简化为均布荷载,视为主索上的外力,则钢索的张力(T)可用下式计算:

$$T = \frac{(q_1 + q_2)L^2}{8f\cos\alpha} \tag{7-50}$$

式中,q_1、q_2 为主索所受的均布荷载及单位长度的自重(N/m);L、f 为跨度与垂度(m);α 为主索锚固点处的方向与两端锚固点连线之间的夹角(°)。

(c)钢索的磨损处理:泥石流对钢索磨损高达30%~50%,对坝体安全构成严重威胁。最简单的处理办法是增大钢索的直径,或使用外层钢丝直径大的钢索,或用短钢管保护钢索等。

(d)钢索在沟床上敷设长度:网格体最好以不固定的方式敷设在沟床上的末端。敷设长度(L)除与网格体坝高(H_d)有关外,与泥石流的性质也关系较大。目前只能用经验关系式表示,即:

$$L = (1.5 \sim 2.0)H_d \tag{7-51}$$

式中,L 为钢索在河床上的敷设长度(m);H_d 为网格体的高度(m)。

(e)钢索连接点金属夹具:主索与两岸锚固之间的金属连接夹具,应具备调节主索松紧长度的能力;主、吊索之间的连接夹具及吊索与横索之间的连接夹具,两边用"T"字形,中间用"十"字形,可按有关规范设计。

值得注意的是,网格坝的钢绳经常与水接触的部分很容易发生锈蚀,使钢绳的强度很快减小,直接影响网格体的使用寿命。该坝最大的缺点是除采用不锈钢丝绳外,其他(如涂黄油等)办法都很难维持长久。

(5)桩林坝。

桩林坝是利用钢筋混凝土桩、钢管桩、型钢桩、"树谷坊"等桩材,按一定布置规律横断泥石流沟道的一种拦沙坝(图7-23)。不同于重力实体拦沙坝的全部拦挡,桩林坝采取部分拦挡兼顾拦排形式,能够拦蓄泥石流粗大的固体物质,排走泥沙等细小物质及自由水,从而快速达到水土分离的效果,改变泥石流重度、流速、流量,减小泥石流规模,减轻泥石流对下游的危害程度。拦挡坝多布设于暴发频率较低的泥石流沟道中下游,或含有巨大漂砾、危害性较大的泥石流沟口。部分桩林坝还可以在泥石流活动停止后清淤,恢复库容。

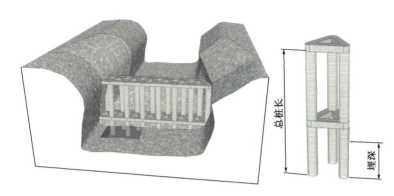

图7-23 桩林坝示意图

桩林沿垂直流向布置成两排或多排桩,纵向交错成三角形或梅花形。桩间距离如下式所示:

$$1.5 \leq \frac{b}{D_m} \leq 2.0 \tag{7-52}$$

式中,b为桩的排距和行距(m);D_m为泥石流体中最大石块粒径(m)。

桩高(地面外露部分),一般限制在3~8m范围内。经验公式为:

$$h = (2 \sim 4)b \tag{7-53}$$

式中,h为桩高(m);b为桩的排距和行距(m)。

桩体采用钢轨、槽钢、钢管、组合构件(人字形、三角形组合框架)或钢筋混凝土柱体组成。桩体的受力分析与结构设计,可按悬臂梁或组合悬臂梁计算。

桩基应埋在冲刷线以下,可用混凝土或浆砌石做整体式重力砌体结构基础。若采用挖孔或钻孔方式施工,可直接将管、柱埋入地下,但埋置深度应不小于总长度的1/3。

除上述格栅坝外,还有钢管格子坝、筛孔坝等类型,应根据实际泥石流灾害情况和治理工程方案选用。

7.2.3 停淤场

1) 概述

泥石流停淤场是根据泥石流的运动和堆积特点,利用泥石流沟谷两侧宽阔滩地、跨流域低地、沟旁洼地等天然有利地形,引导泥石流在这些地段自然减速淤积,或者修建拦蓄工程,迫使泥石流停淤的一种泥石流防治工程设施(周必凡等,1991)。停淤场可以在一定程度上减少泥石流中的固体物质总量,削减泥石流洪峰流量,降低泥石流规模,从而减轻防护工程和排导工程压力,降低泥石流对公路的危害及影响。其多设置在泥石流下游堆积区处,包括平缓开阔的泥石流沟谷滩地、堆积扇扇面或两侧的低洼地、扇尾至主河间的平缓开阔阶地、邻近流域内的低洼地等。

停淤场因停淤空间有限,结构抗冲刷、磨蚀能力弱,多属于半坚固的临时性工程,实际中多采用较低标准进行设计。设计指标以一次或多次拦截泥石流固体物质总量进行控制。停淤场的规模(总容量)确定后,通常采用逐段或逐级加高的办法分期实施,并根据实际情况进行设计调整。

实践表明:只要有足够的停淤面积,停淤效果是比较好的,特别是对于黏性泥石流的停淤作用显著。但停淤场也存在较为明显的缺点,如其修建需要占用的土地面积过大,不利于短期开发使用,且停淤空间有限,若无清淤措施,使用年限较短。

2) 设置原理及作用

(1) 泥石流停淤原理。

从能量角度看,在泥石流流域下游,由于沟床越来越平缓,当纵坡小于临界坡度而不能给泥石流提供维持运动所需能耗时,泥石流将逐渐停积而消亡。从流通段进入堆积区,泥石流运动从恒定流状态转入非恒定流状态,因势能供应不足,流体将逐渐减速并产生惯性分离或整体堆积。由于泥石流为固液两相物质组成并含有数量较多的自由水,泥石流减速停积时,稀性泥石流和水石流将产生惯性分离,按颗粒大小依次落淤,呈现水力分选;高黏性的结构泥石流由于输移力不足,将沿底床产生整体堆积。泥石流在流通堆积区运动的堆积机理与过程,在沟床纵剖面分区图上表示(图7-24)。

泥石流停淤场就是根据泥石流停淤原理和堆积机理,采取人为工程措施加快停淤过程,使正在减速运动的泥石流在人们预先设置的场所按照预想的方案进行停淤,从而实现减轻泥石流灾害作用的人工建筑物。

(2) 停淤场的作用与功能。

泥石流停淤场是泥石流防治工程措施中,可靠、实用但又不常采用的骨干工程,多布置在流域下游泥石流流通段和堆积区。泥石流中的泥沙、漂砾和巨石在停淤场停淤后便全部或部分实现了"土水分离",使泥石流性质发生改变:泥石流密度降低,泥石流洪峰流

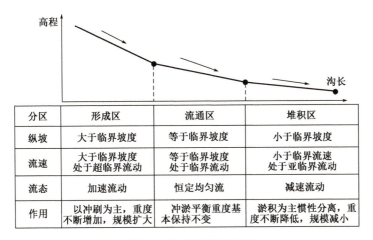

图 7-24　沟床纵剖面分区图

量、一次过程总量和含沙浓度剧减,运动流体的单位动能和总动能减少,冲刷、冲击、磨蚀和淤埋等动力作用减弱。因此,经过停淤场调蓄后,泥石流流体规模和性质的改变对泥石流排导非常有利,同时停淤场本身对其下游的公路具有良好的屏障保护作用,使泥石流危害性减小,防治难度降低,是一种较为可靠、安全的防护性措施。因此,修建停淤场能够弥补排导槽输移力不足的问题,可在堆积区泥石流治理中发挥重要作用。

3)停淤场的类型与布置

(1)停淤场的类型。

停淤场的类型按其所处的平面位置,可划分为以下4种:

①沟道停淤场。沟道停淤场利用宽阔、平缓的泥石流沟道漫滩及一部分河流阶地,停淤大量的泥石流固体物质。此类停淤场一般与沟道平行,呈条带状。其优点是抬高了沟床的高程,拓展了沟床宽度,为今后开发利用创造了条件;缺点是压缩了长流水沟床宽度,对排泄规模大的泥石流较为不利。

②堆积扇停淤场。堆积扇停淤场利用泥石流堆积扇的一部分或凹地处作为泥石流体固体物质的堆积场所。停淤场的大小和使用时间,将根据堆积扇的形状大小、扇面坡度、扇体与主河的相互影响关系及其发展趋势、土体开发利用状况等条件而定。一般来说,若堆积扇发育于开阔的主河漫滩之上,则停淤场的面积及停淤泥沙量会随河漫滩的扩大而增加。

③跨流域停淤场。跨流域停淤场利用邻近流域内荒废的低洼地作为泥石流流体固体物质的停淤场地。此类停淤场需要具备适宜的地形地质条件,其能够通过相应的拦挡排导工程,将泥石流流体顺畅地引入邻近流域内指定的低洼地。

④围堰式停淤场。在泥石流沟下游,将已废弃的低洼老沟道或干涸湖洼地的低矮缺口(含出水口)等地段,采用围堰等工程封闭起来,使泥石流引入后停淤此处。

（2）停淤场的布置。

停淤场的布置随泥石流沟和堆积扇等的地形条件而异,应遵循以下原则：

①停淤场应布置在有足够停淤面积和停淤厚度的荒废洼地,在停淤场使用期间,泥石流流体能保持自流方式,逐渐在场面上停淤。

②停淤场需保证足够的安全性,需防止山洪泥石流暴发对停淤场的强烈冲刷及堵塞溃决,进而给下游公路造成新的灾害。

③对于沟道停淤场,首先选择适合的引流口位置及高程,使泥石流能以自流方式进入停淤场地。引流口最好选择在沟道跌水坎的上游,布置在两岸岩体坚硬完整的狭窄地段或弯道凹岸一侧。应严格控制进入停淤场的泥石流规模、流速及流向,使泥石流在停淤场内以漫流形式沿一定方向减速停淤。在沟岸一侧应修筑导流挡墙,防止泥石流倒流至沟道内。在停淤场的末端应设置集流槽,将未停积的泥石流及高含沙水流排入下游。

④由于泥石流在堆积扇上流动时摆动较大,故需按漫流停淤的方式对相关工程进行布置。需根据泥石流的性质和堆积扇的形态特征,确定停淤范围的大小。应调整出山口外沟床纵坡,束窄过流断面,加大泥深,造成漫流停淤。同时修建引导槽,将泥石流引入场内,并沿槽的两侧和尾部开溢流口,增大停淤量。

⑤围堰式停淤场无规则形状,构筑的围堤高度和长度将决定泥石流停淤总量的大小。堤下土体的透水性不宜太强,土体的密实性和强度需达到围堤基础的要求,否则应做加固处理,从而保证围堰的稳定与安全。

⑥在布设跨流域停淤场时,首先应在泥石流沟内选择适宜的拦沙坝及跨流域的排导工程位置,提供泥石流跨流域流动的条件,使其能顺畅地流入预定的停淤场地,然后按停淤场的有关要求布置停淤场地。

4）停淤场工程设计

（1）设计原理。

由固液两相组成的泥石流流体,流动过程中能量消耗于流体内部阻力和边界阻力。当阻力迅速增加时,可加速固相组分落淤的过程。因此,采用扩展底宽、加糙底床、减小流深的办法,可大量消耗动能,降低流速,加快停淤过程。停淤场即是根据"以扩散加糙实现惯性分选和土水分离"设计的。

（2）设计要点。

①为使泥石流进入亚临界流动状态,沟道纵坡应满足：

$$I \ll I_0 \tag{7-54}$$

停淤场位置应尽量布置在流通区以下的堆积扇中、下部位置。

②沿流程方向地面开阔,具有自由出流和扩张散流的流动边界条件,在其流程范围内,要保证：

$$B \gg B_0 \quad 2\theta \geqslant 60°(自由出流) \tag{7-55}$$

$$2\theta = 90° \sim 150°(导引出流) \tag{7-56}$$

式中，B_0、B 分别为出流口和流程处的流面宽；2θ 为散流的夹角。

③沟道物质粒径粗大，糙率较大，可促使运动中的固相颗粒因碰撞消能而停积：

$$\tau \ll [\tau_0] \tag{7-57}$$

式中，τ、τ_0 分别为泥石流对底床的拖力(或流体剪切力)和底床的允许剪切强度。

④停淤场停淤总量估算。

停淤场停淤总量的大小，既与泥石流的性质、类型及流动形式等有关，也与停淤场的原始地形条件关系密切，因此，对有关参数及总量很难准确判断，多以实测值为准。

沟道式停淤场的淤积总量：

$$\overline{V}_s = B_c h_s L_s \tag{7-58}$$

堆积扇停淤场的淤积总量：

$$\overline{V}_s = \frac{\pi \alpha}{360} R_s^2 h_s \tag{7-59}$$

式中，h_s 为平均淤积厚度(m)；B_c 为淤积场地平均宽度(m)；L_s 为沿流动方向的淤积长度(m)；α 为停淤场对应的圆心角(°)；R_s 为停淤场以沟口为圆心的半径(m)。

围堰式停淤场应先将最终淤积顶面取平，然后按照地形计算不规则体的体积即为总停淤场淤积总量。

停淤场的使用年限与泥石流的规模、暴发次数及停淤场的容积等直接相关。首先应正确估计其年平均停淤量，再按停淤场的总容积除以年平均停淤量，即可得适用年限。从防灾的角度出发，停淤场的标准不宜过高，使用年限一般以 10～20 年为宜。

(3)组成结构设计。

泥石流停淤场内的工程结构物因停淤场类型而异，共同的结构物包括：导流堤、拦沙坝、堵截堤、围堤、引流口、分流口、集流沟等。

①拦沙坝工程：布设在停淤场上游泥石流沟道处，主要拦截主沟全部或部分泥石流，抬高沟床高程，迫使泥石流由引流口进入停淤场。该项工程多属使用期长的永久性工程，故常用圬工或混凝土重力式结构，应按过流拦沙坝工程要求设计。

②引流口工程：位于拦沙坝的一侧或两侧，控制泥石流的流量和流向，使其顺畅地进入停淤场内。引流口根据其所处位置的高低，可分为固定式引流口和临时引流口两种。固定式引流口所处位置较高，在停淤场整个使用期间，都能将泥石流引入场内，因此不需要更换或重建。临时引流口会随着停淤场内淤积量的增大而改变其位置，需通过调整引流口方向及长度，使泥石流在不同位置流动或停淤。引流口既可采用与坝体分离的形式，

也可与拦挡坝连接成整体。对于固定式引流口多采用切口式溢流堰或开敞式溢流堰形式。

③围堤(堵截堤)工程:分布在整个停淤场内,沿途拦截泥石流,控制其流动范围,防止泥石流流出规定区间。围堤在使用期间,主要承受泥石流的动静压力及堆积物的土压力。土体围堤应保持足够的高度,防止泥石流翻越堤顶时拉槽毁坏。土堤应严格夯实,使其具有一定的防渗及抗湿陷能力。围堤一般按临时工程设计,如下游有重要保护对象时,则可按永久性工程设计。堆积扇上围堤的长度方向与扇面等高线平行或呈不大的交角时,才能达到拦截泥石流体的最佳效果,否则拦淤泥沙量将减少,仅起导流作用。

围堤一般采用压实土堤,断面形式为梯形,坝顶宽度多为 3～5m,高度不大于 5m,迎水侧一般采用干砌石护面,边坡稳定系数取 1.0～1.5,背水面一般无护面,边坡稳定系数取 1.0～2.0。围堤基础埋深通过冲刷计算获得。

④分流口工程:布置在围堤的末端或其他部位,主要是将未停积的泥石流体排入下一道围堤范围内继续停淤。分流口可做成梯形、矩形等过流断面,采用圬工结构或铅丝笼等护砌防冲,断面大小应根据排泄流量确定。当地形条件允许时,可采取分流措施。分流堤墙体位于停淤场内,断面形式为梯形,顶宽 1.5～2.0m,高度小于 3m;堤身为堆石土堤,采用铅丝笼护面;头部分流墩多为半圆形或鱼嘴形,采用铅丝笼、石笼或圬工防护。

⑤集流沟工程:位于停淤场的末端,主要是将剩余的流体或水流汇集并排入主河,可按排导槽工程相关要求设计。

⑥导流堤工程:设置在泥石流主沟或停淤场的一侧,主要起拦挡、排导及保护公路工程的作用。大多为永久性或半永久性工程,堤的高度及断面尺寸等均应按国家规定的防洪标准进行设计,其相关要求与排导槽工程类似。一般情况下导流堤采用压实土堤,断面形式为梯形,坝顶宽度多为 3～5m,高度不大于 5m,与泥石流接触的一侧采用干砌石护面或斜坡式圬工防扩面层,边坡稳定系数取 1.0～1.5,背后一般无护面,边坡稳定系数取 1.0～2.0。基础埋深通过冲刷计算获得,顶冲部位需进行加固,凹岸一侧需考虑采用弯道超高进行加高。

7.3 泥石流地区公路工程设计

7.3.1 泥石流地区公路桥梁设计

新疆山区泥石流分布广泛、类型复杂且活动性较强,对公路常常造成严重破坏。目前泥石流防治首先应采取避让原则,若遇路线无法避让的病害,则应根据其特征和公路等级采取相应处理措施,一般采用桥梁构造物进行跨越。桥梁尽可能设在流通区、山谷较窄处,宜采用大跨径一次跨越,并辅以上游设置导流坝等设施,使泥石流循着指定的路线排泄,减少对公路产生冲毁和淤埋等危害的可能性。如 G314 线的奥布段为中巴公路国内段泥石流灾害最为严重路段,公路沿盖孜河布设,公路两侧泥石流共有 98 个,其中对公路存在危害的泥石流沟共有 53 条;为防止泥石流对公路产生冲毁淤积等危害,公路全线共设计特大桥 2675.04m/2 座,大桥 3375.9m/14 座,中桥 421.5m/8 座,特大、大、中桥洪水设计频率为百年一遇。又如新疆克孜勒苏柯尔克孜自治州 S212 线吐尔尕特—乌恰段公路改建工程,位于昆仑山脉托云盆地高原丘陵区,路线全长 110km,沿线共有泥石流沟 16 条,共设置桥梁 8 座、涵洞 5 道、过水路面 3 处跨越泥石流沟。然而,由于泥石流规模大,破坏力强,以上公路沿线已发现多处桥梁被冲毁和淤埋现象,故合理确定桥梁在泥石流区位置、桥梁类型、跨越形式、跨径尺寸和防护措施,对公路安全跨越泥石流地区具有重要的现实意义。

1)泥石流地区桥梁布设

泥石流地区桥梁位置选定的原则:桥梁一般沿泥石流流通区或堆积区跨越通过(图 7-25),应充分利用周围地形优势,尽可能以较大跨度通过,尽量避免占据、挤压或者约束泥石流沟道。一般情况下,只有遇到大中型泥石流多发地带才布设桥梁;当公路等级较低、允许有限度的中断交通时,可以选择过水路面以降低造价;高等级公路则适宜逢沟设桥,避免强行改变泥石流流向或合并原有沟道。

(1)泥石流流通区桥梁布设。

当公路需要通过流通区时,如果流通区的沟槽比较深且稳定,最好采取架设桥梁的方式通过泥石流沟道。当公路通过泥石流沟口或扇顶时,若沟槽尚未分叉或分叉漫流尚不显著,流路基本集中,则应设置桥梁跨越泥石流沟口或扇顶。当公路通过坡面泥石流扇群区时,则可将线路外移或内移至流通区,并以高架桥形式跨越通过。有些桥梁在选址时离沟口稍远,则可以考虑设计导流堤,自沟口延伸至桥下游一定距离,通过延长流通区来防止泥石流破坏桥梁基础和墩台。

跨越小型泥石流群沟口或扇顶时,应正对泥石流沟设置桥梁。图 7-26 所示为中巴公路 G314 线 K1557+852~K1557+942 段,此处沟谷呈"V"形,流通区纵坡 8°~9°,泥石流沟多有急弯,宽度为 6~7.5m,两侧山体坡度为 35°~72°,堆积区地层为角砾,含有块石、碎

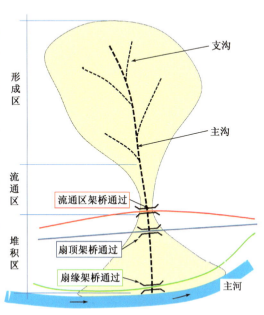

图 7-25 典型泥石流沟道及桥梁布设

石、砾砂充填,最大粒径为 1.5m,有少量草丛。堆积扇纵向长度为 230m,扇缘弧长为 220m,扇上在 K1557+862 处有一条冲沟,宽 13m,与流通区相连。经实地勘查,在扇顶处设置霍峡勒一桥(中桥),自此以后泥石流未有淤积堵塞桥梁的情况发生。

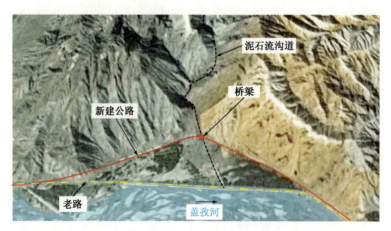

图 7-26 中巴公路霍峡勒一桥在扇顶位置跨越泥石流沟道

(2)扇腰、扇缘桥梁布置。

公路在小型泥石流群及大型泥石流堆积扇的扇腰及扇缘处跨越时,一般应当逢沟设桥,并在原沟设桥。

跨越小型泥石流群堆积扇时,除应在各扇轴的主沟设桥外,在各扇间及扇与山坡间的洼地处,也应分别视情况设桥。这样不仅可排泄各扇区间径流,又能够防止泥石流漫流改道。当小型泥石流群相距过近,逢沟分散设桥会首尾相连时,宜合建一桥,仍应逢沟布置。

线路跨越大型堆积扇时,应正对原沟流向设桥,切勿为了减少桥梁工程量而强行改沟移位或并沟集中设桥。在扇上改沟、并沟移位,会使泥石流流路更长、更弯曲,纵坡更缓,致使排泄不畅而在原沟一带造成严重淤积。当跨越大型泥石流扇腰、扇缘且扇上具有多条相距较远的沟槽时,若它们互不串通,则宜逢沟设桥;若沟槽之间互相串通漫流,则应设长桥跨过。

当跨越大型泥石流或小型扇群的各种沟槽时,若沟槽明显,上下游都能接通流路,应遇沟设桥;当桥梁需要跨越泥石流堆积扇时,应特别谨慎使用改沟并桥的思路。

如中巴公路 K1601 段艾尔库然泥石流沟,左支沟设一跨 40m 桥梁,泥石流顺利通过桥梁排泄至盖孜河内,公路运行安全;右支沟设置过水路面,通过小跨径桥涵将水流排走,由于排导能力不足,常年发生公路淤埋和冲毁灾害,如图 7-27 所示。

(3)泥石流地区桥梁布设原则。

总体来说,在泥石流多发地区选择桥位时应遵循以下原则:

图 7-27 中巴公路 K1601 段艾尔库然沟泥石流处置方式及现状

①桥位选择时,桥梁轴线应尽可能与泥石流的方向正交,若斜交,则角度宜为 10°~20°,以缩短桥长、减少工程投资(李勇等,2014)。

②桥位应选在沟道顺直,主流较稳定,上下游无急弯,纵坡较固定或上缓下陡的沟段。

③泥石流堆积区由于沟道不明显,水流分散,漫流淤积严重,流向极不稳定,设桥宜分散,不宜集中。

④当公路路线必须通过泥石流区时,应尽量使路线通过泥石流流通区,可以减小桥梁规模,增加桥梁安全可靠性。

⑤对通过泥石流区域的线路纵坡应适当抬高,以增大桥涵下净空,减少泥石流对桥涵结构物的破坏。

⑥因泥石流出山口岸坡陡峭,岩体破碎,坡积体松散,易崩塌脱落,故路线走向应尽量远离泥石流出口的陡崖处,以保证桥梁基础的安全。

⑦为防止地震时河岸不稳,桥台处向泥石流滑动方向滑移,致使桥长缩短、桥孔发生错动或扭转,进而造成墩台身开裂或折断等病害的发生,建议在地基条件允许的情况下,台身设计成整体性强、抗扭刚度大的 U 形桥台或采用埋置式桥台。此外,桥梁宜正交,并应适当增加桥长,使桥台落在稳定的河岸上。

(4)泥石流不同发展时期的桥梁布置。

一般处在旺盛期的泥石流活动频繁,冲击力和破坏力非常巨大,堆积扇尤其是扇顶处冲淤交替猛烈,淤积速度快,漫流摆动频繁且幅度大,因此泥石流活动频繁的地区宜架设桥梁通过,并且最好使用长桥通过。例如新藏公路新疆段(G219 段)的哈拉斯坦河沿溪段(K124+800~K160+800 处),该段属哈拉斯坦河峡谷段,共有沟谷型泥石流 12 处,这些泥石流沟多处于发育旺盛期,以淤积为主,桥涵、过水路面堵塞淤埋严重。1998 年 7 月和

2000年6月14日,该段两次发生大规模洪水、泥石流,毁坏路基近40km,中断交通33天,损失上千万元。据此分析,这些地段宜架设桥梁通过,并应尽可能加大桥梁下部净空,桥梁墩台也应采取加固措施。

泥石流在衰退时期,堆积扇淤积明显减弱或者停止发展,堆积扇上的沟槽位置基本固定且不相互串通,这时应分散架设桥梁。若已经冲刷形成比较明显的单沟,可直接一桥跨越。为防止泥石流复活,应密切关注处于衰退期的泥石流,桥梁布置方案须留有余地。

泥石流地区桥梁的布置不仅需要考虑现状,还需要考虑泥石流的盛衰演变及发展趋势。如K1611+178段卡拉肯桥处是一处于发育旺盛期的冰川泥石流沟,几乎每年发生泥石流灾害。此处桥梁设计采用一跨形式跨越泥石流沟,虽然设计尺寸较为合理,但由于未考虑泥石流长期活动性,致使近年来桥下淤积严重,如图7-28所示。

图7-28 中巴公路K1611+178处卡拉肯桥桥下淤积现场照片

2)桥跨类型选择

跨越泥石流的桥跨类型选择原则是宁设桥勿设涵,宁用大跨桥勿用多孔小跨桥或多孔涵洞。对于黏性泥石流及山区泥石流,更须强调这一原则。

(1)尽可能用单孔或大跨桥。

跨越泥石流深沟槽的桥梁不宜在沟中设置桥墩;跨越较宽浅的泥石流沟槽,在净空允许的条件下,跨度宜大,不宜采用小跨多墩,以免桥墩过多压缩泥石流通道。跨越黏性泥石流时,一般不在沟中设墩,以免泥石流剪断桥墩。

中巴公路G314线K1600+500~K1600+800段堆积区有多条冲沟,在主沟处以大跨径泥石流沟桥(K1600+769处)通过,桥长55.42m,桥宽10m。该新建桥梁从堆积区下游通过,堆积区内泥石流沟槽宽浅。此处泥石流沟大桥在建设时采用大跨径越过泥石流沟且少设桥墩的办法,取得了良好的效果,如图7-29所示。

图7-29 中巴公路K1600+769处大跨径泥石流沟桥布置示意图

（2）宁设桥勿设涵。

在活跃的泥石流堆积扇上严禁修建涵洞,且泥石流其他部位也不宜修建涵洞。和桥相比,涵洞有许多不利条件:跨度小、净空较低、泄床纵坡较缓、流程较长、周边阻力较大。因此,涵洞排泄泥石流的能力远差于同跨度小桥。当遭到泥石流淤塞时,清淤抢险更为困难。中巴公路G314线泥石流淤积在涵洞进、出口和涵身内,使27处水流无法顺利通过,将7处涵洞完全掩埋,淘蚀6处涵洞基础,第一、第三合同段共4处涵洞洞口附属工程受损,因此在泥石流地区要遵循宁设桥勿设涵的原则。

对于流量较小、稀性、稠度低,且有明显固定且顺直的沟槽,可适当考虑采用单孔涵洞。当泥石流流体内包含较多石块时,可在泥石流冲入涵洞前,采用沉沙池进行预先沉淀,以剔除泥石流体中较大石块。例如中巴公路G314线K1616处,采用了"沉沙池+涵洞"方式跨越泥石流沟,如图7-30所示。

图7-30 中巴公路K1616处采用"沉沙池+涵洞"跨越泥石流沟布置示意图

3)桥梁孔径设计

泥石流区桥梁必须顺应流势,每个桥孔的净高、跨径不能直接按照清水流域的流量进行计算,而均应结合实际地形条件、沟道宽度、泥石流性质、流势及其发展变化的规律等因素,综合考虑后确定桥梁孔径。

(1)泥石流流通区桥梁孔径。

流通区泥石流沟两岸相对比较稳定,设计桥梁孔径时,严禁压缩泥石流沟床、在沟中设置桥墩,以使用单跨径或者加大桥梁跨径跨越泥石流沟道为最佳,用来避免泥石流的强大冲击力,并做到尽量不改变泥石流的流动方向。中巴公路 G314 线上亚阿合孜二号桥 K1597+979 处为 4×40m 连续 T 梁,如图 7-31 所示,桥梁所处地区为流通区,沟槽较深且稳定,故采用大跨径通过沟床,促使大量泥石流顺利从桥跨中的泥石流沟槽宣泄而下。

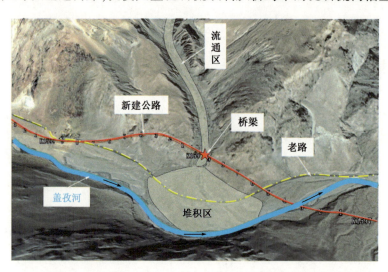

图 7-31　中巴公路 K1597+979 亚阿合孜二号桥流通区跨越泥石流沟

(2)山麓区堆积扇桥梁孔径。

在有明显沟槽的泥石流堆积扇上架设桥梁,禁止压缩泥石流流动范围,尽量以大跨径跨越;在无明显沟槽的泥石流堆积扇上架设桥梁时,孔跨要分清流量、流势、流向等因素与桥孔的主次关系,按泥石流常年洪水宽度确定桥长。

(3)山前区堆积扇桥梁孔径。

山前泥石流扇形地一般沟槽宽浅,经常漫流改道,主流不稳定,应按泥石流常年流水宽度确定桥梁孔径大小。中巴公路 G314 线一些泥石流发生区由于上游沟道地形变化,或随着全球变暖冰川融雪量增加,使得泥石流规模逐渐增大,原有堆积扇上设置桥梁孔径长度已经不能满足实际需求,经常会发生泥石流漫流冲毁桥台和路基、或因泥石流乱流改道造成泥石流不能从原桥梁排泄的现象。其可行的解决办法是延长桥孔并增设导流堤,以归拢束流来保护路堤和桥墩,或者架设多座桥梁通过扇上泥石流乱流区域。此外,在条件允许的情况下压缩孔跨时,主桥和黏性泥石流的压缩度不宜小于 0.8~0.9,备选桥和稀性泥石流压缩度不应小于 0.7~0.8。

如中巴公路 G314 线 K1582+047~K1583+866 段,右侧为沟谷型泥石流,沟谷呈 V 形,两侧山体坡度为 50°~72°,宽度为 80~120m,堆积区地层为碎石,含有少量块石、砾砂充填,最大石块长宽高约为 1.7m×1.1m×0.9m,堆积区纵向长度为 1700m,纵坡坡度为 3°~5°,扇形堆积区里有多条冲沟,基本处于乱流状态。当前公路在堆积扇上建设 K1582+881 处乔曲拉一桥、K1583+309 处乔曲拉二桥、K1583+445 处乔曲拉三桥通过泥石流堆积扇乱流区,如图 7-32 所示。实践表明,在泥石流原有沟道的位置上,通过设置多座桥梁跨越泥石流乱流改道区域,泥石流可以顺利从桥梁跨下宣泄,从而保障公路运行安全。

图 7-32　中巴公路 K1582~K1584 段多座桥梁通过泥石流乱流区域

(4)有条件设 V 形槽排导泥石流的桥孔。

在有条件设计 V 形排导泥石流的沟道上的桥孔,孔跨不宜过长,通常桥梁跨度应大于槽宽的 3~4 倍,桥下净空宜高出槽顶 2.0m,为泥石流少量淤积留有余地。V 形槽设计标准应按主体工程设计。

4)桥下净空高度设定

桥下净空是泥石流地区桥梁设计的主要控制条件。如果设计时桥梁的净空高度不能满足实际需求,或者改沟排导工程没有做好,将会造成一系列的危害。如图 7-33、图 7-34、图 7-35 所示,中巴公路路线右侧泥石流暴发导致温泉二桥(K1608+536 处)、温泉三桥(K1608+621 处)、卡拉肯桥(K1611+178 处)由于桥下净空不足和排导工程未做好,造成了严重的泥石流淤积。例如中巴公路温泉三桥(K1608+621 处)在 2017 年桥下发生严重淤积,桥下净空由原来 6m 减少到现在不足 1m,如再次发生泥石流,将会翻越桥梁,对公路行车产生危害。为此,公路养护部门应对泥石流桥下淤积及时清理,加强排导,疏通沟道,保持桥下游沟道顺直通畅;同时增大桥梁上下游的沟道纵坡,加速排泄泥石流至盖孜河,避免泥石流多次淤积清理困难;此外可以增加桥梁的净空,以便更多的泥石流通过桥梁。图 7-36 所示为 2018 年桥下清淤状况:上游沟道开挖顺直,并逐渐清理桥下淤积,方便排泄泥石流,确保公路安全。

a) 下游　　　　　　　　　　　　　b) 上游

图 7-33　温泉二桥(K1608+536 处)桥下淤积情况

a) 上游　　　　　　　　　　　　　b) 下游

图 7-34　温泉三桥(K1608+621 处)桥下淤积情况

桥梁梁底最低高程应根据如下所列各项因素,并结合现场调查情况确定,宁高勿低。梁底最低高程计算式如下:

$$H = H_b + H_{100} + H_n + H_d + H_w + H_z + C \tag{7-60}$$

式中,H 为桥梁梁底最低高程(m);H_b 为计算梁底高程时的基准面高程(m);H_{100} 为一百年一遇的泥石流深(m);H_n 为泥石流在 H_b 以上的总淤积高度(m);H_d 为巨大石块超出泥位的数值(m);H_w 为泥石流泥位在弯道外侧的超高值(m);H_z 为泥石流遇阻冲高(爬

a) 上游　　　　　　　　　　　　　　b) 下游

图 7-35　卡拉肯桥(K1611+178 处)桥下淤积情况

a) 疏通沟道　　　　　　　　　　　　b) 桥下清淤

图 7-36　2018 年中巴公路桥下清淤情况

高)值(m);C 为桥下净空的安全值(m)。

(1) 流通区桥下净空。

①流通区顺直段桥下净空。

计算流通区顺直段梁底最低高程时,须特别注意准确确定基准面高程 H_b 及 H_{100} 和 H_d 两因素。

H_d 的取值:按可能冲下来的最大石块直径(三个方向平均值)计算。泥石流重度大的取直径的 1/2;重度中等的取直径的 1/3;重度小的,如石块直径大于 H_{100},则用石块直径代替 H_{100},否则不予考虑。

H_b 的确定:泥石流流通区沟槽存在冲淤变化,在某一短期内可能以下切为主,或以淤涨为主,或在下切阶段有小的淤积,或在淤涨阶段有小的下切(如果流通区可能演变为沉积区,则应作为沉积区对待)。因此计算流通区桥下净空不能简单地以测时泥石流沟床作为基准面,应当根据冲淤变化幅度分析,找出平均基准面,以确定 H_{100}。

如果在流通区可调查得到百年一遇泥石流泥痕,则此泥痕高度相当于式(7-60)中的

$H_b + H_{100}$。若沉积区有可能向上游伸入流通区,则需特别加大安全值。

②流通区弯曲段桥下净空。

流通区弯曲段桥下净空,除按顺直段确定 H_b、H_{100}、H_d 及 C 值外,还应计入泥石流位的弯道超高值 H_w。

应调查弯曲沟槽两岸历史泥痕,分析出现百年流量时的凹岸超高泥位,代替式(7-60)中的 $H_b + H_{100} + H_w$。若现场资料不足,可参考式(7-61)计算凹岸泥位超高值 H_w:

$$H_W = \frac{1}{2}\frac{V_c^2 B}{gr} \tag{7-61}$$

式中,H_W 为凹岸泥位超高值(m);r 为弯道中心线的半径(m);V_c 为泥石流流速(m/s);B 为沟槽泥面宽度(m);g 为重力加速度(g 取 $9.8 m/s^2$)。

③流通区沟槽转折处的桥下净空。

在个别情况下,线路可能选在泥石流沟槽急剧转折(泥石流直冲桥头,然后急转过桥)处跨越。泥石流在该处受到桥台、路基或沟岸阻挡,而产生爬高(冲高),然后转折通过桥下。这种情况,桥下净空计算应比照顺直段计算爬高值 H_z。

泥石流爬高值应根据调查资料分析确定,见表7-4。如无现场实际资料,可参考式(7-62)计算:

$$\Delta Z = \alpha_0 \frac{V_c^2}{2g} \tag{7-62}$$

式中,ΔZ 为泥石流冲起爬高值(m);α_0 为动能改正系数,$\alpha_0 = 1.05 \sim 1.1$,泥石流 $\alpha_0 = 1.1$;V_c 为泥石流流速(m/s);g 为重力加速度(m/s²)。

泥石流冲起爬高值　　　　表7-4

V_c	2	3	4	5	6	7	8	10	11
ΔZ	0.22	0.5	0.9	1.40	2.02	2.75	3.59	5.61	6.79
V_c	12	13	14	15	16	17	18	20	21
ΔZ	8.08	9.48	11.0	12.62	14.36	16.21	18.18	21.58	23.79

(2)堆积扇桥下净空。

①山区变迁型河段堆积扇桥下净空。

发育不全的变迁型河段堆积扇,与主河河床相伴逐年淤涨,其淤涨情况受下游基准面及扇面最大淤积坡面影响,其桥下净空按山前区堆积扇方法计算。

②山区大河两岸堆积扇桥下净空。

山区大河两岸的堆积扇,由于基准面相对稳定,在扇面达到最大淤积坡面之后,其淤涨停滞,转变为一次性大冲大淤。因此,其桥下净空计算,应考虑泥石流规模及最大一次冲出量等因素,其中 H_n 为扇面最大淤积坡面(H_b 以上的一次性最大淤积值)。对于可能堵河断流的巨型泥石流堆积扇,其最大淤积坡面,应按可能下泄的固体物质总量估算,且须特别加大安全值。

③经常暴发泥石流地区的桥下净空。

泥石流经常性暴发的地区,已布设的桥梁可以通过改造沟床或加强排导的办法使桥下净空满足使用要求。2015年8月,泥石流灾害导致温泉三桥彻底被埋。在水电站引水隧道弃渣影响范围之外,通过改沟的方式对原有三条泥石流沟渠进行重新沟通,恢复天然泥石流流向,减轻温泉三桥的流通压力,将部分泥石流导入温泉二桥(图7-37)。根据2017年的调查情况来看,2015年采取顺势导流的方案是有效的。温泉二桥有效地缓解了温泉三桥的压力,确保了主体结构的完好。根据现有情况,建议养护单位加强养护,及时清理桥下泥石流堆积体,同时对桥梁上下游的泥石流通过区、堆积区进行清理,防止泥石流改道上路。

图7-37 中巴公路K1608段温泉二、三桥分流防治泥石流示意图

5)墩台设计

在泥石流地区设计墩台的原则是:尽可能便于泥石流的通过并防止泥石流直接撞击墩台及基础。

(1)墩台形式选择。

在泥石流沟上建造桥梁时应尽量减少桥墩的数量,禁止使用轻型桥墩,最佳的选择是使用圆形或圆端形实体桥墩,以适应泥石流各种角度的冲击。但圆形桥墩截面大,不利于泥石流的排泄,所以在泥石流流向比较单一且稳定的区域可以设置圆端形桥墩。在流向比较紊乱的地方,适宜采用钢筋混凝土圆形桥墩,以尽量缩小截面。在颗粒粗大、冲击力强的泥石流沟里,面向泥石流冲击方向的桥墩面应尽量使用耐磨性高且强度较大的材料,还可以设计一些防撞设施保护桥墩。例如中巴公路G314线阿克朗二桥周边山体为灰白色花岗岩,坡面强风化,坡脚为块石、碎石、砾砂。地层为灰白色碎石土,含有块石,以砾砂充填,最大石块长宽高为 6.0m×3.0m×2.0m,纵坡坡度 4°~7°,桥梁周边地理环境中含有巨大粒径的岩石,在泥石流暴发时极有可能使桥墩严重损毁。阿克朗二桥之前由于对桥墩没有做防护设计,桥墩受到泥石流冲击损毁程度较大,桥梁左侧的泥石流对桥墩有冲蚀,且有较多巨大块石堆积在山坡上,后期泥石流对于桥墩的冲击隐患依然存在。2015 年,在 1 号桥墩外增加混凝土,并包裹 1cm 厚钢板对其进行防护;同时增加桥下铺砌断面及铺砌长度,并对路基左侧及桥底泥石流堆积体进行清理,取得了良好的效果(图 7-38)。

a) 2015年

b) 2017年

图 7-38　中巴公路 K1613+049 处阿克朗二桥桥墩处理前后效果

桥台禁止用锥体突出台前的埋置式桥台。桥台结构要强,材料的耐磨性要高,锥体护坡应浆砌。在颗粒粗大、冲击力强的泥石流沟中,应加强桥台和桥墩迎水面的防护,如提高混凝土标号、以较高强度的块石镶面、用钢板护墩或在上游加设护墩及导流堤防护等。

(2)墩台泥石流抗冲刷计算案例。

桥墩抗泥石流冲刷设计是否合理与桥梁整体稳定性十分相关,现以新疆中巴公路 K1608+536 处桥梁为例,进行泥石流冲击桥墩对桥梁稳定性影响的计算。中巴公路 K1608+536 处泥石流窄河谷的过流断面尺寸为 $b_1=10\mathrm{m}$, $h_1=4.5\mathrm{m}$;宽河谷断面尺寸 $b_2=6\mathrm{m}$, $h_2=6.1\mathrm{m}$, $b_0=2\mathrm{m}$, $l_{AB}=5\mathrm{m}$;可得弧线 OA 的抛物线方程为 $y=0.08x^2$。

泥石流固相体积比浓度 $S_V=0.35$,水的重度 $\gamma_w=10\mathrm{kN/m^3}$,泥石流体的平均重度 $\gamma_c=15.2\mathrm{kN/m^3}$,泥石流体的平均泥深度 $H_C=5\mathrm{m}$,泥石流沟床比降为 $I_C=0.3$,代入斯里勃内依公式(7-63)和公式(7-64)。

$$V_x = \frac{6.5}{a} H_C^{\frac{2}{3}} I_c^{\frac{1}{4}} \tag{7-63}$$

$$a = \sqrt{\frac{\gamma_c}{\gamma_w} \cdot \frac{1}{1-S_V}} \tag{7-64}$$

式中,a 是修正系数;H_C 为泥石流体的平均泥深度(m);I_c 是泥石流沟床的比降值。

则有 $a=1.53, v_x=9.2\text{m/s}^2$。代入式(7-65)，其中 V_A 为最大冲击点的速度：

$$V_A = \sqrt{V_x^2 + V_y^2} = V_x\sqrt{1+4kb_0} \tag{7-65}$$

计算出 $V_A = 11.78\text{m/s}$。

由于下部土体为黏土，根据土力学中相关假定，土体颗粒中值粒径 $d=0.125\text{mm}$，$S=0.088\text{mm}$，$r=0.124\text{mm}$；假定颗粒为椭球体，则尺寸为 $a=0.1\text{mm}$，$b=0.06\text{mm}$，$c=0.05\text{mm}$。摩擦系数 $u_f=0.4$，上覆土体重度 $\gamma=21.6\text{kN/m}^3$，墩台地基面和泥石流的高程差为 $h=1.23\text{m}$，土体的密度是 $\rho=1.9\times10^3\text{kg/m}^3$。

颗粒运动过程中的摩擦力为 $f=1.12\times10^{-4}\text{N}$，转动过程中尖端的土压 $p_1=3.8\times10^{-3}\text{N}$，颗粒尖端沿环向的加速度 $a=1.64\times10^6\text{m/s}^2$，代入式(7-66)：

$$\frac{S}{\sin\theta}\cdot\frac{(\theta_1-\theta_2)}{360°}\cdot 2\pi = \int\left(V_A\cos\frac{0.5\cdot at^2}{r}-at\right)dt \tag{7-66}$$

可以解得，淘蚀半径 R 所需要的时间 $t=7.08\times10^{-2}\text{s}$，最终可以求出淘蚀半径 $R=2.53\text{m}$。而此时因为桥梁下部基础已经被淘蚀，进而使上部结构沿某一倾覆轴发生失稳。桥墩的倾覆稳定性公式如下：

$$k_0 = \frac{S}{e_0} \tag{7-67}$$

式中，k_0 是桥墩的抗倾覆稳定性系数；S 是自截面重心到验算倾覆轴的距离(m)；e_0 是所有外力的合力在验算截面的作用点对基底重心轴的偏心距(m)。

最后经计算可以得到，桥墩的抗倾覆稳定性系数为 $k_0=1.13<1.3$，因此桥梁上部会发生失稳而造成破坏，计算与实际相符合。

6) 桥基埋置深度

(1) 泥石流地区影响桥基埋深的因素。

跨越泥石流地区的桥梁，主要面临两个问题，即桥下泥石流淤积和冲刷。根据新疆山区公路桥基冲刷和淤积情况分析，总结得出影响桥基埋置深度的主要因素如下。

①揭底式的沟床下切：冲刷和淤积交替出现，可能小冲、小淤渐变，也可能大冲、大淤突变，其冲刷幅度可通过调查并结合泥石流发展趋势分析确定。泥石流间歇期越长，冲淤变化幅度越大。若形成区山坡上固体物质补给丰富，沟床则多处于淤涨阶段；补充固体物质不多，沟床则多处于下切阶段。沟中遍布裸露巨石者，正处于下切期，可能淤涨；沟内较平整者，正处于淤涨期，可能孕育下切。一般来说，揭底冲刷后的床面是桥基冲刷计算的基准面。

②向源侵蚀性的沟床下切：这种情况常在山区发育不全的堆积扇缘处，当下游侵蚀基准面下降时发生。这种沟床下切深度按下述办法确定：找出下游相对最低的侵蚀基准面，和桥址处沟槽的平均淤积坡度，对照此坡度略放缓一些，作为可能下切坡度，从基准面往

上拉坡,作为沟底向源下切后的最低沟床面。此最低沟床面是稳定的,可作为桥基冲刷计算的基准面。

③落差性的沟床下切:这种情况发生在泥石流沟槽跌水或拦沙坝下游局部范围内,这种冲刷的最大值可按跌水冲刷经验公式计算。

④主河洪水侧蚀:山区变迁型河流主槽摆动对扇缘产生侧蚀,位于扇缘的桥梁应考虑其影响。

(2)桥下一般冲刷和局部冲刷计算。

跨越泥石流的桥下一般冲刷和局部冲刷计算有待研究。根据清水桥基冲刷原理分析,清水流的冲刷能量应大于相同流量泥石流的冲刷能量。其中,有观点认为应按再发生一次某种频率的清水流产生的桥下一般冲刷和局部冲刷,来控制桥基设计埋置深度;另一种观点则认为应按再发生一次泥石流来计算一般冲刷和局部冲刷。由此,桥下冲刷深度可根据具体情况选定公式计算。

(3)桥基埋置深度的确定。

如果桥梁的桥墩设置在泥石流沟壑内,要考虑泥石流的冲刷、淘蚀、搬运和淤积作用。流通区的泥石流流速高、流面窄、淘蚀破坏作用大,基础设计应考虑泥石流破坏基础土壤后,承载力和稳定性是否满足要求;淤埋区泥石流堆积,应当以一定使用时间内泥石流的淤积高度来确定基础埋深,适当提高冲刷线高度,降低成本(谭沸良,2014)。

山前区泥石流易淤积,基础埋置深度计算方法如下:

$$H_m = h_m + (c - \Delta) \tag{7-68}$$

式中,H_m 为基础埋置深度(m);h_m 为计算冲刷线深度(m);c 为规范规定的最小埋置深度(m);Δ 为考虑泥石流淤积适当减小高度值(m)。

山麓区泥石流易淘蚀破坏土体,基础埋置深度计算方法如下:

$$H_m = h_m + 2.5 \tag{7-69}$$

7)泥石流地区桥梁防护

公路在泥石流流通区建桥跨越的有利条件主要有两个:一是泥石流沟两侧岸坡稳定,流通区的泥石流活动范围相较形成区和堆积区的活动范围最小,基本不会产生大面积的漫流改道,所以在此区域设置的桥梁一般较短,桥梁布置比较简单,如无特殊情况无需做排导工程;二是流通区泥石流沟沟床纵坡较陡,可以很快排泄泥石流本身所携带的大量石块泥浆,因此桥下排洪净空容易掌握,无须为逐年淤涨而抬高线路。

在流通区设桥也具有不利因素,主要是流通区泥石流的搬运力及冲击力最强,如果桥墩设置不当,阻碍泥石流向下排泄,桥墩将遭受猛烈撞击,也可能产生较大的局部冲淤;尤其是黏性泥石流,其搬运能力特别强,能将沟中桥墩直接剪断。

总体而言,流通区虽是建设桥梁的最佳位置,但也有很多对桥梁不利的影响,尤其是泥石流对桥墩桥台的破坏影响较大,因此在泥石流地区为桥梁做一些防护措施是极其必要的。

(1)泥石流地区桥梁防撞设施选取原则。

①防撞设施应该具有足够的强度,能够抵抗来自泥石流中巨大石块的冲击,防撞设施的构造应能够消耗或者先储存再缓慢释放碰撞过程中的能量,从而保证桥梁在发生撞击时不发生失稳或破坏(吴长奎,2013)。

②通过合理的结构形式和各种缓冲材料的布置,尽量减少桥梁墩柱的损伤。

③防撞设施制造、安装、维护和修理方便,经济性能好。

④防撞设施应该具有可靠性和安全性。

(2)泥石流地区桥梁防护材料。

泥石流地区桥梁防护装置的选用或设计是桥梁建设中极其重要的环节,一般桥梁防护最为常见的思路是采用柔性吸能材料吸收外界能量,从而达到保护桥梁的作用。目前经常使用的吸能材料主要有三种:TPEE—热塑性聚酯弹性体、泡沫金属铝和废旧汽车轮胎。这三种材料的共同特点是具有较好的强度、柔韧性和动态力学性能。其中 TPEE—热塑性聚酯弹性体具有很好的回弹力,且耐老化能力强;泡沫金属铝材料吸能效果非常好,兼有气泡和金属的特性,具有重量轻、密度小的优良特点,单位体积泡沫金属铝吸收的能量可达到 $6\sim9J/cm^3$;废旧汽车轮胎具有弹性高、韧性强、成本低等优良特性,若能充分利用,可带来较高的社会效益和经济效益。

(3)桥墩防撞类型。

泥石流地区桥梁防护基本上可认为是对桥墩的防护,目前虽然对泥石流冲毁构筑物的研究很多,比如对于棚洞、混凝土板的研究等,但是直接针对泥石流冲击桥墩的研究还很有限。目前应用比较广泛的是用钢板直接包裹在桥墩外部进行防撞保护的方式,且运行效果良好(图7-39);如直接把桥墩暴露在外部不采取防撞措施,则桥墩存在被泥石流体撞击损毁的风险(图7-40)。

图7-39　中巴公路桥梁桥墩加钢板防撞

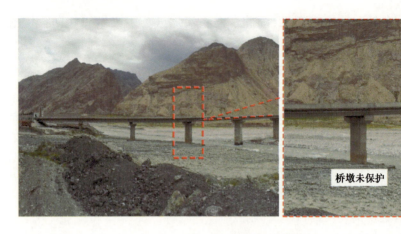

图 7-40　中巴公路某桥墩未采取防护

依据实际工程需要,目前国内外出现了不同类型的桥墩防护形式,总结如下:

①加厚混凝土保护层防护。

图 7-41　桥墩加厚混凝土保护层

此方法是最简单易行的保护措施,实施时只需根据计算得出需要增加的保护层厚度(图7-41)。桥墩混凝土保护层受众多因素影响,例如技术交底不到位、工人质量意识淡薄、材料强度不够、夜间施工照明质量差、垫块绑扎不牢固、垫块数量缺少等,其中引起保护层质量问题的主要因素是垫块绑扎不牢固、垫块数量缺少,因此在泥石流区施工时要紧紧围绕这两个问题展开质量监督工作。

②混凝土套箱结构防护。

混凝土套箱结构,是将混凝土套箱安装在桥墩外围,有许多橡胶件被填充在桥墩和套箱之间。当桥墩受到撞击时,冲击能量主要由橡胶件的弹性变形吸收。从受力来看,该装置属于直接构造弹性变形型装置。

③胶囊沙袋防护。

尼龙绳加固的氯丁橡胶制成的不透水胶囊、中粗砂和胶囊顶部的盖板是胶囊沙袋防护系统的主要部分。首先将胶囊固定在桥墩的周围,再将中粗砂抽干水分后填充到胶囊中,盖上盖板,就组成了胶囊防护系统。抽出胶囊沙袋中粗砂里所含的水分,主要是保持胶囊内外侧净水压力和内部的土压力基本相等,使中粗砂处于主动土压力作用状态。防护系统的顶部盖板是为了防止雨水等进入胶囊内,并可增加胶囊的主动土压力,使内外侧压力平衡。

④钢套箱-细砂组合防护。

钢套箱-细砂组合防撞结构由薄壳筑砂围堰方式发展而来,它是由钢套箱和细砂组成的,利用桥墩作为支承结构,通过向钢套箱内填充细砂来形成缓冲结构。其构造如图7-42所示。

这种防撞装置的优点在于能够有效地减小滚石、碎屑流等地质灾害对桥梁桥墩的撞击作用,在滚石灾害频发地区桥梁桥墩受滚石撞击严重威胁的情况下,可有效提高桥梁桥墩的安全性。其构造简单,安装更换方便,经济实用且适用性强,可作为现有桥墩加固或新建桥墩防撞装置。

⑤"3+2"模式防护。

吴永提出了一种在泥石流地区的桥墩防护技术,如图7-43所示。此种防护结构主要是采取"3+2"模式,由三层钢板和两层泡沫铝组成。椭圆包裹防护结构具体为:内部为钢筋混凝土桥墩,在钢筋混凝土桥墩表面包裹第一层钢板,在第一层钢板和第二层钢板之间填充内层低密度泡沫铝,填充的方向为泥石流冲击方向,在第二层和第三层钢板之间填充外层高密度泡沫铝,填充的方向为迎面泥石流依然撞击方向。从防护结构横切俯视图可以看出,这种结构充分考虑了泥石流撞击方向的防护力度,因而具有极强的针对性。

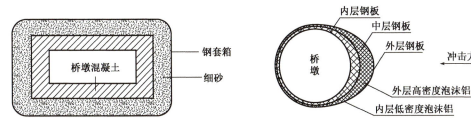

图7-42 矩形截面桥墩钢套箱-细砂组合防撞结构图　　图7-43 新型桥墩防撞措施

⑥轮胎-沙袋组合防护。

泥石流地区桥梁不仅有滚石撞击破坏,还有常见的冲刷破坏,在冲刷严重的地区,泥石流体可以冲刷到地面以下3~4m的深度,对桥梁的稳定性和安全性产生了极大威胁,因此在泥石流地区桥墩防护需要考虑两个因素:防滚石撞击和防泥石流冲刷桥墩基础。如图7-44提出一种泥石流地区桥墩新型防撞方法,在防护墩上泥石流迎面冲击处以一定角度排布轮胎,每个轮胎由钢筋混凝土柱串联,在桥墩和钢筋混凝土柱之间堆叠沙袋,主要用于防止细小石块冲进轮胎之间,进而撞击损毁桥墩。当泥石流中有大块岩石撞击到轮胎上时,轮胎可减缓冲击力,进而把石块的撞击力变为动能消散其能量,并通过轮胎自旋引导大石块向墩台两侧移动。此外,在堆叠的沙袋之后布置一定厚度的挡土墙,用于防止泥石流冲击力过大冲走沙袋,沙袋中的填充物可以使用泥石流沟中的碎石块,就地取材且施工方便。此种防护措施既有效地防止了桥墩底部被泥石流冲刷,又很好地保护了桥墩不被泥石流中夹杂的大块岩石撞击损坏,此外还充分地利用了废旧轮胎价格便宜、货源充足和韧性好等多种优点。

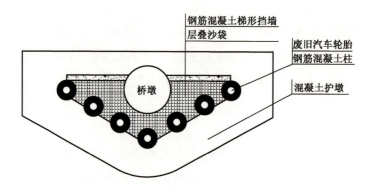

图 7-44　泥石流区桥墩新型防撞系统

8)防撞墩设计

(1)设计原则。

①一般设置在桥墩的上游,用于抵挡泥石流对桥墩的冲击与磨蚀作用,但防撞墩与桥墩的距离须适当:距离过小,容易加深桥墩冲刷及施工过程中对桥梁结构造成的扰动,影响桥梁结构主体安全;距离过大,则失去防护效果。

②适用条件为中等水深条件,即 12~15m 适用(陈洪凯,2013)。

③防撞墩断面形式,其迎泥石流冲击面宜做成圆弧形、多边形或尖角形(图 7-45)。

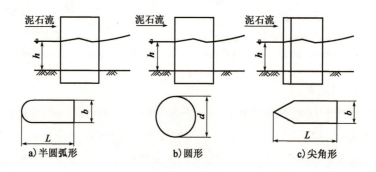

图 7-45　防撞墩墩形示意图

④材料要求。

a. 石料应经过挑选,质地均匀、无裂缝、不易风化,尤其应具有抗侵蚀性能。

b. 石料的抗压强度不应低于 25MPa。

c. 用大卵石砌筑时,石料应经过选择并剖开或凿毛,使之具有两个较大的平行面;砌筑时,不应形成通缝和过大的三角缝,砂浆须饱满,砂浆宜采用 7.5 号。

(2)设计要素。

防撞墩边缘距离桥墩基础外围1.5m左右。防撞墩嵌入河床深度应按照《公路工程水文勘测设计规范》(JTG C30—2015)中桥梁墩台冲刷计算相关规定进行计算,取其最不利组合作为确定基础埋深依据。防撞墩高出河床高度按式(7-70)计算:

$$h = \Delta h + H_c \tag{7-70}$$

式中,h 为防撞墩河床上部高度值(m);Δh 为根据不同设计等级所必须的安全超高(取0.5~1.0m);H_c 为最大泥石流深度(m)。

(3)荷载分析。

作用在防撞墩的荷载包括防撞墩自重 W_d、大块石冲击力 F_c 和泥石流浆体冲击力 F_1(图7-46)。

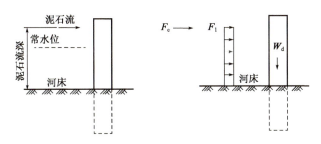

图7-46 作用在防撞墩上的荷载

防撞墩自重由式(7-71)计算:

$$W_d = V_d \cdot \gamma_d \tag{7-71}$$

式中,W_d 为墩自重(kN);V_d 为墩体积(m³);γ_d 为墩圬工重度(kN/m³),一般片石混凝土可取23kN/m³。

当受冲击的建筑物为桥墩、台、柱时,泥石流大块石冲击力计算公式如下(刘玉,2011):

$$F_c = \sqrt{\frac{3EJV^2W}{gL^3}} \cdot \sin\alpha \tag{7-72}$$

式中,F_c 为泥石流大石块冲击力(kPa);E 为工程构件弹性模量(kPa);J 为工程截面中心轴的惯性矩(m⁴);L 为构件长度(m);V 为石块运动速度(m/s);W 为石块重量(kN);g 为重力加速度(取 $g=9.8$m/s);α 为块石运动方向与构件受力面的夹角。

(4)工程验算。

桥梁防撞墩的设计应满足表7-5要求,即防撞墩本身必须具有足够的整体稳定性,墩身截面应具有足够的强度,以抵御泥石流的强烈冲击。

防撞墩设计要求　　　　　　　　　　　　　　　　　　表7-5

要　求	指　标
1. 不产生墩身沿基底的滑移破坏 2. 不产生墩身绕趾部倾覆 3. 不出现因基底过度不均匀 4. 沉降而引起的墩身倾斜 5. 基底不出现过大沉降 6. 墩身截面不产生开裂、破坏	滑动稳定系数 $K_C \geqslant 1.3$ 倾覆稳定系数 $K_0 \geqslant 1.5$ 作用于地基的合力偏心距 $e \leqslant \dfrac{B}{6}$（土质地基），$e \leqslant \dfrac{B}{5}$（岩质地基）基底的最大应力 σ 不大于地基的容许承载力 $\sigma \leqslant [\sigma]$ 墩身截面的压应力 σ_{max}、剪力 τ_1、拉应力 σ_{min} 小于材料的容许应力，$\sigma_{max} \leqslant [\sigma_c]$、$\tau_1 \leqslant \lvert \sigma_j \rvert$、$\sigma_{min} \leqslant [\sigma_{col}]$，作用于截面上的合力偏心距 $e \leqslant 0.25B$

①抗滑稳定性验算。

$$K_C = \frac{f \sum N}{\sum p} \tag{7-73}$$

式中，K_C 为抗滑稳定性系数，可根据防治工程安全等级确定；f 为防撞墩与地基之间的摩擦系数；$\sum N$ 为垂直方向作用力总和(kN)；$\sum p$ 为水平方向作用力总和(kN)。

②抗倾覆验算。

$$K = \frac{\sum M_N}{\sum M_P} \geqslant K_0 \tag{7-74}$$

式中，K 为抗倾覆系数；K_0 为抗倾覆安全系数，可根据防治工程安全等级确定；$\sum M_N$ 为抗倾力矩总和(kN·m)；$\sum M_P$ 为倾覆力矩总和(kN·m)。

③地基承载力验算。

$$\sigma_{max} \leqslant \sigma \qquad \sigma_{min} \geqslant 0 \tag{7-75}$$

$$\sigma_{max} = \frac{\sum N}{B}\left(1 + \frac{6e_0}{B}\right) \qquad \sigma_{min} = \frac{\sum N}{B}\left(1 - \frac{6e_0}{B}\right) \tag{7-76}$$

式中，σ_{max}、σ_{min} 为防撞墩地基最大、最小压力(kPa)；$\sum N$ 为竖向力总和(kN)；B 为防撞墩底部宽度(m)；e_0 为基底偏心距(m)；σ 为地基容许承载应力(kPa)。

7.3.2　泥石流地区公路涵洞设计

泥石流地区涵洞是保障公路安全跨越泥石流沟谷的一种构筑物，更重要的它是携带大量泥沙以及碎石块泥石流的重要排泄通道，其排水和输沙抗淤能力直接影响到桥涵及路基的安全和稳定性(程雷，2013)。按《公路工程技术标准》(JTG B01—2014)对涵洞的规定，总跨径 $L < 8\mathrm{m}$，单孔标准跨径 $L_0 < 5\mathrm{m}$，则称为涵洞。

1) 泥石流地区涵洞基本构造

泥石流地区涵洞主要是由洞身、洞口、基础和端墙等组成的排水或者排泄泥石流的构造物，洞身的作用是将车辆荷载等活荷载和其周边的土压力传递到路基，因此，洞身必须要坚固和稳定。图 7-47 为中巴公路 K1600+273 处盖板涵典型断面。对于泥石流的进出口区域还需加做防护措施,例如端墙,不同类型的涵洞洞身构造不同,洞身构造见表 7-6。

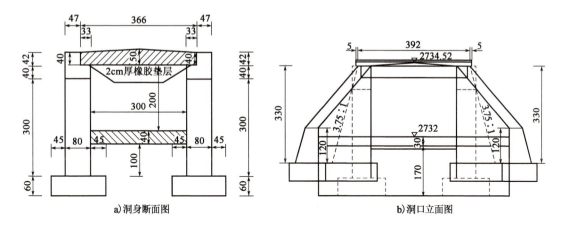

图 7-47 泥石流区涵洞基本结构图(单位:cm)

洞 身 构 造 表 7-6

涵洞洞身构造形式	组 成 部 分	常用孔径(cm)
圆管涵	各分段圆管节和支撑管节的基础层	$D_0 = 50、75、100、125、150$
钢筋混凝土盖板涵	涵台(墩)、涵洞基础、盖板	$L_0 = 150、200、250、300、400$
拱涵	拱圈、涵台和涵墩基础	$L_0 = 100、150、200、250、300、400、500$
箱涵	钢筋混凝土封闭薄壁结构	$L_0 = 200、250、300、400、500$

2) 涵洞布置形式

泥石流地区涵洞洞身布置形式需要考虑当地泥石流的流向以及公路的走向,因此泥石流地区涵洞与路线相交可分为正交和斜交两种。当涵洞纵轴与路线轴线垂直时,称为涵洞与路线正交;当涵洞纵轴与路线轴线成一定角度时,称为涵洞与路线斜交。图 7-48 为中巴公路 K1550+850 处盖板涵与路线正交图,图 7-49 为中巴公路 K1561+098 处及 K1561+492.5 处涵洞与路线斜交图。

实际设计涵洞时,应根据当地的地形地貌以及路线的实际走向,合理选择正交还是斜交。

3) 泥石流地区涵洞选择因素

在泥石流地区选建涵洞应该考虑三个重要因素:选建位置的地形地貌和当地的气候条件,泥石流的类型、流量、流速等相关特征和涵洞水利条件。此外,泥石流地区必须考虑合适的进出口形式和涵洞铺底,加固基础或涵底铺砌,保证进出口、基底及附加路基不被泥石流冲毁。

图 7-48 中巴公路 K1550+850 处与路线正交盖板涵

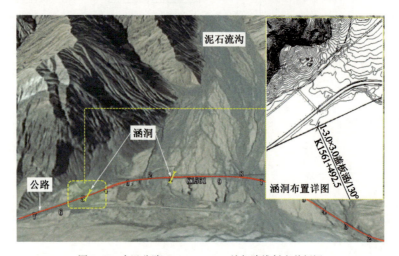

图 7-49 中巴公路 K1561+492.5 处与路线斜交盖板涵

当河沟地处陡峭山谷或冲积堆和漂流物多、有泥石流运动且排泄的设计流量较大时(设计流量大于 $20m^3/s$),宜采用盖板涵。

当路堤高度超过 6m 时,泥石流流量较大,选用钢筋混凝土盖板涵较为经济合理。因为目前还没有针对泥石流地区涵洞的具体研究,因此在修建涵洞时可以优先考虑借鉴过水涵洞的一些使用形式以及中巴公路泥石流区一些实际工程中涵洞的建造情况。表 7-7 列出了几种常见涵洞的适用性和优缺点。

常用涵洞的适用性及优缺点　　　　　　　　　　　　　　表 7-7

形式	适 用 性	优 缺 点
圆管涵	有足够填土高度的小跨径暗涵,泥石流地区不适用	对基础适应性及受力性较好,无需墩台,造价低
盖板涵	要求过水面积较大时,低路堤(明涵)和一般路堤(暗涵),此种涵洞泥石流地区应用最为广泛	构造较为简单,维修容易,跨径小时用石盖板,跨径大时用钢筋混凝土盖板

续上表

形式	适用性	优缺点
拱涵	跨越深沟或者高路堤时,泥石流区偶尔使用	跨径较大承载力较大,但恒载也较大,施工工艺较为复杂
箱涵	软土地基上使用,泥石流区基本无使用	整体性强,用钢量多,施工困难,造价高

近十年来,随着全球气候变暖,山区里冰川融雪和降雨量逐渐增多,造成了越来越频繁的泥石流暴发,这对山区公路上设置的很多桥涵造成了严重威胁,因此如何确定涵洞的建造位置就更为重要。

4) 新疆泥石流区公路涵洞布置原则

传统涵洞是为排泄地面水流而设置的横穿路基的小型排水构造物,作用是迅速排除公路沿线的地表水,保证路基安全。新疆山区由于雨季山洪流量集中、泥石流暴发突然,常常导致洞身堵塞,引起排水不畅。结合新疆山区地形地质和水文气象特点,涵洞布置应考虑以下原则:

(1) 涵洞位置的布置应顺应公路路线走向,并且在布设涵洞时应与路基排水系统相结合。

(2) 涵洞的设置应尽量符合泥石流行进方向,不宜为减短涵长强行正交。当泥石流流速较大,或窄深河沟两岸横向坡度较大、泥石流沟方向与线路不垂直时,宜将涵洞斜交布设,其斜度不宜大于45°;但路线跨越弯曲河沟时,可进行截弯取直,改善水流条件,使水流顺畅。

(3) 当线路无法绕避时,可在流通区的最窄处布设涵洞,且孔径应适当增大,净高应比泥石流的平衡高度高出1.0m。

(4) 当泥石流沟沟底纵坡较大、边坡稳定、地基承载力较好且沟道较深时,可以直接在沟上设涵。

(5) 山岭区一般应一沟一涵。在降雨量大或者暴雨集中且山坡植被稀疏、较容易发生泥石流的地区,沟谷均不宜合并设涵。

(6) 在山口泥石流冲积扇地区,应分散布设涵洞,不宜强行改沟引至低洼处。两冲积扇间洼地,也应布设涵洞。

(7) 涵洞布设应结合地质勘探资料,布置在地质条件良好且地基稳定地段,尽量避开滑坡、断层、崩塌和岩溶发育等不良地质地段;当无法避免时,宜选择设置在岩层破碎较轻、地质稳定或坡积层较薄的地段。

(8) 路线转角大于90°,曲线半径较小,弯道前的纵坡大于4%,且坡长在200m内又无其他涵洞时,在弯道地点附近应布设涵洞(吴保生,2001)。

5) 泥石流区与非泥石流区涵洞计算迥异

泥石流是由泥沙颗粒和水组成的泥浆体,其中水的体积比一般小于50%。无泥石流地区的过路涵洞设计,通常是根据流域产流计算所得洪水过程,进行一般清水水流的有关水力学计算。对于输送泥石流的过路涵洞,若按照一般清水水流的计算方法来考虑,将会导致设计过路涵洞尺寸的严重不足。设计泥石流通过涵洞时,必须在清水径流的基础上使用适当的容积增大系数,泥石流的峰值流量一般是相应清水洪峰流量的2倍,即容积增大系数为2。传统过路涵洞设计中常用的混凝土糙率系数($n=0.016\sim0.018$),对于泥石流是不适用的,由于泥石流附加阻力的存在,应采用较大的曼宁糙率系数($n=0.14\sim0.16$)。

6) 泥石流区与非泥石流区涵洞毁损比较分析

与非泥石流地区的桥涵相比较,泥石流地区的桥涵主要突出的问题是容易造成锥坡破损和桥下淤积、堵塞。其中以涵洞形式跨越小型泥石流沟,泥石流堆积区或流通区容易造成河床的整体抬升,甚至完全淤积堵塞涵洞。例如中巴公路新疆段K1600+536~K1601+885处右侧,该段有2条山沟型水石流,沟谷呈V形。堆积区为碎石土,含有块石、砾砂充填,最大粒径$4.4m\times2.0m\times1.2m$,表面巨石多,有少量草丛,纵坡$8°\sim10°$。在K1600+571处建设了一座涵洞,宽度为3.4m,净高3.02m,如图7-50所示,涵洞已经基本完全被泥石流所淤积堵塞。中巴公路线上类似泥石流淤积堵塞涵洞的情况还有很多,图7-51所示为K1569+900处附近涵洞被泥石流淤堵情况。

图7-50 中巴公路K1600+706处涵洞淤塞

图7-51 中巴公路K1569+900处涵洞淤塞

图7-52是泥石流一般情况下对涵洞的冲击部位和磨损部位图。由图可以看出泥石流淤积区集中在了涵洞出口处,因此设计时应对涵洞底部坡度进行设计。在泥石流地区建造涵洞时,一般涵洞出口的底坡要小于上段,但为了保持泥石流的有效流动,该段的底坡必须大于泥石流运动所需要的最小临界值。Bagnold(Bagnold R A,1956)曾给出了临界坡降的计算式。

$$\tan\theta = \frac{C_v \tan\phi_{bed}}{\gamma_w/(\gamma_s - \gamma_w) + C_v} \tag{7-77}$$

式中 γ_s 和 γ_w 分别为泥沙颗粒和水的密度。对于运动的沙粒，Chen(Chen C L,1988年)曾经使用 $C_v = 0.53$、$\tan\phi_{bed} = 0.32$ 和 $\gamma_w = 1793 \text{kg/m}^3$，得出 θ 大约为 3°~4°（$\tan\theta \approx 0.05$）。与此相似，Dietrich(Dietrich W E,2014)认为当河道的坡降小于5%时就不具有输送泥石流的能力，因而，在设置涵洞底坡的最小临界值取为5%。

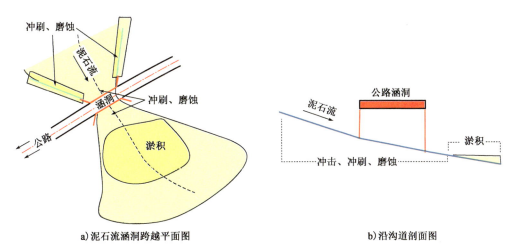

a) 泥石流涵洞跨越平面图　　　　b) 沿沟道剖面图

图 7-52　泥石流作用下的涵洞受损部位

7) 泥石流区涵洞不同断面尺寸下水力断面优劣性比较

泥石流地区涵洞结构水力断面，主要指在沟床坡度 J、粗糙系数 n、设计流量 Q 等参数一定时，泥石流穿过涵洞过流断面水力半径最大的断面。借鉴费俊祥研究成果，引入过流断面形态参数指标 M，即将其定义为断面湿周 P 与水力半径 R 之比，$M = P/R$。定义 S 为过流断面面积(m^2)，V 为涵洞内过流断面泥石流的平均流速(m/s)，则 M 也可表示为：

$$M = \frac{P}{R} = \frac{P^2}{S} = \frac{S}{R^2} \tag{7-78}$$

于是有过流断面的面积 S 和对应的过流流量 Q 表示为：

$$S = MR^2 \quad Q = MR^2 V \tag{7-79}$$

由式(7-78)可知，在同等 S 值的条件下，R 越大，则 M 越小，排泄泥石流量 Q 越大，水力条件越好。因此，可以用断面形态参数表征涵洞的水力最佳条件。

7.3.3　山区公路泥石流渡槽工程

1) 概述

渡槽常用作输送渠道水流跨越各类道路的架空构筑物。渡槽结构主要用块石、混凝土及钢筋混凝土等材料砌筑建成(陆建民,1985)。山区公路泥石流渡槽工程大多位于泥石流沟的流通段或者是流通—堆积段，与山区公路的线形主体以及相关构筑物形成立体交叉。新疆山区泥石流通过顶部的渡槽以急流形式通过，流速和运移效率较高。在地形条件有利时，新疆山区公路为避免泥石流灾害常采用这种排导工程。

（1）基本适用条件。

①山区公路沿线的泥石流灾害暴发较为频繁，高含沙水流、大型降雨或冰川融水交替出现，形成具备冲刷条件的沟道。

②山区公路沿线的地形高差需要满足要求，即满足山区公路主体及其附属构筑物的立体交叉净空高度要求。

③保证渡槽进、出口顺畅，且基础满足承载力和抗冲刷能力要求。

④对于沟道迁徙无常且冲淤变化急剧的情况，应选择在渡槽进口前方设置适当大小的汇流槽。

⑤对于含大块漂浮砾石的水石流、密度大、高黏性且固体物粒径变化范围广的泥石流，应谨慎使用或者选择渡槽，在进口前设置不同规模的梯级浅槛群。

（2）地形条件。

①线路通过泥石流沟是低路堑或半路堑，可利用地形高差架空作渡槽。

②用桥（涵）跨越泥石流沟，桥（涵）下净空严重不足，下游又无地形条件可用开挖满足净空时，可在桥前设拦挡坝，提高沟槽床面，人工造就地形高差，使泥石流凌空通过。

③桥（涵）前泥石流沟槽弯曲，排泄不畅，易堵塞，净空又偏低，可利用地形高差截弯取直，改移泥石流沟道，作泥石流架空渡槽。

④桥（涵）进口紧靠陡壁跌水，地形高差较大，泥石流体能飞溅跌落桥上、路基时，可利用地形作架空渡槽排泄泥石流。

⑤渡槽末端孔跨的槽下净空必须满足通过车辆和建筑限界的最低高度要求。

（3）地质条件。

①刚性渡槽地基条件要好，如拱式、框架式和连续梁式渡槽，可就地取材。

②地基条件较差时，宜用简支梁式或反梁式渡槽。

③地基基础太差时，要慎用或不宜采用，如高填方、淤泥地基，如用则地基要作特殊处理后方可作架空泥石流渡槽。

（4）泥石流特征条件。

①泥石流渡槽设计的流量、流速、密度、泥深、最大颗粒直径、阵流堵塞系数以及残留层厚度等基本数据，必须科学、准确、可靠。

②泥石流处于急剧发展阶段，对于规模较大的高频泥石流沟，不宜采用泥石流架空渡槽，而应以较长的明洞渡槽通过为佳（陈洪凯，2004）。

③泥石流渡槽进口挡墙和出口悬空跌落部位，其跌落冲刷深度，跌落射流长度等可按

排导工程中的设置进行处理。

(5)注意事项。

①对于含有丰富物源或处在急剧发展阶段的山区泥石流沟道,采用渡槽工程是极为不利的,出现此类情况的原因是渡槽工程适用条件的限制。

②山区泥石流的计算方法虽日益成熟,但较实际情况仍有一定的误差,所以按设计标准流量计算的断面积也应留有充分的余地。通常,以加大30%流量作为验算渡槽工程在满槽状态下过流能力的校核依据。

③做好槽身过流部分底面、侧面的耐磨蚀处理和局部构造的抗冲击处理。

④防止渡槽的槽底与洞顶之间的渗漏,并注意渡槽下方公路和行车及行人的安全防护。

⑤位于施工干扰突出地段的渡槽,应采用预制安装构件的施工方案并做好施工计划,集中力量施工,尽快建成受益。

2)新疆山区泥石流渡槽工程平面布置(图7-53)

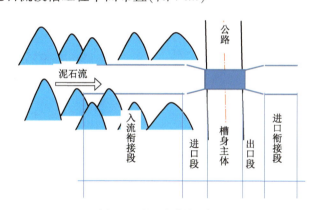

图7-53 泥石流渡槽示意图

渡槽从上游到下游,依次是入流衔接段、进口段、槽身主体、出口段以及出流衔接段。

(1)在平面形态布置上,渡槽和泥石流沟道的连接应是顺直、平滑的,渡槽入口不得布设在急弯处,渡槽入口以上需设15~20倍槽宽的直线引流段,使之衔接自然且变化循序渐进,最终达到入流稳定和流速均匀。

(2)渡槽入口段禁止强行压缩底宽,也避免突然收缩或扩宽,选择用上宽下窄的梯形或者圆弧形状的喇叭口线形,以连续、渐变为好。渐变段长 $l \geq (5 \sim 10)B_f$ (B_f 为槽宽),且一般不得小于20m,渐变段扩散角 $\alpha \leq 8° \sim 15°$。

(3)槽身主体部分应是均匀的直线段。为了保证下方行人及公路的安全,也为了将其使用期的干扰排除,其长度应遵循"长有余,保安全"的规则。通常,除被跨越物横向净宽之外,其延伸长度 $l' = (1 \sim 1.5)B_f$。槽身一般采用矩形横断面,其宽深比 $B_f/H_c = 2 \sim 5$,$B_f \geq 2.5D_m$ (D_m 为山区泥石流固体物质最大粒径),且 $B_f > 4m$。在可能条件下,力求渡槽底宽与山区泥石流沟稳定流通段的底宽相近。

(4)渡槽工程出口及出流段应和沟道衔接顺直,要规避沟道弯曲、收缩或纵向平缓地带,以及凸出部位。要确保山区泥石流能以自由的方式出流,避免在槽尾附近出现就地散流和停淤的现象。

对应于山区泥石流渡槽的适用条件,若出现渡槽出口无地形显著落差、或下游沟道纵坡比较小时,在平面布置上可以采取以下方法:

①将渡槽出口作适当收缩,加大出口流速。

②适当调整槽底纵坡,加大出口流速。

同样若出现相反情况即渡槽出口有较大落差时,可采取槽尾以悬臂式支撑延伸,使泥石流跌落入沟,或泥石流在槽尾直接跌落入沟(图7-54),或槽尾与排导沟连接,经肋槛、齿墙等消能后,进入下游沟道(图7-55)的方法。

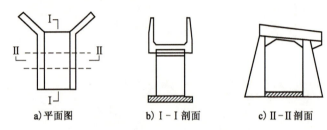

图7-54 新疆山区泥石流渡槽平断面图

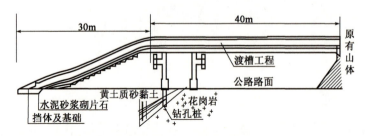

图7-55 新疆山区组合式泥石流渡槽示意图

对发生频繁的黏性泥石流,以在槽尾直接凌空跌落入沟为好,但基础岩石须坚固耐冲,否则应在其他两类布置形式中选择。

(5)无论选用哪种渡槽出口和沟道衔接出流段布置形式,都应力求避免:

①由于出流不畅产生槽外淤积,由累积性槽外淤积阻碍槽的出流,甚至溯源在槽内阻塞,会让渡槽的过流能力受到影响。

②当渡槽出口流速过高时,会因自身基础耐冲力不够的缺陷而发生局部冲刷,对渡槽正常使用构成严重威胁。

因此,在新疆地区泥石流渡槽平面布置上,还应设置相应的导流及防护工程设施,如导流堤、消力槛等。

3)新疆山区泥石流渡槽工程纵横断面设计

(1)泥石流渡槽工程类型较多,但已能成熟运用的,规模一般都较小,费用也比较高。目前常用的有如下几种,如图7-56所示。

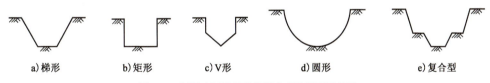

a)梯形 b)矩形 c)V形 d)圆形 e)复合型

图7-56 新疆山区泥石流渡槽典型横断面示意图

①平底槽形断面(矩形、梯形、箱形)设计:平底槽排泄泥石流固体物质条件最差,尤其在中、小型泥石流与大型泥石流后期,容易在槽内发生淤积。因此,槽身边墙高度设计对黏性泥石流应预留残留层高度,对稀性泥石流要考虑中、低水位后的清淤工作。否则,必须加大渡槽纵坡,一般纵坡设计应大于15%,渡槽出口悬空,才能顺利排泄泥石流而不淤积。如若渡槽出口不能悬空,而是原地面接原沟时,则渡槽纵坡设计还应加大到18%～23%,方能排泄顺畅。另外,只有在坡度很大时才宜采用平底槽,在西北泥石流地区用得较多,效果也较好。平底槽防磨蚀范围大,在整个平底槽范围内都应加强防磨措施。

②半圆形(弧形、锅底形)设计:圆形底槽排泄泥石流固体物质条件与排导槽相似,但缺点主要是施工困难,防磨范围略大于排导槽。

(2)设计的原则和步骤。

①槽底设计纵坡坡度的大小,应等于或近似于天然沟道的流通段平均纵坡坡度值。防止泥石流通过时产生淤积堵塞,甚至发生漫溢破坏。

排泄坡面泥石流的渡槽,其槽底纵坡坡度值应等于或大于该沟的淤积纵坡坡度值。

②按照设计最大流量计算横断面面积,是渡槽工程有效的过流横断面面积,此外还需加上计算裕度和安全超高得到渡槽工程的设计横断面尺寸。

③最大可能的采用具有较大水力半径的直墙式矩形横断面或陡墙(边坡系数$n \leq 0.5$)窄深式梯形横断面,以减小其阻力,同时增大流速,提高渡槽工程的输送效率。槽底为圆弧形或钝角三角形,有利于小流量排泄,避免淤积堵塞。

④在计算槽深时,应采用阵性泥石流的波高(龙头高)计算值或调查值予以验算。

⑤对于纵、横断面的初算结果,应采用不同规模的泥石流流量来计算流速和渡槽与沟道的耐冲流速并进行比较。当不能满足要求时,可以将纵坡坡度调整,进而重新计算横断面,再反算流速,直至满足要求为止。

(3)计算公式。

①按水力最佳断面确定山区泥石流渡槽宽深比的公式为:

$$\beta_0 = \frac{B_c}{H_c} = 2(\sqrt{1+n^2} - n) \tag{7-80}$$

式中,β_0 为断面的宽深比;B_c 为渡槽底宽;H_c 为流深;n 为梯形边坡系数。

式(7-80)对于梯形(表7-8)和矩形的断面都是适用的。当断面是矩形时,其边坡系数 n 为零。

新疆山区渡槽工程梯形断面的最优宽深比　　　　表7-8

n	0.00	0.10	0.20	0.25	0.50	0.75	1.00	1.25
β	2.01	1.82	1.62	1.55	1.22	1.02	0.82	0.72

②计算山区泥石流渡槽工程的槽底纵坡,可根据以下情况分别表示为:

a. 山区泥石流为稀性时。

$$I_f = 0.59 \frac{D_a^{\frac{2}{3}}}{H_n} \tag{7-81}$$

式中,I_f 为山区泥石流渡槽工程槽底纵坡;D_a 为泥石流中固体物的平均粒径(m);H_n 是山区泥石流渡槽工程槽底淤积物的平均深度(m)。

b. 山区泥石流为黏性时。

$$I_b < I_f < 15\% \tag{7-82}$$

式中,I_b 为山区泥石流沟道对应的天然沟床纵坡坡度;I_f 为山区泥石流渡槽工程槽底纵坡坡度。

4)新疆山区泥石流渡槽工程结构设计

(1)荷载及组合确定。

①作用于山区泥石流渡槽主体底部的荷载。

a. 结构自重、回填土的质量和土压力(主要对进、出口段的槽体进行考虑)。

b. 渡槽内流体的质量,包括设计渡槽流量时的泥石流质量及其相应的压力,校核验算在满槽状态下的泥石流压力。

c. 伴有大块浮动砾石的山区泥石流作整体运动时的冲击力(泥石流自身压力或单个大块浮动砾石的集中荷载乘以1.3的冲击系数)。

注意:当沿冲击作用方向在山区泥石流渡槽槽底或侧墙背后设置厚度>1m的填土层时,可不计算冲击力。

②荷载组合的方式。

a. 基本组合:结构自重、填土重及土压力,以及设计情况下的流体质量和流体静压力、泥石流冲击力。

b. 附加组合:结构自重、填土重及土压力,以及校核情况下的流体质量和流体静压力、泥石流冲击力。

c. 特殊组合:结构自重、续土重及土压力,以及地震引起附加应力的组合,或与最高、最低温度引起附加应力的组合。

(2)结构形式选定。

山区泥石流渡槽为一空间结构,其纵、横方向结构与受力均不相同,应分别计算。槽体沿流动方向的跨度较大,为主受力方向。渡槽沿纵向布置的主要结构形式有:简支梁结构,包括矩形或梯形梁断面(图7-57),悬臂梁结构(组合梁断面),单拱或连续拱形结构。

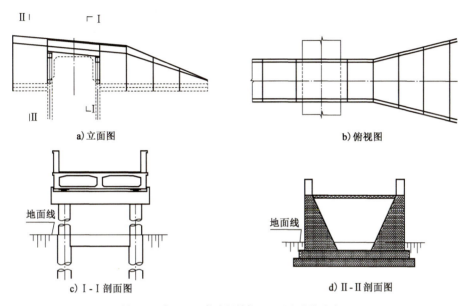

图7-57 新疆山区简支梁结构的泥石流渡槽设计图

山区泥石流渡槽过流部分的主要结构形式有:圬工分离式侧墙组成的矩形或梯形横断面,无横向拉杆或带横向拉杆的整体式钢筋混凝土矩形、梯形或弧形横断面,封闭式钢筋混凝土箱形横断面(图7-58)。

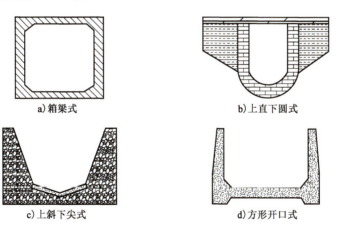

图7-58 新疆山区泥石流渡槽过流段4种结构形式

计算时选不同的结构计算单元,既作纵、横向结构总体计算,又分别计算侧墙、底板、肋箍、拉杆、腹拱、竖墙、立柱、拱墩、基础等的强度、抗裂性以及稳定性等,并参照同类结构的计算方法进行计算。

5）新疆山区泥石流渡槽工程的细部结构和构造

（1）渡槽工程基础。

渡槽工程的立交处净空高，且其主体自重和山区泥石流荷载都比较大，所以对地基与基础的要求都较高。

①对于渡槽跨端大多是采用整体连续式条形基础，也可用支承墩、柱、排架等支承形式。

②两端条形基础的形状、尺寸、构造和基底高程应力求对称，避免侧向受力不均而导致不均匀沉陷和变形。

③渡槽工程的基础埋深不得小于下部公路的基底高程，且应考虑抗冲刷、抗冻融等要求。

④渡槽工程基础必须置于坚固的基岩或密实、坚硬的石质土上，若不满足时，需对其加固处理。

（2）分缝。

①渡槽进、出口段和渡槽主体过流段之间应设置沉陷缝和伸缩缝。

②对长度超过40m的槽身，可按20~30m一段划分伸缩缝。

③分缝均应作防渗处理。

④预制安装的槽身和小型薄壳结构槽身，可按工作缝处理而不再分缝。

（3）止推墩台。

泥石流渡槽出入口的边跨支墩会受到较大的水平推力，所以为了保持其纵向的稳定，需采用重力式结构制作边墩并做槽底的止推装置。

（4）槽内耐磨层。

泥石流渡槽的最低要求是只能排不能淤，淤则漫槽，其危害远比磨损大。要排就必然要产生磨损，而渡槽防磨又比一般的泥石流排导槽重要。由于渡槽槽身是悬空受荷载结构，磨蚀过多将影响槽身结构的安全，因此，泥石流渡槽防磨措施应比一般排导槽要求要高。

①采用10~15mm厚度的钢板铺底防磨。V形渡槽在沟心线分别向两边延伸1/5槽宽范围内，将钢板四周和板中间预焊带钩的锚固栓注渡槽槽身梁时埋入防磨层内，在两斜面钢板交接的沟心用焊接将板缝焊牢，其质量轻，整体性强，排导效果好。

②平底槽则用同样方法将槽底全部用钢板平铺。用料没有V形槽省，效果也没有排导槽好，原因在于固体物质和水都不能集中。

③采用废旧钢轨滑床防磨。V形渡槽在沟心线分别向两边延伸五分之一槽宽范围内，用废旧钢轨将轨底面向上密布成钢轨滑床，轨距以混凝土碎石能下落捣固为准。在灌注渡槽槽身梁时，将其埋入防磨层内。这种防磨措施在公路上使用需创造一定的条件。

④平底槽可用同样的方法,在槽底全部用废旧钢轨将轨底面向上密布成钢轨滑床,灌注在防磨层内的槽身。平底槽用料大,排导效果差。

6)新疆山区泥石流渡槽工程实例分析

(1)工程概况。

中巴公路 K1607+200~K1607+300 段公路右侧为泥石流沟道,泥石流流域面积约为 1.04km², 坡面长度为 2.858km,高程在 3032~4772m 之间,高差约为 1740m, 比降约为 608.8‰。形成区山体由灰黑色千枚岩、灰白色花岗岩等组成,山势陡峻,坡度多在 35°~50°,堆积区纵坡坡度为 10°~25°,为冰川坡面型泥石流,规模较大,呈近南北向展布,由北向南经公路过水路面进入盖孜河。该泥石流沟在雨季极易暴发大型泥石流,以往该泥石流沟活动频繁,多次致使道路中断,严重影响了行车安全(图 7-59)。根据现场调查,该处地形地貌及沟道满足泥石流渡槽工程的适用条件:

图 7-59 中巴公路 K1607 段公路地形地貌

①形成区的物源并不丰富,主要为冲刷泥石流堆积体启动,所以将沟道进行适当处理后,不会引发大型的泥石流。

②堆积区修筑区内坡度在 20°左右,符合泥石流渡槽工程要求。

③修筑区内的地形高差满足要求,沟道出口与公路路面垂直高差为 4~5m,公路左侧为盖孜河,垂直高差为 15~20m。

④在山坡上已经形成了稳定的冲刷泥石流沟道,而非急剧生成的沟道。

⑤该区域位于泥石流堆积扇的边缘区,地基为沙砾石层,固结压密,承载力较高,所以基础结构层可以保证其稳定性。

⑥公路外侧有沿线河流,可将泥石流体随河水及时排出,节省了大量人力和物力。

因此在该沟处可修建公路泥石流渡槽工程,该沟谷的平均比降是 14.2%,最大冲刷工况下设计泥石流流量是 38.5m³/s,最大冲刷工况下泥石流流速是 6.5m/s,泥石流的重度 15.8kN/m³。

分析表明,该泥石流可采用简支梁结构式渡槽工程进行防治。在渡槽入口设置汇流槽,可有效防止泥石流改道并减轻泥石流流体对渡槽内槽壁的冲蚀。设置沟口距路面高约 6.5m,渡槽结构距路面净高为 6m,采用矩形断面,公路上部结构如图 7-60 所示。又根据式(7-80),按断面宽深比 $\beta=2$,取宽 $B_c=5m$、深 $H_c=2.5m$。槽底纵坡按照式(7-81),取 $I_f=15\%$。需考虑地震作用,并按一级抗震结构设计,设防烈度为 8 度。

(2)渡槽工程纵向结构设计。

荷载组合值为渡槽槽身结构的自重与设计流量下泥石流的重力之和。

取 1m 宽的板带进行计算并配筋,其余板带均按此板带配筋。钢筋混凝土重度为 25kN/m³,取 1m 宽板带按简支进行计算,底板厚为 1000mm,混凝土保护层厚度为 100mm,计算跨度为 8m。按简支梁来考虑,计算模型如图 7-61 所示。

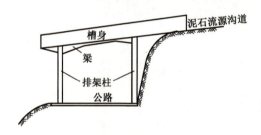

图 7-60　新疆山区某公路段拟建泥石流渡槽工程结构示意图

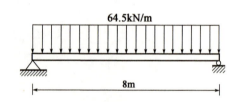

图 7-61　底板纵向计算模型

底板所受弯矩最大值为 $M=(1/8)\times 64.5\times 8^2=516kN\cdot m$。根据此弯矩的最不利值进行渡槽槽底纵向钢筋的计算。选用 C30 混凝土和 HPB235 钢筋,$f_c=14.3N/mm^2$,$f_y=210N/mm^2$。

受压区高度:

$$x=h_0\left[1-\sqrt{1-\frac{2M}{\alpha_1 f_c b h_0}}\right]=900\left[1-\sqrt{1-\frac{2\times 516\times 10^6}{14.3\times 1000\times 900^2}}\right]=41(mm)$$

所需钢筋截面积 $A_s=\dfrac{\alpha_1 f_c bx}{f_y}=\dfrac{14.3\times 1000\times 41}{210}=2792(mm^2)$,由于最小配筋率 $\rho_{\min}=0.215\%$,则最小配筋面积为 $\rho_{\min}bh=0.215\%\times 1000\times 1000=2150(mm^2)<2792mm^2$,故采用计算配筋面积进行配筋,选用 $\phi 25@160$ 的钢筋,实配 $3068mm^2$。

(3)槽身横向结构的设计。

①侧墙。

按受弯构件,把侧墙视为固定于渡槽底板的悬臂梁,其最大弯矩位于侧墙下部:$M=(1/6)\gamma_c H^3=(1/6)\times 15.8\times 2.5^3=41.3(kN\cdot m)$。

侧墙壁厚 600mm,取 1m 长结构体按照悬臂梁进行配筋计算,截面尺寸为 $b \times h = 1000 \times 600 (\text{mm}^2)$,混凝土强度等级取 C30,$\alpha_1 f_c = 14.3 \text{N/mm}^2$,钢筋采用 HPB235,$f_y = 210 \text{N/mm}^2$。钢筋保护层厚度取 100mm,按单筋矩形截面进行配筋计算,其受压区高度为:

$$x = h_0 \left[1 - \sqrt{1 - \frac{2M}{\alpha_1 f_c b h_0^2}} \right] = 500 \left[1 - \sqrt{1 - \frac{2 \times 41.3 \times 10^6}{14.3 \times 1000 \times 500^2}} \right] = 5.81 (\text{mm})$$

所需钢筋截面积 $A_s = \alpha_1 f_c bx / f_y = (14.3 \times 1000 \times 5.81)/210 = 396 (\text{mm}^2)$,由于最小配筋率 $\rho_{\min} = 0.215\%$,最小配筋面积为 $\rho_{\min} bh = 0.215\% \times 1000 \times 1000 = 2150 (\text{mm}^2) > 396 \text{mm}^2$,故应采用最小配筋面积进行配筋,选用 $5\phi25$ 的钢筋,实配 2454mm^2,架立筋选用 $2\phi16$。侧墙剖面配筋图如图 7-62 和图 7-63 所示。

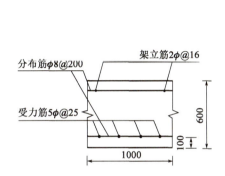

图 7-62 单位长度纵剖面配筋图(单位:mm)

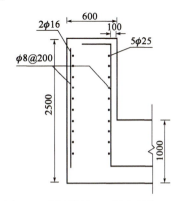

图 7-63 侧墙横剖面配筋图(单位:mm)

②横向槽底。

横向底板按简支梁考虑,如图 7-64 所示。按满槽考虑,则 $H = 2.5\text{m}$。

$$N_a = N_b = \frac{1}{2} \gamma_c H^2 \quad (7-83)$$

$$M_c = \frac{1}{2} (\gamma_c H + \gamma_h \delta) l^2 - \frac{1}{6} \gamma_c H^3 \quad (7-84)$$

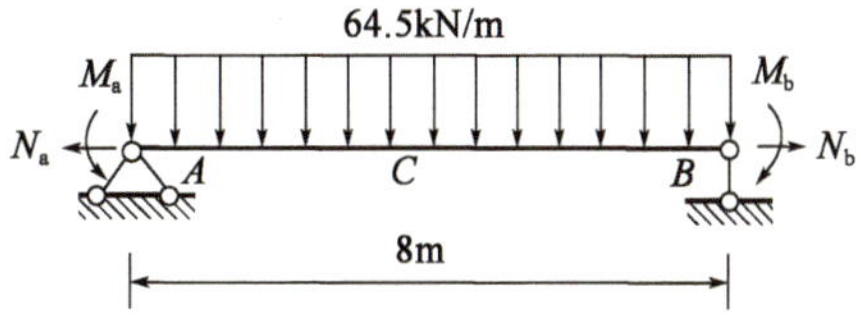

图 7-64 底板横向受力模型

式中,γ_h 为钢筋混凝土重度(kN/m^3);δ 为底板的厚度(m)。

通过式(7-83)和式(7-84)计算得 $N_a = N_b = 49.4 \text{kN}$,$M_c = 2023 \text{kN} \cdot \text{m}$。

根据此弯矩最不利值进行槽底横向钢筋的计算:采用 C30 混凝土,HRB335 钢筋,$f_c = 14.3 \text{N/mm}^2$,$f_y = 300 \text{N/mm}^2$。

受压区高度:

$$x = h_0 \left[1 - \sqrt{1 - \frac{2M}{\alpha_1 f_c b h_0^2}} \right] = 900 \left[1 - \sqrt{1 - \frac{2 \times 2023 \times 10^6}{14.3 \times 1000 \times 900^2}} \right] = 174 (\text{mm})$$

所需钢筋截面积 $A_s = \dfrac{\alpha_1 f_c bx}{f_y} = \dfrac{14.3 \times 1000 \times 174}{300} = 8294 (\text{mm}^2)$。

A_s 大于最小配筋面积 $\rho_{\min} bh = 0.215\% \times 1000 \times 1000 = 2150(\text{mm}^2)$，选用 Φ25@60 钢筋，实配 8341mm^2。槽底配筋图如图 7-65 所示。

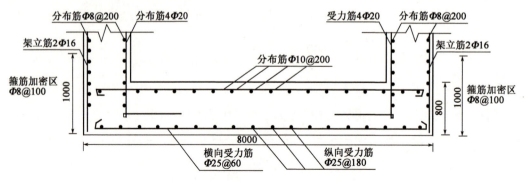

图 7-65　槽底配筋图（单位：mm）

③支撑结构的设计（郭洪江等，1999）。

采用排架支撑形式，其荷载组合为竖向荷载、地震力与渡槽水平推力之和。

a. 竖向荷载作用下的纵梁配筋计算。

由于槽底板纵向长 $l_1 = 8\text{m}$，横向长 $l_2 = 2.5\text{m}$，$l_1/l_2 = 3.2$，按照混凝土结构设计规范的规定，底板为双向板。双向板向支撑梁传递荷载的形式为：从区域四角处做 45°角线与平行于长边的中线相交，将整块分成 4 个板块，每个板块上的荷载传递给相邻的支撑梁。因此，双向板传递给支撑梁的荷载为：双向板长边支撑梁上荷载呈梯形分布；短边支撑梁上荷载呈三角形分布。荷载传递示意图如图 7-66 所示。

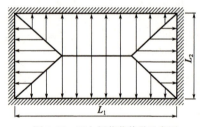

图 7-66　双向板荷载传递示意图

为方便计算，基于支座截面弯矩相等原则，可将支撑梁上的梯形或三角形荷载换算为等效均布荷载，三角形荷载等效为均布荷载 $q' = \dfrac{5}{8}q$，梯形荷载等效为均布荷载 $q' = (1 - 2\alpha^2 + \alpha^3)q$，换算示意图如图 7-67 所示。

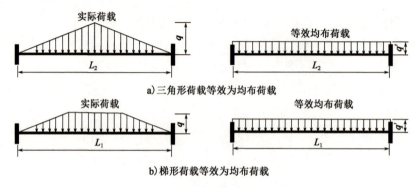

a) 三角形荷载等效为均布荷载

b) 梯形荷载等效为均布荷载

图 7-67　三角形及梯形荷载等效为均布荷载

图 7-67 中 q 为实际荷载,$q = 360\text{kN/m}$,$\alpha = (l_2/l_1)^2 = 0.1$,则纵横梁所受荷载分别为：边纵梁 $q_1 = (1 - 2 \times 0.25^2 + 0.25^3) \times 360 = 353.2(\text{kN/m})$,中纵梁 $q_2 = 2q_1 = 706.3(\text{kN/m})$,横梁 $q_3 = \dfrac{5}{8} \times 360 = 225(\text{kN/m})$。

纵梁横梁受力示意图如图 7-68 所示。

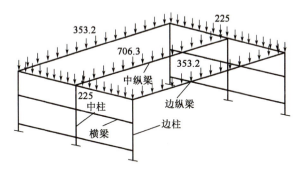

图 7-68 排架纵横梁受力示意图(单位:kN/m)

b. 边纵梁的配筋计算。

边纵梁截面尺寸选 $b \times h = 600\text{mm} \times 800\text{mm}$,混凝土强度等级为 C30,受拉钢筋采用 HRB335 级钢筋,箍筋采用 HPB235 级钢筋,最不利截面弯矩为 $M = \dfrac{1}{8} \times 320.6 \times 8^2 = 2833.6(\text{kN} \cdot \text{m})$。

(a) 单筋截面受弯承载力的验算。

受拉钢筋按照两排进行布设：

$h_0 = 800 - 65 = 735(\text{mm})$

$M_{\mu\max} = \varepsilon_b(1 - 0.5\varepsilon_b)\alpha_1 f_c b h_0^2 = 0.55 \times (1 - 0.5 \times 0.55) \times 14.3 \times 600 \times 735^2$
$\qquad = 1848 \times 10^6(\text{N} \cdot \text{mm}) < M = 2833.6 \times 10^6(\text{N} \cdot \text{mm})$

需按照双筋截面计算。

(b) 确定其钢筋截面的面积(A_s 和 A_s')。

取 $x = \varepsilon_b h_0$,受压区钢筋面积为：

$A_s' = \dfrac{M - \varepsilon_b(1 - 0.5\varepsilon_b)\alpha_1 f_c b h_0^2}{f_y'(h_0 - a_s')}$

$\quad = \dfrac{2833.6 \times 10^6 - 0.55 \times (1 - 0.5 \times 0.55) \times 14.3 \times 600 \times 735^2}{300 \times (735 - 65)}$

$\quad = 4902(\text{mm}^2)$

选 8ϕ32 的钢筋,实配 6434mm^2。

受拉钢筋的面积为：

$$A_s = \frac{\alpha_1 f_c b \varepsilon_b h_0 + f'_y A'_s}{300} = \frac{14.3 \times 600 \times 0.55 \times 735 + 300 \times 4902}{300} = 16464(\text{mm}^2)$$

选 22φ32 的钢筋,实配 17685mm²。

(c) 验算梁斜截面的受剪承载力。

支座边截面剪力值为:

$$V_{max} = \frac{1}{2}ql = \frac{1}{2} \times 353.2 \times 8 = 1412.8(\text{kN})$$

$$\frac{h_0}{b} = \frac{535}{600} < 4.0$$

$$0.25\beta_c f_c b h_0 = 0.25 \times 14.3 \times 600 \times 735 = 1576.6(\text{kN}) > V_{max}$$

截面尺寸满足要求。

$$0.7 f_t b h_0 = 0.7 \times 1.43 \times 600 \times 735 = 441(\text{kN}) < V_{max}$$

需按计算结果配置箍筋。

$$\frac{nA_{sv1}}{s} = \frac{V_{max} - 0.7 f_t b h_0}{1.25 f_{yv} h_0} = \frac{1412.8 \times 10^3 - 0.7 \times 1.43 \times 600 \times 735}{1.25 \times 210 \times 735} = 5$$

选用双肢箍筋 $n=2$,箍筋直径 $d=8$mm,$A_{SV1}=50.3$mm²,$s=nA_{sv1}/5=20.1$mm,选取 $s=100$mm $< s_{max}=250$mm。

(d) 验算其最小配筋率。

$$\rho_{sv} = \frac{nA_{sv1}}{bs} = \frac{2 \times 50.3}{600 \times 100} = 0.17\% > \rho_{svmin} = 0.24\frac{f_t}{f_{yv}} = 0.15\%,\text{满足要求}。$$

c. 中纵梁的配筋计算。

中纵梁的截面尺寸选筋应采用 HRB335 级钢筋,$b \times h = 900\text{mm} \times 1000\text{mm}$,混凝土强度等级为 C30,受拉钢箍筋采用 HPB235 级钢筋,最不利截面弯矩为 $M = \frac{1}{8} \times 706.3 \times 8^2 = 5650.4(\text{kN·m})$。

(a) 验算单筋截面受弯承载力。

受拉钢筋按两排布设:

$h_0 = 1000 - 65 = 935(\text{mm})$

$$M_{\mu max} = \varepsilon_b(1 - 0.5\varepsilon_b)\alpha_1 f_c b h_0^2 = 0.55 \times (1 - 0.5 \times 0.55) \times 14.3 \times 900 \times 935^2$$
$$= 4878.5 \times 10^6 (\text{N·mm}) < M = 5650.4 \times 10^6 (\text{N·mm})$$

需按双筋截面计算。

(b) 计算钢筋截面面积(A_s 和 A'_s)。

取 $x = \varepsilon_b h_0$,受压区钢筋面积为:

$$A'_s = \frac{M - \varepsilon_b(1 - 0.5\varepsilon_b)\alpha_1 f_c b h_0^2}{f'_y(h_0 - a'_s)}$$

$$= \frac{5650.4 \times 10^6 - 0.55 \times (1 - 0.5 \times 0.55) \times 14.3 \times 900 \times 935^2}{300 \times (935 - 65)}$$

$$= 4460(\text{mm}^2)$$

选 $8\phi30$ 的钢筋,实配 5024mm^2。

受拉钢筋面积为:

$$A_s = \frac{\alpha_1 f_c b h_0 \varepsilon_b + f'_y A'_s}{300} = \frac{14.3 \times 900 \times 0.55 \times 935 + 300 \times 4460}{300} = 26521(\text{mm}^2)$$

选 $30\phi34$ 的钢筋,实配 27224mm^2。

(c) 梁斜截面受剪承载力。

支座边截面剪力值为:

$$V_{\max} = \frac{1}{2}ql = \frac{1}{2} \times 706.3 \times 8 = 2825(\text{kN})$$

$$\frac{h_0}{b} = \frac{935}{900} < 4.0$$

$$0.25\beta_c f_c b h_0 = 0.25 \times 14.3 \times 900 \times 935 = 3008(\text{kN}) > V_{\max}$$

截面尺寸满足要求。

$$0.7 f_t h_0 b = 0.7 \times 1.43 \times 935 \times 900 = 842(\text{kN}) < V_{\max}$$

需按计算结果配置箍筋。

$$\frac{nA_{sv1}}{s} = \frac{V_{\max} - 0.7 f_t b h_0}{1.25 f_{yv} h_0} = \frac{2825 \times 10^3 - 0.7 \times 1.43 \times 900 \times 935}{1.25 \times 210 \times 935} = 8.1$$

选用四肢箍 $n = 4$,箍筋直径 $d = 8\text{mm}$,$A_{sv1} = 50.3\text{mm}^2$,$s = nA_{sv1}/8.1 = 24.8\text{mm}$,选取 $s = 100\text{mm} < s_{\max} = 250\text{mm}$。

(d) 验算最小配筋率。

$$\rho_{sv} = \frac{nA_{sv1}}{bs} = \frac{4 \times 50.3}{900 \times 100} = 0.22\% > \rho_{sv\min} = 0.24\frac{f_t}{f_{yv}} = 0.16\%,满足要求。$$

d. 在竖向荷载作用下的横梁配筋计算。

排架柱之间的横梁仅有顶梁受到上部荷载的作用,其余下层横梁所受的剪力和轴力都较小,可以忽略不计,都可按照受弯构件进行构造配筋。顶梁的受力示意图如图 7-69 所示。

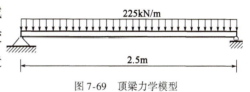

图 7-69 顶梁力学模型

横梁截面尺寸选 $b \times h = 500\text{mm} \times 500\text{mm}$,混凝土强度等级为 C30,受拉钢筋采用 HRB335 级钢筋,箍筋采用 HRB235 级钢筋,最不利截面弯矩值为 $M = \frac{1}{8} \times 225 \times 2.5^2 =$

175.8(kN·m)。

(a)验算单筋截面的受弯承载力。

受拉钢筋按单排布设：

$h_0 = 500 - 30 = 470(\text{mm})$

$M_{\mu\max} = \varepsilon_b(1 - 0.5\varepsilon_b)\alpha_1 f_c b h_0^2 = 0.55 \times (1 - 0.5 \times 0.55) \times 14.3 \times 500 \times 470^2 = 629.8 \times 10^6(\text{N·mm}) > M = 175.8 \times 10^6(\text{N·mm})$

根据计算结果可知按单筋截面计算即可满足要求。

(b)确定钢筋截面的面积(A_s)。

$x = h_0 - \sqrt{h_0^2 - \dfrac{2M}{\alpha_1 f_c b}} = 61\text{mm} < \varepsilon_b h_0 = 258.5\text{mm}$

进一步求得钢筋截面面积为：

$A_s = \dfrac{\alpha_1 f_c \varepsilon_b b x}{f_y} = \dfrac{14.3 \times 500 \times 0.55 \times 61}{300} = 800(\text{mm}^2) > \rho_{\min} b h = 0.2\% \times 500 \times 500 = 500(\text{mm}^2)$

选配的钢筋为4φ18，实配钢筋面积为1017mm²。

(c)斜截面受剪承载力的计算。

支座的边截面剪力为：

$V_{\max} = \dfrac{1}{2}ql = \dfrac{1}{2} \times 225 \times 2.5 = 281.25(\text{kN})$

$\dfrac{h_0}{b} = \dfrac{470}{500} < 4.0$

$0.25\beta_c f_c b h_0 = 0.25 \times 14.3 \times 500 \times 470 = 840.1(\text{kN}) > V_{\max}$

截面尺寸满足规范受力要求。

$0.7 f_t b h_0 = 0.7 \times 1.43 \times 500 \times 470 = 235.2(\text{kN}) < V_{\max}$

需按计算结果配置箍筋。

$\dfrac{nA_{sv1}}{s} = \dfrac{V_{\max} - 0.7 f_t b h_0}{1.25 f_{yv} h_0} = \dfrac{281.25 \times 10^3 - 0.7 \times 1.43 \times 500 \times 470}{1.25 \times 210 \times 470} = 0.373$

选用双肢箍$n = 2$，箍筋的直径为$d = 8\text{mm}$，$A_{sv1} = 50.3\text{mm}^2$，$s = nA_{sv1}/0.373 = 270\text{mm}$，选取$s = 100\text{mm} < s_{\max} = 250\text{mm}$。

(d)验算其最小配筋率。

$\rho_{sv} = \dfrac{nA_{sv1}}{bs} = \dfrac{2 \times 0.3}{500 \times 100} = 0.2\% > \rho_{sv\min} = 0.24 \dfrac{f_t}{f_{yv}} = 0.16\%$，满足规范要求。

e.在竖向荷载作用下的柱配筋计算。

上部结构的自重和满槽泥石流体荷载通过纵横梁传递给立柱，排架柱受力示意图如

图 7-70 所示。柱高 $H = 6.5\text{m}$，柱截面尺寸初选 $A = 1.0\text{m} \times 0.8\text{m}$，边柱轴心压力为 $G_\text{边} = V_\text{横梁} + V_\text{从纵梁} = 1694.1\text{kN}$，中柱轴心压力为 $G_\text{中} = V_\text{横梁} + V_\text{中纵梁} = 3072.7\text{kN}$。另外，由于梁与柱是现浇的，属于刚性固结，所以每根柱承受的弯矩为 $M_\text{边} = \frac{1}{12} \times 353.2 \times 8^2 = 1883.7(\text{kN} \cdot \text{m})$，$M_\text{中} = \frac{1}{12} \times 706.3 \times 8^2 = 3766.9(\text{kN} \cdot \text{m})$。混凝土强度等级为 C30，纵向钢筋为 HRB335 级钢筋，箍筋为 HPB235 级钢筋，取 $a_s = a'_s = 40\text{mm}$。

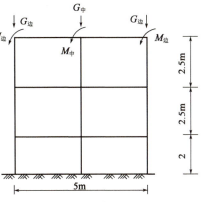

图 7-70 竖向荷载作用示意图

(a) 边柱的配筋计算。

判断边柱的大小偏心受压：

$e_0 = M/N = 1883.7/1694.1 = 1112(\text{mm})$

取 $e_a = h/30 = 26.7\text{mm} > 20\text{mm}$，

$e_i = e_0 + e_a = 1112 + 26.7 = 1138.7(\text{mm})$

$l_0/h = 6500/800 = 8.125 > 5$，需计算 η。

$\xi_1 = 0.2 + 2.7 \dfrac{e_0}{h_0} = 0.2 + 2.7 \times \dfrac{1112}{760} = 2.392 > 1.0 (\text{取 } \xi_1 = 1.0)$

$\xi_2 = 1.15 - 0.01 \dfrac{l_0}{h} = 1.15 - 0.01 \times 8.125 = 1.06875 > 1.0 (\text{取 } \xi_2 = 1.0)$

$\eta = 1 + \dfrac{1}{1400 e_i/h_0} \left(\dfrac{l_0}{h}\right)^2 \xi_1 \xi_2 = 1 + \dfrac{1}{1400 \times 1138.7/760} (8.125)^2 \times 1 \times 1 = 1.031$

$\eta e_i = 1.031 \times 1138.7 = 1174.5(\text{mm}) > 0.3 h_0 = 228\text{mm}$

需按大偏心受压计算配筋。

确定受压钢筋截面面积 A'_s：

$e = \eta e_i + h/2 - a_s = 1174.5 + 400 - 40 = 1534(\text{mm})$

$x = \varepsilon_b h_0$

当 $\varepsilon_b = 0.55$ 时，$\alpha_{s\max} = 0.4$。

$A'_s = \dfrac{Ne - \alpha_{s\max} \alpha_1 f_c b h_0^2}{f'_y (h_0 - a'_s)} = \dfrac{1694.1 \times 10^3 \times 1534 - 0.4 \times 14.3 \times 1000 \times 760^2}{300 \times (760 - 40)}$

$ = -3264.4 < 0$

取 $A'_s = \rho_\min bh = 0.002 \times 1000 \times 800 = 1600(\text{mm}^2)$

计算受拉钢筋截面面积 A_s：

$M_1 = f'_y A'_s (h_0 - a'_s) = 300 \times 1600 \times (760 - 40) = 345.6 \times 10^6 (\text{N} \cdot \text{mm})$

$A_{s1} = f'_y A'_s / f_y = 1600 \text{mm}^2$

$M_2 = Ne - M_1 = 1694.1 \times 10^3 \times 1534 - 345.6 \times 10^6 = 2253 \times 10^6 (\text{N} \cdot \text{mm})$

$\alpha_s = M_2/(\alpha_1 f_c b h^2) = 0.272 < \alpha_{smax} = 0.4$

查钢筋混凝土矩形截面受弯构件正截面受弯承载力计算系数表,得 $\varepsilon = 0.26, \gamma_s = 0.87$。

$x = \varepsilon h_0 = 0.26 \times 760 = 197.6 (\text{mm}) > 2a_s' = 80\text{mm}$

$A_{s2} = M_2/(f_y \gamma_s h_0) = 2253 \times 10^6/(300 \times 0.87 \times 760) = 11358 (\text{mm}^2)$

$A_s = A_{s1} + A_{s2} - N/f_y = 1600 + 11358 - 1694.1 \times 10^3/300 = 7311 (\text{mm}^2)$

$A_s > 0.2\% \times 1000 \times 800 = 1600 (\text{mm}^2)$,大于最小配筋率。

(b)选配的钢筋。

受压钢筋 $A_s' = 1600\text{mm}$,选 $6\phi 20$ 的钢筋,实配 1884mm^2;受拉钢筋 $A_s = 7311\text{mm}^2$,选 $24\phi 20$ 的钢筋,实配 7536mm^2。另外再配置构造钢筋,截面两侧配 $2B12$ 构造筋。

(c)中柱的配筋计算。

判断中柱大小偏心受压:

$e_0 = M/N = 3766.9/3072.7 = 1226 (\text{mm})$

取 $e_a = h/30 = 26.7 (\text{mm}) > 20\text{mm}$,

$e_i = e_0 + e_a = 1226 + 26.7 = 1252.7 (\text{mm})$

$l_0/h = 6500/800 = 8.125 > 5$,需计算 η。

$\xi_1 = 0.2 + 2.7 \dfrac{e_0}{h_0} = 0.2 + 2.7 \times \dfrac{1226}{760} = 4.556 > 1.0 (取 \xi_1 = 1.0)$

$\xi_2 = 1.15 - 0.01 \dfrac{l_0}{h} = 1.15 - 0.01 \times 8.125 = 1.06875 > 1.0 (取 \xi_2 = 1.0)$

$\eta = 1 + \dfrac{1}{1400 e_i/h_0} \left(\dfrac{l_0}{h}\right)^2 \xi_1 \xi_2 = 1 + \dfrac{1}{1400 \times 1252.7/760} (8.125)^2 \times 1 \times 1 = 1.029$

$\eta e_i = 1.029 \times 1252.7 = 1288 (\text{mm}) > 0.3 h_0 = 228\text{mm}$,需按大偏心受压计算配筋。

确定受压钢筋截面面积 A_s':

$e = \eta e_i + h/2 - a_s = 1288 + 400 - 40 = 1648 (\text{mm})$

$x = \varepsilon_b h_0$

当 $\varepsilon_b = 0.55$ 时,$\alpha_{smax} = 0.4$。

$A_s' = \dfrac{Ne - \alpha_{smax} \alpha_1 f_c b h_0^2}{f_y'(h_0 - a_s')} = \dfrac{3072.7 \times 10^3 \times 1648 - 0.4 \times 14.3 \times 1000 \times 760^2}{300 \times (760 - 40)}$

$= 8147 (\text{mm}^2) < 0.2\% bh = 1600 (\text{mm}^2)$

按计算配筋率计算配筋。

确定受拉钢筋截面面积 A_s:

$M_1 = f_y' A_s'(h_0 - a_s') = 300 \times 8147 \times (760 - 40) = 1759 \times 10^6 (\text{N} \cdot \text{mm})$

$A_{s1} = f_y' A_s'/f_y = 8147 (\text{mm}^2)$

$M_2 = Ne - M_1 = 3072.7 \times 10^3 \times 1648 - 1759 \times 10^6 = 3305 \times 10^6 (\text{N} \cdot \text{mm})$

$$\alpha_s = M_2/(\alpha_1 f_c b h^2) = 0.36 < \alpha_{smax} = 0.4$$

查钢筋混凝土矩形截面受弯构件正截面受弯承载力计算系数表,得 $\varepsilon = 0.51, \gamma_s = 0.745$。

$$x = \varepsilon h_0 = 0.51 \times 760 = 387.6(\text{mm}) > 2\alpha'_s = 80\text{mm}$$

$$A_{s2} = \frac{M_2}{f_y \gamma_s h_0} = \frac{3305 \times 10^6}{(300 \times 0.745 \times 760)} = 19457(\text{mm}^2)$$

$$A_s = A_{s1} + A_{s2} - \frac{N}{f_y} = \frac{8147 + 19457 - 3072.7 \times 10^3}{300} = 17362(\text{mm}^2)$$

$$A_s > 0.2\% \times 1000 \times 800 = 1600(\text{mm}^2),\text{大于最小配筋率}。$$

(d) 选配钢筋。

受压钢筋 $A'_s = 8147\text{mm}$,选 $20\phi24$ 的钢筋,实配 9043mm^2;受拉钢筋 $A_s = 17362\text{mm}^2$,选 $22\phi32$ 的钢筋,实配 17684mm^2。另外再配置构造钢筋,截面两侧配 $2\phi16$ 构造筋。

f. 水平荷载作用下柱的配筋计算。

在地震力和水平推力作用下,结构底部总剪力为:

$$F_{EK} = \alpha_1 G_{eq} = 0.16 \times 0.85 G_E = 0.16 \times 0.85 \times 2268 = 308(\text{kN})$$

(a) 确定柱顶处的水平地震力 F_3。

$$F_3 = \frac{G_3 H_3}{\sum_{j=1}^{n} G_j H_j} F_{EK} = \frac{1800 + 0.8 \times 0.6 \times 25 \times 2.5 \times 4}{2268} \times 308 = 261.74(\text{kN})$$

同理可得:F_2 和 F_1 的值分别为 41kN 和 6.5kN。

最终可得各层柱剪力分别是:$V_3 = 286\text{kN}, V_2 = 325\text{kN}, V_1 = 331.5\text{kN}$。

因为排导槽有一定的纵向坡度,因此槽自重及泥石流体自重会在水平方向有推力存在,而水平推力值大小是:$F = 1729.75\sin8.53° = 256.57(\text{kN})$。

可得在地震荷载及水平推力作用下的柱剪力为:$V_3 = 370.3\text{kN}, V_2 = 411.3\text{kN}, V_1 = 417.8\text{kN}$。

按照上述柱所受的最大剪力值进行柱的斜截面配筋验算。

$$\frac{h_0}{b} = \frac{760}{600} = 1.3 < 4.0$$

$$0.25\beta_c f_c b h_0 = 0.25 \times 1 \times 14.3 \times 800 \times 960 = 2746(\text{kN}) > V = 417.8\text{kN}$$

截面尺寸合适。

(b) 验算是否需要配置箍筋。

$$\lambda = \frac{H}{2h_0} = \frac{6500}{2 \times 960} = 3.3 > 3(\text{取} \lambda = 3.0)$$

$$N = 3072.7\text{kN} < 0.3 f_c A = 0.3 \times 14.3 \times 800 \times 1000 = 3432(\text{kN})(\text{取} N = 3072.7\text{kN})$$

$$\frac{1.75}{1.0+\lambda}f_t bh_0 + 0.07N = \frac{1.75}{1.0+3.0} \times 1.43 \times 800 \times 960 + 0.07 \times 3072.7 \times 10^3 = 696(kN) > 417.8kN$$

需按计算结果配置箍筋。

(c) 计算箍筋。

$$\frac{nA_{sv1}}{s} = \frac{V - [1.75/(\lambda+1)]f_t bh_0 - 0.07N}{f_{yv}h_0} = 0.355$$

$$\rho_{sv} = \frac{nA_{sv1}}{bs} = \frac{0.022}{800} = 0.049\% < \rho_{sv\min} = 0.24\frac{f_t}{f_{yv}} = 0.163\%$$

故需要按最小配箍率配置箍筋,由于 $\frac{nA_{sv1}}{s} = 0.163\% \times 800 = 1.304$,取 $n=4, d=8mm$,$A_{sv1} = 50.3mm^2$,则 $s = \frac{nA_{sv1}}{1.304} = \frac{4 \times 50.3}{1.304} = 154(mm)$,取 150m。

箍筋加密区选实配 $\phi8@50$ 的钢筋,非加密区选 $\phi8@150$ 的钢筋。

排架的配筋图如图 7-71 ~ 图 7-76 所示(排架中柱的配筋图除主筋跟边柱有区别外,其余相同)。

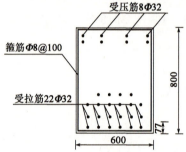

图 7-71 边纵梁配筋图(单位:mm)

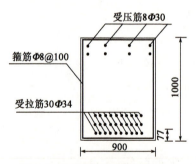

图 7-72 中纵梁配筋图(单位:mm)

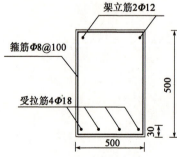

图 7-73 横梁截面配筋图(单位:mm)

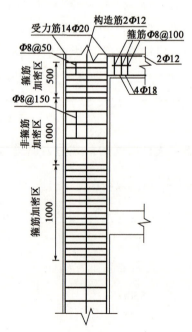

图 7-74 排架边柱配筋图(单位:mm)

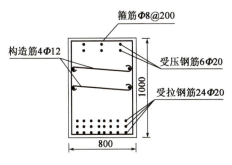
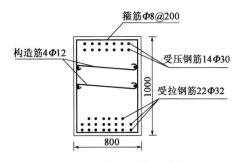

图 7-75　边柱横截面配筋图图(单位:mm)　　　图 7-76　中柱横截面配筋图(单位:mm)

(4)基础计算:基础由采用桩柱组成。

①基础概况。

经过场地工程的地质勘查,发现该地基上主要为碎石土,厚度大于 30mm,其中 0~5.0m 为中密状态,5m 以下为密实状态。

桩采用排架柱的尺寸,其大小为 $b×h=600\text{mm}×800\text{mm}$,其制作工艺是钢筋混凝土现场浇桩,桩顶的竖向荷载值应选取三根柱中的最大值,其 F 值为 1834.3kN。

以《建筑桩基技术规范》(JGJ 94—2008)中规定的土的物理指标和承载力参数之间的经验关系,来计算桩基的承载力如下:

$$R_\text{a} = q_\text{pa}A_\text{p} + \mu_\text{p}\sum q_\text{sia}l_\text{i} \tag{7-85}$$

式中,q_pa 为桩端岩土承载力的标准值,桩端地质是碎石土,经过查看灌注桩桩端承载力标准值表,得其值后再取中间值,$q_\text{pa}=2500\text{kPa}$;$A_\text{p}$ 是桩的横截面面积,大小为 0.48m^2;μ_p 是桩的周长,其值是 2.8m;q_sia 是桩周土摩擦力标准值,根据灌注桩桩周土摩擦力的标准值表,经过内插法计算各层土的 q_sia 值,其中中密碎石土 $q_\text{s1a}=140\text{kPa}$,对应桩长 $l_1=5.0\text{m}$,密实碎石土 $q_\text{s2a}=155\text{kPa}$,对应桩长 $l_2=2.0\text{m}$。

将上述参数代入式(7-85)可得:

$R_\text{a} = 2050×0.48+2.8×(140×5.0+155×2) = 4028(\text{kN})$

桩的承载力验算:$F=1834.3\text{kN}<R_\text{a}=4028\text{kN}$,承载力满足要求。

②桩的配筋计算。

混凝土选用 C30,钢筋用 HRB335。桩的轴向承载力 N_u,设计值计算式为:

$$N_\text{u} = 0.9\varphi(f_\text{c}+f'_\text{v}A'_\text{s}) \tag{7-86}$$

式中,N_u 为轴向压力承载力的设计值;可靠度调整系数是 0.9;φ 为钢筋混凝土轴心受压构件的稳定系数。

依据试验结果和数理统计数据可得到下列经验公式:当 $l/b=8\sim34$ 时,$\varphi=1.177-0.012l/b$;当 $l/b=35\sim50$ 时,$\varphi=0.87-0.012l/b$;对于细长比(l/b)较大的构件,考虑到其荷载初始偏心及长期荷载作用对构件有较大不利影响,因此人为将 φ 的取值比照经验公

式所得到的 φ 值减小一些,以此来确保其安全;然而对于细长比(l/b)小于 20 的构件,根据以往的使用经验,可使 φ 值略微增大;f_c 为混凝土轴心抗压强度设计值(MPa);A'_s 是构件截面的面积(m^2);f'_v 是纵向钢筋的抗压强度设计值(MPa)。

由 $l = 10 m$ $\dfrac{l}{b} = 16.7$,查表得 $\varphi = 0.75$。

③柱的纵筋面积 A'_s。

已知矩形柱的截面面积 $A = 600 \times 800 = 480000 (mm^2)$

$$A'_s = \dfrac{1}{f'_v}\left(\dfrac{N}{0.9\varphi} - f_c A\right) = \dfrac{1}{300}\left(\dfrac{1834.3 \times 10^3}{0.9 \times 0.75} - 14.3 \times 48 \times 10^4\right) < 0$$

需依据最小配筋率进行配筋。在《建筑地基基础设计规范》(GB 50007—2002)中规定桩基最小配筋率是 0.2% ~ 0.65%(其中大直径桩选取小值,小直径桩则选取大值),因此本工程选取的最小配筋率是 0.5%。

④结构配筋。

$A'_s = 0.005 \times 480000 = 2400 (mm^2)$,选用 $8\phi20$ 的钢筋,实配 $2513 mm^2$,箍筋按构造筋布置,配筋图如图 7-77 和图 7-78 所示。

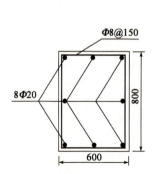

图 7-77　柱桩横截面配筋图(单位:mm)

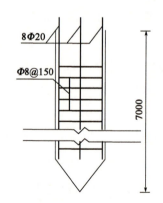

图 7-78　柱桩纵截面配筋图(单位:mm)

7.3.4　山区公路泥石流明洞工程

1)概述

新疆山区公路泥石流明洞工程与渡槽工程类似,均属排导工程;不同的是,当渡槽工程的宽度超过它自身的跨度时,则被称为明洞工程。明洞工程顶部一般有 1m 以上的土层或者碎石混合物覆盖,故可保持沟床的自然形态,因此区别于渡槽工程,其最大泥石流流量及漂砾直径均比较大。

(1)明洞的适用条件。

①泥石流规模大且流体中含有大石块较多的沟谷,当沟口高程差满足线路净高要求

时,可采用明洞排泄。

②当泥石流沟床纵坡较大,修建渡槽在构造上有困难时,也可采用明洞。线路在堆积扇底下穿过,高程又略低于洞顶,且泥石流淤积、漫流不很严重(或可控制),还可明挖施工时,应采用浅埋明洞(周必凡等,1991)。

③线路经过流通区沟底穿过,当能满足洞顶高程要求,又可明挖施工时,可在流通区范围内采用明洞通过,这样可以缩短两端隧道长度。

(2)注意事项。

①拱形明洞的边墙,大多选用直墙。为了节省外墙尺寸较厚(可达3~5m)的半路堑型单压明洞圬工量,一般会在浆砌片石的外墙上开设孔洞,大约每隔3~4m开设1个。

②当选用偏压拱型明洞时,应特别注意处理好外墙基础,进而避免因外墙下沉而发生的拱圈开裂。因此外墙必须砌筑在稳固的地基上,若无法实现,也可用桩基(或加深基础)和加固地基等方法进行相关处理。

③明洞的结构类型和地形、地质及回填土状况有密切关系,一般由顶部结构和边墙组成,仰拱的设置可防止底部地层挤入洞内。

④按照山侧岩层的具体条件,内侧可选用重力式边墙或锚杆挡墙等形式。悬臂式棚洞结构不对称、抗震性能较差且施工要求较高,因此选用时应慎重考虑。

2)新疆山区泥石流明洞工程平面布置

(1)明洞洞口位置确定。

洞口应避开泥石流分叉及漫流改道的影响范围,洞口高程、位置应使洞外跨越沟谷的桥梁有足够的净空高度,以利于山洪泥石流的排泄,防止泥石流漫堤灌入洞内。洞身宜适当加长,为明洞两端导流堤以后加高留有一定宽度。

(2)明洞洞身位置选择。

①立面上洞顶应浅埋,如图7-79所示。如沟底低于洞顶,可在不减缓沟床纵坡的条件下,提高上游沟床,保持洞顶上部回填土厚≥1.0m。

②明洞应避免外侧临空及洪水冲刷危害洞身的稳定。

③洞顶应设置在沟床冲刷深度以下1~2m,否则需对顶部采取防护措施。

当洞顶覆盖层比较稀薄时,很难用暗挖法修建隧道。在隧道洞口或路堑地段受塌方、落石、泥石流、雪害等危害又不宜做立交桥时,一般应设置明洞。在我国新疆山区铁路和公路泥石流防治中已存在道路使用案例,见表7-9,明洞在整治路堑病害、保证运营安全方面起到了较好的效果。因此,在新疆山区易发生泥石

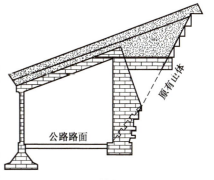

图7-79 明洞简化后的示意图

流灾害的公路段内可利用明洞工程,以降低新疆山区公路工程的经济损失;但明洞造价一般较高,应当经过慎重比较后选用。

新疆山区泥石流明洞工程使用统计表 表7-9

编号	铁路名称	里程	沟名	长度(m)	汇水面积(km^2)	泥石流等级
1	南疆	K160+110	—	999.0	0.35	中等泥石流
2	南疆	K169+395	—	7.8	0.31	轻微水石流
3	南疆	K170+159	—	11.5	1.30	轻微水石流
4	南疆	K202+880	乃仁塔什干	25.4	12.0	中等泥石流

3)新疆山区泥石流明洞工程纵横断面设计

明洞的结构形式应根据地形、地质、经济、运营安全及施工难易等条件进行选择,采用最多的是拱形明洞和棚式明洞。此外还有特殊结构明洞,如支撑锚杆明洞、抗滑明洞、柱式挑檐棚洞、全刚架式棚洞、空腹肋拱式棚洞、悬臂棚洞、斜交托梁式棚洞、双曲拱明洞等,以适应特殊场合(曹友三,2015)。

(1)拱形明洞。

在隧道的进出口两端,一般是接长明洞,或在路堑边坡不稳定地段修建独立的明洞等,其采用的形式多为拱形明洞。这是因为拱形明洞整体性较好,能承受较大垂直压力及侧压力。其形式包括以下四种(李盛等,2014):

①路堑对称型明洞。

这类形式适用于洞顶地面比较平缓的情况。因其路堑两侧地质条件几乎相同,且原山坡也很少出现坍塌、落石和隧道洞口岩层破碎现象,洞顶的覆盖层较薄,最重要的是难以用暗挖法修隧道,如图7-80a)所示。

②路堑偏压型明洞。

此类形式适用于两侧山坡高程差比较大的路堑,通常是高侧边坡会有坍塌、落石或者泥石流;低侧边坡明洞墙顶以下部分为挖方,且能满足外侧边墙嵌入基岩要求的地段,如图7-80b)所示。

③半路堑偏压型明洞。

此类形式适用于半路堑的靠山侧边坡相对较高,且有坍塌、落石或者泥石流等不良地质现象,而其外侧地面较为宽敞和稳定,上部填土坡面线可与地面相交用来平衡山侧压力的地段,如图7-80c)所示。

④半路堑单压型明洞。

此类形式适用于靠山侧边坡或者原山坡伴有坍塌、落石等情况,外侧地形陡峻、无法填土的地段,如图7-80d)所示。

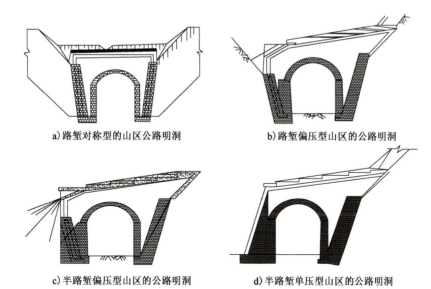

图 7-80 不同类型拱形明洞横断面示意图

（2）棚式明洞。

山坡塌方或者落石数量较少且山体侧压力较小，但因受到地质或地形条件限制，无法修建拱形明洞的地段，可选择棚式明洞。棚式明洞的顶板是梁式结构，内侧边墙大多用重力式挡墙；当岩层比较完整且山体坡面较陡时，再采用重力式挡墙会产生较大开挖量，此时为了节省施工量，可采用钢筋混凝土锚杆式挡墙，但应避免在地下水发育地段采用。棚式明洞的类型主要取决于外侧边墙结构的形式，通常情况下有墙式、刚架式、柱式、悬臂式（不修建外墙时）等棚洞。

①墙式棚洞。

此类形式适用于边坡地段有坍塌和落石出现的情况。其横断面类似桥跨结构，内墙不仅起挡墙作用，还承受顶板传递的垂直荷载；而外墙只承受顶板向下传递的垂直荷载，如图 7-81a) 所示。

②刚架式棚洞。

此类形式适用于边坡会出现小量落石，可连接两座隧道并改善隧道通风条件的情况。外墙结构是连续的框架，所以其整体对地基承载力要求比较高，如图 7-81b) 所示。

③柱式棚洞。

此类形式适用于有少量落石，地基承载力较高（基岩埋藏浅的地段）的情况。棚洞外墙采用独立柱和纵梁的方式，结构相对简单，预制吊装也比较方便，但其整体稳定性比较差，如图 7-81c) 所示。

④悬臂式棚洞。

此类形式适用于山坡较陡，坡面仍然有少量落石，外侧地基不良或者不宜设置基础的情况,如图 7-81d)所示。

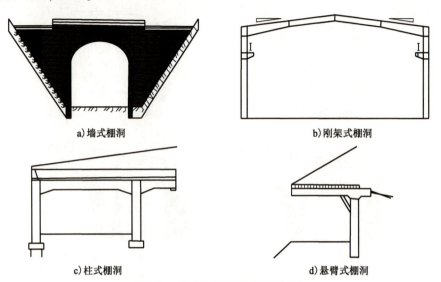

图 7-81　不同类型棚洞横断面示意图

4)新疆山区泥石流明洞工程的结构设计

(1)洞身的类型和构造。

①洞身类型:按照断面形状可分为曲墙式、直墙式和连拱式等。

②洞身构造:一次和二次衬砌、防排水的构造、内装饰、顶棚以及路面等。明洞衬砌材料一般选用混凝土或钢筋混凝土,边墙也可采用浆砌片石。明洞洞顶应回填一定厚度的土石,一般在 1m 以上,必要时应加强顶板厚度,并增加顶部防冲蚀结构。明洞衬砌应不仅能承受上方回填土石的荷载,还须承受可能发生的其他荷载。为预防水流冲刷危害结构,衬砌的外表面需要铺设外贴式的防水层;另需在回填土上部铺设一层黏土,作为隔水层;最后在顶部修建排水沟。边墙基础设置在稳固的地基上,避免因地基不均匀下沉而造成衬砌结构开裂破坏。在寒冷的地区,基底线应在冻结线以下并有一定的距离。当明洞所处地段的地层前后软硬不均匀时,需在交接处设沉降缝。在温差较大的地区,明洞衬砌需设伸缩缝。

(2)明洞结构。

①泥石流明洞要求结构具有整体性,能承受较大土体偏压和动水压力偏压。

②明洞顶部圬工应具有足够的强度和耐磨性能,以抵抗泥石流的撞击与冲刷。

③加强明洞的防水排水措施,上游墙身应设置泄水孔或排水洞,以减轻地下水的动水压力,防止渗漏。

5)新疆山区泥石流明洞工程的细部结构和构造

(1)明洞的基础。

明洞基础必须置于稳固地基上;当基础位于软弱地基上时,应采用仰拱、整体式钢筋混凝土底板等结构来保证其稳定性。

（2）明洞上部的填土。

泥石流地区公路明洞以过流为主，填土厚度在冲刷线以下且应不小于1m，不满足条件时应对洞顶进行加厚处理。

附属设施包括应急、供配电、安全、照明、通风等设施，为确保交通安全与顺畅而设置。

（3）明洞的洞门。

明洞具有地面及地下建筑物双重特点，其不仅作为地面建筑物用来抵御边坡与仰坡的落石、坍方、滑坡、泥石流等各种病害，还需使内部净空满足隧道建筑限界要求，因此洞门大多为直立端墙式。

6）新疆山区泥石流棚洞工程实例分析

（1）工程概况。

在新疆中巴公路K1612～K1615段存在泥石流频发区，长时间冲蚀形成的泥石流沟道分布在公路的两旁。降雨与冰雪融化满足了泥石流流体物源的要求，加之该地带冻融膨松风化的泥岩层比较丰富，所以极易形成大型泥石流，如图7-82所示。黄色虚线为当前公路位置，其穿越泥石流形成的堆积扇，经常被淤堵和淹埋，每年需要浪费大量的财力来修复和维护，该段公路急需改进。经过地质勘查部门的进一步详细勘查，发现将该路段路线调整至河对岸则可极大地降低泥石流危害，同时满足桥涵工程和棚洞工程联合治理的条件：

①泥石流规模大，经过多年泥石流的冲蚀已经形成含有大石块较多的泥石流沟谷。

②沟口高程差满足线路净高要求，该处坡度比较陡，经测高程差20m左右，方便流体及时排移。

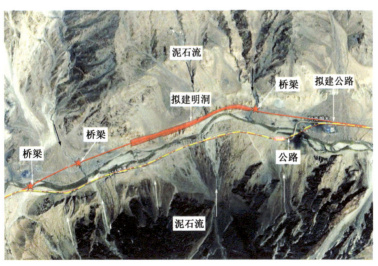

图7-82　中巴公路K1612～K1615段工程布置示意图（平面图）

③泥石流沟床纵坡较大,修建渡槽存在构造上的困难,但符合明洞修筑的坡度要求。

④线路在堆积扇底下穿过,如图7-83所示拟建明洞处,该处能够满足线路净高前提下的洞顶高程,又略高于堆积扇的底部边缘。

图7-83　中巴公路K1612～K1615段工程布置示意图(三维图)

⑤该段有多条泥石流沟道,分别经泥石流的堆积扇和流通区,但因长时间的冲蚀淤积导致漫流已经不是特别严重(或可控制),所以可明挖施工,大大降低了施工难度。

因此,该路段拟建山区公路泥石流明洞工程,由于该沟谷平均比降为40%,可采用棚式明洞工程进行防治。

(2)工程设计。

该区域修筑的棚洞根据地势条件采用矩形断面,如图7-90b)所示。棚洞工程结构整体由柱、梁和顶面板组成,内侧柱长度为3.5～5.5m,外侧柱长度为5～6.5m,柱上架起顶纵梁尺寸为120cm×80cm,上部是横向的T形顶梁,再上部自下而上用C15混凝土做$i=0.02$的找坡层、3mm厚BAC双面自粘防水卷材、5cm厚M10水泥砂浆保护层、原位土夯实回填层,最后是30cm厚黏土隔水层。在棚洞顶部根据原有坡度合理制造人工纵坡,坡度取1∶100,有效防止泥石流改道并减轻泥石流流体对棚洞顶部墙壁的冲蚀,其实际填土坡度为1∶5。为防止造坡后土体随水分下渗而发生滑塌,特在T形顶梁外侧设置了组装式耳墙,如图7-84c)所示。此外,在棚洞工程的起始点上部设置了端点耳墙,既可有效防止下流的泥石流分流到公路路面上,又可去除碎石坠落给交通安全带来的隐患。整段棚洞工程段设置的沟口位置距路面最大约15m,棚洞结构距路面净高为3m,宽度最小为4m、最大为7m。考虑地震作用,其应按一级抗震结构,8度烈度设防。

①计算依据。

采用的相关规范包括:

a.《公路隧道设计规范》(JTG D70—2004)。
b.《公路钢筋混凝土及预应力混凝土桥涵设计规范》(JTG D62—2004)。
c.《公路桥涵地基与基础设计规范》(JTG D63—2007)。
d.《混凝土结构设计规范》(GB 50010—2010)。

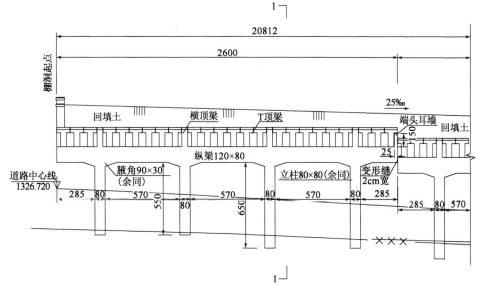

a) 明洞结构纵断面设计图

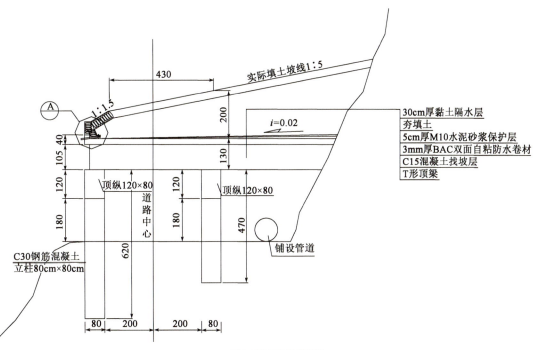

b) 1-1剖面结构设计图

图 7-84

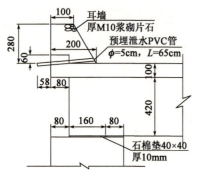

c) 耳墙结构细部结构图(A大样图)及说明

图7-84 明洞结构计算图(局部)

②棚洞荷载及荷载组合。

a. 主要荷载。

棚洞的主要荷载包括：结构自重、回填土重力及主动土压力（其中包括一定数量的塌方、落石堆积的土石），混凝土收缩和徐变的影响。

b. 附加荷载。

棚洞的附加荷载主要包括：落石冲击力、温度变化的影响。

c. 特殊荷载。

棚洞的特殊荷载为地震荷载。

d. 荷载组合（表7-10）。

荷载组合表　　　表7-10

序号	组合验算工况	永久荷载	可变荷载	地震荷载
1	基本组合构件强度计算	1.35	1.4	—
2	地震荷载作用下构件强度计算	1.20	1.0	1.3

③工程实例结构计算图。

④T形顶梁内力计算及配筋。

a. 几何尺寸。

梁截面：$b = 450\mathrm{mm}$, $h = 1300\mathrm{mm}$, $b_f = 1000\mathrm{mm}$, $h_f = 250\mathrm{mm}$。

梁净跨：$l = 5.60\mathrm{m}$。

b. 荷载确定。

（a）覆土荷载。

考虑到一定数量塌方和落石的堆积，覆土荷载按设计填土厚度计算。填土重度为：$\gamma = 20\mathrm{kN/m^3}$。

(b)落石冲击荷载。

$$P = \frac{QV}{gT} \quad (7\text{-}87)$$

式中,P 为落石冲击力(kN);Q 为落石重量(kN);g 为重力加速度(取 $g=9.8\text{m/s}^2$);V 为冲击时的速度(m/s);T 为冲击持续的时间(s)。

根据现场勘查,在新建棚洞路段,其崩塌物最大体积约为 4m^3,故计算落石重量取值为:$Q=4\times2.62\times9.8=102.7(\text{kN})$。

依据勘查报告对危岩带进行的模拟计算,在新建棚洞路段落石的最大速度为 37.37m/s,故计算冲击时速度 V 的取值为 38.53m/s。

根据《公路隧道设计规范》(JTG D70—20134),冲击持续时间取值为:

$$T = \frac{2h}{c} \quad (7\text{-}88)$$

式中,h 为回填土厚度,取值为 2m。

$$c = \sqrt{\frac{1-\mu}{(1+\mu)(1-2\mu)}\cdot\frac{E}{\rho}} = \sqrt{\frac{1-0.17}{(1+0.17)(1-2\times0.17)}\cdot\frac{48}{20/9.8}} = 5.0$$

故,$T=2h/c=2\times2/5=0.8(\text{s})$,由式(7-87)可得落石冲击荷载 $P=QV/gT=102.7\times38.53/(9.8\times0.8)=504.7(\text{kN})$。

c. 结构计算。

计算使用北京大学的 SAP84 软件。

(a)落石冲击工况(图7-85)。

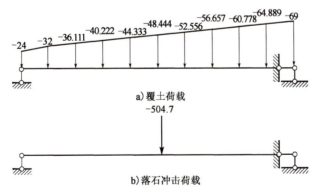

图7-85 落石冲击工况简化图

(b)计算结果(图7-86)。

(c)吊装工况。

T形顶梁吊装过程中,在自重作用下进行内力验算(图7-87)。

(d)地震工况。

勘查区抗震设防烈度为8度,基本地震加速度 0.20g,设计地震分组为第一组。

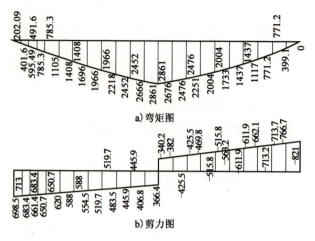

图 7-86 内力计算结果图

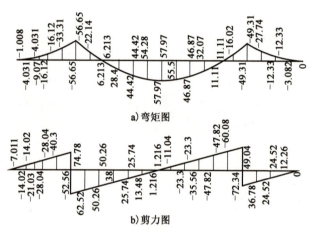

图 7-87 内力验算结果图

顶梁地震力应考虑填土及梁自重的水平地震力及竖向地震力(图 7-88)。

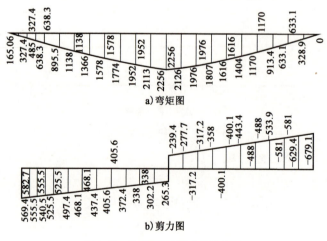

图 7-88 地震工况下的内里分布图

水平地震荷载：
$$q_{1h} = C_i C_z K_h (h\gamma + g) \tag{7-89}$$

竖向地震荷载：
$$q_{1v} = C_i C_z K_v (h\gamma + g) \tag{7-90}$$

式中，$C_i = 1.3$ 为重要性修正系数；$C_z = 0.2$ 为综合影响系数；$K_h = 0.2$ 为水平地震系数；$K_v = 0.1$ 为竖向地震系数；h 为填土高度；$\gamma = 20\text{kN/m}^3$ 为填土重度；g 为 T 形顶梁每延米自重。

(e) 计算配筋。

已知条件及计算要求：

T 形梁 $b = 450\text{mm}, h = 1300\text{mm}, b'_f = 1000\text{mm}, h'_f = 250\text{mm}, d'_h = 0\text{mm}$。

混凝土 C30，$f_c = 13.8\text{N/mm}^2$，纵筋 HRB335，$f_y = 280\text{N/mm}^2$，箍筋 HPB300，$f_y = 195\text{N/mm}^2$。

弯矩设计值 $M = 2861.00\text{kN·m}$，剪力设计值 $V = 821.00\text{kN}$。

(f) 截面验算。

$V = 821.00\text{kN} < 0.250\beta_c f_c b h_0 = 1914.41\text{kN}$，截面满足条件。

截面配筋按纯剪计算。

正截面受弯承载力计算如下：

按单筋计算：a_s 下 $= 110\text{mm}$，相对受压区高度 $\xi = x/h_0 = 0.153 < \xi_b = 0.550$。

上部纵筋：按构造配筋，配筋率 $\rho = 0.25\%$。

下部纵筋：$A_s = 8678\text{mm}^2, \rho_{min} = 0.25\% < \rho = 1.48\% < \rho_{max} = 2.50\%$。

斜截面受剪承载力计算如下：

受剪箍筋计算：$A_{sv/s} = 912.25\text{mm}^2/\text{m}, \rho_{svmin} < \rho_{sv}$。

(g) 配置钢筋。

上部纵筋：实配 10 ϕ16（2011mm^2）钢筋，配筋满足条件。

腰筋：计算构造 $A_s = b \times h_w \times 0.2\% = 846（\text{mm}^2）$，实配 10 ϕ12（1131mm^2）的钢筋，配筋满足条件。

下部纵筋：计算 $A_s = 8678\text{mm}^2$，实配 15 ϕ28（9236$\text{mm}^2, \rho = 1.58\%$）的钢筋，配筋满足条件。

箍筋：计算 $A_{v/s} = 912\text{mm}^2/\text{m}$，实配 $\phi10@100$ 两肢（1570mm^2/m）的钢筋，配筋满足条件。

⑤纵向刚架内力计算及配筋。

a. 几何尺寸。

纵梁—梁截面：$b = 800\text{mm}, h = 1200\text{mm}$，梁净跨 $l = 5.6\text{m}$。

立柱—截面：$800\text{mm} \times 800\text{mm}$。

b. 荷载确定。

纵向刚架主要荷载包括顶梁传来的垂直均布荷载 q_1、塌方荷载 q_2、落石荷载以及结构自重。q_1 为用顶梁上部实际填土时的支座反力所换算的均布荷载,满布于纵梁上;q_2 为按顶梁上部设计填土与实际填土的支座反力差值所换算的均布荷载,按 1/4 跨度分布。

落石荷载 P 作用于刚架的最不利位置以计算所产生的最大内力。

根据计算,T 形顶梁按实际填土所产生的支座反力为 332.2kN;按设计填土所产生的支座反力为 364.7kN。

故均布荷载标准值为: $q_1 = 332.2/1.35 = 246.1 \text{kN/m}, q_2 = 32.5/1.35 = 24.1 \text{kN/m}$。

落石荷载为: $P = 504.7/2 = 252.4(\text{kN})$。

c. 结构计算。

计算使用北京大学的 SAP84 软件。

(a) 内力计算(图 7-89、图 7-90)。

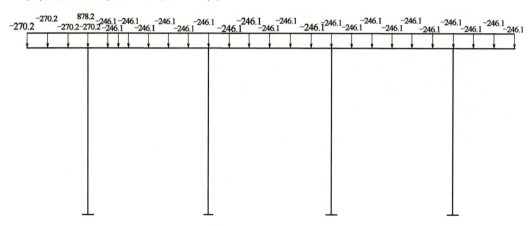

a) 塌方及落石荷载作用于边跨

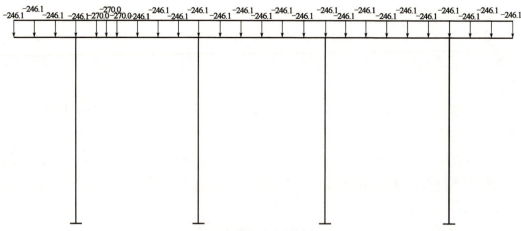

b) 塌方及落石荷载作用于中跨

图 7-89　塌方及落石荷载作用位置示意图

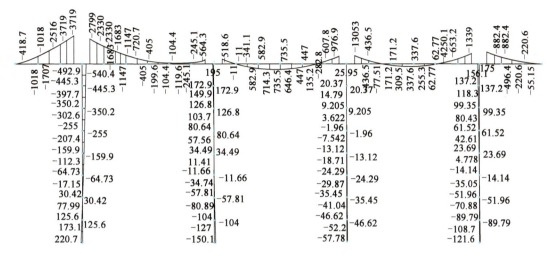

a) 弯矩图（塌方及落石荷载作用于边跨）

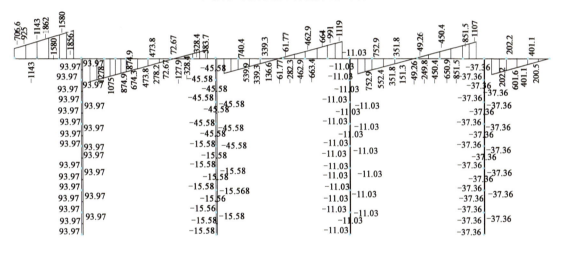

b) 剪力图（塌方及落石荷载作用于边跨）

c) 轴力图（塌方及落石荷载作用于边跨）

图 7-90

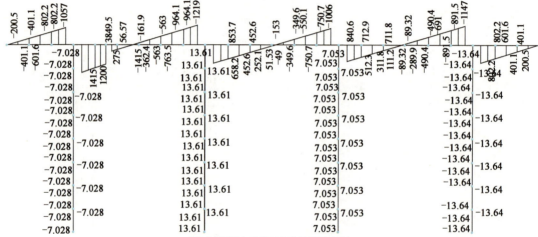

d) 弯矩图（塌方及落石荷载作用于中跨）

e) 剪力图（塌方及落石荷载作用于中跨）

f) 轴力图（塌方及落石荷载作用于中跨）

图 7-90 不同跨的内力分布图

(b)纵梁计算配筋。

支座处配筋已知条件及计算要求:

矩形梁 $b=800\text{mm}$, $h=1200\text{mm}$。混凝土 C30, $f_c=13.8\text{N/mm}^2$;纵筋 HRB335, $f_y=280\text{N/mm}^2$;箍筋 HPB300, $f_y=195\text{N/mm}^2$。弯矩设计值 $M=3719.00\text{kN}\cdot\text{m}$,剪力设计值 $V=1858.00\text{kN}$。

截面验算:

$V=1858.00\text{kN}<0.250\beta_c f_c bh_0=3117.40\text{kN}$,截面满足条件。

截面配筋按纯剪计算。

正截面受弯承载力计算如下:

按单筋计算:a_s下$=110\text{mm}$,相对受压区高度 $\xi=x/h_0=0.327<\xi_b=0.550$。

上部纵筋:$A_s=\xi_a f_c bh_0/f_y=13597\text{mm}^2$, $\rho_{min}=0.30\%<\rho=1.42\%<\rho_{max}=2.50\%$。

斜截面受剪承载力计算如下:

受剪箍筋计算:$A_{sv/s}=3045.0\text{mm}^2/\text{m}$, $\rho_{svmin}<\rho_{sv}$。

配置钢筋:

上部纵筋:计算 $A_s=13597\text{mm}^2$,实配 23 ϕ28(14162mm^2, $\rho=1.48\%$)的钢筋,配筋满足条件。

腰筋:计算构造 $A_s=b\times h_w\times 0.2\%=1744(\text{mm}^2)$,实配两侧 10 ϕ16(2001mm^2)的钢筋,配筋满足条件。

箍筋:计算 $A_{v/s}=2192\text{mm}^2/\text{m}$,实配 ϕ8@100 六肢($3018\text{mm}^2/\text{m}$)的钢筋,配筋满足条件。跨中处配筋。

(c)已知条件及计算要求

弯矩设计值 $M=794.00\text{kN}\cdot\text{m}$。

正截面受弯承载力计算:

按单筋计算:a_s下$=60\text{mm}$,相对受压区高度 $\xi=x/h_0=0.055<\xi_b=0.550$.

下部纵筋:$A_s=\xi_a f_c bh_0/f_y=2387\text{mm}^2$, $\rho_{min}=0.25\%<\rho<\rho_{max}=2.50\%$。

配置钢筋:

下部纵筋:计算 $A_s=2387\text{mm}^2$,实配 11 ϕ20(3454mm^2)的钢筋,配筋满足立柱计算条件。

(d)立柱最大内力。

柱顶处:轴力 $N=3694\text{kN}$,弯矩 $M=540.5\text{kN}\cdot\text{m}$。

柱根处:轴力 $N=3869\text{kN}$,弯矩 $M=220.7\text{kN}\cdot\text{m}$。

立柱验算及配筋需结合以下横向框架计算结果。

⑥横向刚架内力计算及配筋。

a. 几何尺寸。

横梁—梁截面：$b = 450\text{mm}$，$h = 1300\text{mm}$，梁净跨 $l = 9.5\text{m}$。

立柱—截面：$800\text{mm} \times 800\text{mm}$。

b. 荷载确定。

横向刚架主要荷载包括结构自重及横梁上设计回填土自重。

c. 结构计算。

计算使用北京大学的 SAP84 软件。

(a) 内力计算(图7-91)。

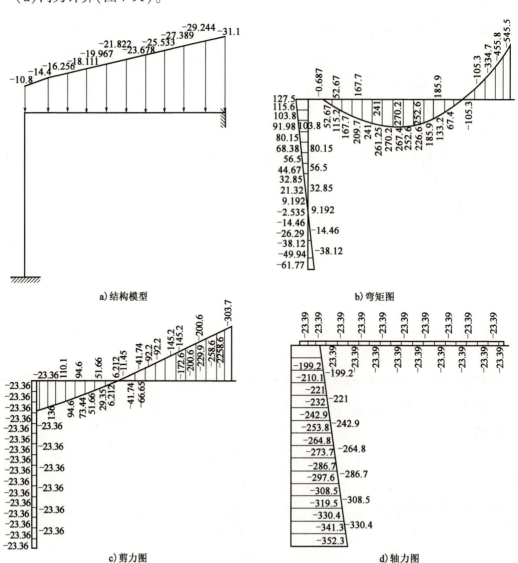

图7-91　横向刚架结构模型及内力分布图

（b）横梁计算配筋。

内侧支座处配筋：

矩形梁 $b=450\mathrm{mm}, h=1300\mathrm{mm}$。

混凝土 C30，$f_c=13.8\mathrm{N/mm^2}$，纵筋 HRB335，$f_y=280\mathrm{N/mm^2}$，箍筋 HPB300，$f_y=195\mathrm{N/mm^2}$。

弯矩设计值 $M=545.50\mathrm{kN\cdot m}$，剪力设计值 $V=303.70\mathrm{kN}$。

截面验算：$V=303.70\mathrm{kN}<0.250\beta_a f_c b h_0=1994.85\mathrm{kN}$，截面满足截面配筋按纯剪计算。

正截面受弯承载力计算：

按单筋计算：a_s 下 $=60\mathrm{mm}$，相对受压区高度 $\xi=x/h_0=0.057<\xi_b=0.550$。

上部纵筋：$A_s=\xi_{a1}f_c b h_0/f_y=1509\mathrm{mm^2}$，$\rho_{min}=0.3\%<\rho<\rho_{max}=2.50\%$。

斜截面受剪承载力计算：

受剪箍筋计算：$A_{sv/s}=-782.97\mathrm{mm^2/m}$，$\rho_{sv}=-0.17\%<\rho_{svmin}$。

按构造配筋：

计算构造腰筋：$A_s=b\times h_w\times 0.2\%=1116\mathrm{mm^2}$，实配 12 ϕ12（1357$\mathrm{mm^2}$，$\rho=0.23\%$）的钢筋，配筋满足条件。

下部纵筋：计算 $A_s=1509\mathrm{mm^2}$，实配 8 ϕ20（2512$\mathrm{mm^2}$）的钢筋，配筋满足条件。

箍筋：实配 ϕ8@100 两肢（1006.7$\mathrm{mm^2/m}$）的钢筋，配筋满足条件。

⑦跨中处配筋。

a. 已知条件及计算要求。

矩形梁 $b=450\mathrm{mm}, h=1300\mathrm{mm}$。

弯矩设计值 $M=270.20\mathrm{kN\cdot m}$。

正截面受弯承载力计算：

按单筋计算：a_s 下 $=60\mathrm{mm}$，相对受压区高度 $\xi=x/h_0=0.028<\xi_b=0.550$。

下部纵筋：$A_s=\xi_{a1}f_c b h_0/f_y=737\mathrm{mm^2}$，$\rho=0.13\%<\rho_{min}=0.25\%$。

b. 配置钢筋。

下部纵筋：实配 8 ϕ20（2512$\mathrm{mm^2}$）的钢筋，配筋满足条件。

c. 立柱计算配筋。

柱顶处：轴力 $N=177.3\mathrm{kN}$，弯矩 $M=127.5\mathrm{kN\cdot m}$。

柱根处：轴力 $N=352.3\mathrm{KN}$，弯矩 $M=61.8\mathrm{kN\cdot m}$。

d. 结合纵向框架计算结果。

立柱最大轴力为：$N=3869+352.3=4221.3(\mathrm{kN})$。

故轴压比为：$4221.3\times 10^3/(13.8\times 800\times 800)=0.49<0.75$，截面满足条件。

立柱单侧纵向钢筋用 6 ф25（2945mm², ρ = 0.46%），全部纵向钢筋为 20 ф25（9818mm², ρ = 1.53%），箍筋实配 ф10@100/150 六肢(4710mm²/m)配筋满足。

7.3.5 泥石流地区公路防护工程

目前泥石流地区公路防护工程类型较多，在实际应用中应结合泥石流特点和公路等级标准合理选用。在对新疆泥石流地区公路防护工程调查的基础上，结合不同防护工程优缺点，重点介绍以下几种常用防护工程。

1）过水路面

过水路面是指既能防止雨水和洪水对路面结构的破坏，也能抵挡地下水侵蚀的公路结构设计形式，是在平时无水或流水很少的宽浅河流上修筑的、在洪水期间允许水流浸过的路面。在新疆山区泥石流频发和季节性洪水灾害严重的局部路段，往往毁桥埋路、受损严重，通常采用过水路面来减轻地质灾害带来的经济损失和工程维护费用。

(1)特点。

①过水路面的分类。

过水路面常见的类型主要有两种：混合式过水路面和漫水桥结合过水路面（图7-92）。

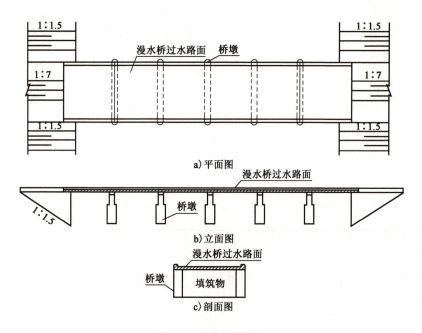

图 7-92 漫水桥结构图

②过水路面的优点与不足。

a. 优点。

过水路面具有工艺简单、施工便捷、工期短等优点，且因其受地形限制小，可因地制宜进行设置。在泥石流、洪水多发或水流常年经过的地方,相比桥涵施工需要设置桥墩、桥台等结构形式,过水路面的施工更为简单方便,建造速度更快,且能够节约资金,不会造成大的结构物因受到破坏而倒塌。过水路面最大的优点就是造价低廉,此外,过水路面路基稳定,具有很好的抗灾性能,适合泥石流、洪水等地质灾害多发的地段使用。

b. 不足。

过水路面虽然有很多优点,但也存在一些缺点,主要有以下几点:

(a)处于季节性冰雪区域或一定冻深地带修筑的过水路面,水泥混凝土路面的面层易受到水流的冻融循环侵蚀而产生破损。

(b)沥青路面面层的连接处多发生高低不平和跳车现象,产生结构破损。

(c)过短的过水路面修筑长度会使公路区间纵坡交替反复变换,造成来往车辆行驶不平稳、舒适度下降。

(d)过水路面在水流流经之处阻水拦沙,易造成水流上游淤积拥堵路基、下游冲刷淘蚀现象的发生。

(e)当季节性洪水或暴雨汇流来临之际,常常造成短时间内阻车拥堵,且长时间的水流冲刷也不利于过水路面的稳定性。

(f)受到河流地下水位的影响,过水路面可能出现局部冻胀,导致横纵裂缝等问题的出现。

(2)适用条件和使用范围。

过水路面的建设和使用应根据其用途、近远期交通流向以及水流量不同等方面的需要,结合公路路线平纵面线形特点和当地的水文、地质等条件,并对周边建造结构和设施影响的大小等来综合考虑确定(宋华丽,2016)。在泥石流多发的河谷地带,应着重考虑以下几个方面:

①乡镇、农村等多雨、潮湿地区的低等级公路,可多修建过水路面排水,经济耐久。

②公路跨越河面宽阔、河床稳定、水流顺道的河流时可采用过水路面。

③新疆地区平日无水或者水面很浅的河谷地带,当突发暴雨洪水或季节性冰雪融水时,整个河滩水流流速缓慢,且水流不向河岸一侧过于冲深,这种条件下公路可采用过水路面跨越。

④河流上游两侧河岸的堤坝坚固、稳定性好,若建设过水路面之后,河水的冲刷不至于冲蚀掏空堤坝、淹没河岸两侧结构物和设施,可修筑过水路面。

⑤公路跨越泥石流河谷或山谷时,泥石流为稀性、夹杂石块等物质少、短时频发却不会造成公路严重破坏,且在泥石流发生后短时间内可将道路上泥石流淤积物快速清除的,可修建过水路面。

(3)结构设计方法。

①结构形式。

常见过水路面的结构形式分为3层,即:路面层、浆砌片石层和砂砾垫层;且一般路面两侧设有护栏柱结构,纵向间距为5m(图7-93)。

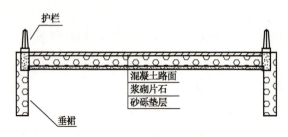

图7-93 常见过水路面结构图

②材料。

过水路面整体具有防水功能。路面层选用钢筋混凝土或水泥混凝土,基层选用手摆灌浆片石或素混凝土,路基采用碎石填筑,路基边坡和边沟防护采用浆砌片石结构,这也是一种典型的过水路面防水结构。

③尺寸设计。

过水路面尺寸区间无固定要求,但须符合公路路面设计规范要求。常见的尺寸要求为:路面铺设20~25cm的水泥混凝土面层,下设30~35cm的浆砌片石层,最下方为8~10cm的砂砾垫层;除此之外,过水路面结构两侧设200cm左右的"垂裙"类似结构,厚度可取40cm。

④施工要点。

针对过水路面的特点及不足,一些要点需在公路工程设计施工中加以注意。如跳车问题一般是由于过水路面的位置不当、竖曲线的半径过小或长度过短所致,若能在设计阶段充分考虑,则可避免跳车问题。

针对混凝土面层易破损的情况,施工时需要选择合适的配合比,同时加强振捣,保证所用原材料的数量和质量。修建混合式过水路面时要注意防止冲刷,一般可采用修建拦水坝或铺砌河道等措施。

此外,过水路面在行车和洪水、泥石流等作用下易遭到破坏,应特别重视日常的养护和清理工作,详细要点如下:

a.保持路面整洁,及时清除淤泥杂物,保持整洁顺畅;在路面两端设立水准标尺以及禁通水位标线。

b.松动、冲失的铺砌层石块,应及时用水泥砂浆填塞或用浆砌石平整。

c.过水路面发生沉陷断裂,应及时修理并挖开铺砌层。首先处理好基层,使其达到

90%以上的密实度,然后将原填料更换为20~30cm厚的水泥砂砾,最后修复铺砌层,必须平整加固(宋华丽,2016)。

d. 过水路面的护坡,尤其是下游坡脚易受冲刷破坏。除修复外,还应增设柔性护坡,增强防护效果。若能够精心设计施工,过水路面也能长久地发挥功能。

(4)工程实例

中巴公路K1550+600处雨洪型坡面泥石流沟谷灾害多发,且泥石流为稀性。公路路线靠近山体,坡面形成冲沟,沟谷呈V字形,冲沟宽度1.0m,泥石流一次冲出量为0.5~1.0m³,补给来源为山体坡面强风化物及山顶卵漂石层,堆积物土层为红褐色角砾,堆积物常常覆盖路面。经多方论证,采用过水路面结构形式(图7-94)。

图7-94 中巴公路K1550+600处过水路面现场图

过水路面共分为3层结构铺设:22cm厚C25混凝土路面、30cm厚M75浆砌片石和10cm砂砾垫层。路侧设200cm高的垂裙结构,可防治水流的淘蚀和冲刷破坏。经实地检验,过水路面修筑完成后,路面水毁破坏减少,且对泥石流淤积路面起到一定的缓解作用。

2)山前冲洪积扇低路堤拦水汇流坝

在泥石流和季节性洪水频发的地域,特别是山前沟道或河流冲洪积扇上,多见导流坝、堤坝等拦水汇流结构,分布于公路、铁路等两侧,对水流起到分流汇流的作用,使水流从桥涵下方平稳通过。拦水汇流坝,是指在公路迎水面一侧布设不同形式的导流组合结构,将片状漫流归拢为束流,并引导至预设桥涵进行排泄,以减少水流对公路路基的大范围冲毁。目前没有统一的设计标准和规范,它是在充分利用河道和山前地势纵坡的基础上,对拦水汇流坝及汇流坝群进行合理建设和规划,实现对山前水流的引导和分流束流,降低路基水毁风险,保障公路等运输线路工程的安全畅通。

(1)特点。

常见工程上采用的拦水汇流坝多为不规则形状,一般近似直角和近似圆弧状。总体来看,拦水汇流坝的类型可分为:椭圆形拦水汇流坝和尖形拦水汇流坝。

①椭圆形拦水汇流坝。

椭圆形拦水汇流坝,整体呈圆弧状,跨度大,一般适用于水流流速缓、坡降小的山前冲积扇平整地带,对水流起到束流作用。坝脚位置同两桥涵的八字墙或锥坡等结构顺接,对公路、铁路等交通线路的路基起到冲刷保护作用。

②尖形拦水汇流坝。

尖形拦水汇流坝,整体形状呈大致对称的三角形,两坝脚的跨度间距小,适用于水流流速快、坡降大的突发性季节洪水或陡弯河段冲积扇。对路基的保护作用,与椭圆形拦水汇流坝相同。

(2)适用条件和使用范围。

拦水汇流坝适用于季节性洪水、冰雪融水等频发的山前沟道或河流冲洪积扇河道。通过建设拦水汇流坝,能够引导河道水流的分束流,减弱水流对公路路基等部位的直接冲刷和淘蚀作用。可根据以下不同情况,选用不同的拦水汇流坝形式:

①在河流水量较大、坡降大的地方,应修建尖形拦水汇流坝,这种形式既可以减少冲刷,也可以很好地对水流进行分汇流。

②当河流坡降较缓、水流量较少时,可修建椭圆形拦水汇流坝,使水流平缓汇集通过公路路基。

③横跨山前冲积扇的高等级公路,一般采用大跨径尖形拦水汇流坝进行防治,其可为公路路基提供强大的防冲刷保障。

④当河流走向与公路垂直时,视河流的坡降和水流量选择拦水汇流坝类型;若河流走向与公路的交叉形式非正交,多采用椭圆形汇流坝进行水流汇聚并通过公路下方。

(3)结构设计方法。

①结构形式。

山前冲洪积扇低路堤拦水汇流坝主要应用于山前冲积扇上,对于低路堤公路、铁路等交通线路的路基水毁、泥石流等冲刷破坏起到一定的防治作用。拦水汇流坝设置于路基一侧,将水流限制在可直接冲刷路基的范围之外,并对山前水流起到分流汇流作用。拦水汇流坝的结构形式如图 7-95 ~ 图 7-97 所示。

②材料。

拦水汇流坝坝身可就地取材,选用附近经济适用的材料进行砌筑。所选用的材料须具备很好的防水性能,砌筑完成后的拦水汇流坝应具备防冲刷、防水流渗透的作用,以达到最终防护公路路基的目的。其中迎水面宜铺设砂砾垫层以及砂浆和混凝土预制板,坝脚基础宜采用 C30 现浇混凝土砌筑。

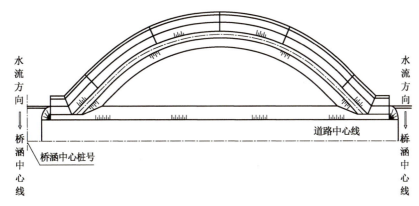

图 7-95 椭圆形拦水汇流坝平面布置图

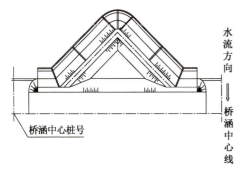

图 7-96 尖形拦水汇流坝平面布置图

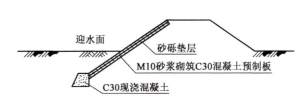

图 7-97 拦水汇流坝立面结构图

③尺寸设计。

应按照导流堤规范进行设计,坝顶宽度可取 2.0~2.5m,坝身左右两侧坡降为 1∶1.1~1∶1.2,其中迎水面设置 0.1~0.15m 厚的混凝土预制板以及 0.1~0.15m 厚的砂砾垫层。拦水汇流坝总高度一般为 3.0~6.0m,大型拦水汇流坝坝高可达 7.0~8.0m。迎水面分为地表部分和地下部分,地表部分取 1~1.5m,地下部分取 1.5~2m。位于地面以下部分的下方设 C30 现浇混凝土基础,基础顶面宽 0.5m,底面宽 0.7m,高度为 0.6m。尖形汇流坝头部圆弧半径一般为 1.25m,坝脚间的长度一般为 50~300m;椭圆形汇流坝的大跨度圆弧半径可视工程情况而定,坝脚间长度一般为 300m 以上。拦水汇流坝群中各个拦水汇流坝间多以桥涵构筑物间隔,桥涵与拦水汇流坝间距为 5.0~10.0m 不等。导流坝护坡每隔 10~15m 设 0.02m 宽伸缩缝,用沥青麻絮填塞。

④拦水汇流坝局部冲刷计算。

拦水汇流坝局部冲刷深度可按式(7-91)进行计算(任庆新,2014):

$$h_s = 1.45\left(\frac{D_e}{h}\right)^{0.4} \cdot \left(\frac{v - v_0'}{v_0}\right)hC_m \tag{7-91}$$

式中，h_s 为导流坝端部的局部冲刷深度（m）；D_e 为上游导流坝拐角端部顶点至岸边的距离在水流方向的投影长度（m）；h 为导流坝端部冲刷前水深（m）；v 为导流坝端部冲刷前垂线平均流速（m/s），若无实际资料，可采用谢才公式进行计算求得；v_0 为河道中河床泥沙的启流速度（m/s）；v_0' 为坝头泥沙启流速度（m/s），$v_0' = 0.75\left(\frac{d}{h}\right)^{0.1}v_0$；$C_m$ 为边坡减冲系数，$C_m = 2.7^{-0.2m}$，m 为边坡系数。

注意：拦水汇流坝基础要有足够埋置深度，根据局部冲刷深度计算确定；坝身材料要具有足够的防水性和抗冲刷能力；面板接缝处要做好防水处理，防止水流冲刷伸缩缝而破坏整个坝体；运营期间须加强监测，并进行及时养护。

（4）工程实例。

吐鲁番地区某山前冲积扇多发季节性冰雪融水，春夏之交冲积扇河流充盈，水势较大，流速很快。其中，该冲积扇上多条河流流经 G30 连霍高速及铁路运输线，冲积扇总宽度约 10.5km，距离路基 5km 以内平均河道坡降约为 30.19‰。拦水汇流坝结构如图 7-98 所示，现场概况如图 7-99 所示。

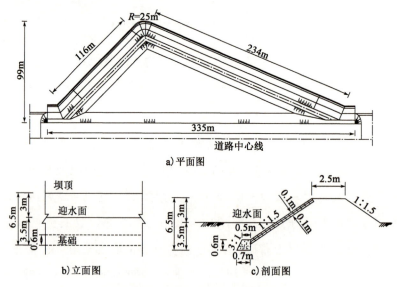

图 7-98　吐鲁番地区拦水汇流坝结构图

根据现场勘测，取一处典型尖形拦水汇流坝做局部冲刷计算。已知：该拦水汇流坝坝高为 6.5m，端部距离路基的距离为 99m，季节性水流初到时端部水深为 1.1m，水流速为 0.6m/s，拦水汇流坝边坡系数为 1:1.5。

经计算，得出：因水流与道路几近垂直，投影长度 $D_e = 99$m；$H = 6.5$m；$h = 1.1$m；$v = $

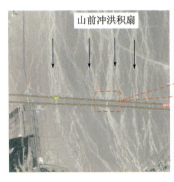 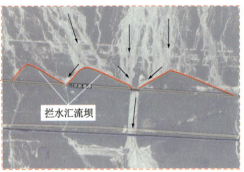

图 7-99 吐鲁番地区典型拦水汇流坝位置图

$0.6\mathrm{m/s}$；$C_\mathrm{m}=2.7^{-0.2m}=2.7^{-0.2\times1.5}=0.74$。

根据相关资料知，河床泥沙起流速度 $v_0=0.38\times1.5$（修正系数）$=0.57\mathrm{m/s}$，则 $v'_0=0.75\left(\dfrac{d}{h}\right)^{0.1}v_0=0.75\times\left(\dfrac{3.2}{4}\right)^{0.1}\times0.57=0.42(\mathrm{m/s})$，可得：

$$h_\mathrm{s}=1.45\left(\dfrac{D_\mathrm{e}}{h}\right)^{0.4}\cdot\left(\dfrac{v-v'_0}{v_0}\right)hC_\mathrm{m}$$

$$=1.45\times\left(\dfrac{99}{1.1}\right)^{0.4}\times\left(\dfrac{0.6-0.42}{0.57}\right)\times1.1\times0.74=2.25(\mathrm{m})$$

则 $h_\mathrm{s}=2.25\mathrm{m}<H$，满足局部冲刷深度要求。

采用基于分流束流理论的山前公路水毁防治方法，通过导流坝群体系对山前冲积扇河流的公路水毁进行防治，极大减弱了山前水流对公路的冲刷破坏作用。

3）石笼护岸工程

石笼是生态格网结构的一种形式，指的是为防止河岸或构造物受水流冲刷而设置的装填石块的笼子。与一些传统的刚性防护结构对比，石笼有着其自身的优势特性，是集保护河道岸坡、治理滑坡和泥石流以及防止山体落石于一体，兼顾绿色治理原则的优选防治类型。在新疆地区泥石流多发的河谷流域，常采用石笼结构配合其他防护措施，以抵御泥石流、洪水等对河流沿线公路的冲刷破坏，如天山公路、中巴公路等重要交通通道，多采用石笼挡墙、丁坝等结构形式，对公路抗冲刷具有良好防护效果。

（1）特点。

由于石笼的结构特征和防护性能，故其有众多的特点和优势（韩军胜等，2005；戴雪等，2015；陈洪凯，2013），主要特点如下：

①透水性能良好。石笼内部填料为松散块体，孔隙多，河道水流冲击河岸时可于空隙间进行透水交换，间接减弱水流的冲击力，从而起到有效保护岸坡的作用。

②较好的抗冲性。石笼用作护坡或挡墙工程，结构整体性良好。石笼防护工程块石即使产生位移，整体也不会遭到破坏，可有效保护堤岸免遭洪水、泥石流等的破坏，故有很

强的抵御自然破坏、耐腐蚀和抗恶劣气候影响的能力。

③较好的防冲性和渗透性。当洪水、泥石流冲击在石笼上时,流体冲击力会在石笼内部空隙被逐渐消减,能够减小洪水、泥石流等对防护工程的破坏力,有利于稳定岸滩和山坡。

④柔韧性良好。石笼结构中构成网格的钢丝具有良好的强度,不易在使用过程中被拉扯破坏,可承受大范围的变形而不坍塌,箱笼整体强度较高。

⑤耐久性和耐腐蚀性良好。石笼网丝可采用热镀工艺,使表面镀层更加稳定可靠,并能减少网线的氧化,增强耐腐蚀性,使用年限一般可达40~50年以上。

⑥价格经济低廉。石笼防护由钢丝笼和填料组成,制造时只需将卵石等填充物密封在笼中即可。一般填料需满足强度、抗风化等条件,成本普遍低于混凝土价格,是更为经济的防护形式。

⑦施工简便,不需特殊技术。石笼箱体可按设计图样,采取工厂化生产方式制作出半成品,再将其折叠起来运输至工地上装配,可节约运输费用。施工现场按照图纸进行安装组合,工序简便易行,受环境气候等因素的干扰小,适合保工保质的快速机械化施工作业,便于水下施工。

⑧良好的整体性和美观性。在环境适宜的情况下,石笼填料间可自行生长草木等植物,利于与周围环境和谐统一。

(2)适用条件及使用范围。

①石笼可用于防护沿河公路路基坡脚及河岸,属于临时性防护工程措施。

②控制和引导河流及洪水。当水流冲刷河岸使其破坏并引发洪水泛滥时,铅丝笼的应用成为最佳的解决方案之一,能使河床河岸得到很好的保护。

③对于洪水、泥石流冲刷严重的河床,石笼防护能提供有效保护防止水土的流失现象发生。特别是在环境保护和水质维护方面,石笼防护效果较好。

④石笼防护的应用在护岸和护脚方面十分成功,充分发挥了石笼抗冲刷的优势,从而很好地减缓了护岸、护坡工程受到的直接冲刷。

⑤在流速大、巨石含量高的泥石流冲击护岸、护坡时,铁丝石笼易被撞击和摩擦牵引疲劳等以致损坏,故此时多采用固结石笼的方式,即在石笼内浇灌小石子混凝土,或采用钢筋混凝土框架石笼(高冬光,2002)。

⑥沿河公路路基或河岸边坡,在受到山前水流、波浪等快速冲击淘蚀,且工程基础不易防护处理时,可采用石笼进行防护。

⑦当山洪及泥石流体内含有大量泥沙且沟床基底地质良好时,宜采用石笼防护。石笼中块石间的空隙易被泥沙淤满而形成整体结构,能够起到更好的防冲刷作用。

⑧在缺乏大块石路基防护的地区,可用石笼填充较小粒径的块石,以达到大块石路基防护目的。在水流湍急的河谷以及溪流中,冲击力较大、易破损的石笼类型不常见,这种

情况下可采用固结石笼的方式,满足路基冲刷防护的要求。

⑨石笼防护可在一年中的任何季节施工,但以在河流低水位期间施工为宜。

⑩当石笼用于防止冲刷泥石流沟床时,通常将其铺设在河床表面并垂直于坡脚线,同时固定坡脚处的尾端,靠河床的中心端不必固定,掏底时便于向下沉落,其铺设长度不宜小于河床冲刷深度的1.5~2.0倍。采用石笼防护岸坡时,多采用垒叠的形式堆积在一起。当边坡比降≤1:2时,可用平铺于坡面的形式(图7-92)。

⑪平铺石笼时宜采用扁形石笼形式,叠砌石笼时宜采用长方形,以单个石笼的重量和大小不会被水流或波浪冲移为宜。

⑫石笼结构一般用于允许流速5~6m/s、允许波浪高1.5~1.8m的泥石流沟段。

⑬石笼防护可结合挡墙、护坡以及丁坝一同使用,作为临时性防护设施,石笼结构可减弱水流冲刷力,降低水流对挡墙、护坡等的直接破坏。

⑭排体石笼可整齐排放于护岸坡脚,形成常见的石笼防护形式(图7-100)。

⑮石笼箱体可配合丁坝一同修筑,形成石笼丁坝,不仅具有较好的耐久性和防冲刷性,也便于修筑。常见的修筑地区如新疆中巴公路奥布段盖孜河谷,石笼丁坝较好地防护了公路免受泥石流、洪水的冲击破坏。

(3)结构设计方法。

①结构形式及防护工程布置形式。

石笼防护是将一定尺寸的块石装填在按设计尺寸编制的石笼内,形成石笼排体,然后将石笼排体连成片,形成排体石笼,再将排体石笼沉到水中设计相应高程,从而使河床免受山洪、泥石流等直接冲蚀,起到一定的冲刷防护作用(陈洪凯,2013;高冬光,2002)。其结构形式如图7-100所示。

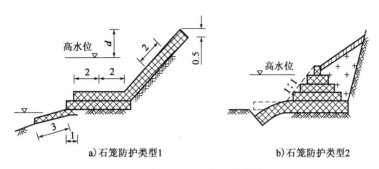

图7-100 铁丝石笼防护布置图(单位:m)

②材料。

按石笼框架材料的不同,目前常用的石笼结构主要分为:钢绞线石笼和铁丝石笼。

a.铁丝石笼。

铁丝石笼可用镀锌铁丝或普通的铁丝编网填石而成,由于铁的锈蚀作用,镀锌铁丝石

笼使用期限为 8~12 年,普通铁丝石笼使用期限一般为 3~5 年。镀锌铁丝又可分为以下几种:

(a)电镀锌,上锌量最高为 $10g/m^2$,防腐性差,使用寿命 3~5 年。

(b)热镀锌,上锌量最高可以达到 $300g/m^2$,防腐性较强。

(c)高尔凡丝,上锌量可以达到 $400g/m^2$,因为含 5% 或 10% 的铝,具有极高的防腐性能,可以使用 100 年以上。

b. 钢绞线石笼。

钢绞线石笼采用钢绞线编织网填石组成,由于钢绞线的耐久性较好,故使用年限较铁丝石笼更长。

③尺寸设计。

钢绞线石笼一般高 $h=0.25~1.5m$,长 $l=(3~4)h$。圆柱形石笼通常适用于高水位、快速流动或水流湍急的河道条件,可在路基边坡边缘制备,填好块石后人工滚入水中,到达对应设计高程。一般常用的铅丝石笼规格有:$2m×1m×1m$,$3m×1m×1m$,$4m×1m×1m$,$2m×1m×0.5m$,$4m×1m×0.5m$。石笼形式及尺寸如图 7-101 和表 7-11 所示。

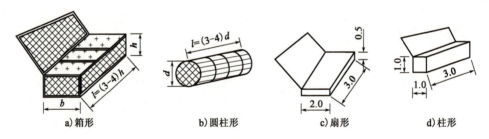

图 7-101　石笼形式(尺寸单位:m)

石笼常用尺寸　　表 7-11

石笼形式	尺寸(m)	适用石笼种类	表面积(m^2)	容量(m^3)	装石粒径(cm)
箱形	1.5×1×1	格宾石笼	8	1.5	5~20
箱形	2×1×1	格宾石笼及铅丝石笼	10	2	5~20
箱形	3×1×1	铁丝笼、格宾石笼及铅丝石笼	14	3	5~20
箱形	3×2×1	铁丝笼	22	6	5~20
箱形	4×1×1	格宾石笼及铅丝石笼	8	4	5~20
扁形	6×2×0.5	格宾石笼	32	6	5~20
扁形	4×2×0.5	铁丝笼	22	4	5~20
扁形	3×2×0.5	铁丝笼	17	3	5~20
扁形	2×1×0.5	铅丝石笼	7	1	5~20
扁形	2×1×0.25	铁丝笼	5.5	0.5	5~20
扇形	4×3×0.5	铁丝笼	31	6	5~20
扇形	3×1×0.5	铁丝笼	10	1.5	5~20

续上表

石笼形式	尺寸(m)	适用石笼种类	表面积（m^2）	容量（m^3）	装石粒径（cm）
扇形	4×1×0.5	铅丝石笼	10.5	2	5~20
圆柱形	φ0.5×0.5	铁丝笼	2.4	0.3	5~15
圆柱形	φ0.6×2.0	铁丝笼	3.8	0.57	5~15
圆柱形	φ0.7×2.0	铁丝笼	4.4	0.77	5~15

④施工要点。

格宾石笼护坡工程施工要点包括处理基础、铺设土工布、填充土工布袋、组装及填装石笼等(戴雪等,2015)。

a. 处理基础。

处理基础主要包括基础土石方的清表、开挖、平整压实。根据设计要求,清除地表腐殖土、沙石、草皮等杂物,平均深度为20~30cm,清表边界范围为设计基面线外30~50cm。清表完成后,开挖至基础高程,并对基础进行平整压实,压实宽度超过填土边界30~50cm,且填土压实度不小于90%。

b. 铺设土工布。

按照施工要求,采用规格为100g/m的针刺无纺土工布。铺设土工布时可沿岸坡从一侧自上而下进行铺设。土工布的搭接宽度不小于50cm,所用土工布必须符合质量要求,验证合格后方可投入使用。

c. 铺设土工布袋。

土工布袋的原材料是一种无纺织的土工布料,它是由丙纶或涤纶纤维针刺成网的高强度平面稳定材料的密封袋,采用粉土、粉砂和细砂充填,拼接后强度不低于原织物设计强度的70%。铺设时袋体应堆叠整齐,采用上下层交叉排列,袋体之间应紧靠、挤密,不得出现通缝。

d. 格宾笼组装与填装。

格宾笼的连接和填装应均匀平整,接头搭接整齐坚固。单元网箱间隔网与网身呈90°相交,间隔网与网身的四处交角各双股绑扎一道,交接处采用连接线一孔绕一圈、呈螺旋状穿孔绞绕方式连接。在格宾笼中,石块需要均匀平整摆放。为避免出现不平整现象,块石中间用颗粒较小的石块塞缝充填,小颗粒石料最小粒径不得小于网孔尺寸。

(4) 工程实例。

中巴公路奥布段K1554+815~K1555+350处路线沿河布设,河床宽阔,路基左侧设计为片石混凝土挡土墙+护坦+丁坝,外侧受河水冲刷强烈,河床下切非常严重。施工单位采取在施工便道外侧设置铅丝笼进行防护,对它处损坏的丁坝进行修复,并在外侧设置铅丝笼进行加固的方法,使该处铅丝笼与便道外铅丝笼连为一体。

本工程施工段为片石混凝土挡土墙+护坦+石笼堆砌,回填卵砾石,开挖原地面,加深护坦基础。石笼顶与护坦基础底面高程差为1.6m,石笼分两层堆砌,厚度均为0.8m;路基侧护坦坡比1∶1.5,基础采用卵砾石回填压实,石笼内填筑卵砾石。石笼护岸布置如图7-102所示。

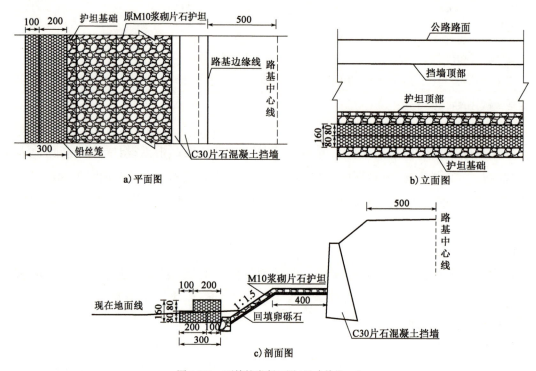

图7-102　石笼护岸断面图(尺寸单位:m)

4) 公路路肩墙侧翼基础防冲加固方法

该方法适用于泥石流、水毁等地质灾害多发区域,在公路传统路肩墙的墙趾、墙踵处设有双L形齿墙基础,对路肩墙侧翼基础进行防冲刷加固,同时优化路肩墙内侧墙体断面形态来提高路肩墙的整体稳定性,并保持公路路肩墙中双L形梁式齿墙基础与路肩墙主体结构的整体性。

(1) 特点。

与现有路肩墙防护技术相比,路肩墙侧翼基础防冲加固方法具有以下优势:

①防冲刷、防差异沉降和防滑防倾覆。

新型路肩墙充分利用双L形梁式齿墙基础,分段提升侧墙的抗流体冲刷性能、抗差异沉降的整体性和抗滑、抗倾覆的稳定性,实现路肩墙外侧翼防冲和内侧缘加固的有机结合,避免因局部地区受泥石流、洪水等强大冲刷力造成的侧墙局部破坏而危及整个路肩墙的安全,充分保障公路路肩墙支撑拦挡防护功能的正常发挥,且节约工程建设和维修养护等费用。

②工程经济耐久、适用条件广。

与传统重力式路肩墙相比,新型路肩墙防冲刷效果更佳,稳定性更高,工程更耐用,投资更省,既能满足河道不同规模流体(泥石流或洪水)的排泄功能要求,也能满足日益繁多的超大重车运输安全需求。

(2)使用条件和适用范围。

本方法的路肩墙加固形式,是基于双 L 形梁式齿墙基础加固和墙体断面形态优化的一种新型路肩墙形式,可以应用于不同高度路基的支撑拦挡防护和不同类型流体的冲刷侵蚀防治。

①如频发大型泥石流地区挡墙所受冲刷作用显著,则需要通过对墙趾处基础进行局部加深处理,以防止其下切侵蚀。

②对于路面动载作用,可通过优化墙体内侧断面形态和尺寸,增设墙踵 L 形梁式齿墙基础,充分利用路基静载和路面动载自身竖向重力分量,来提高路肩墙整体抗滑抗倾覆稳定性,最终实现路肩墙外侧翼防冲和内侧缘加固的有机结合,有效减小流体的冲刷破坏能力,加强自身的稳定性,降低防护工程的运行维护费用,保障公路行车和行人的安全。

(3)结构设计方法。

①结构形式。

路肩墙侧翼基础防冲加固形式如图 7-103 所示(图中数字编号部位说明详见后文案例),其中双 L 形梁式齿墙基础分别布设于路肩墙的墙趾和墙踵处,主要由齿墙和承压板两部分构成。齿墙位于承压板下方,且齿墙顶面与承压板底面部分相叠,其中墙趾处齿墙和承压板外侧面平齐且保持在同一平面,并与路肩墙体外侧面连续连接,其连接形式可以是直线或折线连续连接;墙踵处齿墙和承压板的外侧面同样保持平齐且在同一竖直平面,承压板顶面保持水平且与路肩墙内侧面连续连接。路肩墙内侧墙体由顶部竖直面和底部倾斜面构成,与墙踵处承压板水平顶面共同构成凸形折线形态的内侧墙面。

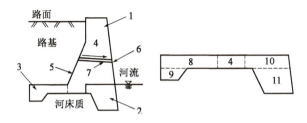

图 7-103 路肩墙结构形式分布

②材料。

新型路肩墙可以采用钢筋混凝土结构,混凝土结构,浆砌石结构,钢筋混凝土基础加混凝土墙体结构,钢筋混凝土基础加浆砌石墙体结构,混凝土基础加浆砌石墙体结构等。无论采用何种结构材料,均需在墙趾踵的承压板与路肩墙交接处以及齿墙底部布设钢筋,以增加墙体抗拉强度和整体稳定性。其中,在墙趾踵的承压板与路肩墙接触的部位采用双面配筋,预应力钢筋一般采用 HRB335(20MnSi)热轧螺纹钢,主筋直径 $\phi 12 \sim 30$,钢筋间距 $20 \sim 40cm$;箍筋采用普通钢筋,直径不应小于 $\phi 10$,其间距不应大于 $1/3H_2$,在墙踵处承压板与路肩墙接触部位进行箍筋加密;分布构造钢筋采用普通钢筋,钢筋直径 $\phi 8 \sim 12$,间距不宜大于 20cm;齿墙底部采用双排配筋,钢筋直径为 $\phi 12 \sim 20$,间距为 $20 \sim 30cm$,一般采用 HPB235(A3)钢。所有主筋净保护层均不小于 4cm,箍筋钢筋净保护层均不小于 2.5cm,分布钢筋净保护层不小于 2.0cm。

③尺寸设计。

路肩墙墙趾、墙踵处的双 L 形梁式齿墙基础尺寸,应根据墙体高度、断面尺寸、建筑材料和荷载形式等来确定。

路肩墙墙趾处 L 形梁式齿墙基础一般采用混凝土或钢筋混凝土结构,混凝土标号一般为 C20、C25 或 C30 等,L 形梁式齿墙基础宽度 B_1(即承压板宽度)一般为 $1.5 \sim 2.0m$,齿墙宽度 b_5 一般为 $1.0 \sim 1.5m$,承压板厚度 H_2 一般为 $0.5 \sim 1.0m$,齿墙厚度 H_3 一般为 $1.0 \sim 2.0m$。墙踵处 L 形齿墙基础材料一般与墙体材料一致,L 形梁式齿墙基础宽度 B_2(即承压板宽度)一般为 $1.5 \sim 3.0m$,齿墙宽度 b_1 一般为 $0.5 \sim 1.0m$,L 形梁式齿墙基础厚度 h_3 一般为 $0.5 \sim 1.5m$,承压板厚度 H_2 一般为 $0.5 \sim 1.0m$。

双 L 形梁式齿墙基础的齿墙呈倒梯形体,墙趾处倒梯形体的斜面水平宽度 b_4 与斜面竖向高度(即齿墙高度)H_3 之比的斜面坡度 $1:n_2$ 为 $1:1 \sim 1:2$,即 $1:n = b_4:H_3$;墙踵处倒梯形体的斜面水平宽度 b_2 与斜面竖向高度(即齿墙高度)h_4 之比的斜面坡度 $1:n_1$ 为 $1:1 \sim 1:2$,即 $1:n_1 = b_2:h_4$。所述倒梯形体齿墙与承压板共同构成 L 形梁式齿墙基础,这种倒梯形齿墙构造既可增强基础整体刚度和稳定性,又有利于减少大量开挖对地基的扰动影响(图 7-104)。

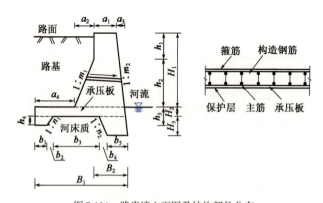

图 7-104 路肩墙立面图及结构部件分布

④抗倾覆稳定性验算。

泥石流护岸挡墙的抗倾覆稳定性是指抵抗墙身绕趾向外转动倾覆的能力,用抗倾覆

稳定系数 K_0 表示,即对墙趾的稳定力矩之和 $\sum M_y$ 与倾力矩之和 $\sum M_0$ 的比值。我国相关设计规范中,抗倾覆稳定系数 K_0 一般取1.5,但泥石流护岸结构的抗倾覆稳定系数建议取值范围为1.6~2.0。

(4)案例。

如图7-103和图7-104所示,河流比降为140‰,路基高度为6m。在河流河床质上,建100m长的公路路肩墙1,采用双L形梁式齿墙基础2和3分别对路肩墙墙趾踵进行加固,并采用凸折线形断面5对路肩墙内侧翼进行结构优化。首先施工双L形梁式齿墙基础2和3,再施工路肩墙上部主体4。

在路肩墙内外侧翼均设有L形梁式齿墙基础2和3,对路肩墙1基础进行加固,并与路肩墙主体4连成整体。墙趾踵处L形梁式齿墙基础2、3(包括齿墙10、11和承压板8、9),齿墙位于承压板下方,齿墙顶面与承压板底面部分重合,且两者连成整体;墙体外侧翼底部L形梁式齿墙基础2右侧面与墙体外侧面6呈直线连续连接(即在同一平面上);墙体内侧翼底部承压板8左侧面和齿墙9左侧面保持在同一面上且连续连接,承压板8的顶面与路肩墙主体内侧面5构成凸形折线面;墙趾承压板10和墙踵承压板8厚度一致,且保持在同一水平面上,墙趾齿墙11和墙踵齿墙9的顶面保持在同一平面,但其厚度和尺寸根据实际情况而定。

①尺寸设计。

沿公路延伸方向,路肩墙1的主体和基础上设有9条按一定距离分布的沉降缝12,其间距 L 为10.0m,垂直于公路行进方向,采用沥青填充。墙体外侧翼L形梁式齿墙基础2厚度为2.5m,其中承压板10厚度 H_2 为1.0m,齿墙11高度 H_3 为1.5m,L形梁式齿墙基础2宽度 B_2 为2.0m,齿墙11宽度 b_5 为1.0m。墙体内侧翼L形梁式齿墙基础3厚度为1.5m,其中承压板8厚度 H_2 为1.0m,齿墙9高度 h_4 为1.0m,L形梁式齿墙基础3宽度 a_4 为2.0m,齿墙9宽度 b_1 为0.5m。墙趾踵承压板间距 b_3 为1.0m,整个路肩墙基础宽度 B_1 为5m。墙趾处齿墙11斜面水平宽度 b_2 与斜面竖向高度 h_4 之比的斜面横坡比降 $1:n_1$ 为 $1:2$;墙踵处齿墙9斜面水平宽度 b_4 与斜面竖向高度 H_3 之比的斜面横坡比降 $1:n_2$ 为 $1:1$。路肩墙1顶宽 a_1 为1.0m,外侧翼墙体斜面6横坡比降 $1:m_2$ 为 $1:10$,内侧翼墙体呈凸形折线面,其中垂直段高度 h_1 为2.0m,斜线段 h_2 垂直高度为4.0m,斜线段5横坡比降 $1:m_1$ 为 $1:2$。在路肩墙体内布设排水孔7共200个,孔直径为10cm,沿墙体横向坡度为5%,墙体内排水孔横向间距为2.0m,竖向间距为1.5m,最下部排水孔高出设计洪水位0.5m。

墙趾踵处L形梁式齿墙基础2和3均采用C25钢筋混凝土结构,路肩墙主体4采用C20混凝土结构,两者通过C25钢筋混凝土连接浇筑成整体。同时,在墙趾踵的承压板和路肩墙接触部位采用双面配筋,预应力钢筋一般采用HRB335(20MnSi)热轧螺纹钢,主筋直径$\phi 20$,钢筋间距30cm;箍筋采用普通钢筋,钢筋直径$\phi 8$,间距25cm;构造钢筋采用普通钢筋,钢筋直径$\phi 10$,间距20cm;齿墙底部采用双排配筋,钢筋直径为$\phi 15$,间距为25cm,一般采用HPB235(A3)钢。所有主筋净保护层均不小于4cm,箍筋钢筋净保护层均不小于2.5cm,分布钢筋净保护层不小于2.0cm。

②抗倾覆稳定性验算。

根据 $K_0 = \dfrac{\sum M_y}{\sum M_0} = \dfrac{\frac{1}{6}\gamma_w H_1^3 K_p + \frac{1}{6}\gamma' H_1^3 K_p + \dfrac{G}{3(B+b)}(2B^2 + 2Bb - b^2)}{\frac{1}{6}\gamma\left[(H_0^3 - H_2^3)K_a + \frac{1}{6}\gamma' H_2^3 K_a + \frac{1}{6}\gamma_w H_2^3 + \frac{1}{6}\alpha\gamma_w H_1 B^2(H_1 + 2H_2)\right]}$,

勘验得已知条件 $\gamma_w = 1\text{kN/m}^3, \gamma = \gamma' = \gamma_{ss} = 17\text{kN/m}^3$。

根据相关计算,填料内摩擦角 α 为30°,最终得出:$K_a = 0.34, K_p = 1.05$。

根据图7-104计算单个挡墙体积,每10m一个。

已知 $B = 5\text{m}, b = 1\text{m}, H_1 = h_1 + h_2 = 2 + 4 = 6(\text{m}), H_2 = 1\text{m}, H_3 = 1.5\text{m}, H_0 = 8.5\text{m}$,得各部分面积之和 $S = 14.125\text{m}^2, V = SH' = 14.125 \times 10 = 141.25(\text{m}^3)$,由 $\rho_{混凝土} = 2400\text{kg/m}^3$,则 $G = 141.25 \times 2400 \times 10 = 3390(\text{kN})$。

代入原式得 $K_0 = \dfrac{\sum M_y}{\sum M_0} = \dfrac{37.8 + 642.6 + 11111.67}{1405.75} = 8.39$

因本例中路肩挡墙结构有完全深入路基底部的基础部分,故 K_0 的值远远大于规范要求是可能的,该种形式路肩墙满足抗倾覆验算。路肩墙及公路的位置立体图如图7-105所示。路肩墙及公路的平面位置如图7-106所示。

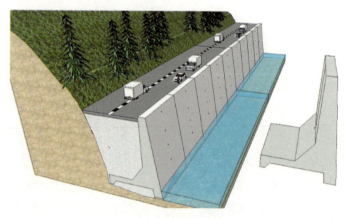

图7-105　路肩墙及公路的位置立体图

5)快速组装式公路边坡挡土墙

在泥石流水毁多发区域,提出新型快速组装式公路边坡挡土墙进行防护。组装式挡土墙包括墙体基础和墙体主体,是由若干预制好的不同类型钢筋混凝土空心箱体纵横向连接,箱体内填装岩土材料,且沿挡土墙延伸方向单列布置构成。预制箱体采用顶面开

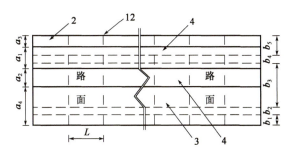

图 7-106　路肩墙及公路的位置平面图

敞、其余五面封闭的结构形式。

(1)特点。

①组装便捷。

组装式挡土墙充分利用了预制箱体快速组装的特点,将整体挡土墙拆分成无数个空箱箱体,每个空箱箱体按预先规划设计的几何尺寸以标准化形式同步制备成形,并采用现场吊装方式进行拼装,其不受季节变化的影响,大大缩短了施工周期。

②就地取材、稳定性强。

组装式挡土墙是一种施工快速、不受气候变化影响、满足必要的抗滑抗倾覆稳定性和材料强度要求且可充分利用任何现场岩土材料的组装式公路边坡挡土墙及其施工方法。

(2)使用条件和适用范围。

组装式挡土墙适用于气候寒冷、材料短缺、施工困难的高寒山区。通常适用于以下情形:

①公路边坡挡土墙现场施工量大、材料运输难。

②工程投资大、施工周期长且易受季节变化影响。

③施工时对现场环境破坏较大。

(3)结构设计方法。

①结构形式。

快速组装式公路边坡挡土墙,以若干预制好的钢筋混凝土空心箱体纵横向连接(即每个预制空心箱体与其上下左右的预制空心箱体均相互连接),且沿挡土墙方向呈单列分布而成。空心箱体是顶面开敞、其余五面封闭且内部空腔的结构体,内部填装岩土体后则构成完整挡土墙。空心箱体主要有两种结构类型:第一种空心箱体呈复式断面结构,布设于墙体最底部,包括墙体基础与上部侧墙两部分,采用钢筋混凝土浇筑预制为一个整体,其中墙体基础为实体浇筑,包括脚趾齿墙和脚踵承压板,齿墙可增加墙体抗滑稳定性,承压板可承载边坡土体重量,增加墙体抗倾覆稳定性;第二种空心箱体为长方形结构,布设在第一种类型箱体上部,且可进行多层竖向堆叠和同层横向连接(图 7-107)。

②材料。

底部复式断面箱体和上部长方形箱体均采用钢筋混凝土结构,所有箱体侧壁均采用单面或双面配筋,长方形箱体底板及其下部凸形体采用单面配筋,下部箱体与凸形体对缝连接的侧壁采用双面配筋且箍筋加密,混凝土标号为 C25、C30 和 C35。预制空心箱体内部填装岩土材料,应尽量利用边坡或沟道内堆积土料,且装填土体最大粒径需根据箱体短边边长 b 来确定,一般取箱体短边边长的 1/2。

③尺寸设计。

图 7-107　预制箱体组装公路挡土墙主体示意图

预制挡土墙的几何尺寸和空间位置需根据公路边坡的实际情况进行规划和布设。空心箱体的几何尺寸可以遵循以下原则进行取值:

a. 挡土墙顶面至墙体基础顶面净高度 H_1 应是空心箱体高度 h_2 的整数倍,即 $h_2 = H_1/n$。其中 n 为空心箱体竖向个数,限于空心箱体垂直方向的承压比和宽高比要求,挡土墙整体净高度 H_1 一般不超过 6.0m,空心箱体高度 h_2 一般为 1.0~1.5m,以确保挡土墙整体稳定性。

b. 挡土墙基础宽度 B 由底部复式箱体的顶部宽度(即长方箱体短边长度 b)和复式箱体内侧边坡坡度 $1:m_1$ 确定。一般基础宽度 B 是长方箱体短边长度 b 的整数倍,即 $B = n_1 b$。n_1 为整倍数,长方箱体短边长度 b 一般为 1.0~1.5m,底部复式箱体内侧边坡坡度 $1:m_1$ 一般取 1:0.5~1:1,基础宽度 B 取值为 1.5~3.0m。

c. 墙踵承压板宽度 b_5 一般与箱体高度 h_2 等同,取值为 1.0~1.5m,承压板厚度 h_3 一般为 0.3~0.5m,基础高度 $h_1 = 0.8~1.5m$,应以最大限度增加箱体重量,防止发生倾覆变形。

d. 墙趾齿墙底面宽度 b_2 一般取为箱体短边宽度 b 的 1/2,即 $b_2 = b/2 = 0.5~0.75m$,高度 h_4 一般为 0.5~1.0m,内侧斜面坡度 $1:m_2$ 取值为 1:0.5。

e. 考虑到挡土墙空心箱体运输便利性和吊装易操作性等需求,控制底部复式箱体最大重量在 20~30t 之间,上部长方箱体最大重量在 3~5t 之间,并尽量保持箱体尺寸的最大化和箱体数量最小化,确定箱体长边边长 a 采用 1.5m 和 3.0m 两种类型。

f. 上部长方箱体在平面布置上采取与下部箱体横向交错压缝布置的方式,以增加墙体整体稳定性。

构成挡土墙的同一层空心箱体尺寸相同,故为了将同层各箱体连接为一体,以保证箱体之间的平面整体性和连贯性,预制时在空心箱体左右两侧的短边墙壁上布设水平连接孔。一般单侧墙壁布设水平连接孔 2~4 个,通常采用螺栓连接,其布设位置要便于同层相邻的箱体之间横向连接,水平向连接孔直径一般取 3~4cm。为了将上下两层箱体连接起来,预制时在长方箱体底板下设置成凸形结构体,凸形体两侧边缘凹槽宽度和箱体边壁厚度 t_1 一致,中间突出部分高度一般取 $t_4=20\sim30$cm,上下两层箱体间采用上部箱体凸形体与下部箱体顶面凹腔进行对缝咬合连接。为了减小墙后和墙内水压力作用,预制时在箱体长边侧壁下部布设排水孔,一般单排布设 1~2 个,排水孔直径为 4~6cm,以充分排泄墙后和墙体内积水。为了方便吊装,在预制挡墙箱体的两端内侧侧壁上预留吊装挂钩。预制空心箱体为不封顶敞口薄壁墙体,侧壁厚度 t_1 和 t_2 按能够承受其上方填土箱体和背后边坡土体压力进行设计,一般取 $t_1=8\sim16$cm,$t_2=10\sim20$cm,上部长方箱体底板 t_3 一般取 6~8cm(图 7-108)。

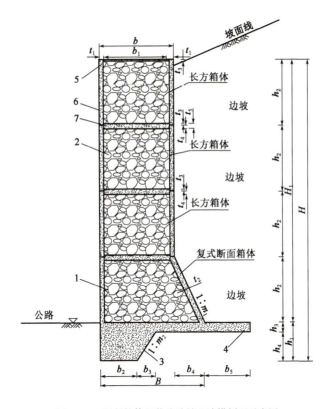

图 7-108 预制箱体组装公路挡土墙横剖面示意图

(4)案例

如图 7-109~图 7-112 所示,新疆某高寒地区公路边坡为松散体边坡,开挖高度为 5.6m,为控制边坡滑动灾害,规划在公路内侧设置挡土墙,同时为了避免气候严寒影响需加快施工进度,故采取如下技术及施工方法:

①第一步,根据边坡情况及其与公路位置关系,规划设计公路重力式挡土墙,采用预制钢筋混凝土箱体组装式结构,挡土墙高度 H 为 6.0m,墙体宽度为 1.5m。

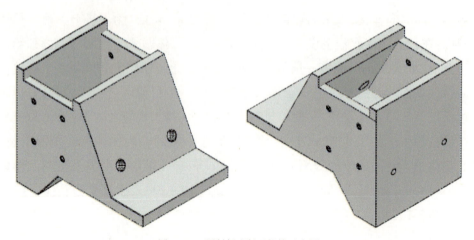

图 7-109　预制复式断面箱体示意图

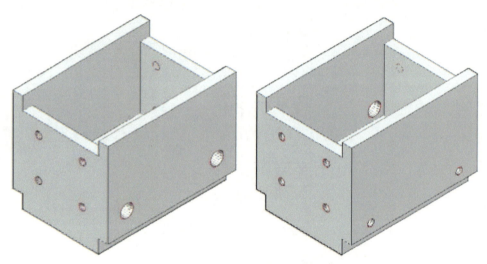

图 7-110　预制长方箱体示意图

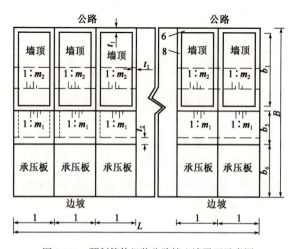

图 7-111　预制箱体组装公路挡土墙平面示意图

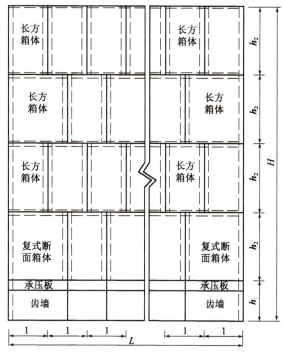

图 7-112　预制箱体组装公路挡土墙立面示意图

根据规划的挡土墙空间尺寸,设计预制复式断面箱体 1 或长方形箱体 2 的几何尺寸和数量:

a. 根据挡土墙高度 H 应为箱体高度 h_1 的整数倍 n_1,初步拟定 n_1 取 4,则单个箱体高度 $h_1 = 6/4 = 1.5 \text{(m)}$。

b. 依据挡土墙横向宽度等于长方形箱体短边边长 b,则长方形箱体短边长度取 $b = 1.5\text{m}$。

c. 箱体 1 或 2 长边边长取第二种尺寸类型,取值为 $l = 3.0\text{m}$。

d. 按照箱体顶宽 b 和内侧边壁坡度 $1:m_1$,复式断面箱体基础宽度确定为 $B = 3.0\text{m}$,齿墙底板宽度 b_2 取箱体高度 h_2 的 $1/2$,取 $b_2 = 1.5/2 = 0.75\text{(m)}$,高度为 1.0m,齿墙内侧斜面坡度 $1:m_2 = 0.5$。

e. 承压板宽度 b_5 与箱体高度 h_2 一致,取值 $b_5 = 1.5\text{m}$,承压板厚度取为 $h_3 = 0.5\text{m}$。

②第二步,根据规划设计的复式断面箱体基础尺寸和形状开边坡和地基的土体,确保开挖边坡处于稳定状态,且对开挖基土进行夯实压密或换填处理,尽量保持基础处于稳定地基土层上;同时,在合适的施工基地进行第一步规划的箱体 1 和 2 的预先制备成形。

预制过程中,箱体 1 和 2 侧壁厚度 $t_1 = 16\text{cm}$,$t_2 = 20\text{cm}$;箱体底板 t_3 厚度为 8cm;长方形箱体底板凸形结构体高度 $t_4 = 30\text{cm}$。箱体 1 和 2 均采用钢筋混凝土结构,侧壁和基础均采用双面钢筋,底板采用单面钢筋,并在与凸形结构体接触的箱体侧壁处进行钢筋加密处理,确保总体体积配筋率为 2%,钢筋直径为 ϕ12,混凝标号为 C35。这样可以确保复式断面箱体 1 质量不超过 30t,长方箱体 2 质量不超过 5t,便于车辆运输和现场吊装。

预制时,在箱体 1 和 2 短边侧壁上布设箱体间用螺栓进行横向连接的水平向连接孔 9,水平向连接孔布设 4 个,单孔直径为 4cm。在箱体长边侧壁上布设排水孔 11,排水孔呈单排布设 2 个,单孔直径为 6cm。箱体之间竖向连接件 10 采用在长方形箱体 2 底部加设凸形结构体与下部箱体凹腔进行嵌固咬合的方式,凸形体高度为 $t_4 = 30$cm。

③第三步,将第二步预制好的钢筋混凝土箱体 1 首先运至现场,并沿挡土墙延伸方向进行吊装布设,然后将长方形箱体 2 运至现场,依次从下往上进行逐层吊装,在水平方向通过横向连接孔 9 进行连接,在纵向上利用凸形体与箱体凹槽进行自然拼接咬合固定,同时,每吊装完一层则向箱体内填装筛选的岩土料,岩土料中最大粒径为 75cm,且剔除粉黏粒,并将岩土料进行振捣密实或夯实加固,最终形成公路边坡挡土墙主体。

④第四步,待挡土墙主体完成后,在最顶部加设预制混凝土盖板,同时,向墙背空间和基础坑槽回填土体,并采用振捣密实或夯实处理,最终形成完整的组装式公路边坡挡土墙。

该类型公路边坡挡土墙为预制好的钢筋混凝土箱体 1 和 2 纵横连接、内部充填岩土材料、且沿挡土墙延伸方向单列分布的组装式结构体,箱体 1 和 2 为顶面开敞、其与 5 面封闭的结构形式。

6)高路基低河床泥石流水毁防治形式

该种防护形式是在公路路基外侧设有以基脚护坦、阶梯护坡和路肩墙为一体的防护结构,对公路路基起到了自下而上全方位的保护作用,同时优化了路肩墙墙体厚度和断面形态,提高了路基的稳定性,并使公路路基免受泥石流、洪水的冲刷破坏。

(1)特点。

①整体防护性好。

此种防护形式充分利用了护坦的防冲刷性、护坡的稳定性和路肩墙的防护性等优势,将这 3 部分结合为一个整体,既保证了河流不会冲刷坡脚,也使得路基稳定性得到保障,从而由下而上使泥石流、洪水等对公路造成的冲刷破坏得到有效控制。

②经济节约。

此种防护形式节省工程费用和维护费用,不会反复维修。

(2)使用条件和适用范围。

一些特殊区域常出现高路基低河床的工况,常规路肩墙无法单独满足防治需要,此时通过新型防护形式将路肩墙和护坡、护坦相结合的方式,对公路起到较好的整体式防护作用。

(3)结构设计方法。

①结构形式。

高路基低河床防治组合结构宜位于沿河公路一侧,由路肩墙、护坡和护坦连成整体组成防治结构。路肩墙位于公路路基外侧,内设多个排水孔,呈梅花状分布,起到公路路肩挡土墙的作用,能够保证路基的稳定性;护坡是阶梯状结构,常见于坡度较大的挡墙下部,以维持挡墙的稳定性,兼有防止水流冲击的作用,上部同路肩墙相接,下部与基脚护坦相连;基脚护坦位于防治结构整体的下部,护坦下部埋深应超过河水深度一定距离,防止河水淘蚀基脚(图 7-113、图 7-114)。

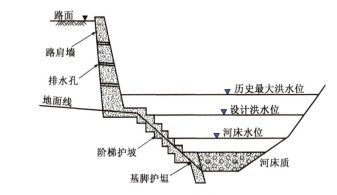

图 7-113　防护组合结构立面图

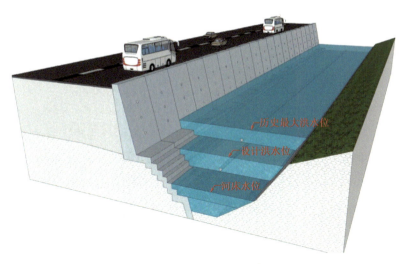

图 7-114　防护组合结构立体展示图

②材料。

路肩墙、护坡及护坦可以采用钢筋混凝土结构、混凝土结构或浆砌石结构。其中,路肩墙也可采用钢筋混凝土基础加混凝土墙体结构,钢筋混凝土基础加浆砌石墙体结构,或混凝土基础加浆砌石墙体结构等。

③尺寸设计。

组合结构尺寸如图 7-115 所示。

挡墙顶面宽度 B_1 可设为 100~150cm,挡墙高度 H_1 为 400~600cm,挡墙边坡系数

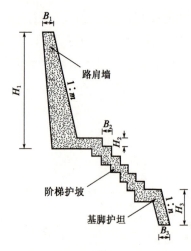

图7-115 组合结构尺寸示意图

$1:m$ 为 $1:0.1$;阶梯护坡每节宽度 B_2 取 $100\sim150\mathrm{cm}$,每节高度 H_2 取 $100\sim150\mathrm{cm}$;基脚护坦厚度 B_3 取 $200\sim300\mathrm{cm}$,高度 H_3 取 $300\sim400\mathrm{cm}$。整体应严密搭接,可起到全方位水流冲刷防护作用。

7) 丁坝

丁坝是一种将水流挑离河岸或路堤的常见调治构造物,多设置在水流湍急、坡降大的河道段,能够对河岸起到很好的保护作用。在泥石流多发的河谷流域,公路沿线多设置丁坝群配合其他护岸工程,以保护公路路基不受河流冲刷破坏。丁坝结构应与河岸成一定角度,并延伸到水中,将水流挑离河岸或路堤,使坝下游的河岸或路堤免受冲刷,形成有利的水流结构和河床变形(任庆新,2014)。若需要防护段落较长,可设置丁坝群进行河岸防护和水流调治,将各个坝头的连线设计成一条平滑的曲线或直线,称为导治线,从而达到防护堤岸的效果。

(1) 丁坝的分类

① 按工程分类

按水流从坝顶溢流与否可分为溢流丁坝和不溢流丁坝。防沙工程的丁坝一般为不溢流丁坝,溢流丁坝较为少见。

② 按和河流主流成角方向分类

丁坝的方向按和河流主流成直角、向下倾斜或向上倾斜分为以下3类(图7-116):

a. 直角丁坝,冲刷后会在坝中部产生泥沙淤积,丁坝端部有轻微冲刷。

b. 顺水丁坝,坝中间的砂粒沉积比直角丁坝少,丁坝端部的冲刷最弱。

c. 上斜丁坝,河岸和丁坝之间的砂砾沉积与前两种坝相比较多,端部的冲刷作用最强烈。

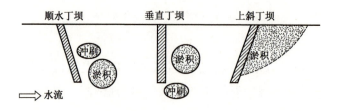

图7-116 丁坝工程

河流水流从丁坝溢流时,直角丁坝不产生偏流,顺水丁坝向河岸偏流,上斜丁坝向河流中心偏流。通常水流遇到很小的障碍物就会突然改变流向,故一般多采用直角丁坝。

(2)使用条件和适用范围。

①河岸一侧水流冲刷作用较大、存在公路路堤结构物或宽浅变迁性河段时,修筑丁坝可将水流挑离河岸和路堤,能够避免形成大的冲刷破坏,减缓水势使泥沙淤积,从而形成有力的水流结构和河床变形。

②河道两岸有固定结构物时,为限制河道宽度、改变水流方向、消除涡流偏流以防止横向侵蚀的,可修筑丁坝防护结构。

③非淹没式丁坝,以下挑式居多,$\alpha = 60° \sim 70°$。上挑式一般设置在平原区或半山前区的宽滩地段,其河道水流易于摆动,流速较小,促使淤积,从而形成新的河岸。在凸岸且流速较小时,也可以布置成正交丁坝,$\alpha = 90°$。而淹没式丁坝,一般选取上挑式,$\beta = 100° \sim 105°$(任庆新,2014)。

④若崩塌地段不长,在其上游设一处不溢流顺水丁坝把水流从崩塌地段挑开,通常可以防止塌陷地段的扩张;但是这样设置丁坝可能会冲击对岸,所以对岸须是坚实的岩体,以免出现河流冲刷改道现象。

⑤崩塌地段较长时宜采用直角丁坝,坝顶完全不溢流,或向主流倾斜。

⑥在河面较宽的砂砾堆积地段,河岸及沟岸受涡流偏流冲刷影响,斜向沙洲迅速移动的情况下,最好在两岸建不溢流直角丁坝,坝顶相对。

⑦丁坝防护结构的断面及尺寸应根据地形地貌、水文及工程地质条件、修建材料等因素综合确定,并进行结构稳定性计算。

(3)结构设计方法。

①结构形式。

丁坝多沿河岸布设,与其他结构物(如挡墙、护坡等)一同配合使用,丁坝的布置如图7-117所示。

②材料。

丁坝工程按其使用材料的不同可分以下5种:混凝土丁坝,混凝土块丁坝,填石框架丁坝,沉排丁坝,石笼丁坝。

修建丁坝所用材料应就地取材。丁坝坝身所受水流冲击作用强烈,应优先考虑采用石坝等坚固坝型。石料宜以质地坚硬、浸水不裂、耐冻抗磨、未经风化、容量较大及适宜加工等作为选材原则。其中,混凝土丁坝为不透水丁坝,多建于泥石流多发的河谷地带,其在湍急的河流中(坡降1:200左右)工作效果较好。

③尺寸设计。

应按照丁坝设计规范进行布置,坝顶宽度取250cm,坝身左右两侧坡降为1:1.5,坝身两侧各设置30cm厚的混凝土层以及10cm厚的砂砾垫层。丁坝坝身结构分为水面以上结构和水面以下结构,坝身左右两侧下方各设现浇混凝土基础,水面以下所设基础顶面宽

85cm,底面宽60cm,高度为100cm。

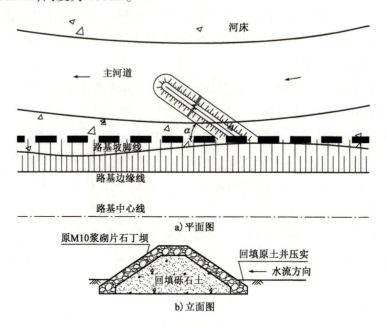

图 7-117　丁坝结构布置图

④丁坝的冲刷计算。

丁坝的局部冲刷深度主要通过丁坝冲刷公式计算得到,一般采用以下几种方法(任庆新,2014):

a. 类比法:参照类似河段已有丁坝的最大冲刷深度进行确定。

b. 按一般公式计算:

当 $\dfrac{l_n}{h} \leq 1$ 时:

$$h_s = 1.45 \left(\dfrac{l_n}{h}\right)^{0.75} \left(\dfrac{v - v_0'}{v_0}\right) h C_\alpha C_m \tag{7-92}$$

当 $\dfrac{l_n}{h} > 1$ 时:

$$h_s = 2.15 \left(\dfrac{v - v_0'}{v_0}\right) h C_\alpha C_m \tag{7-93}$$

式中,h_s 为丁坝头部局部冲刷深度(m),由河床面算起;l_n 为丁坝在垂直水流方向上的投影长度(m),正交时 $l_n = 1$;h 为丁坝头部冲刷前水深(m);v 为丁坝头部冲刷前的垂线平均流速(m/s),无实测资料时,可用谢才公式计算;C_α 为丁坝轴线与水流交角 α 的影响系数,$\alpha > 90°$ 为上挑式,$\alpha < 90°$ 为下挑式,$C_\alpha = (\alpha/90°)^{0.32}$;$v_0$,$v_0'$,$C_m$ 符号意义同式(7-92),$v_0 > v_0' > C_m$。

c. 按研究公式计算：

$$h_s = 1.95 F_r^{0.20} A_z^{0.50} h C_\alpha C_m C_{sm} \qquad (7\text{-}94)$$

式中，h_s 为丁坝头附近最大冲刷深度(m)，自平均床面高程算起，包括一般冲刷和局部冲刷；F_r 为行近水流的弗汝德数；A_z 为丁坝阻水面积(m²)，以垂直于流向的投影面积计，对于宽浅断面：$A_z = L_D h$，L_D 为丁坝长度(垂直水流方向)；h 为行近水流平均水深(m)；C_α 为挑角系数；C_m 为边坡减冲系数，$C_m = e^{-0.07m}$，m 为边坡系数；C_{sm} 为漫水减冲系数。

直河岸丁坝：

$$C_{sm} = 1 - \left(\frac{\Delta h}{h}\right)^{0.5} \qquad (7\text{-}95)$$

凹岸丁坝：

$$C_{sm} = 1 - 0.5\left(\frac{\Delta h}{h}\right)^{0.5} \qquad (7\text{-}96)$$

式中，Δh 为淹没深度，即水面到坝顶的深度；$\Delta h/h$ 为淹没程度，不漫水丁坝 $\Delta h = 0$，$C_{sm} = 1.0$。

（4）施工要点。

①严禁在泥石流沟上布设挑水丁坝。

②在泥石流多发的陡峭溪流沿岸建筑丁坝，溪床纵横断面一般凹凸不平，在丁坝工程施工时，应避免为节约基坑开挖而把基础放置在原来凹凸不平的溪床上。

③根据河岸的土质和水流的实际情况，需要时可将丁坝的坝根嵌入到河岸 3~5m 深处，或加固坝根上游河岸 8~10m，加固下游河岸 12~15m。

④当建成一部分丁坝工程后，要经常观察其对河流上下游的影响，坝的间距、长度和高度等是否存在问题，便于及时修缮，以免造成后期大的破坏。

⑤在河道水流顶冲段设置多排丁坝时，首先应在水流较平缓的地方施工，然后依次向水流较急的地方施工，使水流逐渐平缓，达到安全施工的目的。

⑥应根据导治线走势布设丁坝，不宜布设单个较长的丁坝。

⑦丁坝工程的基坑开挖槽应以大石块回填，并以杂填土压实，避免工程完成后受到水流淘蚀坝脚和基础，破坏丁坝。

（5）丁坝的规划和设计。

①坝头连接。

在山谷河流处修建丁坝，由于地形坡降大、水势急，水流冲击丁坝时易在坝底形成涡流,冲刷河岸,所以坝脚宜与坚实的山体连接。坝根护岸上下端应切入河岸一定深度,以免水流从背后绕过,对河岸造成大的冲刷影响。

②高度。

在河流、溪流中建设的丁坝大多数为不溢流丁坝,水流冲击坝面相应地提高了洪水位,所以丁坝的高度应与防沙坝、固槽工程侧墙一样,应加超高部分。

③长度。

应根据水流冲刷的导治线走向,丁坝与水流方向的交叉角度,河流本段河床地形水文及地质条件等情况来总体确定丁坝的坝身纵向长度。陡峭河谷丁坝与平缓河流丁坝不同,其作用较明显且复杂,所以其长度需特别慎重。河谷上游一般较窄,加之水流急,丁坝修建宜短一些。此外,决定丁坝长度时首先要详细调查河道状况,修建之初可先按照设计有意把坝修短一点,在弄清河流特性后可逐渐延长丁坝以达到设计长度。

④间距。

丁坝间间距的主要决定因素为坝的长度、种类、形状、水流方向和溪床坡度等,通常是按照水流越过上游坝端未到达河岸前能够由下游丁坝接替挡住水流设计。一般在凹岸约为丁坝长度的2倍,在直线段为2.5~3.0倍,在凸岸为3倍以上(高冬光,2002)。应注意的是,丁坝的间距过大时易产生横流,会破坏丁坝间的护岸和河岸。

⑤形状。

在山谷沟道中修建丁坝,坝顶头部受水流、泥沙混合物和滚石的冲击最为严重,须修建牢固。为防止冲刷破坏,宜加深坝顶头部至沟岸中,当遇到洪水、泥石流时,则会减少坝体所受的冲击力。

⑥丁坝布设位置。

布设丁坝时,需着重考虑河床或沟道对岸是否存在固定构筑物或农田、土质堤岸等,若存在以上情况,宜多导少挑。

(6)工程实例。

在中巴公路K1574段修筑丁坝,配合挡墙防护洪水及河流冲蚀破坏路基,如图7-118所示。丁坝长度为15m,坝高7.5m,坝头高出水面0.5m,且与河岸夹角为30°,丁坝头部原水深1.50m,在公路运营期防护效果较好。

8)矶头坝

(1)特点。

矶头坝的防冲刷特性与丁坝相类似,且可弥补丁坝防治的缺陷和不足。矶头坝呈锯齿状,相当于丁坝群的连接物,对岸坡起到强大的防冲刷作用。

(2)适用条件及适用范围。

矶头坝的结构为迎水截面短、背水面较长,整体挤压侵占河道较少,这种结构形式可削弱水流的冲蚀能力,且坝身背水面具有导流作用。此外,矶头坝可减小水流绕过坝头偏转后的扩散角,减轻形成漩涡对坝头及路基的冲刷。

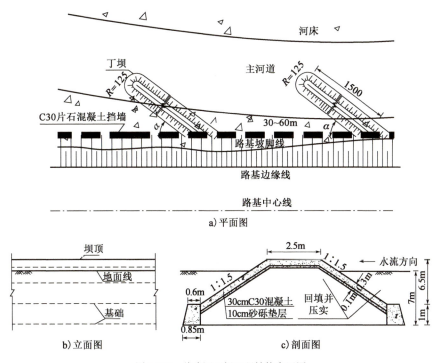

图 7-118　盖孜河丁坝工程结构布置图

(3) 结构设计方法。

① 结构形式。

常见的矶头坝呈锯齿状布设于河岸一侧,其迎水面与河岸交角可取 50°,迎水面与背水面夹角常取 100° 左右,如图 7-119 所示。

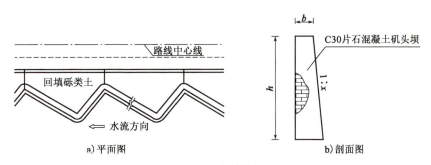

图 7-119　矶头坝结构布置图

② 材料。

矶头坝通常采用浆砌片石和混凝土进行砌筑,坝心宜用废弃石方或河滩卵石回填。

③ 尺寸设计。

应按照丁坝设计规范进行布置,坝顶宽度取 80cm,坝底宽度 125cm,坝身总高 450cm,

其中坝身高出河床的上部为50cm,以下部分为400cm,坝身左右两侧回填砾石土基坑坡降为1∶0.5,修筑完成后进行砾石土回填使其完整。

④规划及设计。

a.矶头坝的埋置深度及高度。

因矶头坝的冲刷没有成熟的公式计算,以往的设计埋深通常是根据现场调查的冲刷深度,再加之一定的安全值确定。矶头坝的冲刷现象和短丁坝较相似,因此,采用丁坝的相关公式计算,结果应该是偏安全的。

b.矶头坝方案截面验算。

矶头坝较短小且平面呈三角形分布,头坝尾部嵌入护墙内,因此矶头坝与护墙之间的嵌合力是保证矶头坝稳定的关键。施工中,只要保证嵌合牢固,则可基本保证矶头坝的稳定性。矶头坝嵌入挡墙可以提高其整体刚度,从而提高其稳定性。矶头坝阻水界面小,受到动水压力较小,矶头坝基础一般设置在卵石层地基上。根据以往的施工经验,矶头坝一般不做稳定性验算。

(4)工程实例。

矶头坝在新疆地区大多数公路建设中均有应用:如G045线后沟段及G217线部分段落,矶头坝防冲效果较好;如G217线K970+564~K970+839水毁段冲刷深度大,水毁危害段长,故该路段采用矶头坝形式进行防护(图7-120)。矶头坝的迎水面与背水面夹角取110°,位于河湾迎水面,与河岸交角取30°,矶头坝有效长度为14.65m,坝高7.3m,坝头高出水面0.5m,且与河岸夹角为30°,丁坝头部原水深1.4m,河流流速为2.31m/s。从现场调查看,矶头坝保存完整,矶头坝间有河床物质淤积,起到了很好地减轻冲刷淘蚀效果。

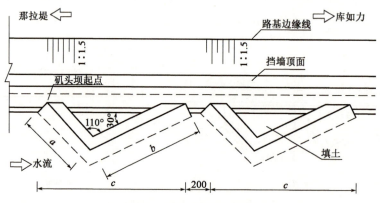

图7-120 矶头坝平面大样图(尺寸单位:cm)

8

新疆泥石流地区公路维护运营

　　泥石流地区修建的公路，在长期运营中可能出现各种泥石流病害问题，必须加强泥石流灾害排查并及时整治，以保证行车安全和畅通。然而，由于线路平面、剖面已定型，且各项主体工程均已完成，泥石流病害整治远不及新线设计方便，仅是一条小泥石流沟，也需付出高昂的代价。根据新疆山区公路泥石流病害整治的调研资料，参考已建公路、铁路和城镇等在泥石流灾害中的防治经验，归纳总结出以下防治思路：

　　（1）考虑综合利用各种泥石流防护工程措施，以消除或减轻泥石流病害。

　　（2）在经济技术和可行性方面进行评估，考虑改造有关公路主体工程。

　　（3）在治理难度较大或投资费用较高时，再考虑局部改造线路线位，而当公路主体工程遭泥石流撞击、冲刷而局部破损时，如不致危及工程安全，则只需进行修复加固。

8.1 沟床改造或增加拦排

8.1.1 改造沟床,加强排导

某些桥涵遭受泥石流淤堵,其原因不是净空不足或孔径过小,而是原沟床泄洪条件差,或因自然的或人为的原因,促使沟床过流条件变差。其整治的原则是疏通沟槽,清理床面,把天然沟床改造成为急流槽;或增建排导工程,使泥石流顺利排泄。

改造沟床,加强排导是公路泥石流病害整治中最常用且最普遍的方法。如中巴公路 K1608+621 处温泉三桥(图 8-1)在 2017 年发生桥下严重淤积,桥下净空由原来 6m 减少到不足 1m,如再发生泥石流,将会翻越桥梁,对公路行车产生危害。为此,公路养护部门及时清理泥石流桥下淤积,疏通沟道,保持桥下游沟道顺直通畅,同时增大桥梁上下游的沟道纵坡,加速排泄泥石流至盖孜河,避免多次泥石流积少成多而清理困难。图 8-2 为 2018 年温泉三桥疏通沟道和清理桥下淤积情况。

a) 上游　　　　　　　　　　b) 下游

图 8-1　温泉三桥(K1608+621 处)桥下淤积

a) 疏通沟道　　　　　　　　b) 桥下清淤

图 8-2　温泉三桥(K1608+621 处)养护清理

8.1.2 拦挡物质,降低规模

有些受泥石流淤堵的桥梁,常由于下游沟床纵坡变缓而排泄不畅,或者线位偏低,桥下净空不足。当单纯增大桥下排泄能力有困难时,可在中上游沟道内的适宜位置修建拦沙坝或谷坊群拦沙排水,并借助沟道回淤固坡和梯级滞流,以削弱泥石流能量和规模,减轻泥石流堵桥漫路的危害。在沟道中上游修建拦挡工程进行泥石流治理,也是公路泥石流整治应用较为普遍的办法。

如中巴公路 K1555+924 段公路采用桥梁形式跨越泥石流沟道,由于桥梁距离主河较远,且泥石流沟床纵坡较缓,排泄不畅,大量泥石流堆积物淤积,使得桥下净空不足 1m,影响公路安全。该处泥石流沟道狭长且两侧基岩出露,可在中上游沟道内修建谷坊群拦沙排水,并通过沟道回淤降低泥石流发生频率,能够有效地减轻泥石流对公路桥梁的危害,如图 8-3 所示。

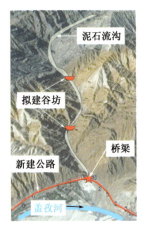

图 8-3 中巴公路 K1555+924 处桥梁淤堵及拟用处置措施

8.1.3 拦、排工程结合

某些受泥石流淤堵的桥梁,当泄流沟床纵坡过缓而排泄不畅、单纯加强下游排导或上游拦挡均难以消除病害时,可考虑采用拦、排工程结合的方式,即在中上游修建拦沙坝(群)拦沙排水,降低泥石流规模,提高公路桥前剩余泥石流体的位能;中下游加深沟槽,增大纵坡,加大泥石流在桥下通过的动能。桥梁上游第一道坝与桥梁之间的距离,应根据坝的高度、固体颗粒粒径以及坝址条件确定,如距桥过远,则起不到提高桥前泥石流位能的作用,如距桥过近,则易使坝下泥石流堆积造成桥前堵塞。

拦、排工程结合的防治措施,在已建成公路泥石流病害整治中得到了较为广泛的应用。如中巴公路 K1562+080~K1562+320 段跨越托卡伊沟泥石流(雨洪沟谷型泥石流),公路因线位偏低且泥石流堆积区无明显沟道,未架设桥梁通过,而是于泥石流堆积区前缘,采用矮挡墙+过水路面形式,并且两侧设有两个用于排水的涵洞。由于泥石流规模较大,泥石流翻越矮挡墙后在公路上大范围堆积,且涵洞排水能力有限,出现淤堵现象,严重影响了公路的运行安全。因此,可在泥石流沟中上游沟道内修建谷坊群,并在出山口处设置拦沙坝,拦沙排水,回淤固坡,减小泥石流规模,并在拦沙坝后设置排导槽和停淤场使泥石流水石分流,顺利通过公路,如图8-4所示。

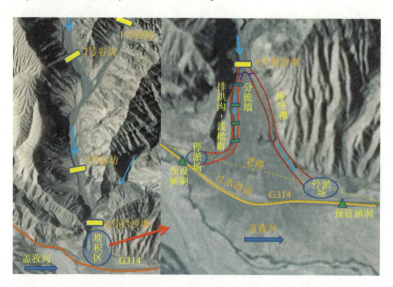

图8-4 中巴公路K1562段泥石流防治工程平面布置图

8.1.4 拦截水源,分流排泄

当桥涵过流能力不能满足泥石流的排泄需求时,泥石流将会对桥梁产生淤积和冲毁危害。若堆积区有多条冲沟,当泥石流规模较小且以稀性为主时,可采取拦截水源、分流排泄的措施,即修建截流堤或拦挡坝等工程,将部分泥石流引到相邻沟道内排出,以减轻受灾桥涵的过流负担。但拦截分流工程应远离线路,并应对这些构筑物进行监测和养护,避免泥石流淤堵改道或工程溃决而暴发更大规模泥石流,对公路产生更为严重的病害。

如中巴公路K1555+924段公路采用桥梁形式跨越泥石流沟道,由于桥梁距离主河较远,且泥石流沟床纵坡较缓,排泄不畅,大量泥石流堆积物淤积,使得桥下净空不足1m,影响公路安全。根据现场地形,可将老路桥梁用铅丝笼改造为导流堤,并延伸至路线右侧山体,导流堤高度为1.5m,长度为30m。其将泥石流部分分流停淤,并定期清理,可减轻泥石流对桥梁的危害,如图8-5所示。

8.1.5 清淤工程

新疆山区公路沿线修建了大量的过水路面,这种措施是临时性、被动性和重复性的,

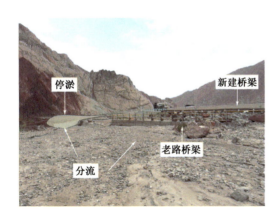

图 8-5　中巴公路 K1555+924 段公路拟采用分流排泄措施布置图

但由于其施工简便且无需修建工程,故在新疆山区公路养护过程中经常采用。然而,由于公路建设时并未进行有效的泥石流工程防护,致使过水路面常常成为泥石流的停淤场,对公路路基路面产生较大危害:清淤量大且淤堵时间长,成为常年性泥石流病害,累计清淤费用高,并时常造成车毁人亡事故。因此,一般中等级和低等级公路可采用过水路面工程,而高等级和重要中等级公路,应将公路过水路面与泥石流防护工程配合使用,以最大程度减轻公路泥石流病害。

如 S212 线托帕至吐尔尕特公路某中小型泥石流沟,公路沿沟口通过,由于泥石流沟口较为宽阔且无固定的泥石流沟道,因此采用铅丝笼导流堤将泥石流束流,并采用过水路面形式将泥石流排至公路另一侧。此处铅丝石笼导流堤可有效地减小泥石流漫流范围,加大水流冲刷力,从而减少公路泥石流淤积,在降低泥石流对公路危害的同时,也减少了公路养护费用,使用效果良好,如图 8-6 所示。

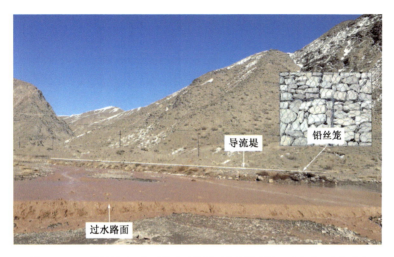

图 8-6　S212 线托帕至吐尔尕特公路某泥石流沟导流堤+过水路面防护形式

8.2 公路主体工程改造

8.2.1 改造涵洞

山区公路由于地形条件限制,常常采用傍山线路,并多采取涵洞形式跨越泥石流沟。一般在涵洞上游挖方并在入口处设沉沙池,将涵底设计成临界纵坡,出口设置跌水防治溯源侵蚀。在公路运营期间,由于泥石流频发,多次泥石流在沉沙池内堆积堵塞涵洞入口,因此可通过改造涵洞及其上下游沟道过流条件,来满足泥石流顺利排泄的需要。

在不影响行车的情况下,当涵洞下游地形较陡或有一定的临空高度时,可采用放陡纵坡和改善底床条件的改造方法,将下游跌水改为急流槽,并改善涵底和沟底糙度,以加速排泄;当下游地形较缓时,可采取增大涵前沉沙池的方式,并进行定期清理。

如中巴公路 K1616+020 段老路采用过水路面形式通过泥石流堆积扇,新建道路在该处设置涵洞引导水流及泥石流通过。受地形限制,道路基本与堆积扇平齐,因此在涵洞上游入口处开挖并设沉沙池,同时增加涵洞底部纵坡并设置护坦,减少泥沙堆积及冲刷侵蚀。目前涵洞运行效果良好,如图 8-7 所示。

图 8-7　中巴公路 K1616+020 段涵洞+沉沙池组合

8.2.2 改涵为桥

在全球气候变暖的背景下,极端暴雨和高温天气频现,致使新疆山区公路沿线泥石流灾害规模增大、频率增高,原涵洞设计标准已无法满足当前泥石流过流要求,原有涵洞孔径过小、净空不足,使得排泄能力降低。在线路高程允许的条件下,可增大涵洞尺寸或将原有涵洞改造为具有足够净空的桥梁,并根据需要辅以必要的拦、排措施。

如中巴公路 K1550+900 处老路依山而建并设置涵洞,但因涵洞尺寸较小且坡面泥石流频发,导致涵洞堵塞。新建公路路线外移,增加了停淤空间,并加大了涵洞尺寸,使排泄能力提高。目前公路涵洞运行状况良好,如图 8-8 所示。

图 8-8　中巴公路 K1550+900 处新建公路增大涵洞尺寸排泄泥石流

8.2.3　增改建桥涵

当原有桥涵不能排泄泥石流且改造有困难时,可选择适宜地点增建桥涵,与原有桥涵分泄泥石流或直接作为排泄泥石流的主要通道。当原有桥梁以多跨形式跨越泥石流且泥石流可能对沟道桥墩台产生严重冲击时,可将桥梁改成单跨形式,避免泥石流冲毁桥台、破坏桥梁。

如中巴公路 K1612+840~K1613+082 段为冰川坡面型泥石流,高程差约为 1186m,比降约为 614.5‰,规模较大。沟道内含大量巨石,冲击力巨大,泥石流由南向北经公路桥涵进入盖孜河。该段公路沿泥石流堆积扇前缘布设,在 K1613+050 处附近设置两跨桥梁排泄泥石流,如图 8-9 所示。目前桥梁运行状况良好,但大桩号一侧被淤积堵塞,泥石流主要由小桩号一侧通过,如不及时进行清理,可能会影响公路的运行安全。因此,在道路后续改建时可考虑将桥梁改为单跨形式通过。

图 8-9　中巴公路 K1613+050 处采用桥梁排泄泥石流现状

8.2.4　新建渡槽和明洞

山区公路受地形条件限制,多依山傍河修建,常常受坡面泥石流群威胁。由于公路距山坡近、山坡坡度陡、泥石流能量大且暴发突然等因素，泥石流常造成公路淤埋和路面冲毁等病害。在这种情况下，可采取明洞或半明洞形式，并在洞顶堆积斜坡土体等缓冲材料，降低泥石流或粗大块石对洞顶的冲击，将坡面泥石流排泄至公路下边坡，减少对公路的危害。

在山区路堑或半路堑内，公路常常成为泥石流的天然停淤场，致使清理困难且淤埋已建桥涵。如有合适地形条件和线形条件，可考虑新建渡槽或明洞，恢复泥石流沟天然流态，渡槽底或明洞顶应比原沟槽更陡、更深、更顺直。如果渡槽下限深度不够或明洞上限高度过高，则可在沟上游修建拦沙坝，抬高沟床排泄基面，为修建渡槽或明洞创造条件。同时，需对上下游沟道进行归拢束流，改善沟道排泄条件，保证泥石流不致冲毁掩埋路堑。

目前，在泥石流规模大且对公路危害严重的路段，修建桥梁、明洞或渡槽已成为公路泥石流病害整治最为安全、有效、合理的工程措施。

如中巴公路 K1607+230 段为一处冰川坡面型泥石流，泥石流流域高程在 3032~4772m 之间，高程差约为 1740m，比降约为 608.8‰，规模较大，由北向南经公路过水路面进入盖孜河。该段公路位于泥石流堆积扇前缘，设有过水路面排泄泥石流。但由于泥石流规模较大，大部分泥石流未能由过水路面排泄，而是堆积在公路上，目前路线两侧的泥石流堆积体厚度高达 4~5m，严重影响了公路运行安全，如图 8-10 所示。由于该处泥石流具有较为成熟的沟道，且路线两侧高程差较大，因此在此处可设置门洞式渡槽，渡槽宽度10m。为防止泥石流改道乱流，需沿渡槽以上沟道在一定范围内设置排导结构，使泥石流可以顺利通过渡槽排泄。

图 8-10　中巴公路 K1607+230 段公路处泥石流现状图

8.3　线路线形线位调整

8.3.1　局部线路提坡

如果泥石流流量增大或频率增高，原有桥梁桥下净空不足，无法满足泥石流顺利排泄的需求,且采用上述多种方案仍无法得到改善时,可根据线路平纵指标及泥石流沟道地形特征,采用局部提坡的办法加大桥下净空,同时对泥石流形成运动特征调查分析,在有条件时辅以相应稳拦排措施以消除泥石流病害。当线路局部提坡后,已建路基挡土墙和排水沟等工程须进行改造。

如中巴公路 K1565+806 处老路采用小桥通过,但因泥石流常年淤积,桥下净空不足,无法满足泥石流排泄需求。新建公路线位不变,高程提高约 2m,目前桥梁净空 1.5～2.0m,整体情况运行良好,但桥梁下游小桩号护坦被冲刷破坏,需及时修补,如图 8-11 所示。

图 8-11　中巴公路 K1565+800 段路线局部提坡增加桥梁净空

8.3.2　局部线路改线

泥石流病害严重或遭受泥石流威胁的工点,当采取以上各项工程措施均不能避免泥石流的破坏,或不具备以上各方案的适用条件时,宜考虑废弃原有公路工程,采取局部改线方案来规避泥石流灾害或减轻泥石流威胁。

如中巴公路 K1550+750～K1551+100 段老路依山而建,山体坡面泥石流发育,时常堆积在公路路面,影响交通。新建公路采取局部改线方案将线路外移,老路作为停淤场,并将水流汇聚通过涵洞统一排泄,保障路堤安全,且该方案有效地降低了公路运营养护成本,如图 8-12 所示。

8.3.3　整段线路改建

泥石流集中分布地区的泥石流具有群发性,而公路常沿堆积扇不同部位穿过。由于各条泥石流淤涨迅速,或因变迁型河段淤涨和摆动,经常造成整段线路的路肩高程和桥下净空不够,局部提坡或改线难以避免泥石流威胁,须整段改线重建。如老线有较大工程,在改建时应考虑充分利用,或将老线作为新线的应急备用通道。

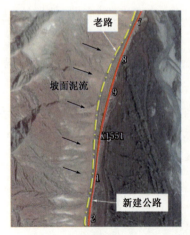

图 8-12　中巴公路 K1550+750～K1551+100 段局部线路改线避让泥石流

如中巴公路 K1575～K1581 段改线处,老路依山傍河通过坡面型泥石流群,难以满足每一条泥石流沟的特定要求,防治工程规模大且投资多。通过桥梁跨越河流,将路线改至河对岸,绕避泥石流群。目前公路运行状况良好,如图 8-13 所示。

图 8-13　中巴公路 K1575～K1581 段新建公路通过改线避让泥石流群

8.4　公路工程结构的修复加固

8.4.1　桥梁墩台修复加固

泥石流地区公路桥梁应尽量采取大跨径、高净空的结构形式,尽量在泥石流沟道内采用一跨而过。如果泥石流沟道内桥梁墩台遭泥石流局部破坏时,应根据破损现状及泥石流未来发展趋势,确定公路桥梁修复加固方法及类型。修复加固可归纳为以下几种情况:

(1)当桥梁墩台出现横向裂纹,但裂纹上部尚完好无需拆除时,可采用高标号水泥砂浆填缝,外加钢筋混凝土套箍。套箍的高度应超过裂纹上下限 1m 范围,厚度及材料应按所受冲击力计算决定。如果泥石流冲击力大,可考虑在钢筋混凝土套箍外加设钢板、轨排围套或缓冲套筒等。

(2)当墩台出现竖向裂纹时,可在嵌补裂纹后于开裂部位加若干道高约1m的钢筋混凝土或钢板套箍。

(3)当墩台局部破损且范围不大,结构整体尚未受损时,如预测未来遭遇泥石流冲击可行性较小,则可采用钢筋混凝土填补缺陷。当裂缝损伤遍及墩台全身时,宜采用砂浆填缝,并将整个墩台加钢筋混凝土和钢板套箍。

如中巴公路K1613+049处阿克朗二桥在2015年已完成桥墩施工,其间遭遇泥石流,对桥墩有冲蚀,且桥梁左侧有较多大块石堆积在山坡上。后期泥石流对于桥墩的冲击隐患依然存在。处理方案为在左侧1号桥墩外增加混凝土,并包裹1cm厚钢板对其进行防护;同时增加桥下铺砌断面及铺砌长度,并对路基左侧及桥底泥石流堆积体进行清理。目前桥梁运行良好,如图8-14所示。

图8-14 中巴公路K1613+049处阿克朗二桥墩台加固处理

8.4.2 墩台基础加固

当泥石流堆积粒径较小,且沟床未出现淤涨趋势时,桥梁的墩台浅基应按最大冲刷深度做永久性加固,如在无水条件下明挖施工,可采用混凝土或浆砌片石圬工护基。当泥石流粒径不大,且沟床呈现逐年淤涨现象时,墩台浅基应随沟床淤涨进行基础加深,并采用铅丝石笼做临时性加固防护。当泥石流冲毁台后路基和锥坡体,使桥台一侧悬空时,可用膨胀性混凝土填塞并加设圬工或铅丝笼导流堤,导流堤前端应设置垂裙墙。如顺水桥设在堆积扇尾部受主河冲刷,则应做坚固的河岸防护。

如G217线独库公路K983+356段桥梁因墩台埋置深度较浅,受山洪泥石流冲刷淘蚀严重,导致墩台下土体被淘蚀破坏,墩台发生倾斜失稳,无法正常使用,如图8-15所示。

如中巴公路K1565+800段桥梁小桩号一侧桥下铺砌受洪水泥石流冲刷侵蚀,导致铺砌破损，并溯源侵蚀至桥台锥坡处，如图 8-16 所示。该处需进行工程处理，防止桥台出现淘蚀破坏，可用铅丝笼导流堤修补破损铺砌处，且高出原铺砌一定高度处防治侧蚀，并于导流堤前端设置垂裙墙。

图 8-15　G217 线独库公路 K983+356 段桥梁水毁情况

图 8-16　中巴公路 K1565+800 段桥梁桥下损坏和侵蚀

8.4.3　防护工程加固修复

在已建公路发生的泥石流病害中，防护工程破损是造成公路主体工程破坏的主要原因。在调查新疆地区泥石流冲毁公路防护工程案例的基础上，提出以下加固修复方案：

(1) 冲淤变动型河床洪水泥石流冲刷能力较强，常造成路肩墙基础淘蚀临空而倾倒破坏，可采用新型用于增强路肩墙稳定的侧翼基础防冲加固结构，避免因侧墙局部破坏而危及整个路肩墙的安全。

(2) 峡谷区河流常常受泥石流挤压而侵蚀公路路基及防护结构，由于主河水流冲击冲刷力强，一般公路防护工程基础难以满足其抗冲刷设计要求，可采用桩承挡墙或加大挡墙尺寸,来提高防护结构稳定性。

(3)由于地形条件限制,山区公路常出现高路堤低河床的形式,而随着河流强烈冲刷岸坡,将造成路堤基础淘蚀临空,因此可在低河床边修建挡墙或采用阶梯状护坡,以防止水流横向冲刷路堤。

(4)在实际公路路基防护工程中,常采用丁坝群形式来防止水流冲刷。而由于水力计算、丁坝布置形式和尺寸及河道冲淤变动等因素,丁坝群常常被冲刷破坏而失去效果。可加大丁坝基础深度和断面尺寸,并利用混凝土进行修补完善,或采用矶头坝和丁坝相结合形式进行防护。

(5)公路上边坡挡墙常受坡面泥石流破坏,修补困难且时间长,可采用预制快速拼装式挡墙,对局部破坏挡墙进行快速安装修复加固。

如省道315线乔尔玛至蜂场段K66+060~K66+200处道路左侧下边坡处于河流凹岸转弯处,坡脚处设置护岸墙。2016年6月,由于喀什河处于洪水期,洪峰流量大,河流凹岸冲刷严重,护岸墙损毁段长度约110m。喀什河不断淘蚀下边坡坡脚土体,使得路线下边坡不断发生垮塌,引起路堤滑塌,影响公路安全,如图8-17所示。此处应重新修建护岸墙,并增设丁坝或矶头坝进行防护,保证道路安全。

图 8-17 S315线乔尔玛至蜂场段K66+060~K66+200处道路左侧下边坡水毁

8.5 在役公路泥石流工点管理

公路部门应对公路泥石流灾害建立一套科学合理的灾害评估、应急治理和抢险救灾的管理办法,开展重点公路路段泥石流灾害调查与风险评价,建立公路前期规划可研阶段详细调查、勘查设计阶段重点排查和施工运行阶段定期复查的泥石流灾害调查评价体系,加强突发性重大公路泥石流灾害的灾前超前识别、灾中动态评价和灾后风险评估,构建公路泥石流灾害调查评价信息动态更新机制。

在公路可研阶段对泥石流灾害进行详细调查,对存在潜在威胁的泥石流进行识别和预判;在公路设计阶段对泥石流灾害进项详细勘查,提出相应处置对策;在公路施工过程中动态施工,根据泥石流灾害发展趋势和危害程度,对设计阶段相应设计方案进行修正,并对漏判、错判以及新生的泥石流灾害点进行排查并及时整治;同时,加强公路泥石流工点信息管理和监测预警系统建立,以尽量避免泥石流酿成重灾,为公路畅通运行提供安全保障。

(1)建立健全公路泥石流工点数据库。其应包括工可阶段的公路泥石流调查评估报告,设计单位提供的泥石流勘测设计资料,施工单位移交的泥石流工点施工日志和竣工图纸,运营期间的养护、抢险和救灾记录,以及泥石流防治效果;同时,养护部门应对存在危害的重大泥石流工点每年定期排查,随时掌握其动态变化情况。

(2)掌握公路泥石流发展动态。根据数据库资料分析运营以来影响泥石流发育的各要素变化规律,判断泥石流发展趋势和产生危害的可能性,提前制订应急抢险救灾预案,加强公路工程的泥石流风险预测和前瞻性设计。

(3)制订公路泥石流治理规划。开展公路沿线泥石流灾害的危险评价和风险识别,根据公路沿线泥石流危害程度和发展趋势,制订公路泥石流病害整治的年度实施计划、长远治理规划和科研技术攻关等目标。对严重病害工点的改线绕避方案以及重大泥石流工点的综合治理方案等,在经济技术比选后确定最优方案,并根据轻重缓急的原则实施治理。

(4)控制激发泥石流的人为因素。养护部门应随时关注泥石流流域内的各种人类工程活动,当发现对泥石流形成存在促进作用的活动时,应及时与有关部门联系,采用有效措施防止泥石流复活或泥石流规模增大。

(5)开展公路泥石流监测预警和防治技术研究。应加强公路泥石流灾害的监测预警,充分分析气象水文数据以获取诱发流量、降水、气温等临界预警指标,研究安全可靠的监测预警技术,提高泥石流灾害预警信息发布的针对性和时效性,并研究公路泥石流防治的新模式、新技术和新方法,建设工程防治与监测预警相结合的综合防控体系,建立标准化和规范化的公路泥石流灾害监测预警模式和成套防治技术标准。

(6)制订公路泥石流灾害应急处置原则和预案。研究适用于不同破坏形式下的公路快速修复技术和工艺,科学计算工程设计水力参数,合理确定公路和防护工程设计标准,建立突发性泥石流灾害的快速响应、应急指挥、预警联动和抢险保通机制,制订科学合理的施工组织方案和施工进度计划,提高公路地质灾害应急处置的科学化、标准化、规范化水平,提升新疆公路网防灾减灾应急处置能力。

9

新疆公路泥石流监测预警

近年来,随着极端气候常态化、地震逐渐趋于活跃以及人类经济活动的增强,泥石流灾害形成条件和活动特征发生较大变化,新疆山区公路泥石流灾害频发,常常造成公路交通阻断、车辆滞留、甚至人员伤亡,产生巨大的经济损失和严重的社会负面影响。

随着新疆路网不断延伸和加密,许多重要公路通道将穿越泥石流灾害类型复杂、危害严重的易发区域,然而,现有的泥石流减灾技术和方法难以防御高寒高海拔山区大型泥石流灾害,且单一的工程防治措施技术难度大且投资高,当前也不可能对每个灾点进行工程治理。因此,在技术、经济条件均受限的情况下,加强泥石流灾害监测预警工作便成为防灾减灾的重要手段。通过信息化和智能化技术手段,构建新疆公路泥石流灾害监测预警系统,建立基于物联网技术的泥石流灾害大数据中心和泥石流灾害减灾决策支持平台,可极大提升交通运输安全与应急保障能力。

9.1 公路泥石流监测预警体系

9.1.1 公路泥石流预警体系的监测过程

泥石流的发生和发展是一个逐级递进的动态过程,任何一个过程中的能量转换和物质供给都将会影响泥石流的发生。在固定沟道内,泥石流的形成和运动将经历能量准备阶段(物源和水源)、土体失稳启动阶段(坡面和沟道)、沟道侵蚀流量放大阶段和淤积成灾阶段。

因此,根据泥石流形成运动的动态过程,需从泥石流启动过程、运动过程和成灾过程进行监测,建立基于泥石流动态发育过程的多指标监测预警体系(图9-1)。其具体包括基于雨量(降雨型)、气温(冰川型)、孔隙水压力和含水率指标的泥石流启动监测预警,基于中上游支沟泥位、汇流降雨量等指标的泥石流运动检测预警,基于中下游主沟泥位、成灾降雨量和视频信息等指标的泥石流临灾监测预警。其中,以启动临界雨量、启动临界气温、孔隙水压力和含水率作为启动阶段指标,以中上游支沟泥位和汇流降雨量作为运动阶段指标,以中下游主沟泥位、成灾降雨量和视频信息作为临灾阶段指标。

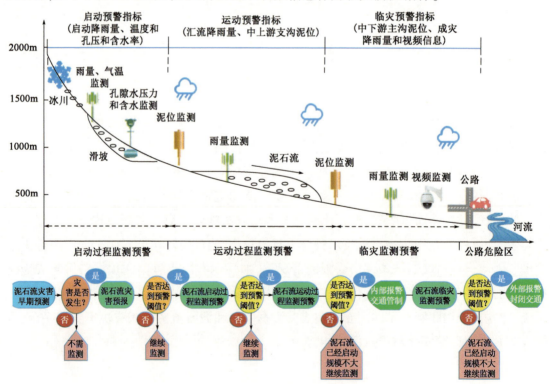

图 9-1　基于形成运动过程的公路泥石流综合监测预警体系示意图

9.1.2 公路泥石流监测预警系统构架

公路泥石流监测预警系统构架可分为 3 个部分,主要包括数据采集系统、数据传输系统和监测预警平台系统(图 9-2)。

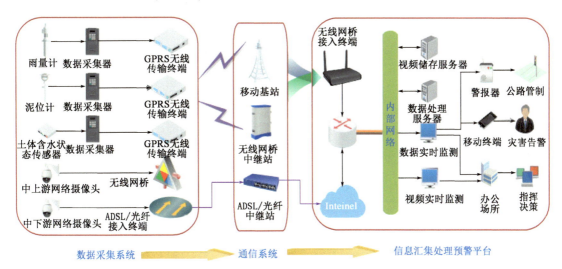

图 9-2　公路泥石流监测预警系统架构示意图

1)数据采集系统

数据采集系统是通过不同功能的传感设备将泥石流的监测参数进行实时采集存储,其系统组成如图 9-3 和图 9-4 所示。数据采集系统主要包括传感器和数据采集器 2 个部分,其中泥石流灾害监测的传感设备包括:雨量计、气温计、土体孔隙水压力传感器、土体含水率传感器、雷达泥位计、振动传感器、次生传感器和视频摄像头等,每个传感器的产地和厂家不同,其供电及通信接口也不同,数据采集器则为不同传感器供电并采集传感器输出的信号。

2)数据传输系统

数据传输系统是将现场采集泥石流监测数据传回数据处理平台的有效通信方式,当前主要通信方式包括北斗卫星、GPRS、Zigbee 短程无线通信等 3 种方式(图 9-5),3 种通信模块都可以通过 RS232 接口与数据采集器进行连接。一般情况下,在有公网覆盖地区,优先以公网方式进行组网,在公网未覆盖地区,以北斗卫星通信方式进行组网。对重点监测的泥石流沟,为确保监测信息能够顺利传输,可采用公网和北斗卫星两种通信方式进行组网,方便实现信号自动切换和数据互为备份的功能。在实际应用中,应结合监测设备的类型和现场通信条件,选择安全、稳定、能耗低的通信方式来保证数据传输。

3)监测预警平台系统

监测预警平台系统包括监测数据处理平台和预警系统(图 9-6),其中监测数据处理平

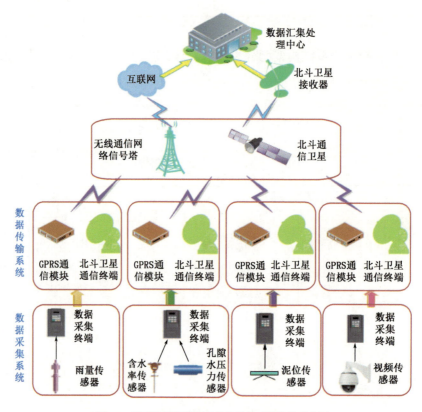

图 9-3 泥石流监测数据采集与传输系统架构示意图

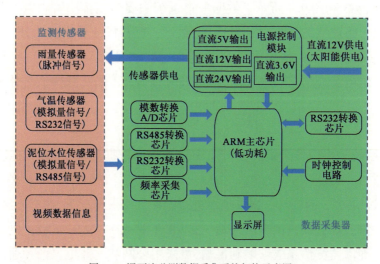

图 9-4 泥石流监测数据采集系统架构示意图

台是对现场泥石流监测数据进行汇集、数据分析和灾情会商等,并与泥石流发生阈值进行对比分析,根据不同泥石流灾害预报等级发出预警信息;预警系统主要由计算机硬件系统、计算机软件系统、预警设备及通信系统等几个部分组成。

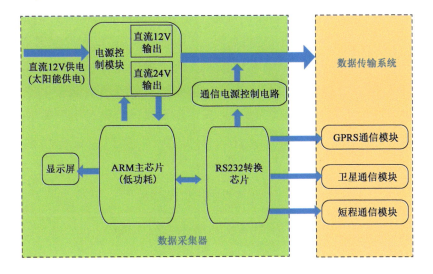

图 9-5　泥石流监测数据传输系统架构示意图

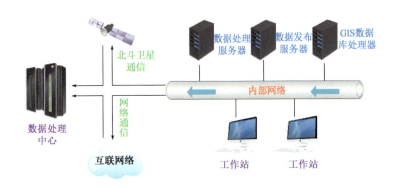

图 9-6　泥石流监测预警平台系统架构示意图

9.2　公路泥石流监测预警指标

1）降雨量

目前，降雨过程和泥石流形成的关系是降雨型泥石流预测预报中的关键问题。泥石流的发生与降雨强度和持续时间的关系非常紧密，当某一时段内的降雨量超过某一临界值时，泥石流灾害就会发生，这个临界值就是泥石流发生的临界雨量或降雨阈值。然而，在一定降雨强度下，某沟道内虽然可能发生泥石流，但随着沿程岸坡物质补给和沟道比降变小，泥石流体可能因降雨强度不够而发生停淤，不会对下游公路产生灾害。

目前国内外泥石流预警雨量阈值研究较多，大多基于不同区域泥石流灾害进行统计分析和理论分析。一般基于10min雨强、1h雨强、24h雨强等不同降雨强度以及泥石流发

生前 n 天有效降雨量等降雨指标,在不同研究区建立了泥石流预测预报模型。新疆地区地处中亚内陆干旱地区,属暖温带大陆性气候,气候干燥少雨,雨型以局部短历时暴雨为主,泥石流多为短历时暴雨激发,故新疆地区泥石流预警雨量指标应选取 10min 和 1h 预警雨量指标。结合有关学者关于泥石流预警雨量阈值等级的研究(陈宁生,2017),提出新疆地区降雨型泥石流预警雨量分级(表 9-1),其中雨量阈值应结合历史灾害的调查统计、野外试验及模型计算等方面综合确定。

泥石流预警雨量阈值等级　　　　表 9-1

预警雨量阈值等级	不同预警雨量等级泥石流特征	预警雨量阈值确定方法	备注
一级雨量（临界）	易引发坡面泥石流,不会形成沟道泥石流的汇流雨量	通过野外人工降雨泥石流启动原型试验	当流域面积小且沟道地形高程差小时,可采用单个雨量站资料,否则应考虑降雨随地形变化的梯度效应,对沟道上游、中游和下游的降雨量进行综合分析评价
二级雨量（警戒）	易形成/激发小型沟道泥石流的汇流雨量,一般不会对公路造成破坏	结合小流域暴雨产汇流理论分析(由希尧,2013),构建泥石流临界雨量计算模型: $Q_p = 0.278\left[\left(\dfrac{S_p}{\tau^n}\right)-\mu\right]F$ $n_{1\sim6} = 1 + 1.285\lg\dfrac{H_1}{H_6}$ $n_{6\sim24} = 1 + 1.285\lg\dfrac{H_6}{H_{24}}$	
三级雨量（危险）	易形成/诱发大型泥石流的汇流雨量,且对公路造成破坏可能性较大	灾害历史调查法:适用于泥石流灾害历史资料缺失情况,通过泥石流灾害与雨量资料对比分析,确定泥石流发生临界雨量; 频率分析法:适用于降雨资料缺失情况,通过建立泥石流临界雨量与泥石流发生频率和暴雨频率之间函数关系,建立泥石流临界雨量方程	

2) 气温

在高海拔高寒地区,冰川消融和冰雪融水成为泥石流形成的重要水源。在春夏升温和高温季节,冰雪消融加剧,为冰川泥石流的形成提供了丰富的水源条件。影响冰川融水的主要条件包括温度和一定量的降水,且当温度升高时影响最为显著。

冰川泥石流常常发生在天气晴朗的高温季节和高温时段,具有突发性和频发性,且其源区处于高海拔地区,通常难以进行监测,使人们难以对其进行前期判识和预测预报。本书提出对泥石流流域气温、降水及径流量数据进行分析,建立径流量与气温、降水的关系模型,以获得冰雪融水型泥石流的暴发临界气温指标。如在对中巴公路盖孜河流域克勒克站 1990—2014 年的气温、降水及径流量数据分析的基础上,利用 1stOpt 综合优化分析

计算软件平台对径流、气温、降水关系进行拟合,建立径流量与气温、降水的关系,用来对径流量进行预估:

$$Q = P_1 + P_2 \cdot q + P_3 \cdot \{0.5 + atan[(T-P_4)/P_5]/P_i\} \quad (9\text{-}1)$$

式中,Q 为径流(m^3/s);T 为气温(℃);q 为降水量(mm);$P_1 \sim P_5$ 为 5 个参数;$P_i = \pi$,$atan$ 为反三角函数 $\tan^{-1}$。

3)土体含水状态

降雨型泥石流启动过程可以归纳为渗透侵蚀、土体破坏、土体液化和土体启动 4 个过程;冰川型泥石流启动可分为渗流饱和、渗透侵蚀、骨架坍塌和冲刷启动 4 个过程。在泥石流启动过程中,降雨或融水径流从土体表层向深层渗透,土体的含水率逐渐增加,土体经历从非饱和到饱和的过程。这一过程中土体的颗粒组成、孔隙特征和结构特征等发生渐变,致使土体渗透性、含水率、孔隙水压力、孔隙率等特征参数也发生变化。

在前期水流渗透侵蚀作用下,土体内部含水率逐渐增大,土体内细颗粒大量流失,使暂存土体黏聚力和内摩擦角降低,抗剪强度降低,而土体含水率的增加使土体重度增加及孔隙水压力上升,进而促使土体液化,为泥石流启动和产流提供物质基础。

泥石流物源土体主要为宽级配砾石土,土体强度可表示为(陈宁生,2017):

$$\tau_N = f(C,u,S,\cdots) \quad (9\text{-}2)$$

式中,C 为土体细颗粒含量;u 为孔隙水压力;S 为土体含水的饱和度。

由式(9-2)可以发现,在泥石流过程中,孔隙水压力和含水率成为宽级配砾石土发生破坏和启动非常重要的因素。根据这一理论,可以按照野外泥石流启动原型试验,来研究泥石流启动过程中孔隙水压力和含水率的变化,进而量化泥石流启动过程中土体含水临界状态参数(阈值)。

4)泥位

泥位是泥石流最重要的运动要素之一,其与泥石流流量和过流断面的形态等存在密切关系,可直观地反映泥石流灾害的规模大小。目前通过监测泥石流泥位进行预警的模式主要有两种,接触式和非接触式,其中以超声波或雷达为主的非接触式泥位预警系统在全世界范围内应用较广。但无论使用哪种模式的预警系统,泥位特征阈值的准确确定是泥石流预报和预警成功的关键。泥位特征阈值需要通过历史灾害调查和计算结果来确定,泥石流泥位阈值的确定方法包括:

(1)根据泥位站点的安装位置和不同雨量阈值,计算该断面处不同频率泥石流的流量,并结合断面形态特征,计算降雨型泥石流泥位阈值指标。

(2)调查不同泥石流沟断面洪痕,建立泥位、流量和温度之间的关系式,并结合实际公路设计标准和易损程度,构建冰川泥石流泥位阈值预警指标。

9.3 公路泥石流监测预警技术

9.3.1 野外监测设备与监测站点构成

1)野外监测设备及技术指标

目前,泥石流灾害野外监测设备种类较多,主要数据采集设备包括雨量计、温度计、雷达泥位计、土体含水率传感器、土体孔隙水压力传感器、振动传感器、次生传感器和摄像头,其中雨量计、温度计、雷达泥位计、土体含水率传感器、土体孔隙水压力传感器和摄像头多用于公路泥石流灾害监测,主要监测预警设备及其技术指标见表9-2。

监测预警设备及其技术指标　　　　　　　　　　表9-2

传 感 仪 器	监测数据	精　　度	量　　程	信号输出方式
雨量计	降雨量	±4%	8mm/min	脉冲式
温度计	气温	±0.5℃	-10~+85℃	脉冲式
土体孔隙水压力传感器	土体孔隙水压力	±0.25%以上	0~0.5m(0~5kPa)	4~20mA/0~5VDC/RS485
土体含水率传感器	土体含水率	±2%	0%~100%	0~5V/RS232/RS485
雷达泥位计	泥位	0.05%	0~30m	4~20mA/RS232/RS485
摄像头	视频	±0.25%	0~10m	脉冲式

2)野外监测站点构成与布设原则

(1)雨量、温度监测站。

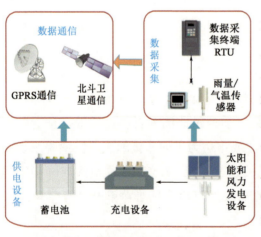

图9-7　泥石流监测雨量和气温站点构成示意图

雨量、温度监测站均为自动监测站,主要功能是监测泥石流沟中上游降雨和气温的信息。自动监测站以远程测控终端(RTU)为核心,辅以翻斗式雨量传感器、温度传感器、通信终端、供电系统、避雷系统以及安装支架等,实现泥石流沟中上游地区雨情和温度信息的自动采集和自动传输。自动雨量、温度监测站采用太阳能或风力浮充蓄电池供电,并采用GPRS和北斗卫星的双信道通信方式。雨量、温度自动监测站设备组成结构如图9-7所示。

雨量、温度自动监测站的布设原则:

①尽量布设在泥石流形成区及其暴雨带内,在实际地形不允许时,可考虑布设在流通区和危险区范围内。

②在低山区和丘陵区,泥石流流域内雨量站宜以网格状方式布设,尽可能均匀覆盖整

个流域。

③在中高山区的泥石流流域内,站点需要考虑海拔的影响,站点布设需要体现出海拔梯度,一般以海拔间隔 500~1000m 设置为宜。

④应遵循泥石流观测规范进行布设及建设,需要因地制宜,同时考虑站点对外通信、交通等运行管理维护条件。

雨量、温度自动监测站的安装要求:

①雨量、温度传感器应采用一体化结构安装。

②雨量传感器的承雨口不能受到障碍物遮挡,其四周与障碍物的距离应大于障碍物高度的两倍以上。

③温度传感器应尽量接近主要冰川融水区,并保持其不被山体阴影遮挡。

④太阳能板安装应与地面保持成 45°,且面向正南方向(图 9-8)。

(2)泥位监测站。

泥位监测站为自动监测站,主要功能是监测泥石流暴发时泥位的高低,通过泥位和流量的关系来判断泥石流的规模大小。自动泥位监测站以远程测控终端(RTU)为核心,辅以雷达式泥位传感器、通信终端、供电系统、避雷系统以及安装支架等,实现泥石流沟中下游地区泥位信息的自动采集和自动传输。自动泥位监测站采用太阳能或风能浮充蓄电池供电,并采用 GPRS 和北斗卫星的双信道通信方式。自动泥位监测站设备组成结构如图 9-9 所示。

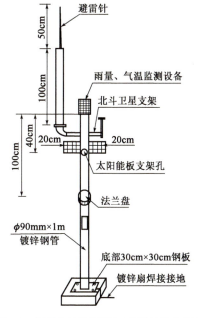

图 9-8 雨量和气温监测站点安装结构示意图

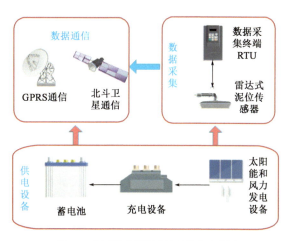

图 9-9 泥石流监测泥位站点构成示意图

泥位自动监测站的布设原则：

①站点的间距以流域水系的分布形态、泥石流流速突变及下游预警的时间而定，一般宜布设2个，通常布设在危险区上游1.5km以上（保证下游危险区至少5min以上撤离时间）区域和流通区段。

②尽量选择沟道顺直、通透性较好且沟床稳定的沟段，便于沟道断面的测量和泥位的观测。

③安装地点选择以安全（历史最高泥石流、洪水位或20年一遇洪水位以上）的巨砾、基岩、拦沙坝和桥梁等为宜，同时需考虑供能和通信条件的保障。

④监测站点布设时需要考虑设备自身安全以及数据通信安全。

泥位自动监测站的安装要求：

①泥位监测站塔杆抗风强度应大于10级，塔杆顶端须安装避雷针，其接地电阻$<10\Omega$。

②遥测天线安装在避雷针45°角保护范围内。

③遥测设备安装于预制机柜内，接地线应焊接良好。

④太阳能板安装应与地面保持成45°，且面向正南方向（图9-10）。

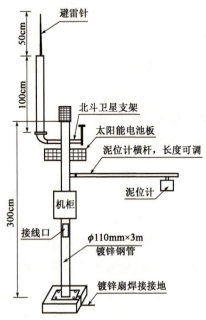

图9-10 泥位监测站点安装结构示意图

（3）土体含水状态监测站。

土体含水状态监测站为自动监测站，主要监测土体孔隙水压力及含水率信息，进而判断山坡土体失稳破坏启动的可能性。土体含水状态自动监测站以远程测控终端（RTU）为核心，辅以孔隙水压力传感器、含水率传感器、通信终端、供电系统、避雷系统以及安装支架等，实现泥石流沟物源区孔隙压力及含水率数据的自动采集和自动传输。土体含水状态自动监测站采用太阳能浮充蓄电池供电，并采用GPRS和北斗卫星的双信道通信方式。土体含水状态自动监测站设备组成结构如图9-11所示。

土体含水状态自动监测站的布设原则：

①土体含水状态监测站一般布设在泥石流形成区，在强降雨或融水径流下易启动的松散斜坡土体20cm范围内，且应选择粗大颗粒

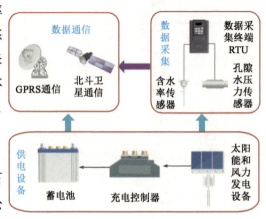

图9-11 泥石流监测土体含水状态站点构成示意图

较少、细颗粒较多的物源区斜坡体。

②监测站点布设时需要考虑设备自身安全以及数据通信安全,防止崩塌、飞石和动物活动等对设备的破坏。

土体含水状态自动监测站的安装要求:

①土体孔隙水压力和含水率传感器探头应垂直于地面布设,且埋设于土壤内3~5cm处。

②传感器探头应避开粒径2cm以上土体颗粒。

③传感器数据线应尽量避免动物活动干扰(图9-12)。

(4)视频监测站。

视频监测站为自动监测站,主要通过现场实时影像来直观、准确和及时地反馈泥石流发生情况。视频监测系统包括前端数据采集、数据通信和后端监控中心3个部分,其中前端数据采集和数据通信为自动视频监测站的组成部分。前端数据采集通过摄像头进行视频图像获取,然后通过视频服务器对视频数据进行采集存储,通过无线公网或有线光纤等数据通信方式,将视频数据传输至后端监控中心,后端监控中心对传输过来的视频图像进行显示并远程存储。视频监测站采用市电接入方式供电,并配备不间断蓄电池供电系统,使其在市电断电的情况下仍然能保持整个视频监控系统的供电。视频监测系统结构如图9-13所示。

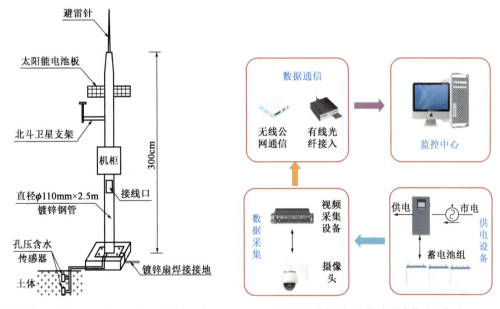

图9-12 土体含水状态监测站点安装结构示意图　　图9-13 泥石流监测视频站点构成示意图

视频自动监测站的布设原则:

①站点宜布设在沟道顺直、通透性较好且沟床稳定的沟段,以布设在安全(历史最高

泥石流、洪水位或 20 年一遇洪水位以上）的巨砾、基岩、拦沙坝和桥梁等为宜。

②监测站点布设时需要考虑设备自身安全,防止人类活动对设备的破坏。

视频自动监测站的安装要求：

①视频监测站安装塔杆抗风强度应大于 10 级,塔杆顶端须安装避雷针,其接地电阻 <10Ω。

②遥测天线安装在避雷针 45°角保护范围内。

③遥测设备安装于预制机柜内,接地线应焊接良好。

④安装位置具有较好通视性,无障碍物遮挡（图 9-14）。

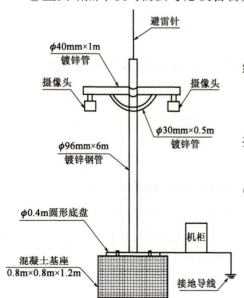

图 9-14　视频监测站点安装结构示意图

9.3.2　监测数据传输与供能保障系统

1）野外监测数据传输方式

泥石流灾害野外监测数据传输常用的通信方式包括卫星通信、短信、超短波（UHF/VHF）、GPRS、CDMA 和程控电话网（PSTN）等,根据传输距离的远近,可分为短程无线通信和远距离通信两种。

（1）短程无线通信:当现场泥石流监测数据无法实时传至数据处理中心,或仅需要在现场进行应急预警时,可采用 ZigBee、微波或其他短程通信方式将泥石流监测数据传输至现场数据处理中心而实现预警。

（2）长距离通信:

①对于有公网覆盖的地区,一般应选用无线公网（GSM、GPRS、CDMA）进行通信,其中视频可采用 ADSL、光纤方式通信。

②对于公网未能覆盖的地区,一般选用无线网桥、北斗卫星进行通信,其中视频可采用 ADSL、光纤方式和 IP star 卫星方式通信。

③对于有条件的地区重要监测站,可选用无线通信和北斗卫星互为备份、自动切换的通信方式,确保信息传输信道的畅通。

2）野外监测站点供能保障

野外泥石流监测站点供电系统优先采用太阳能供电,其主要包括充电控制器、太阳能电池板、蓄电池（组）3 个部分,输出电源为直流 12V[图 9-15a)]。对于能耗需求较大的泥石流视频监测站,采用太阳能供电方式有时不能满足其正常供电,需要采用交流 220V 市电进行供电,同时在断电的情况下配备不间断电源系统[图 9-15b)]。

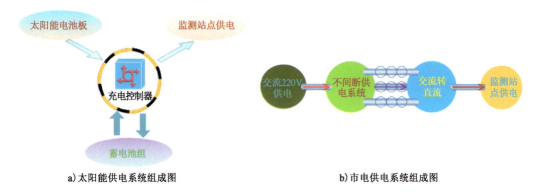

a) 太阳能供电系统组成图　　　　b) 市电供电系统组成图

图 9-15　野外监测站点供电系统组成图

9.4　公路泥石流监测预警平台

野外监测数据汇集处理与预警信息服务,是泥石流灾害监测预警平台的核心,主要由预警平台硬件系统和软件系统组成,具体包括计算机网络与安全系统、数据处理存储与发布系统、监测系统、预警系统、供电系统等,其组成结构如图 9-16 所示。

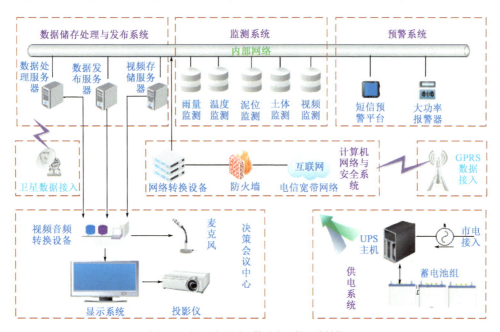

图 9-16　泥石流监测预警平台硬件系统结构图

9.4.1　野外监测数据预警平台硬件系统

预警平台硬件系统的核心部分是计算机网络与安全系统、数据储存处理与发布系统(图 9-16),其中计算机网络与安全系统主要为系统数据接收与处理、加工与存储、信息查询与交换、预报决策、预警与信息发布等服务提供软硬件平台;数据储存处理与发布系统主要为系统维护管理、信息查询与服务、预报决策与预警提供数据信息(胡维忠等,2007)。

9.4.2 野外监测数据预警平台软件系统

1)软件系统概况

泥石流灾害监测预警平台软件系统是以计算机技术、网络通信技术、地理信息技术和数据库技术为基础,根据野外监测数据及时准确地做出分析判断,为公路泥石流灾害的预警指挥提供科学依据。软件系统主要包括泥石流灾害地理信息子系统、泥石流灾害数据库、泥石流灾害预警预报子系统、泥石流灾害信息发布子系统等(图9-17)。监测预警平台软件系统建设的主要目标是:

①建立泥石流灾害防治及监测预警所需的各类数据库,为系统运行提供数据支持。

②建立泥石流灾害信息处理系统,完成对野外监测传感器采集数据的实时调用、收集和整理。

③建立泥石流灾害预警预报、信息发布等子系统,实现对泥石流灾害点灾前的监测、预警,灾中的信息发布,灾后的灾情评估。

④运用数据库网络和通信等系统,开发有关软件,实现泥石流灾害信息的管理交流。

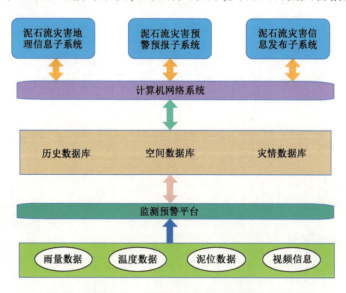

图9-17 泥石流灾害监测预警平台软件系统逻辑结构示意图

2)泥石流灾害地理信息子系统

泥石流灾害地理信息子系统主要包括野外监测数据接收处理、数据管理、用户管理、数据检索查询、可视化显示、互联网发布等功能模块,主要实现以下功能(陈宁生等,2017):

①野外监测站点遥测数据接收与处理。

②服务器监测数据导入、数据建库、电子报表及数据库管理。

③用户网络分级管理。

④中心站的档案、空间、灾害、环境、规划、气象等专题信息自动汇总建库、管理与维护,与外部系统的数据交换。

⑤泥石流灾害点显示查询。

⑥实现分析处理结果以图表、图形、图像、多媒体等可视化方式表示与输出,以供预警辅助决策。

⑦通过互联网以多媒体、手机 APP 等方式向公众发布灾害预警信息。

系统框架图如图 9-18~图 9-20 所示。

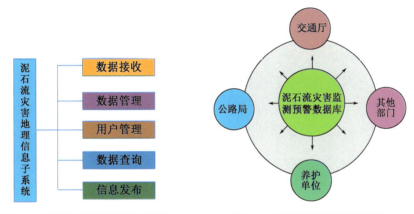

图 9-18　泥石流灾害地理信息子系统　　　图 9-19　数据交换共享结构示意图

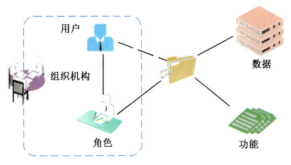

图 9-20　用户管理权限及管理示意图

3)泥石流灾害数据库建设

泥石流灾害监测预警系统应用数据来源于数据库,数据库建设主要包括灾情数据库、空间数据库和历史数据库 3 个方面。

①空间数据库是地理信息系统在计算机物理存储介质上存储的与应用相关的地理空间数据的总和,即以一系列特定结构的文件形式存储在存储介质中。如地形图数据可分

为地貌、水系、道路、植被、冰川等诸层分别存储,将各层叠加起来就合成了地形图的数据,在进行空间分析、数据处理、图形显示时,只需要若干包含相应空间数据的数据层(杨成林等,2014)。

②灾情数据库主要包括泥石流灾害点基础数据和灾情过程数据,其中灾害点基础数据主要用于存储泥石流灾害点的调查数据,灾情过程数据主要用于存储灾情监测与预警、应急处置与救援、灾后恢复与重建等数据,为泥石流灾害应急指挥决策提供依据。

③历史灾害数据库主要用于存储历史泥石流灾害数据和预案资料,历史泥石流灾害情况表用来记录历史山地灾害发生的基本信息。

4)泥石流灾害预警预报子系统

泥石流灾害预警预报子系统是预报系统、预警系统和预警发布的结合,其综合泥石流灾害点的基础地理信息、灾害信息和野外站点遥测数据等因素,通过建立泥石流灾害评估预测模型,分析判断泥石流灾害发生概率、危害范围和危害程度,并结合实际公路设计标准、易损程度和危害等级,提供公路泥石流灾害预警预报信息并进行预警发布。

以泥石流灾害预警预报子系统提供的泥石流灾害预警预报信息为准,结合气象部门提供的气象信息和气象预报信息,通过综合集成平台决策是否发布预警预报信息以及信息内容。泥石流灾害预警预报信息发布途径包括移动通信、PDA 终端、PC 值班终端和手机 APP 等,信息发布的通信方式均应通过综合集成平台统一管理,其主要实现的功能包括预警提示、预警分析、内部报警、预警发布和预警反馈等模块。系统框架图如图 9-21 所示。

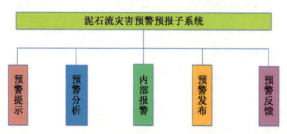

图 9-21　泥石流灾害预警预报子系统框架图

5)泥石流灾害信息发布子系统

泥石流灾害信息发布子系统是基于 Web 技术的 Internet 网络平台,面向公路行业主管部门和社会公众发布不同层级的灾害信息,系统可通过对监测数据进行分析实现面向公路养护人员的自动报警,并选择需要发送的目标联系人进行自动报警。其主要实现以下功能:

①向传真预警发布列表中的各个单位传送泥石流灾害预警信息传真。

②通过无线广播向泥石流灾害影响路段车辆发送预警信息。

③系统自动生成短信和传真预警信息,并可人工修改。

④通过 Internet 网络平台,面向公路养护相关人员和社会公众发布泥石流灾害信息。系统框架图如图 9-22 所示。

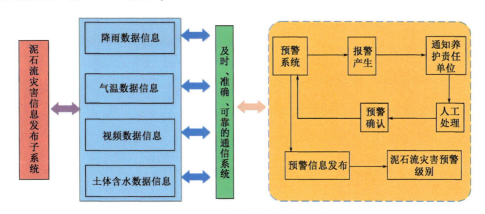

图 9-22　泥石流灾害信息发布子系统

泥石流灾害信息发布子系统预警流程:首先系统对现场实时监测数据进行分析处理,根据泥石流灾害影响范围决定预警等级。当监测数据达到相应临界阈值时即发出预警,并根据预警级别通过短信或广播等方式向公路养护人员和不同权限管理人员发送报警信息,通知公路行业管理人员按照预案开展泥石流灾害防灾抢险工作。

附 录 A
（资料性附录）
泥石流发生指标确定方法（降水、气温）

A.1 降雨指标确定方法

1）经验公式法

降雨条件函数（暴雨强度指标）R 的计算见式（A.1）：

$$R = K\left[\frac{H_{24}}{H_{24(D)}} + \frac{H_1}{H_{1(D)}} + \frac{H_{1/6}}{H_{1/6(D)}}\right] \quad (A.1)$$

式中，K 为前期降雨量修正系数，无前期降雨时 $K=1$，有前期降雨时 $K>1$，但目前尚无可信成果可供应用，现阶段可暂时假定 $K=1.1 \sim 1.2$；H_{24} 为 24h 最大降雨量（mm）；H_1 为 1h 最大降雨量（mm）；$H_{1/6}$ 为 10min 最大降雨量（mm）；$H_{24(D)}$、$H_{1(D)}$、$H_{1/6(D)}$ 为该地区可能发生泥石流的 24h、1h、10min 的限界雨量（值），见表 A.1。

可能发生暴雨泥石流的界限值表（单位：mm）　　　　表 A.1

年均降雨分区	$H_{24(D)}$	$H_{1(D)}$	$H_{1/6(D)}$
500~800	30	15	6
<500	25	15	5

参照表 A.2 进行综合分析。

暴雨强度指标与泥石流关系表　　　　表 A.2

雨情状况	暴雨强度指标 R	泥石流发生概率
安全雨情	<3.1	—
可能发生泥石流的雨情	3.1~4.2	<0.2
	4.2~10	0.2~0.8
	>10	>0.8

2）统计分析法

新疆地区暴雨型洪水主要由区域大气降水或局地暴雨形成，洪水挟沙量大，多与泥石流共生，一般分布于 2500~3000m 以下的中低山带，具有陡涨陡落和历史短暂等特点，大多发生在 6~8 月份。洪水泥石流发生的降雨临界指标可参考表 A.3。

暴雨强度指标与洪水泥石流发生概率关系表　　　　表 A.3

灾害发生概率	小	中等	大	特大
一次降雨量（mm）	12~14	15~24	25~50	≥50
20min 雨量（mm）	10~14	15~19	20~29	≥30

A.2　冰川型泥石流发生指标确定方法

1）冰川型泥石流

冰川型泥石流活动性同水文气象因素间关系的置信度 P 的计算见式（A.2）：

$$P = \exp(0.314t - 3.966) \quad (A.2)$$

式中，P 为冰川型泥石流活动性同水文气象因素间关系的置信度(%)；t 为冰川型泥石流区域平均气温(℃)。

参照表 A.4 进行综合分析。

气温、置信度与冰川泥石流发生概率关系表　　表 A.4

气温状况 t(℃)	置信度 P(%)	泥石流发生概率
<18	<5.4	低
18～20	5.4～10.1	中
>20	>10.1	高

2）融雪型洪水泥石流

冰雪融雪型洪水泥石流有由季节积雪融水形成和由高山融雪形成两种类型，其中季节性融雪型最为常见，主要指当年冬季至次年 4 月份的积雪，因春季升温消融而诱发洪水泥石流灾害，常发生在浅山和中低山区及山前冲洪积区，多以稀性泥石流和高含沙水流为主，危害较小但影响范围广，主要与前期积雪量和温度有关。冰雪融雪型洪水泥石流发生临界积雪量可参考表 A.5。

春季积雪厚度与洪水泥石流发生概率关系表　　表 A.5

灾害发生概率	小	中等	大	特大
山区积雪(cm)	≤40	60～80	80～100	≥100
山前冲洪积区(cm)	≤20	30～40	40～50	≥50

附 录 B
(规范性附录)
泥石流勘查基本工作量表

泥石流勘查基本工作量表 表B.1

勘查方法		工作精度	计量单位	工作量 初勘	工作量 详勘	布置范围或工作内容
遥感调查		1:25000	km²	10	—	全沟域
地形测量		1:5000~1:50000	km²	10	—	全沟域
		1:500~1:2000	km²	1.5	0.5~1.0	拟设工程区
		1:50~1:500	km²	—	0.05~0.5	拟设工程区
工程地质测绘		1:5000~1:50000	km²	10	—	全沟域
		1:500~1:2000	km²	1~2	0.5~1.0	沟道及重要物源区
		1:50~1:500	km²	0.1~0.5	0.05~0.5	拟设工程区
勘探	钻探	拦沙坝(桩林坝)	孔(m)	1~2(20~60)	2~3(40~90)	比选方案同等布置
		重点物源		—	1~2(20~60)	拟设治理工程的物源
	探井	谷坊坝	处(m)	1~2(5~10)	—	物源区及拟设防护墙、停淤工程区
		排导槽(堤)		1~2(5~10)	1~2(5~10)	
		重点物源		—	1~2(5~10)	
	槽探	拦沙坝	处(m³)	1~2(5~10)	—	物源区及拟设工程区
		谷坊坝		1~2(5~10)	—	
		排导槽(堤)		1~2(5~10)	1~2(5~10)	
		重点物源		1~2(5~10)	—	
	物探		km	0~2	—	重要物源区
现场试验	动力触探		孔(m)	—	1~2(20~60)	拟设工程区地基承载力
	渗透试验		组	—	0~3	拦沙坝工程区
室内试验	土工试验		组	10~20	5~10	颗分、重度、岩土体参数
	水样试验		件	2~3	1~2	水对混凝土、钢筋的腐蚀性

注:1. 遥感调查、地形测量、工程地质测绘等基本工作量按流域面积10km²计,具体工作布置应按照泥石流沟实际流域面积折算,并结合沟域具体情况以及规范中勘查的基本要求确定。
2. 钻探的基本工作量按照1个拟设拦沙坝(包括格栅坝、缝隙坝、梳齿坝)、1处重点物源进行折算,探井、槽探基本工作量按1个拟建谷坊坝、1处重点物源、100m长排导槽(堤)折算,动力触探、渗透试验基本工作量按照1个拟建拦沙坝进行折算。
3. 室内试验基本工作量按泥石流沟域计算。
4. 详勘是在初勘上的加密工作量,若合并一阶段勘查,工作量为两者叠加。

附 录 C
(资料性附录)
泥石流沟的数量化综合评判及易发程度分级标准

C.1 泥石流沟易发程度数量化评分标准

泥石流沟易发程度数量化评分表　　　　　表 C.1

序号	影响因素	量级划分							
		极易发(A)	得分	中等易发(B)	得分	轻度易发(C)	得分	不易发生(D)	得分
1	崩塌、滑坡及水土流失(自然和人为活动的)严重程度	崩塌、滑坡等重力侵蚀严重,多层滑坡和大型崩塌,表土疏松,冲沟十分发育	21	崩塌、滑坡发育,多层滑坡和中小型崩塌,有零星植被覆盖冲沟发育	16	有零星崩塌、滑坡和冲沟存在	12	无崩塌、滑坡、冲沟或发育轻微	1
2	泥沙沿程补给长度比(%)	>60	16	60~30	12	30~10	8	<10	1
3	沟口泥石流堆积活动程度	主河河形弯曲或堵塞,主流受挤压偏移	14	主河河形无较大变化,仅主流受迫偏移	11	主河河形无变化,主流在高水位时偏,低水位时不偏	7	主河无河形变化,主流不偏	1
4	河沟纵坡(°,‰)	>12°(213)	12	6°~12°(105~213)	9	3°~6°(52~105)	6	<3°(32)	1
5	区域构造影响程度	强抬升区,6级以上地震区,断层破碎带	9	抬升区,4~6级地震区,有中小支断层	7	相对稳定区,4级以下地震区,有小断层	5	沉降区,构造影响小或无影响	1
6	流域植被覆盖率(%)	<10	9	10~30	7	30~60	5	>60	1
7	河沟近期一次变幅(m)	>2	8	1~2	6	0.2~1	4	0.2	1
8	岩性影响	软岩、黄土	6	软硬相间	5	风化强烈和节理发育的硬岩	4	硬岩	1
9	沿沟松散物储量($10^4 m^3/km^2$)	>10	6	5~10	5	1~5	4	<1	1
10	沟岸山坡坡度(°,‰)	>32°(625)	6	25°~32°(466~625)	5	15°~25°(268~466)	4	<15°(268)	1
11	产沙区沟槽横断面	V形、U形谷、谷中谷	5	宽U形谷	4	复式断面	3	平坦型	1

续上表

序号	影响因素	量级划分							
		极易发(A)	得分	中等易发(B)	得分	轻度易发(C)	得分	不易发生(D)	得分
12	产沙区松散物平均厚度(m)	>10	5	5~10	4	1~5	3	<1	1
13	流域面积（km²）	0.2~5	5	5~10	4	0.2以下、10~100	3	>100	1
14	流域相对高差(m)	>500	4	300~500	3	100~300	2	<100	1
15	河沟堵塞程度	严重	4	中等	3	轻微	2	无	1

C.2 数量化评分(N)与密度和$(1+\varphi)$关系

数量化评分(N)与密度γ_c、$(1+\varphi)$关系对照表   表C.2

评分	密度γ_c (t/m³)	$1+\varphi$ ($\gamma_h=2.65$)	评分	密度γ_c (t/m³)	$1+\varphi$ ($\gamma_h=2.65$)	评分	密度γ_c (t/m³)	$1+\varphi$ ($\gamma_h=2.65$)
44	1.300	1.223	66	1.453	1.402	88	1.607	1.586
45	1.307	1.231	67	1.460	1.410	89	1.614	1.599
46	1.314	1.239	68	1.467	1.418	90	1.621	1.611
47	1.321	1.247	69	1.474	1.426	91	1.628	1.624
48	1.328	1.256	70	1.481	1.435	92	1.634	1.637
49	1.335	1.264	71	1.488	1.443	93	1.641	1.650
50	1.342	1.272	72	1.495	1.451	94	1.648	1.663
51	1.349	1.280	73	1.502	1.459	95	1.655	1.676
52	1.356	1.288	74	1.509	1.467	96	1.662	1.688
53	1.363	1.296	75	1.516	1.475	97	1.669	1.701
54	1.370	1.304	76	1.523	1.483	98	1.676	1.714
55	1.377	1.313	77	1.530	1.492	99	1.683	1.727
56	1.384	1.321	78	1.537	1.500	100	1.690	1.740
57	1.391	1.329	79	1.544	1.508	101	1.697	1.753
58	1.398	1.337	80	1.551	1.516	102	1.703	1.765
59	1.405	1.345	81	1.558	1.524	103	1.710	1.778
60	1.412	1.353	82	1.565	1.532	104	1.717	1.791
61	1.419	1.361	83	1.572	1.540	105	1.724	1.804
62	1.426	1.370	84	1.579	1.549	106	1.731	1.817
63	1.433	1.378	85	1.586	1.557	107	1.738	1.830
64	1.440	1.386	86	1.593	1.565	108	1.745	1.842
65	1.447	1.394	87	1.600	1.577	109	1.752	1.855

续上表

评分	密度 γ_c (t/m³)	$1+\varphi$ ($\gamma_h=2.65$)	评分	密度 γ_c (t/m³)	$1+\varphi$ ($\gamma_h=2.65$)	评分	密度 γ_c (t/m³)	$1+\varphi$ ($\gamma_h=2.65$)
110	1.759	1.868	117	1.843	2.208	124	2.143	4.051
111	1.766	1.881	118	1.886	2.471	125	2.186	4.314
112	1.772	1.894	119	1.929	2.735	126	2.229	4.577
113	1.779	1.907	120	1.971	2.998	127	2.271	4.840
114	1.786	1.919	121	2.014	3.216	128	2.314	5.104
115	1.793	1.932	122	2.057	3.524	129	2.357	5.367
116	1.800	1.945	123	2.100	3.788	130	2.400	5.630

C.3 泥石流沟易发程度数量化综合评判等级标准

泥石流沟易发程度数量化综合评判等级标准表　　　表 C.3

是与非的判别界限值		划分易发程度等级的界限值	
等级	标准得分 N 的范围	等级	按标准得分 N 的范围自判
是	44~130	极易发	116~130
		中等易发	87~115
		轻度易发	44~86
非	15~43	不易发生	15~43

附 录 D
(资料性附录)
泥石流调查表

泥石流沟综合信息表(一)　　　　　　　　　　　　　　　　表 D.1

项目名称：　　　　　　　图幅名：　　　　　　　图幅编号：

沟名										
野外编号			统一编号				县(市)编号			
行政区位	省　县(市)　乡　村　组						沟口位置	经度	° ′ ″	
水系名称								纬度	° ′ ″	
泥石流沟与主河关系										
主河名称		泥石流沟位于主河的			沟口至主河道距离(m)			流动方向(°)		
		□左岸　□右岸								
水动力类型		□暴雨　□冰川　□溃决　□地下水			沟口巨石大小(m)			Φ_a	Φ_b	Φ_c
泥沙补给途径		□面蚀　□沟岸崩滑　□沟底再搬运			补给区位置			□上游　□中游　□下游		
降雨特征值(mm)	$H_{年max}$	$H_{年cp}$	$H_{日max}$	$H_{日cp}$	$H_{时max}$	$H_{时cp}$		$H_{10分钟max}$		$H_{10分钟cp}$
沟口扇形地特征	扇形地完整性(%)		扇面冲淤变幅		±		发展趋势		□下切　□淤高	
	扇长(m)		扇宽(m)			扩散角(°)				
	挤压大河	□河形弯曲主流偏移　□主流偏移　□主流只在高水位偏移　□主流不偏								
地质构造	□顶沟断层　□过沟断层　□抬升区　□沉降区　□褶皱　□单斜							地震烈度(度)		
不良地质体情况	滑坡	活动程度	□严重	□中等	□轻微	□一般	规模	□大　□中　□小		
	人工弃体	活动程度	□严重	□中等	□轻微	□一般	规模	□大　□中　□小		
	自然堆积	活动程度	□严重	□中等	□轻微	□一般	规模	□大　□中　□小		
土地利用(%)	森林	灌丛	草地	缓坡耕地	荒地	陡坡耕地	建筑用地	其他：		
防治措施现状	□有　□无		类型	□稳拦　□排导　□避绕　□生物工程						
监测措施	□有　□无		类型	□雨情　□泥位　□专人值守						
危害对象	□县城　□村镇　□居民点　□学校　□矿山　□工厂　□水库　□电站　□农田　□饮灌渠道									
	□森林　□公路　□大江大河　□铁路　□输电线路　□通信设施　□国防设施　□其他：									
潜在危害	威胁人数(人)			威胁财产(万元)			险情等级	□特大型　□大型		
								□中型　□小型		

续上表

	发生时间(年/月/日)	死亡人数	牲畜损失(头)	房间(间)		农田(亩)		公共设施		直接损失(万元)	灾情等级
				全毁	半毁	全毁	半毁	道路(km)	桥梁(座)		
灾害史											☐特大型 ☐大型 ☐中型 ☐小型

泥石流特征	暴发频率(次/年)		泥石流类型	☐泥流 ☐泥石流 ☐水石流	
				☐沟谷型 ☐山坡型	
	最大一次冲出方量(m³)		规模等级	☐特大型 ☐大型 ☐中型 ☐小型	泥位(m)

泥石流沟综合信息表(二) 表 D.2

野外编号：

泥石流易发程度综合评判				
1. 滑坡崩塌	☐严重 ☐中等 ☐轻微 ☐一般		2. 补给段长度比(%)	
3. 沟口扇形地	☐大 ☐中 ☐小 ☐无		4. 主沟纵坡(‰)	
5. 新构造影响	☐强烈上升区 ☐上升区 ☐相对稳定区 ☐沉降区		6. 植被覆盖率(%)	
7. 冲淤变幅(m)	±	8. 岩性因素	☐土及软岩 ☐软硬相间 ☐风化和节理发育的硬岩 ☐硬岩	
9. 松散物模数($10^4 m^3/km^2$)		10. 山坡坡度(°)	11. 沟槽横断面	☐V形谷(谷中谷、U形谷) ☐拓宽U形谷 ☐复式断面 ☐平坦型
12. 松散物平均厚(m)			13. 流域面积(km^2)	
14. 相对高差(m)			15. 堵塞程度	☐严重 ☐中等 ☐轻微 ☐无

评分	1	2	3	4	5	6	7	8	9	10	11	12	13	14	15	总分

易发程度	☐高易发 ☐中易发 ☐低易发 ☐不易发
发展阶段	☐发育期 ☐旺盛期 ☐衰退期 ☐停歇或终止期

潜在危害	威胁人数(人)		威胁财产(万元)	
	险情等级	☐特大型 ☐大型 ☐中型 ☐小型		
	威胁对象	☐县城 ☐村镇 ☐居民点 ☐学校 ☐矿山 ☐工厂 ☐水库 ☐电站 ☐农田 ☐饮灌渠道 ☐森林 ☐公路 ☐大江大河 ☐铁路 ☐输电线路 ☐通信设施 ☐国防设施 ☐其他：		
监测建议	☐雨情 ☐泥位 ☐专人值守			

续上表

泥石流易发程度综合评判									
防治建议	□群测群防	□村级监测预警 □乡级监测预警 □县级监测预警 □市级监测预警 □省级监测预警 □国家级监测预警 □交通监测预警							
	□专业监测	□县级监测预警 □市级监测预警 □省级监测预警 □国家级监测预警							
	□搬迁避让	□部分搬迁避让 □整村搬迁避让							
	□工程治理	□稳拦 □排导 □生物工程							
	□应急排危除险								
	□立警示牌								
遥感解译点	□是 □否	勘查点	□是 □否	测绘点	□是 □否	防灾预案/群测群防点			□是 □否
照片记录				录像记录					
示意图									
野外记录信息									

调查单位：_____
项目负责人_____ 填表人：_____ 审核人：_____ 日期：____年____月____日

附 录 E
（资料性附录）
泥石流物源计算

泥石流勘查工作中,应查明泥石流物源类型和分布,查明各物源点位置、形态、规模、结构特征、变形特征、稳定性及与沟道的关系,查明各物源点的启动和参与泥石流活动的方式,分析和估算物源总量和动储量。根据物源分布、规模、结构、稳定性、启动方式及与沟道的关系,查明各物源点启动是否存在堵溃的可能。

泥石流物源的勘查主要采用工程地质测绘的方法,对可能以堵溃、拉槽、深切揭底等方式大规模集中启动的重要物源点,应结合采用适当的勘探与试验方法,查明其集中启动的危险性和危害性。

物源量的估算通常在确定分布面积和平均厚度的基础上,采用分布面积与平均厚度的乘积来确定,见式(E.1)。

$$V = A \times \bar{h} \qquad (E.1)$$

式中,V 为物源体积($\times 10^4 m^3$);$\bar{h}$ 为物源平均厚度(m);A 为物源分布面积($\times 10^4 m^2$)。

E.1 物源分布面积的确定方法

E.1.1 实地勘查法

实地勘查法是通过实地勘查将流域内不同类型松散固体物质填绘在地形图上,并计算松散固体物质的分布面积。通视条件和交通条件良好的泥石流流域多采用此方法确定泥石流的物源分布。对一个具体的流域,泥石流物源的类型众多,规模各异,地形图的比例尺不宜小于1:25000。目前,我国除较发达的城镇区域有比例尺大于1:25000的地形图外,其他大部分地区地形图的比例尺为小于等于1:50000,而众多的山区仅有1:100000地形图。实际工作中可将小比例尺地形图放大成1:25000的工作用图,结合野外特征进行填绘和修正。

泥石流勘查阶段,对重要的物源点和物源集中分布区应进行大比例尺的测绘。对进行了大比例尺勘查测绘的物源,应根据实测物源分布范围,从平面图上量取物源分布面积。

E.1.2 遥感调查法

遥感调查法是通过航空照片和卫星的解译确定松散固体物质的类型与分布,这种方法是实地勘查法的补充。对于受交通和海拔限制致使人无法涉足的区域,可采用遥感调查方法确定松散固体物质的分布。遥感调查方法是一种间接方法,需要采用临近通视条件好的"样区"(面积通常不小于0.1km²)作为辅助检验。遥感影像资料来源比较丰富,但泥石流流域较小、物源多样,遥感精度要求高。目前,"快鸟"影像在一定程度上能满足精度要求,我国许多区域缺少"快鸟"影像资料,可以采用ETM等影像资料,但需要有航片作为辅助解译手段。

E.2 物源平均厚度的确定方法

通常物源厚度值是变化的,一般以平均厚度值来计算物源总量。不同类型物源的厚度确定方法不同;因工作区域的重要程度不同,其精度要求不同,确定物源厚度的方法与手段也不同。滑坡是泥石流最常见的物源,其计算方法与其他物源不同,具有一定的特殊性。

E.2.1 滑坡平均厚度确定

1)模拟计算法

通过瑞典圆弧法等经典的方法在潜在滑坡分布的基础上,模拟计算潜在滑坡的平均厚度,并以此为基础计算潜在滑坡的物源数量。按泰勒·费南纽斯等人提出的破裂圆弧分析理论计算,平均坡度≤45°时崩滑体平均厚度计算见式(E.2)。

$$\bar{h} = \frac{L_P}{4\sin\theta}\left(\frac{\pi\theta}{180\sin\theta\cos\theta} - 1\right)K \tag{E.2}$$

式中,L_P为崩滑体的平均宽度;θ为崩滑体的平均坡度;K为修正系数,$K=0.1\sim 1$,实际情况中应在现场取单一滑坡进行试算。

2)实地勘查法

通过钻探、物探和坑槽探的方法确定滑坡堆积物和潜在滑坡的平均厚度。钻探和坑槽探主要探测某一点滑坡堆积物和潜在滑坡的厚度,而物探手段(地质雷达等方法)可以确定潜在滑坡和滑坡堆积物与下覆地质体的分界线,进而确定滑坡松散堆积物和潜在滑坡的厚度。

3)统计方法

对于实地调查的单个滑塌体计算见式(E.3)。

$$\bar{h} = e^{2.3869}A_\perp^{0.2293}(\tan\varphi)^{0.2809}h^{-0.2381} \tag{E.3}$$

对于遥感方法确定的滑塌体计算见式(E.4)。

$$\bar{h} = 3.4573A_\perp^{0.2053} \tag{E.4}$$

式中,$\bar{h}$为崩塌滑坡体平均厚度(m);$A_\perp$为崩塌滑坡体投影面积(万m²);φ为崩塌滑坡体平均坡度(°);h为滑坡崩塌体高度(m)。

E.2.2 其他物源厚度的确定

其他物源类型包括沟床堆积物、坡积物、冰碛物、土壤层和风成堆积物等,其厚度确定方法与滑坡不同,见表E.1。

泥石流物源计算 附录 E

其他物源厚度确定方法　　表 E.1

物源类型	厚度确定方法
沟床堆积物	有基岩出露时,采用坑探或槽探,无基岩出露时,采用钻探或物探手段确定,需 3 个以上点位的加权平均值
坡积物	沿山坡分布,上薄下厚的钝角三角形,通过野外调查和勘查确定
冰碛物	以现有河床为基础,实地量取最大厚度和平均厚度
土壤层	从沟谷到坡面测量 5 个以上点的土壤厚度,勾画土壤分布坡面线,依据剖面面积除以坡面长度确定
风成堆积物	位于流域不同部位的迎风面,采用测量和坑探确定

E.3　物源的易启动性

通过物源堆积体土体密度、黏土颗粒含量、颗粒级配曲线的曲率系数和物源分布的相对高差等因素判断土体的易启动性,具体见表 E.2。

物源堆积体的易启动性分级表　　表 E.2

泥石流易发等级	不易启动	轻度易启动	中等易启动	极易启动
黏土颗粒含量(%)	>18	<1	2.5~5,10~18	5~10
土体密度(t/m^3)	>2.2	1.8~2.2	1.6~1.8	<1.6
颗粒级配曲率系数	>10	1.0~10	0.1~1.0	<0.1
物源与沟口高差(m)	<300	300~500	500~1000	>1000

E.4　物源动储量的计算

泥石流动储量计算应根据单个物源点动储量的计算进行汇总。单个物源点动储量的计算,应根据物源类型和可能的启动模式,通过平剖面图图解的方式量算。泥石流物源划分为坡面堆积型物源、沟道堆积型物源、崩滑堆积型物源 3 种主要类型。坡面堆积型物源主要以坡面侵蚀方式启动,沟道堆积型物源主要以揭底侵蚀方式启动,崩滑堆积型物源按其与沟道的关系,可能以坡面侵蚀、沟道侧蚀、底蚀以及堵溃等方式启动。

此外,对近期活动的滑坡,都可以作为泥石流物源:沟床堆积物依据其分布面积和厚度作为泥石流物源的动储量;坡面侵蚀根据流域裸露面积确定,其侵蚀厚度取 5cm;冰碛物根据其年代和密度特征确定,新冰碛物全部为动储量,冰碛物中密度小于 $1.8t/m^3$ 的均作为动储量;老泥石流堆积物依据其密度特征确定,密度小于 $1.8t/m^3$ 的部分作为动储量;动储量的确定过程中,应辅以坑探的方法确定物源的密度特征。根据统计,流域动储量一般为总物源量的 20%~40%。

E.4.1　崩滑物源

按失稳的崩滑规模或临空面的破裂楔体估算。对崩塌滑坡体,要据现状和沟底下切形成的临空面来评价其整体稳定性和边坡稳定性,据失稳规模计动储量。

大于临界高度(H_{cr})的不稳定边坡体,其边坡体以滑塌角(α)切割的破裂楔体作为失稳坡体计为动储量,计算式见(E.5)。

$$H_{cr} = \frac{4c}{\gamma} \frac{\sin\theta\cos\varphi}{1-\cos(\theta-\varphi)} \quad (E.5)$$

式中,H_{cr} 为边坡临界高度(m);c 为边坡土体的黏聚力(kPa);φ 为边坡土体的内摩擦角(°);γ 为边坡土体的密度(t/m³);θ 为边坡角(°)。

对中高频泥石流,要叠加多次泥石流下切所导致的坡体失稳规模。一般谷坡坡度15°以上的斜坡,多以崩塌、滑坡方式提供固体物源。

E.4.2 坡面侵蚀物源

坡面侵蚀物源量难以按全流域平均侵蚀深度计,宜分区按侵蚀模量(t/km²)计算工程有效期内侵蚀总量,但因其粒度较小,易被常年洪水带走,仅部分可计为泥石流动储量,故应按常年洪水可输移的粒径所占比例予以折减。

对植被覆盖完密的天然林地,基本上不存在土壤侵蚀;较平坦的农耕地,土壤侵蚀很轻微,估计平均年侵蚀量为500t/(km²·a)上下,原农耕地和新垦耕地,属中度侵蚀区,平均年侵蚀量为1500~1900t/(km²·a);坡耕地侵蚀严重,最大侵蚀量可达7000t/(km²·a)。一般谷坡坡度为5°~15°的裸地,坡面侵蚀提供的固体物质较多。

E.4.3 沟道揭底物源

冲刷揭底是泥石流动储量的重要部分,应据堆积物粒径确定其启动流速,据不同频率泥石流流速判断其启动粒径,再据级配计算可启动颗粒的数量。评价时宜按不同纵坡分段评价,即使现尚未揭底冲刷的堆积沟段,也要分析在强降雨下启动的可能性;对沟口堆积扇,一般不计动储量。

在沟床随深度变化不大的沟段,也可按现场调查的沟床一次下切规模估算沟床动储量,但应叠加工程有效期内可能暴发的各次泥石流下切规模。据经验,土砂类泥石流在沟床的启动临界土层厚度为20~200cm。

E.4.4 下切侵蚀动储量和侧缘侵蚀动储量

采用几何图形解析方法,建立近似的泥石流动储量统计模型。模型如图E-1所示。

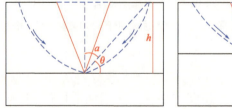
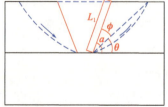

图 E-1 下切侵蚀和侧缘侵蚀动储量计算模型

下切侵蚀动储量计算式见式(E.6)。

$$V = \frac{1}{2}h^2\tan(90-\theta)L_1 \quad (E.6)$$

式中，V 为下切侵蚀型泥石流动储量；h 为原沟床深度；θ 为斜坡自然休止角；L_1 为沟床堆积体长度。

侧缘侵蚀动储量计算式见式(E.7)。

$$V = \frac{1}{2}l^2\tan(\alpha-\theta)L_2 \quad (E.7)$$

式中，V 为侧源侵蚀型泥石流动储量；l 为实测坡面长度；θ 为斜坡自然休止角；α 为实测堆积坡角；L_2 为沟道堆积体长度。

E.5 物源调查表

针对沟域内存在的各物源点，应开展调查工作，具体调查内容见表 E.3。

泥石流沟物源点调查表　　　　　　表 E.3

项目名称：_____　　物源点编号：_____

位置	行政区划：_____县_____乡(镇)_____村_____组		坐标和高程	$X=$ $Y=$ $H=$
	沟道位置： (注明位于某沟的某段，哪一岸，距沟道高差等)			
物源类型	□崩滑堆积物源　□坡面堆积物源　□沟道堆积物源 □自然堆积物源　□人工堆积物源 □堵溃型物源　□非堵溃物源			
物源区斜坡特征	沟道斜坡、地层岩性、斜坡结构、植被发育情况等			
物源量计算	描述物源分布范围和形态，分布长度和宽度、分布面积、平均厚度、堆积方量等			
	物源总量	_____万 m³　动储量　_____万 m³		计算方法：
堆积体稳定性	描述物质组成和密实程度、颗粒级配特征、性状、分选性等，评述堆积体在暴雨或洪水冲刷下的稳定性			
堵沟情况	位于沟道哪一岸；是否进入沟道；如果未进入沟道，说明前缘距沟道有多远，物源与沟道之间地形坡度和地质结构、植被情况等；如果进入沟道，说明其堆积形态，堵塞和占据沟道的情况等			

续上表

物源活动特征	描述物源点在近期发生的泥石流灾害中的启动和参与泥石流活动的方式,以及启动的数量;对崩滑物源,如果出现变形破坏迹象,应描述其变形破坏特征,并初步判别其稳定性
继续启动方式和触发条件	根据堆积物基本特征及与沟道的关系,分析和预测其可能再次启动参与泥石流活动的方式和冲刷触发条件
照片	全貌照片:尽可能反应物源分布范围和形态特征,与沟道的关系 局部照片:反映物源点的结构特征及变形特征等 照片编号　　　　照片位置　　　　镜头朝向
平面图	反映物源分布的地质环境条件,物源分布范围和形态,物源与沟道的关系,变形破坏特征或近期已启动部分的分布范围,动储量计算的分布范围等
剖面图	反映物源分布和规模的剖面形态,物源点的厚度和结构特征,与沟道的空间关系,变形破坏特征或近期泥石流活动中启动部分的分布,动储量计算的分布范围等

调查单位:_____

项目负责人:_____　填表人:_____　审核人:_____　日期:____年____月____日

附 录 F
(资料性附录)
勘查设计书编制提纲

可行性勘查目录	1. 前言 （包含流域概况、任务由来、勘查目的和任务） 2. 自然环境条件 （包含地理位置、地形地貌、地层岩性、地质构造、地震活动、气象水文、工程地质及水文地质、人类工程活动） 3. 泥石流形成条件 （包含沟道条件、物源条件、水源条件、历史泥石流特征、泥石流发展趋势） 4. 治理方案初步设想 （包含既有防治工程概况、治理思路和拟设方案） 5. 勘查工作布置 （包含布置原则、勘查工作量及进度计划、地形测量、地质调查测绘、勘探工程布置、试验） 6. 组织管理与保障措施 （包含勘查项目管理及人员配备、勘查设备配置、保障措施） 附图 1. 平面图（泥石流沟勘查工作布置图、拟设治理工程区分项等） 2. 剖面图（泥石流沟道纵剖面图、典型物源勘查工作布置工程、地质剖面图、拟设治理工区勘查工作布置工程等） 3. 钻孔柱状图、探槽及井柱状图
初步勘查目录	在可行性勘查的基础上进一步加深调查 在"第3部分 泥石流形成条件"中增加泥石流运动堆积特征（包含泥石流活动历史调访及频率判断、洪痕断面调查、泥石流堆积物分布及特征）和泥石流形成和运动规律（包含泥石流形成的临界条件分析、泥石流形成过程、泥石流重度、流速、流量、冲击力等运动参数计算）内容
详细勘查目录	在初步勘查的基础上进一步加深调查
可行性设计目录	1. 概述 （包含工程类型、建设地点、泥石流的性质和规模、设计任务和内容、设计标准） 2. 防护工程布局及设施 （防护工程设计原则、防护工程类型及基本尺寸） 3. 施工图设计总预算 4. 项目施工组织设计 （包含施工条件、料场、施工交通及总布置、施工方法及技术要求、施工顺序及进度计划、施工管理） 5. 环境影响评价 6. 防治效益评估 7. 结论与建议 附图 1. 平面图（泥石流沟拟建工作布置图、拟设治理程区分项工程图） 2. 防治工程结构设计图

续上表

初步设计目录	在可行性设计的基础上进一步加深设计
详细设计目录	在详细设计的基础上进一步加深设计

附 录 G
（资料性附录）
勘查报告编写提纲

本提纲是编写详细勘查报告的建议提纲,初步勘查报告和补充勘查报告根据实际情况可在此提纲的基础上做相应调整或简化。

0 前言
    0.1 任务由来
    0.2 泥石流危害
    0.3 勘查目的与任务
    0.4 区域（流域）已往地质工作程度
    0.5 勘查设计与实际完成工作量
    0.6 勘查工作质量评述

1 勘查区自然地理条件
    1.1 位置与交通
    1.2 气象和水文

2 沟域地质环境条件
    2.1 地形地貌
    2.2 地层岩性
    2.3 地质构造与地震
    2.4 水文地质条件
    2.5 人类工程活动

3 泥石流形成条件分析
    3.1 地形地貌及沟道条件
    3.2 物源条件
    3.3 水源条件

4 泥石流基本特征
    4.1 泥石流危害
    4.2 泥石流沟道冲淤特征
    4.3 泥石流堆积物特征
    4.4 泥石流发生频率和规模
    4.5 泥石流的成因机制和引发因素

4.6 潜在堵点特征分析

5 泥石流特征值计算

 5.1 泥石流流体重度

 5.2 泥石流流量

 5.3 泥石流流速

 5.4 一次泥石流过流总量

 5.5 一次泥石流固体冲出物

 5.6 泥石流整体冲压力

 5.7 泥石流爬高和最大冲起高度

 5.8 泥石流弯道超高

6 滑坡崩塌集中物源参与泥石流活动分析

 6.1 物源所在斜坡特征

 6.2 物源点形态、堆积体规模和地质结构特征

 6.3 物源体变形破坏情况

 6.4 物源启动特征分析

 6.5 参与泥石流活动方式及动储量计算

7 泥石流活动和发展趋势预测

 7.1 泥石流易发程度

 7.2 泥石流发生频率和发展阶段

 7.3 泥石流可能冲出规模及危险区范围预测

8 既有防治工程评述及泥石流防治方案建议

 8.1 既有防治工程评述

 8.2 防治工程目标及总体治理思路

 8.3 防治工程设计参数建议

 8.4 防治方案建议

9 拟设治理工程部位工程地质条件

 9.1 稳坡固源区工程地质条件

 9.2 拦挡坝区工程地质条件

 9.3 排导槽区工程地质条件

 9.4 施工条件

10 结论与建议

 10.1 结论

 10.2 建议

附图及要求

1. 平面图

包括泥石流沟全域工程地质平面图、泥石流防治工程方案建议图、拟设治理工程区工程地质平面图、重要物源点工程地质平面图等。

2. 剖面图

包括主沟道和支沟道工程地质纵剖面图、重要物源点工程地质剖面、重要节点(卡口、堵点、跌水、峡谷及宽谷、弯道及直道、陡坡及缓坡、桥涵等)沟道工程地质剖面图、拟设治理工程区工程地质剖面图等。

3. 钻孔综合柱状图

4. 槽探及井探地质展示图

附件：

1. 物源调查图表；

2. 现场试验综合成果图表；

3. 岩土水试验报告；

4. 物探解译报告；

5. 遥感解译报告；

6. 地形地质图测绘技术说明报告；

7. 勘查工作影像图集。

其他附件：

1. 勘查任务书或委托书或合同

2. 勘查成果内审意见

3. 勘查资质证书

4. 勘查工作设计书

附 录 H
（资料性附录）
勘探记录表表格式

勘查单位：_____ 项目地点：_____ 施工时间：_____ 共___页 第___页

表 H.1 钻探及地质编录表

项目名称					钻孔编号				开孔孔径(mm)	终孔孔径(mm)		
钻孔坐标(m)		X:	Y:	孔口高程(m)	地下水初见水位埋深(m)				地下水静水位埋深(m)			
回次	回次进尺(m)	岩芯长度(m)	回次取芯率(m)	钻孔深度(m)	地层代号	回次岩芯素描图	岩性描述				原位测试		样品采取	
							颜色	密实度	状态	湿度	风化程度	岩性名称、结构构造、物性特征及其他	编号	深度	编号	深度
1																
2																
3																
…																

记录：_____ 审核：_____ 项目负责：_____ 日期：___年___月___日

勘探记录表格式 附录 H

钻 孔 柱 状 图 表 H.2

勘查单位：＿＿＿＿＿＿＿＿＿＿ 项目地点：＿＿＿＿＿＿＿＿＿＿ 共＿＿页 第＿＿页

项目名称						钻孔编号			
孔口高程	m	孔口	m	开孔孔径 mm	开孔日期		初见水位		m
孔底高程	m	坐标	m	终孔孔径 mm	终孔日期		稳定水位		m

地层编号	地层代号	层底高程(m)	层底深度(m)	分层厚度(m)	柱状图 1:	岩性描述	TCR(%)	RQD(%)	触探试验		采样
									编号 深度(m)	击数(N)	编号 深度(m)
1						岩性名称：颜色，密实度，性状，湿度，结构构造，物性特征及其他			ZT01 XXXX		Y01 XXXX
2						风化程度 + 岩性名称：颜色，结构构造，矿物组成，裂隙(溶穴、孔)发育情况等					Y02 XXXX

制图：＿＿＿＿ 审核：＿＿＿＿ 项目负责：＿＿＿＿ 日期：＿＿年＿＿月＿＿日

探槽(井)地质编录表

表 H.3

勘查单位：_____ 项目地点：_____ 施工时间：_____ 共 ___ 页 第 ___ 页

项目名称		X:		Y:		槽(井)口高程(m)				探槽(井)编号		槽(井)尺寸(m)(长)×(宽)×(深)				
槽(井)坐标(m)										照片编号		槽(井)方量(m³)				
分层位置				地层代号	地层素描图	颜色	密实度	状态	湿度	岩性描述		岩性名称、结构构造、物性特征及其他	原位测试		样品采取	
起		止								风化程度			编号	深度	编号	深度
层号	基线编号	基线读数	基线编号	基线读数												

记录：_____ 审核：_____ 项目负责：_____ 日期：___ 年 ___ 月 ___ 日

勘探记录表格式 附录 H

探槽(井)地质展示图 表 H.4

勘查单位:_____ 项目地点:_____ 施工时间:_____ 共___页 第___页

项目名称				探槽(井)编号		照片编号	
探井坐标(m)	X:	Y:	井口高程(m)	地下水初见水位埋深(m)		地下水静水位埋深(m)	
四壁地质展示图(比例尺1:)				分层岩土性质和水文地质描述		试验与取样	
				① ② …			

制图:_____ 审核:_____ 项目负责:_____ 日期:___年___月___日

参 考 文 献

[1] Bagnold R A. The Flow of Cohesionless Grains in Fluids[J]. Philosophical Transactions of the Royal Society of London,1956,249(964):235-297.

[2] Chen C L. Generalized Viscoplastic Modeling of Debris Flow[J]. Journal of Hydraulic Engineering,1988,114(3):237-258.

[3] Dietrich W E,Sitar N. Geoscience and Geotechnical Engineering Aspects of Debris-Flow Hazard Assessment[J]. American Society of Civil Engineers,2014.

[4] 曹友三.浅析既有铁路新建棚(明)洞施工[J].中小企业管理与科技(下旬刊),2015(11):113-114.

[5] 曾庆利,尚彦军,胡桂胜,等.新疆叶城"7.6"滑坡泥石流灾害调查与形成机理研究[J].工程地质学报,2016,24(06):1145-1156.

[6] 常鸣.基于遥感及数值模拟的强震区泥石流定量风险评价研究[D].四川:成都理工大学,2014.

[7] 陈光曦,王继康,王林海.泥石流防治[M].北京:中国铁道出版社,1983.

[8] 陈洪凯,唐红梅,马永泰,等.公路泥石流研究及治理[M].北京:人民交通出版社,2004.

[9] 陈洪凯,唐红梅,沈忠仁,等.公路泥石流防治工程技术指南[M].北京:科学技术出版社,2013.

[10] 陈洪凯.公路泥石流防治工程技术指南[M].北京:科学出版社,2013.

[11] 陈洪凯.公路泥石流研究及治理[M].北京:人民交通出版社,2004.

[12] 陈宁生,胡桂胜,王涛,等.山地灾害形成与预测预警[M].北京:科学出版社,2017.

[13] 陈宁生,杨成林,周伟,等.泥石流勘查技术[M].北京:科学出版社,2011.

[14] 陈文平,韩小明,范英霞.SPOT 5 影像数据在伊犁谷地地质灾害遥感调查中的应用[J].新疆地质,2008,26(4):396-398.

[15] 程维明,柴慧霞,周成虎,等.新疆地貌空间分布格局分析[J].地理研究,2009,28(5):1157-1169.

[16] 崔鹏,林勇明.自然因素与工程作用对山区道路泥石流、滑坡形成的影响[J].灾害学,2007,22(3):11-16.

[17] 戴雪,李晓梦.谈格宾石笼在新疆伊犁河口防护工程中的应用[J].山西建筑,2015,41(08):232-233.

[18] 邓辉.高精度卫星遥感技术在地质灾害调查与评价中的应用[D].四川:成都理工

大学,2007.

[19] 方成,王春晖,吴延明. Google Earth 卫星影像图在道路设计中的应用研究[J]. 中外公路,2011,31(2):1-4.

[20] 冯杭建,唐小明,游省易. 泥石流调查遥感解译新方法研究[J]. 中国地质灾害与防治学报,2008,19(3):124-129.

[21] 高冬光. 公路与桥涵水毁防治[M]. 北京:人民交通出版社,2002.

[22] 谷秀芝. 公路泥石流危险性评价方法与系统[D]. 四川:重庆交通大学,2010.

[23] 郭卫英,高国英,王筱荣. 新疆年度地震危险区的时空分布特点[J]. 内陆地震,2008,22(1):34-42.

[24] 韩军胜,李敏达,马强. 石笼在生态治河中的应用[J]. 甘肃水利水电技术,2005(03):281-282.

[25] 侯兰功,崔鹏. 单沟泥石流灾害危险性评价研究[J]. 水土保持研究,2004,11(2):125-128.

[26] 胡维忠,叶秋萍,陈桂亚,等. 构建科学的山洪灾害监测预警系统[J]. 中国水利,2007(14):34-37.

[27] 胡卫忠. 新疆的干旱环境与滑坡、泥石流及其防治对策[J]. 地质灾害与环境保护,1994(3):1-7.

[28] 黄端. 新疆伊犁河谷多源遥感影像地质灾害动态监测研究[D]. 江西:江西理工大学,2016.

[29] 康志成,李焯芬,马蔼乃,等. 中国泥石流研究[M]. 北京:科学出版社,2004.

[30] 康志成. 我国泥石流流速研究与计算方法[J]. 山地学报,1987:247-259.

[31] 孔亚平,韩用顺,朱颖彦. 震区公路走廊次生地质灾害监测与评估地图集[M]. 北京:人民交通出版社,2013.

[32] 李盛,王起才,马莉,等. 黄土地区高填土明洞土拱效应及土压力减载计算[J]. 岩石力学与工程学报,2014,33(5):1055-1062.

[33] 李帅. 公路泥石流危险性评价[D]. 陕西:长安大学,2010.

[34] 李勇,吴潇潇. 谈新疆泥石流地区桥涵设计[J]. 山西建筑,2014(26):167-168.

[35] 李作武. 我国新疆地质构造所存在问题与对策[J]. 世界有色金属,2016(9).

[36] 梁树能,魏红艳,甘甫平,等. "高分二号"卫星数据在遥感地质调查中的初步应用评价[J]. 航天返回与遥感,2015,36(4):63-72.

[37] 廖丽萍,朱颖彦,杨志全,等. 中巴公路泥石流灾害破坏及防治优化[J]. 地质科技情报,2013(6):168-174.

[38] 刘春涌,许英,郑洁. 新疆泥石流成因类型和分布规律[J]. 新疆环境保护,2000a,22

(1):20-25.

[39] 刘春涌. 新疆泥石流的灾害性及其防治[J]. 干旱区研究,2000b,17(2):78-81.

[40] 刘玲,孟庆昕,刘晓东. 高分卫星遥感技术在公路地质灾害损毁评估中的应用[J]. 公路,2014(4):159-165.

[41] 刘莎莎. 新疆植被覆盖变化及其对气候的敏感性分析[D]. 山东:山东农业大学,2017.

[42] 刘希林,莫多闻. 泥石流易损度评价[J]. 地理研究,2002,21(5):569-577.

[43] 刘希林,倪化勇. 蒋家沟泥石流输沙年际变化及其灾变预测[J]. 山地学报,2006,24(5):550-554.

[44] 刘希林,尚志海. 泥石流灾害综合风险分析方法及其应用[J]. 地理与地理信息科学,2012,28(5):86-89.

[45] 刘希林,唐川. 泥石流危险性评价[M]. 北京:科学出版社,1995.

[46] 刘希林. 泥石流风险区划研究[J]. 地质力学学报,2000,6(4):37-42.

[47] 刘玉. 船墩防撞系统碰撞力学仿真初步研究[D]. 重庆:重庆交通大学,2011.

[48] 卢刚. 新疆泥石流危害研究及危险度评价[D]. 新疆:新疆农业大学,2005.

[49] 陆建民. 泥石流明洞渡槽在公路工程中的应用[J]. 水土保持通报,1985(2):62-64.

[50] 麦华山. 高速公路泥石流灾害风险评估研究[D]. 湖南:中南大学,2008.

[51] 毛耀保,张光超. 塔里木盆地周边地区泥石流灾害的遥感分析[J]. 国土资源遥感,1998(1):40-48.

[52] 门玉明等. 地质灾害治理工程设计[M]. 北京:冶金工业出版社,2017.

[53] 穆桂金,赵新宇. 新疆的泥石流及其灾害[J]. 干旱区研究,1991(1):52-54.

[54] 泥石流灾害防治工程勘查规范(DZ/T 0220—2006)[S]. 北京:中国标准出版社,2006.

[55] 牛岑岑. 泥石流危险度评价指标的提取与等级划分[D]. 吉林:吉林大学,2013.

[56] 欧阳猛. 公路泥石流灾害特征参数确定与防治对策研究[D]. 湖南:中南大学,2008.

[57] 任海燕,俞长捷,彭瑜等. TM图像中柴达木盆地泥石流灾害解译分析[J]. 青海国土经略,2007(04):35-37.

[58] 任庆新. 桥涵水文[M]. 北京:中国水利水电出版社,2014.

[59] 申朝永,赵静. 我国航空摄影测量发展现状[J]. 铁道勘察,2013,39(4):23-26.

[60] 沈永平,苏宏超,王国亚,等. 新疆冰川、积雪对气候变化的响应(Ⅱ):灾害效应[J]. 冰川冻土,2013,35(6):1355-1370.

[61] 四川省国土资源厅. 泥石流灾害防治工程勘查规范[J]. 2006.

[62] 宋华丽. 过水路面在农村公路建设中的应用[J]. 四川水泥,2016(03):71.

[63] 宋云,游丽君,沈松平,等. 基于雷达卫星数据的山区地质灾害调查研究——以四川省茂县叠溪地区为例[C]. 中国地质学会2011年学术年会,2011.

[64] 谭炳炎. 泥石流沟的判别条件和危险度的综合评判[J]. 铁道工程学报,1989(04):59-65.

[65] 谭沸良. 泥石流区桥梁的防灾减灾设计原则初步研究[D]. 四川:西南交通大学,2014.

[66] 唐邦兴. 中国泥石流[M]. 北京:商务印书馆,2000.

[67] 唐红梅,陈洪凯,李亚训,宋晓翔,牛铁汉. 新疆天山公路泥石流形成环境研究[J]. 公路,2004(06):87-92.

[68] 铁道部第三勘测设计院. 铁路设计手册(桥涵水文)[M]. 北京:人民铁道出版社,1965:90-91.

[69] 铁道部第一勘测设计院. 铁路设计手册(路基)[M]. 北京:人民铁道出版社,1965:113-126.

[70] 王景荣. 中巴公路喀什至塔什库尔干路段冰川泥石流[J]. 冰川冻土,1987,9(1):87-94.

[71] 王裕宜,邹仁元,刘岫峰. 泥石流启动与渗透系数的相关研究[J]. 水土保持学报,1997(4):77-83.

[72] 王治华. 面向新世纪的滑坡、泥石流遥感技术[J]. 地球信息科学学报,1999,1(2):71-74.

[73] 韦方强,胡凯衡,J. L. Lopez,等. 泥石流危险性动量分区方法与应用[J]. 科学通报,2003,48(3):298-301.

[74] 韦方强,胡凯衡,J. L. Lopez. 泥石流危险性分区及其在泥石流减灾中的应用[J]. 中国地质灾害与防治学报,2007,18(1):23-27.

[75] 魏小佳,裴向军,蒙明辉. 中巴公路奥依塔克—布伦口段高寒山区泥石流特征[J]. 水土保持通报,2015,35(3):354-358.

[76] 魏学利,陈宁生,李宾,等. 邛海北岸官坝河山洪泥石流灾害特征及发展趋势[J]. 山地学报,2017,35(3):346-356.

[77] 吴保生. 过路涵洞设计中的泥石流模拟计算[J]. 泥沙研究,2001(04):34-40.

[78] 吴永,何思明,李新坡,等. 山区桥墩抗滚石冲击的双腔椭圆偏心包裹结构研究[J]. 工程力学,2017,34(10):158-167.

[79] 吴长奎. 山区滚石对桥墩撞击力和防护措施的研究[D]. 陕西:长安大学,2013.

[80] 谢洪,钟敦伦,李泳. 泥石流野外调查方法[J]. 水土保持通报,2002,22(6):59-61.

[81] 新疆维吾尔自治水利厅. 新疆河流水文水资源[M]. 新疆:新疆科技卫生出版社, 1999.

[82] 新疆维吾尔自治区交通规划勘察设计研究院等. 中巴公路奥布段泥石流形成成因、分布特征和工程治理研究[R]. 新疆, 2019.

[83] 徐继维, 张茂省, 于国强. 泥石流流变参数敏感性分析[J]. 工程地质学报, 2016, 24(6):1056-1063.

[84] 杨成林, 丁海涛, 陈宁生. 基于泥石流形成运动过程的泥石流灾害监测预警系统[J]. 自然灾害学报, 2014, (03):1-9.

[85] 尹超. 公路地质灾害危险性评价与区划研究[D]. 陕西:长安大学, 2013.

[86] 由希尧. 新疆短缺资料中小河流设计洪水计算应用方法[M]. 新疆:新疆科学技术出版社, 2012.

[87] 徐士彬. 泥石流作用下路基易损性试验研究与综合评价[D]. 安徽:合肥工业大学, 2017.

[88] 姚兰飞. G314线奥布段泥石流危险性评价及预测研究[D]. 安徽:合肥工业大学, 2017.

[89] 余斌. 稀性泥石流的平均运动速度研究[J]. 防灾减灾工程学报, 2009, 29(05):541-548.

[90] 俞高明. 桥涵水力水文[M]. 北京:人民交通出版社, 2002.

[91] 张成文. 新疆新源县地质灾害特征与评价研究[D]. 新疆:新疆农业大学, 2014.

[92] 张龙, 刘曙亮, 刘庆. 泥石流对公路工程的影响及其防护措施[J]. 公路交通技术, 2015(2):9-12.

[93] 张学文, 张家宝. 新疆气象手册[M]. 北京:气象出版社, 2006.

[94] 赵鑫. 新疆克孜河泥石流堵坝及溃决分析[D]. 新疆:新疆农业大学, 2009.

[95] 中国科学院成都山地灾害与环境研究所. 泥石流研究与防治[M]. 四川:四川科学技术出版社, 1989.

[96] 周必凡, 李德基, 吕儒仁, 等. 泥石流防治指南[M]. 北京:科学出版社, 1991.

[97] 周聿超. 新疆河流水文水资源[M]. 新疆:新疆科技卫生出版社, 1999.

[98] 朱鹏程. 泥石流冲击力谱及地声谱的透视[J]. 泥沙研究, 1993(3):59-65.